€ ~~45.-~~

~~14.95~~

€ 7.90

Herzog Albrecht von Preußen und das Bistum Ermland (1550–1568)

Bearbeitet von Stefan Hartmann

VERÖFFENTLICHUNGEN
AUS DEN
ARCHIVEN PREUSSISCHER KULTURBESITZ

Herausgegeben von
Werner Vogel und Iselin Gundermann

Band 37

Herzog Albrecht von Preußen und das Bistum Ermland (1550–1568)

Regesten aus dem Herzoglichen Briefarchiv und den Ostpreußischen Folianten

Bearbeitet
von

STEFAN HARTMANN

1993

BÖHLAU VERLAG KÖLN WEIMAR WIEN

Redaktion: Iselin Gundermann

Die Deutsche Bibliothek – CIP-Einheitsaufnahme

Hartmann, Stefan:
Herzog Albrecht von Preussen und das Bistum Ermland : Regesten aus dem Herzoglichen Briefarchiv und den Ostpreussischen Folianten / bearb. von Stefan Hartmann. – Köln ; Weimar ; Wien : Böhlau.
NE: HST
(1550–1568) (1993)
(Veröffentlichungen aus den Archiven Preussischer Kulturbesitz ; Bd. 37)
ISBN 3-412-04293-5
NE: Preussischer Kulturbesitz: Veröffentlichungen aus den ...

Satz und Druck: Danuvia Druckhaus Neuburg GmbH, 86633 Neuburg/Donau
Buchbinderische Verarbeitung: Berufsbildungswerk Josefsheim Bigge, Olsberg
Gedruckt auf chlor- und säurefreiem Papier

Printed in Germany

ISBN 3-412-04293-5

Inhalt

Verzeichnis der Abkürzungen

Abt.	Abteilung
Art.	Artikel
Bd.	Band
Bl.	Blatt
bzw.	beziehungsweise
D.	Datum
d.	der
Dr.	Doktor
F.	Fürstlich
f.	folgend
Fol.	Folio
geb.	geboren
gen.	genannt
HBA	Herzogliches Briefarchiv
Hl.	Heilig
hrg.	herausgegeben
J.	Jahr
K.	Kasten
M.	Monat
Nr.	Nummer
o.	ohne/oder
O.	Ort
o. g.	oben genannt
Ostpr. Fol.	Ostpreußischer Foliant
Pr.	Preußisch
r.	rectus
Reg.	Regest
S.	Seite
s.	siehe
St.	Sankt
T.	Tag
u.	und
u. a.	unter anderem
v.	versus
vgl.	vergleiche
z. B.	zum Beispiel

Vorwort

Der vorliegende Band schließt an die in Band 31 der „Veröffentlichungen aus den Archiven Preußischer Kulturbesitz" abgedruckten 1201 Regesten an und erfaßt den Zeitraum von Ende 1550 bis Anfang Juni 1568, d. h. die Zeit vom Tode des ermländischen Bischofs Tidemann Giese bis zum Tode Herzog Albrechts, wobei auch noch die Anfänge der nachfolgenden Regentschaft für den schwachsinnigen Herzog Albrecht Friedrich (1568—1618) einbezogen werden, soweit diese Fragen behandeln, die mit der Regierung Herzog Albrechts in Verbindung stehen. Am Ende der Betrachtung steht die Erwartung der von Markgraf Georg Friedrich von Brandenburg-Ansbach nach Königsberg abgeordneten Gesandten, in der sich bereits die kommende Regentschaft dieses Fürsten im Herzogtum Preußen ankündigt. Der zweite Teil der Abteilung C 1 „Ermland" beruht auf der Auswertung der Kästen 469—477 des Herzoglichen Briefarchivs und auf der Gegenüberlieferung in den Ostpreußischen Folianten 69—73, wobei die Korrespondenz Herzog Albrechts und seiner Räte mit Bischof Stanislaus Hosius den Mittelpunkt bildet. Während der von 1558 bis 1564 dauernden Abwesenheit des Bischofs in Rom, Wien und Trient war der als Statthalter im Bistum Ermland fungierende Frauenburger Domherr Eustachius von Knobelsdorff der Ansprechpartner des Herzogs. In seiner äußeren Form folgt dieser Band dem ersten Teil des Regestenwerks. Auf die darin enthaltenen Angaben wird verwiesen.

Wie im ersten Band gibt auch der anschließende Teil Aufschluß über die vielfältigen Beziehungen zwischen Herzog Albrecht und dem Bistum Ermland. Neben dem Bischof Hosius sind vor allem das ermländische Domkapitel in Frauenburg, die Kapitel in Allenstein und Guttstadt, der Hauptmann in Braunsberg, Georg von Pröck, andere bischöfliche Amtsträger und die Ratskollegien der Städte Heilsberg, Braunsberg, Guttstadt, Wormditt und Allenstein die Kontaktpartner des Herzogs und seiner Räte. Im Mittelpunkt des durch Vollregesten erfaßten Briefwechsels stehen wirtschaftliche Fragen, Erb- und Teilungssachen bischöflicher und herzoglicher Untertanen, wobei die langwierigen Streitigkeiten im Fall Christoff Wantkowskis und die immer wiederkehrenden Auseinandersetzungen um die Sperrung der Getreide- und Lebensmittelzufuhr als Beispiele genannt seien, ebenso die Regulierung der Münze und die Behandlung von Verbrechen und Vergehen, die häufig nur im Zusammenwirken der herzoglichen und bischöflichen Seite erfolgen konnte. In seiner Funktion als oberster Präsident der Stände des Königlichen Teils Preußen war Bischof Stanislaus Hosius auch in Fragen, die über das regionale Interesse des Herzogtums und Bistums hinausgingen, der Ansprechpartner des Herzogs. Das wird in den sich durch viele Jahre hindurchziehenden Grenzstreitigkeiten zwischen den königlichen Ämtern Brathian, Strasburg und Lautenburg einer- und den herzoglichen Ämtern Schönberg, Soldau, Gilgenburg, Ortelsburg und Neidenburg andererseits deutlich. Auch im Prozeß zwischen dem herzoglichen Untertanen Michel Schmid und dem Thorner Bürger Georg Ritter wirkte der Bischof als Mediator. In mehreren Fällen, wie zum Beispiel in dem des Königsberger Gerichtsschreibers Albertus Polman, der Anspruch auf die Mühle in Böhmenhöfen erhob, wird direkt an Vorgänge im ersten Band des Regestenwerks angeknüpft. Nach wie vor bilde-

ten der Grenzfluß Passarge und die Differenzen zwischen den Keutlern und den Säcknern und Garnfischern Anlässe für einen intensiven Briefwechsel zwischen dem Herzog auf der einen und der bischöflichen Administration und der des Frauenburger Domkapitels auf der anderen Seite. Am Beispiel des Hopfen- und Flachshandels zeigt sich, daß die Landesordnung von den bischöflichen und herzoglichen Räten verschieden ausgelegt wurde. Trotz der häufig gegensätzlichen Position in diesen Fragen blieb jedoch das freundnachbarliche Verhältnis beider Seiten in der Regel gewahrt.
Gravierender war dagegen das Aufkommen der von Hosius geförderten Gegenreformation, die seit 1553 im Ermland zunehmend spürbar wurde, was allerdings Herzog Albrecht nicht daran hinderte, immer wenn Gefahr von außen drohte, sich an den Bischof zu wenden. Das wurde bereits im Mai 1554 deutlich, als die Nachricht von einem gegen Preußen geplanten Kriegszug des mit dem Deutschmeister verbündeten Herzogs Heinrich von Braunschweig in Königsberg eintraf. Albrecht nahm hier Verbindung mit Hosius auf, weil er sich angesichts der über ihn verhängten kaiserlichen Acht seiner schwachen außenpolitischen Stellung bewußt war und nicht mehr in dem Maße auf die Protektion des polnischen Königs Sigismund II. August zählen konnte, wie es noch unter Sigismund I. der Fall gewesen war. Die Regesten lassen erkennen, daß Hosius zwar dem Herzog seine Hilfe nicht versagte, er aber dennoch eine gegenreformatorische Politik betrieb, die ein wirkliches Einvernehmen, wie es zur Zeit von Johannes Dantiscus und Tidemann Giese bestanden hatte, nicht zuließ. Trotz dieser Einschränkungen waren die beiderseitigen Beziehungen in der Mitte der 1550er Jahre von dem Bewußtsein bestimmt, daß das noch weitgehend als Einheit empfundene Preußenland ein enges Zusammenwirken in den unterschiedlichsten Belangen erforderte. Ein Beispiel dafür liefert die Revision des Kulmer Rechts, an der neben Hosius der Danziger Bürgermeister Georg Kleefeld und herzogliche Rechtsgelehrte mitwirkten. Überdies geboten die verworrenen Verhältnisse in Livland, in die der polnische König eingegriffen hatte, nähere Absprachen zwischen dem Herzog und dem Bischof.

Einen Einschnitt in den Beziehungen zwischen Herzog Albrecht und Hosius bildete die Mission des letzteren im Auftrag des Papstes in Rom, Wien und Trient. Im Mai 1558 bat Hosius den Herzog um die Fürsorge für sein dem Statthalter Eustachius von Knobelsdorff anvertrautes Bistum, was Albrecht gerne zusagte, hoffte er doch, durch die Verwendung des Bischofs für ihn günstige Ergebnisse hinsichtlich der Aufhebung der Acht und der Belehnung mit dem Erbe des verstorbenen Herzogs Albrecht Alkibiades von Brandenburg-Kulmbach bei Kaiser Ferdinand I. zu erreichen. Beide Belange wurden indes nicht zugunsten Herzog Albrechts entschieden, weil der Kaiser seine Zusage von dem Votum der Reichsstände abhängig machte. Die tatsächliche Unterstützung der herzoglichen Anliegen durch Hosius muß offen bleiben, weil es ihm nicht gelang, Albrecht für die Teilnahme an dem 1561 in Trient einberufenen Konzil zu gewinnen. In jenem Jahr traf der päpstliche Legat Johannes Franciscus Canobius mit einem Schreiben des Bischofs in Königsberg ein, das die Bedeutung des Trienter Konzils für die gesamte Christenheit umriß und hervorhob, daß wegen der schwächeren Stellung des Kaisers dem Papst die Einberufung des Konzils zukomme. Herzog Albrecht beharrte demgegenüber auf der Einberufung eines freien, christlichen und allgemeinen Konzils, wie es Kaiser Karl V. versprochen habe. Eine Teilnahme am Trienter Konzil schließe die Anerkennung des Papstes und der katholischen Kirche ein, unter deren Joch er nicht mehr zurückkehren wolle. In seiner etwa 80 Seiten umfassenden Stellungnahme vom 26. Juli 1562 betonte Albrecht nochmals, daß das Konzil kein „ordentliches und christliches" sei, weil dort nur ein kleiner Anhang des Papstes sitze, nicht aber Vertreter aus allen Ständen. Der Papst habe dem Willen Gottes zuwider die Kirchenlehre verfälscht und die Christen mit willkürlichen Menschensatzungen unterjocht. Die wahre Kirche müsse an der reinen Lehre Christi festhalten. Nur auf diesem Wege könne die Vergebung der Sünden und die ewige Seligkeit erlangt werden. Der Briefwechsel zwischen Albrecht und Hosius zur Zeit des Tridentinums macht die Trennungslinien zwischen beiden im religiösen Bereich deutlich. Während Hosius fast ausschließlich das äußere Moment der Autorität betonte, legte der lutherische Herzog den Hauptnachdruck auf die inneren Momente der Gnade und des Glaubens. Eine Brücke zwischen diesen Anschauungen konnte nicht mehr hergestellt werden. Albrecht war hier erstmals in voller Schärfe mit dem Geist der Gegenreformation in Berührung gekommen, der allmählich auch im Ermland seinen Einzug hielt.

In den Regesten kommen nun häufiger Differenzen zwischen dem Herzogtum und dem Bistum zur Sprache, die mit der an Kraft gewinnenden Gegenreformation in Verbindung stehen. Als Beispiele seien die Beschlagnahme „ketzerischer" Bücher des Königsberger Buchhändlers Fabian Reich in Allenstein, die Flucht des Wolfsdorfer Pfarrers Valentinus Bloe ins Herzogtum und die Unterdrückung der Protestanten in Braunsberg genannt. Hervorzuheben ist jedoch, daß diese konfessionell bedingten Zwischenfälle nur einen Bruchteil der beiderseitigen Beziehungen ausmachten. Zu drängend waren die nur gemeinsam zu lösenden wirtschaftlichen, rechtlichen und politischen Fragen, um eine scharfe Konfrontation zuzulassen. So ließen die Ereignisse des 1563 ausgebrochenen „Nußkrieges" — dabei handelte es sich um den Vorstoß des Söldnerführers Herzog Erich von Braunschweig-Calenberg nach Preußen — nur eine gemeinsame Vorgehensweise auf bischöflicher und herzoglicher Seite zu. Auch der Livländische Krieg und die Rüstungen des mit Schweden verbündeten Markgrafen Johann von Brandenburg-Küstrin berührten den Herzog und den Bischof gleichermaßen. Beide leiteten Maßnahmen ein, um unter Einbeziehung der Stände des Königlichen Teils Preußen eine Abwehrfront aufzubauen.

Die Regesten beschränken sich nicht nur auf die Ereignisse im Preußenland und den angrenzenden Gebieten, sondern beziehen auch die Vorgänge in Ungarn in ihre Aussage ein. Dort war 1566 ein neuer Türkenkrieg ausgebrochen, der zu einer großen Bedrohung für die Christenheit werden konnte. Der greise Sultan Soliman hatte zu einem erneuten Vorstoß nach Wien angesetzt, um seine 1529 vor den Mauern jener Stadt erlittene Schlappe auszumerzen. Eingehend werden die Kriegshandlungen in Ungarn beschrieben, die zur türkischen Eroberung der vom Grafen Nikolaus Zriny heldenhaft verteidigten Festung Szeged (Sigeth) führten. Besonderes Augenmerk wird auf die Gegenmaßnahmen Kaiser Maximilians II. und der Erzherzöge Ferdinand und Karl von Habsburg gerichtet, die von anderen Fürsten wie dem Herzog von Liegnitz und dem Kurfürsten von Sachsen, aber auch vom Papst und dem spanischen König Philipp II. unterstützt wurden.

Die Regesten liefern auch Belege für die in den letzten Jahren zunehmend durch Krankheit und Alter beeinträchtigte Regierung des Herzogs. Vieles überließ dieser seinen Räten, u. a. dem Kanzler Johann von Kreytzen; auch die Herzogin Anna Maria griff bisweilen in das Regiment ein. Die physische Schwäche Herzog Albrechts nutzten

Adlige für mancherlei Eigenmächtigkeiten aus, was sich nachteilig auf die Beziehungen zum Ermland auswirkte. Kurz vor Albrechts Tod gab der zum Bischof von Samland berufene Joachim Mörlin, der Schriften des Tilemann Heshusius gegen die Jesuiten ins Deutsche übersetzt hatte, Anlaß zu Protesten des Hosius, die die wachsende Kluft zwischen dem Luthertum und der erstarkenden Gegenreformation erkennen lassen.

Zieht man das Fazit aus den Beziehungen Herzog Albrechts zum Bistum Ermland in den Jahren 1550—1568, so läßt sich erkennen, daß zwar wie schon in den vorausgegangenen Jahren enge wirtschaftliche und rechtliche Bindungen zwischen beiden Seiten bestanden und man daher noch immer von einer gewissen Einheit des Preußenlandes sprechen kann, die zunehmende religiöse Kluft unter dem Einfluß der Gegenreformation sich aber auf die Beziehungen des Herzogs zu Hosius nachteilig auswirkte. Die beiderseitigen Kontakte konnten daher nicht auf dem Vertrauenverhältnis wie seinerzeit zwischen Albrecht und Johannes Dantiscus oder Tidemann Giese beruhen. Bischof Stanislaus, der 1561 zum Kardinal erhoben worden war, war eher dem Papst und dem polnischen König als den Belangen des Preußenlandes verpflichtet. Der Herzog konnte daher in ihm keinen Fürsprecher für seine Interessen haben, was frühere ermländische Bischöfe noch gewesen waren. Hier deutet sich schon eine Zeitenwende in den Beziehungen beider Seiten an, die nach Albrechts Tod und während der Regentschaft für seinen schwachsinnigen Sohn Albrecht Friedrich klarer hervortreten sollte. Das katholisch gebliebene Ermland schloß sich fester gegenüber dem lutherischen Herzogtum ab, was unter anderem in der Polonisierung des Heilsberger Bischofstuhls und des Frauenburger Domkapitels seinen Ausdruck fand. Auf das Fürstentum Preußen wirkte sich das insofern besonders nachteilig aus, als nach dem am 20. März 1568 erfolgten Ableben des Herzogs zunächst ein Machtvakuum entstand, das sein Nachfolger Albrecht Friedrich nicht auszufüllen vermochte. Erst unter der Regentschaft des Markgrafen Georg Friedrich von Brandenburg-Ansbach sollte sich das allmählich ändern.

Stefan Hartmann

Nr. 1202

1550 Dezember 12, Balga

Herzog Albrecht an Georg und Merten von Pröck:

Bezug auf den vom Hauptmann des Amtes Brandenburg, Antonius von Borck, getroffenen Vergleich zwischen den Adressaten und den Pröcks, die sich bisher von der Lauth genannt haben, wegen Führung des Namens, Schilds und Helms beider Linien; Vorladung Georgs und Mertens samt ihren Lauther Vettern nach Königsberg zu Erhardi (8. Januar) des folgenden Jahres zur Klärung bestehender Unstimmigkeiten und zur Entgegennahme des herzoglichen Entscheids in dieser Sache.

Reinkopie
Ostpr. Fol. 69, S. 1074—1076.

Nr. 1203

1550 Dezember 18, Balga

Herzog Albrecht an Hans von Pröck:

Vorladung des Adressaten nach Königsberg zur gebührlichen Ablegung seiner Rechnung; im Falle seiner Verhinderung soll Hans seinen Diener zwecks Rechnungslegung an den Herzog schicken.

Reinkopie
Ostpr. Fol. 69, S. 1085.

Nr. 1204

1550 Dezember 26, Balga

Herzog Albrecht an [Georg von Pröck] Hauptmann zu Braunsberg:

Auf Wunsch des Adressaten Verschiebung des Verhandlungstermins in der Pröckschen Familiensache auf den 23. Januar [1551].

Reinkopie
Ostpr. Fol. 69, S. 1090—1091.

Nr. 1205

1551 Februar 3, Balga

Herzog Albrecht an Rat zu Braunsberg:

Hinweis auf die Schicht- und Teilungssache zwischen der Witwe des Ambrosius Adeler und der Ehefrau des Braunsberger Bürgermeisters, die früher Krügerin in Einsiedel gewesen ist; auf Bitten der letzteren hatte seinerzeit Ambrosius Adeler die Bürgschaft für den gleichfalls an der besagten Teilungssache partizipierenden Bartholomäus Ludicke, Bürger der Altstadt Königsberg, übernommen und ihm 100 Mark bezahlt, die er dem Erbe der unmündigen Kinder des Andres Hase entnommen hatte; nach deren erfolgter Mündigkeit fordern sie diese Summe von der Witwe des Adeler zurück, wozu noch jährlich 6 Mark an Zinsen kommen; Ersuchen des Herzogs an den Braunsberger Rat, den Bürgermeister zur Zahlung des ausstehenden Betrags samt Zinsen an die Witwe Adeler zu veranlassen, damit diese die Ansprüche der Haseschen Erben befriedigen kann.

Reinkopie
Ostpr. Fol. 69, S. 1106—1109.

Nr. 1206

1551 Februar 16, Frauenburg

Achatius von der Trenck an Balthasar Gans [Sekretär Herzog Albrechts]:

Empfang des Schreibens des [Gans] mit dem beigefügten Inventar; Dank für dessen Bemühungen in der Angelegenheit des Herrn Ditterich; Bitte um Verwendung für die Schuldforderung eines nicht näher bezeichneten „meidleins" in Höhe von 50 Mark beim Herzog, worum sich auch der Frauenburger Vogt Bertrandus Burgk bemühen will; dieser wird sich auch hinsichtlich gewisser Güter äußern.

Behändigte Ausfertigung
1 Bogen Folio, S. 1 beschrieben, Unterschrift des Ausstellers, S. 4 Außenadresse.
Siegelspuren
HBA C 1 Nr. 1206. — Altsignatur; 3/31/130; K. 469.

Nr. 1207

1551 April 9, Königsberg

Herzog Albrecht an [Georg von Pröck] Hauptmann zu Braunsberg:

Ersuchen an den Hauptmann um Unterstützung des Franz Rudel in dessen Streitsache mit Christoff Wantkowski; Bitte, dem Rudel zu seinem Recht zu verhelfen.

Reinkopie
Ostpr. Fol. 69, S. 1172—1173.

Nr. 1208

1551 April 23, Königsberg

Herzog Albrecht an den Statthalter des Bistums Ermland:

Fürbitte für Lorenz Hubener vom Sperber, den Untersassen von Friedrich Erbtruchseß und Freiherrn zu Waldburg; gnädiges Begehren an den Statthalter, dem Hubener im Bistum zu seinem Recht zu verhelfen.

Reinkopie
Ostpr. Fol. 69, S. 1177—1178.

Nr. 1209

1551 Mai 2, Königsberg

Herzog Albrecht an Bischof Stanislaus [Hosius] von Ermland:

Bezug auf die Beschwerde des vom Petrikauer Reichstag zurückgekehrten Rats Johann Lohmoller über Pauel Pretor aus Danzig; in dieser Sache hat der Herzog bereits an die zur Tagfahrt in Marienburg versammelten Stände des Königlichen Teils Preußen geschrieben; Bitte des Herzogs an den Bischof, das Anliegen [Lohmollers] bei den Ständen zu unterstützen.

Reinkopie
Ostpr. Fol. 69, S. 1187—1189.

Nr. 1210

1551 Mai 31, Königsberg

Herzog Albrecht an den Rat zu Frauenburg:

Supplik des Georg Strasburg, in dessen Haus ein Feuer ausgebrochen war, dem zahlreiche Gebäude Frauenburgs zum Opfer fielen, um Unterstützung; [Strasburg] versichert, er habe den ganzen Tag über kein Feuer in seinem Hause gehabt; seine Frau und Angehörigen hätten gut Obacht darauf gehalten; nur mit großer Mühe hätte er sein gesamtes Vieh, d. h. vier Milchkühe, zwei Rinder, fünf Schweine und einen großen Bock, aus dem Feuer retten können; Ersuchen des Herzogs an den Frauenburger Rat, den [Strasburg] seiner Unschuld genießen zu lassen und ihm sein Vieh und die ganze Habe wiederzuerstatten.

Reinkopie
Ostpr. Fol. 69, S. 1225—1226.

Nr. 1211

1551 Juni 1, Königsberg

Herzog Albrecht an den Hauptmann zu Braunsberg:

Ablehnung des Gesuchs des Hauptmanns um Verkauf des Gutes Henneberg an die Lindenauer, weil der Herzog bereits dem Herrn von Kirschdorf den Zulaß auf erwähntes Gut gewährt hat; der Herzog bleibt bei diesem Entschluß, weil der Lindenauer Junker trotz des seinerzeitigen Angebots des Guts dieses nicht gekauft und das dem Hauptmann zu Balga mitgeteilt hat.

Reinkopie
Ostpr. Fol. 69, S. 1226—1227.

Nr. 1212

1551 Juni 1, Königsberg

Herzog Albrecht an Vogt zu Braunsberg:

Unterrichtung des Herzogs über Grenzstreitigkeiten zwischen dem Amt Balga und der Stadt Braunsberg; Ersuchen an den Vogt, bei den Braunsbergern auf eine Belassung der Sache im Status quo hinzuwirken, bis der Herzog mit Bischof [Stanislaus], sobald dieser in die Possession seines Amtes gelangt ist, darüber verhandelt hat.

Reinkopie
Ostpr. Fol. 69, S. 1227—1228.

Nr. 1213

1551 Juni 1, Königsberg

Herzog Albrecht an den Hauptmann zu Braunsberg:

Anberaumung eines Termins zur Regelung der vormundschaftlichen Sachen der Kinder des verstorbenen Jacob von der Trenck am Dienstag nach Petri und Pauli (30. Juni) in Königsberg; Frage an den Hauptmann, ob ihm dieser Zeitpunkt gelegen sei oder nicht.

Reinkopie
Ostpr. Fol. 69, S. 1228—1229.

Nr. 1214

1551 Juni 2, Frauenburg

Prälaten, Domherren und Kapitel des Stifts Ermland an Herzog Albrecht:

Ablehnung der herzoglichen Fürbitte für ihren Untersassen Georg Strasburg, weil durch dessen Schuld ein Feuer ausgebrochen ist, das die Häuser mehrerer armer Leute und auch die Domkirche ergriffen hat; [Strasburg] hat trotz regelmäßiger Ermahnung in den letzten sechs Jahren jeweils zu Walpurgis (1. Mai) seinen Schornstein und sein Hausfeuer nicht in Ordnung gehalten und das Gebot des Rats, bei einer Strafe von 3 Mark das Räuchern von Säcken und Netzen über dem Herd zu unterlassen, mißachtet; das Feuer ist am heiligen Pfingsttag (17. Mai) im baufälligen Schornstein des Strasburgschen Hauses ausgebrochen; der Übeltäter hat den Brand verheimlicht, sein Haus verschlossen, sein Hausgerät und seine Barschaft in Sicherheit gebracht und dann mit seiner Frau die Stadt verlassen; Bitte an den Herzog, den flüchtigen Strasburg im Fürstentum [Preußen] nicht zu dulden und ihn vielmehr seiner gerechten Bestrafung zuzuführen; wegen des von ihm verursachten Schadens soll ihm sein Vieh nicht ausgefolgt werden; Bitte um Verständnis für diese Maßnahme.

Behändigte Ausfertigung
1 Bogen Folio, S. 1—2 beschrieben, Unterschrift der Aussteller, S. 4 Außenadresse und Inhaltsvermerk.
Siegelspuren
HBA C 1 Nr. 1214. — Altsignatur: 1/12/136; K. 469.

Journalvermerk:

Die Prälaten, Domherren und das Kapitel des Stiftes Ermland nennen dem Herzog die Gründe, warum sie dessen Fürbitte für Georg Strasburg nicht annehmen können.

Ostpr. Fol. 14321, Bl. 15 r.

Nr. 1215

1551 Juni 4, Königsberg

Herzog Albrecht an Hauptmann zu Braunsberg:

Empfang der Nachricht des Hauptmanns wegen der Ungelegenheit des am [30. Juni] anberaumten Termins in der Vormundschaftssache der Kinder des Jacob von der Trenck; kein Einverständnis des Herzogs mit dem ohne sein Wissen abgeschlossenen Kontrakt zwischen dem Braunsberger Hauptmann und dem inzwischen verstorbenen Bischof von Samland [Georg von Polentz], die von den strittigen Wiesen fälligen Zinsen in Braunsberg in Sequester legen zu lassen; Begehren an den Hauptmann, Schaden für die davon betroffenen herzoglichen Untertanen bis zur endgültigen Erörterung der Angelegenheit zu verhüten.

Reinkopie
Ostpr. Fol. 69, Bl. 1229—1230.

Nr. 1216

1551 Juni [o. T.], Königsberg

Memorial des Herzogs Albrecht an den Magister Lucas David in dessen Mission an Bischof Stanislaus von Ermland:

Übermittlung von Glück und Erfolg für den nunmehr die Herrschaft im Ermland angetreten habenden Bischof [Stanislaus]; Hoffnung auf die Bewahrung des bisherigen guten Verhältnisses zwischen dem Herzog und den ermländischen Bischöfen; Verschiebung der Streitsache zwischen Michel Schmid und Georg Ritter aus Thorn auf die nächste Tagfahrt in Graudenz zu Michaelis (29. September) durch den polnischen König [Sigismund II. August]; Bitte an den Bischof als den obersten Präsidenten der Lande Preußen, den herzoglichen Untertanen ihre Güter wiederzubeschaffen und zu bewirken, daß diesen von Georg Ritter kein Nachteil geschehe; wegen der Überlastung der Tagfahrt mit anderen Problemen solle der Bischof einen neuen Termin ansetzen, zu dem der Herzog seine Bevollmächtigten abordnen werde.

Reinkopie
Ostpr. Fol. 102, Bl. 152 r. — 153 v.

Nr. 1217

1551 Juli 22, Königsberg

Herzog Albrecht an Hauptmann zu Braunsberg:

Verschiebung der Vormundschaftssache der Kinder des Jacob von der Trenck auf den 21. August [1551].

Reinkopie
Ostpr. Fol. 69, S. 1236—1237.

Nr. 1218

1551 Juli 28, Heilsberg

Bischof Stanislaus von Ermland an Herzog Albrecht:

Empfang der herzoglichen Fürbitte und des beiliegenden Gesuchs des Freiherrn Friedrich zu Waldburg in der Sache des Lorentz Hubener; berechtigte Festsetzung des Hubener im Schloß Heilsberg, von wo er aus Furcht vor peinlicher Strafe widerrechtlich entflohen ist; trotz großer Bedenken Gewährung des vom Herzog erbetenen Geleits für [Hubener] im Bistum Ermland und Schloß Heilsberg, falls er sich dort rechtlich verantworten und die ihm gebührende Strafe annehmen will.

Behändigte Ausfertigung
1 Bogen Folio, S. 1—2 beschrieben, Unterschrift des Bischofs, S. 4 Außenadresse, Inhaltsvermerk und Präsentatum vom 8. August 1551.
Siegel des Bischofs
HBA C 1 Nr. 1218. — Altsignatur: 1/12/129; K. 469.
Kurzregest: Stanislai Hosii Epistolae (Editionum Collegii Historici Academiae Cracoviensis, Nr. 34), hrg. von Franciscus Hipler und Vincentius Zakrzewski, Bd. 2 (1551—1558), Krakau 1886, Nr. 458, S. 54.

Journalvermerk:

Antwort des Bischofs in der Sache des Lorentz Hubener.

Ostpr. Fol. 14321, Bl. 15 r.

Nr. 1219

1551 August 21, Königsberg

Herzog Albrecht an Bischof Stanislaus von Ermland:

Kredenzschreiben für den an den Bischof entsandten herzoglichen Bevollmächtigten Lucas David.

Reinkopie
Ostpr. Fol. 69, S. 1248.

Nr. 1220

1551 September 11, Königsberg

Herzog Albrecht an Bischof Stanislaus von Ermland:

Bitte an den Bischof, den Brüdern bzw. Vettern Daniel, Georg und Ambrosius von Kolbitz zur Erfüllung ihrer auf einem Vertrag mit Ernst von Weißbeck beruhenden Forderung an Christoff von Wantkau zu verhelfen.

Reinkopie
Ostpr. Fol. 69, S. 1258—1259.

Nr. 1221

1551 September 15, Königsberg

Herzog Albrecht an Bischof Stanislaus von Ermland:

Fürbitte des Herzogs für seinen Diener Taubitz, dem durch seine Mutter der Nachlaß der Barbara Kreutzburg aus Danzig zugefallen ist; auf diese Güter hat der königliche

Fiskal Anspruch erhoben, was den Herzog zu einer Appellation an den König von Polen veranlaßt hat; Verschiebung dieser Angelegenheit auf die kommende Tagfahrt in Graudenz; auf Wunsch des Herzogs sollen der ermländische Bischof und die anderen königlichen Räte dem [Taubitz] zu seinem Recht verhelfen.

Reinkopie
Ostpr. Fol. 69, S. 1260—1261.

Nr. 1222

1551 September 24, Elbing

Bischof Stanislaus von Ermland an die Räte und Statthalter des Herzogtums Preußen:

Veranstaltung der kommenden Tagfahrt zu Michaelis (29. September) in Graudenz nach alter Gewohnheit; Absicht des Bischofs, an dieser Tagfahrt persönlich teilzunehmen.

Behändigte Ausfertigung
1 Bogen Folio, S. 1 beschrieben, Unterschrift des Bischofs, S. 4 Außenadresse und Inhaltsvermerk.
Siegel des Bischofs
HBA C 1 Nr. 1222. — Altsignatur: 1/12/130; K. 469.
Kurzregest mit Textauszug: Stanislai Hosii Epistolae, Bd. 2, Nr. 513, S. 91.

Journalvermerk:

Schreiben des Bischofs wegen seiner Teilnahme an der Tagfahrt zu Graudenz.

Ostpr. Fol. 14321, Bl. 15 r.

Nr. 1223

1551 Oktober 6, Königsberg

Räte und Statthalter zu Königsberg an Bischof Stanislaus von Ermland:

Fürbitte für den Gerichtsschreiber Albertus Polmann zu Königsberg wegen dessen Mühle Böhmenhöfen; Bitte um Erfüllung seiner damit verbundenen Forderungen aus der Zeit des Bischofs Johannes [Dantiscus].

Reinkopie
Ostpr. Fol. 69, S. 1265—1266.

Nr. 1224

1551 Oktober 20, Königsberg

Räte und Statthalter zu Königsberg an Rat zu Braunsberg:

Gemäß dem ergangenen Urteil soll der Braunsberger Rat seinen Mitverwandten Simon Tungeln von weiteren Schritten gegenüber der Witwe des Ambrosius Adler und den anderen Erben abhalten.

Reinkopie
Ostpr. Fol. 69, S. 1266—1267.

Nr. 1225

1551 Oktober 22, Heilsberg

Bischof Stanislaus von Ermland an den herzoglichen Kanzler Johann von Kreytzen:

Beschwerde der städtischen Untertanen des Bistums über das strenge Ausfuhrverbot für Getreide und andere Gewächse aus dem Herzogtum ins Ermland; dadurch Hemmung der Nahrung der bischöflichen Untertanen und deren Bitte an den Bischof um Abschaffung dieser Sperre und Freigabe des Handels; andernfalls befürworten sie entsprechende Maßnahmen auf ermländischer Seite; Interesse des Bischofs an der Bewahrung des beiderseitigen guten Verhältnisses, da „kein Teil des anderen ohne Schaden entbehren kann"; [Kreytzen] soll den Herzog darüber unterrichten; falls keine Abhilfe geschaffen wird, soll ein allgemeines Ausfuhrverbot für alle Orte der Krone Polen angestrebt werden, wozu der König um so geneigter sein dürfte, als die Stände schon auf der Graudenzer Tagfahrt ihren Unmut gegenüber den Bevollmächtigten des Herzogs zum Ausdruck gebracht haben; Freigabe der Ausfuhr von Getreide, Milchspeise und anderen Lebensmitteln gemäß der Landesordnung; lediglich Flachs und Hopfen bleiben davon ausgenommen; Hoffnung auf ein Verhalten des Herzogs nach den Artikeln der Landesordnung.

Behändigte Ausfertigung
1 Bogen Folio, S. 1—3 beschrieben, Unterschrift des Bischofs, S. 4 Außenadresse, Inhalts-, Kanzlei- und Eingangsvermerk.
Siegel des Bischofs
HBA C 1 Nr. 1225. — Altsignatur: 1/12/131; K. 469.
Kurzregest mit Textauszug: Stanislai Hosii Epistolae, Bd. 2, Nr. 525, S. 98.

Journalvermerk:

Beschwerde des Bischofs über das im Herzogtum geltende Ausfuhrverbot für Getreide, Milchspeise und andere Artikel; Androhung entsprechender Maßnahmen in Polen und im Ermland.

Ostpr. Fol. 14321, Bl. 15 r.

Nr. 1226

1551 November 2, Königsberg

Räte und Statthalter zu Königsberg an Rat zu Braunsberg:

Unterstützung der Klage eines nicht namentlich genannten herzoglichen Untertans über den Braunsberger Bürger Pauel Berckmann und Bitte, diesem zu seinem Recht zu verhelfen.

Reinkopie
Ostpr. Fol. 69, S. 1269—1270.

Nr. 1227

1551 November 22, Heilsberg

Bischof Stanislaus von Ermland an Herzog Albrecht:

Erwartung, daß der Herzog das letzte Schreiben des Bischofs an den Kanzler Johann von Kreytzen [Reg.-Nr. 1225] empfangen hat und dessen Aussage anerkennt; Bezug auf die darin enthaltene Beschwerde der bischöflichen Untertanen über das Verbot der Ausfuhr von Getreide, Milchspeise und anderen Artikeln aus dem Herzogtum; den entsprechenden Artikel der Landesordnung hat der Bischof beigefügt; Einverständnis mit dem Verbot des Vorkaufs auf dem Lande und der Bestrafung der Übeltäter gemäß der Landesordnung; nicht verständlich ist dagegen, daß der Amtmann von Balga die herzoglichen Untertanen an der Ausfuhr von Getreide, Milchspeise und anderen Lebensmitteln nach Braunsberg gehindert hat, weil einer dem anderen mit dem, was ihm der allmächtige Gott verliehen hat, zu Hilfe kommen soll; Bitte an den Herzog um Abschaffung dieser Maßnahmen im Sinne nachbarlicher und willfähriger Freundschaft.

Behändigte Ausfertigung
1 Bogen Folio, S. 1—2 beschrieben, Unterschrift des Bischofs, S. 4 Außenadresse, Inhalts-, Kanzlei- und Eingangsvermerk.
Siegel des Bischofs
HBA C 1 Nr. 1227. — Altsignatur: 1/12/132; K. 469.
Kurzregest mit Textauszug: Stanislai Hosii Epistolae, Bd. 2, Nr. 562, S. 117.

Beilage

[o. D. u. O.]

Artikel der Landesordnung von Käufern und Verkäufern:

Niemand soll seine Ware daheim verkaufen; Verkauf von Hopfen und Flachs nur auf den nächstgelegenen Märkten; was dort nicht abgesetzt worden ist, kann in anderen Orten der Herrschaft, aber nicht darüber hinaus, damit die Bauern zu „ihrem Verderben“ keine Kaufleute werden, verkauft werden; alle anderen Artikel wie Getreide und

Milchspeise darf jedoch jeder da verkaufen, wo er will; Übertretern dieser Bestimmung droht der Verlust ihrer Ware oder eine andere harte Strafe; die Adligen dürfen dagegen alle Waren, die sie selbst erzeugt oder von ihren Untertanen als Zins empfangen haben, nach eigenem Gutdünken verkaufen.

1 Blatt 21, 5 x 17 cm, S. 1 beschrieben.

Journalvermerk:

Erneute Beschwerde des Bischofs über das Ausfuhrverbot im Herzogtum.

Ostpr. Fol. 14321, Bl. 15 r.

Nr. 1228

1551 Dezember 3, Heilsberg

Bischof Stanislaus von Ermland an Herzog Albrecht:

Königliche Publikation über die Herabsetzung des ungarischen Guldens und Talers; jene ist vor Erhalt einer Antwort auf ein diesbezügliches Schreiben des Bischofs an den königlichen Hof, in dem er seine Bedenken gegen diese Maßnahme geäußert hatte, ergangen; der Bischof hat einige königliche Räte der Lande Preußen um ihren Rat ersucht, der aber noch aussteht; Hoffnung auf Verhinderung der veränderten Münzsatzung.

Behändigte Ausfertigung
1 Bogen Folio, S. 1 beschrieben, Unterschrift des Bischofs, S. 4 Außenadresse, Inhaltsvermerk.
Siegel des Bischofs
HBA C 1 Nr. 1228. — Altsignatur: 1/12/133; K. 469.
Kurzregest mit Textauszug: Stanislai Hosii Epistolae, Bd. 2, Nr. 574, S. 123—124.

Journalvermerk:

Schreiben des Bischofs wegen Herabsetzung des ungarischen Guldens und Talers.

Ostpr. Fol. 14321, Bl. 15 v.

Nr. 1229

1551 Dezember 8 [Königsberg]

Herzog Albrecht an Bischof Stanislaus von Ermland:

Übersendung des Dekrets des polnischen Königs mit einem Begleitschreiben in der auf der letzten Tagfahrt zu Graudenz behandelten Sache zwischen dem herzoglichen Untersassen Michel Schmid und Georg Ritter aus Thorn; Bitte an den Bischof als obersten Präsidenten der königlichen Lande Preußen, dieses Dekret der betroffenen Partei zur Kenntnis zu bringen.

Konzept
1 Blatt Folio, S. 1 beschrieben, S. 2 Empfänger-, Datums- und Registraturvermerk.
HBA C 1 Nr. 1229. — Altsignatur fehlt; K. 1210.
Kurzregest: Stanislai Hosii Epistolae, Bd. 2, Nr. 582 (nach anderer Vorlage), S. 126.

Nr. 1230

1551 Dezember 12, Königsberg

Herzog Albrecht an Bischof Stanislaus von Ermland:

Empfang des bischöflichen Schreibens vom 11. Dezember mit der beigefügten Zitation und dem Brief an den Kulmer Woiwoden [Stanislaus Kostka]; Übersendung des königlichen Dekrets wegen der Graudenzer Handlung an den Bischof, das durch ein Versehen der herzoglichen Kanzlei nicht abgeschickt worden ist; Bitte um Übersendung der Zitation an den Kulmer Woiwoden zur Besiegelung und anschließenden Weiterleitung an Ritter.

Konzept
1 Bogen Folio, S. 1—2 beschrieben, S. 2 Empfänger-, Datums- und Registraturvermerk, S. 4 Außenadresse.
HBA C 1 Nr. 1230. — Altsignatur fehlt; K. 1210.
Reinkopie: Ostpr. Fol. 69, S. 1274—1275.
Kurzregest: Stanislai Hosii Epistolae, Bd. 2, Nr. 589 (nach anderer Vorlage), S. 129.

Nr. 1231

1551 Dezember 14, Heilsberg

Bischof Stanislaus von Ermland an Herzog Albrecht:

Gemäß dem herzoglichen Wunsch Übersendung des königlichen Dekrets neben seinem eigenen Schreiben an den Rat der Stadt Thorn, der ersteres an Georg Ritter zur Kenntnisnahme weiterleiten soll.

Behändigte Ausfertigung
1 Bogen 24 x 33, 5 cm, S. 1 beschrieben, Unterschrift des Bischofs, S. 4 Außenadresse.
Siegel des Bischofs
HBA C 1 Nr. 1231. — Altsignatur: 1/12/134; K. 469.
Kurzregest: Stanislai Hosii Epistolae, Bd. 2, Nr. 593, S. 131.

Journalvermerk:

Weiterleitung des königlichen Dekrets in der Sache Georg Ritters an den Rat zu Thorn durch den Bischof.

Ostpr. Fol. 14321, Bl. 15 v.

Nr. 1232

1551 Dezember 15, Königsberg

Herzog Albrecht an Bischof Stanislaus von Ermland:

Empfang des bischöflichen Schreibens wegen der Zu- und Abfuhr der beiderseitigen Untertanen mit dem beiliegenden Artikel der Landesordnung; Interesse des Herzogs an der Förderung der nachbarlichen Freundschaft zwischen beiden Seiten; keine Absicht, die Zufuhr ins Ermland zu unterbinden, weil jeder nach dem Besuch des nächstgelegenen Marktes das Recht hat, seine Waren an anderen Orten — sowohl in- als ausländischen — zu verkaufen; Aufrechterhaltung der althergebrachten Gewohnheiten, Freiheiten und Willküren im Herzogtum auf der Grundlage der Landesordnung.

Reinkopie
Ostpr. Fol. 69, S. 1277—1280.

Nr. 1233

1551 Dezember 17, Heilsberg

Absolon Reymann an Herzog Albrecht:

Übersendung des englischen Hundes und des Hirschgeweihs; Erinnerung an sein in der Wildnis bei Puppen übergebenes Gesuch und Bitte um Vermittlung in dem fast zwölfjährigen Streit mit seinem Widersacher; dieser verfolgt die Streitsache hartnäckig weiter, obwohl der Grund dazu schon beseitigt worden ist; seine Beschwernisse hat [Reymann] einstmals dem Herzog zwischen Seehesten und Rastenburg vorgetragen; Bereitschaft des [Reymann] zum Eintritt in den Dienst des Herzogs, wenn dieser daran Interesse hat; Bitte um Beantwortung seiner Petition mittels des gegenwärtigen Boten.

Behändigte Ausfertigung
1 Bogen Folio, S. 1—3 beschrieben, Unterschrift des Ausstellers, S. 4 Außenadresse, Inhalts- und Beantwortungsvermerk.
Siegel des Ausstellers
HBA C 1 Nr. 1233. — Altsignatur: 1/12/128; K. 469.

Journalvermerk:

Gesuch des Absolon Reymann wegen seiner langwierigen Streitsache; Bereitschaft zum Eintritt in den herzoglichen Dienst.

Ostpr. Fol. 14321, Bl. 15 v.

Nr. 1234

1551 Dezember 21, Heilsberg

Bischof Stanislaus von Ermland an Herzog Albrecht:

Unterrichtung seiner Untertanen von der Auffassung des Herzogs über die freie Zu- und Ausfuhr von Getreide und Milchspeise, die der des Bischofs entspricht; Vermeidung aller Beschwerden, wenn den Bestimmungen der Landesordnung auf beiden Seiten nachgekommen wird; in Übertretungsfällen, die zu Klagen Anlaß geben könnten, hofft der Bischof auf ein freundliches und nachbarliches Verhalten des Herzogs.

Behändigte Ausfertigung
1 Bogen 24 x 34 cm, S. 1 beschrieben, Unterschrift des Bischofs, S. 4 Außenadresse und Inhaltsvermerk.
Siegel des Bischofs
HBA C 1 Nr. 1234. — Altsignatur: 1/12/135; K. 469.
Kurzregest: Stanislai Hosii Epistolae, Bd. 2, Nr. 606, S. 139.

Journalvermerk:

Dank des Bischofs für die Bereitschaft des Herzogs, einvernehmlich nach den Bestimmungen der Landesordnung zu verfahren.

Ostpr. Fol. 14321, Bl. 15 v.

Nr. 1235

1551 Dezember 30, Braunsberg

Bischof Stanislaus von Ermland an Herzog Albrecht:

Übersendung der Beschwerde Pauel Gulkes über Hans Nimptsch den Älteren; Bitte, dem [Gulke] zu seinem Recht zu verhelfen und dafür zu sorgen, daß dieser von weiteren Reisen und Unkosten verschont bleibe.

Behändigte Ausfertigung
1 Bogen Folio, S. 1 beschrieben, Unterschrift des Bischofs, S. 4 Außenadresse.
Siegel des Bischofs
HBA C 1 Nr. 1235. — Altsignatur fehlt; K. 469.

Beilagen

I. [o. D. u. O.]

Paul Gülicke aus Perlin an Bischof Stanislaus von Ermland:

Die leibliche Schwester des [Gülicke] hat als Dienstmagd bei Hans Nimptsch dem Älteren gedient; nach dem Tode der Ehefrau des [Nimptsch] wollte die andere Schwester des [Gülicke], die Hans Rodische, diese aus dem Hause des Nimptsch nehmen; das unterblieb aber, weil Nimptsch zusagte, seine Dienstmagd wie sein eigenes Kind zu versorgen; dennoch Schwängerung dieser Schwester durch Nimptsch in dessen Haus zu Königsberg; daraufhin Verschickung der Schwangeren nach Danzig, wo sie mitsamt ihrem Kind bei der Geburt starb; Nimptschs Ablehnung eines Sühnevertrages entgegen seinem ersten Gelübde; Bitte [Gülickes] an den Bischof um Hilfe gegen den seit fast drei Jahren säumigen Nimptsch.

1 Bogen 20, 5 x 31, 5 cm, S. 1—2 beschrieben, Unterschrift des Ausstellers, S. 4 Inhalts- und Registraturvermerk, Vermerk über die Übersendung von Nimptschs Gegenberichten an den Bischof am 8. Januar.

II. [o. D. u. O.]

Paul Gülcke an Bischof Stanislaus von Ermland:

Befehl des Bischofs an den [Braunsberger] Hauptmann Georg von Pröck, den Königsberger Bürger Hans Nimptsch den Älteren schriftlich zu einer gütlichen Einigung mit [Gülcke] zu bewegen; Nimptsch bezieht sich in seiner Antwort an den Hauptmann auf ein Urteil des Kneiphofer Rats, in dem dieser seine Zuständigkeit verneint, weil Nimptsch zum Hofe gehöre; Bezug des [Gülcke] auf einen vom Braunsberger Rat gesiegelten Beweisbrief über den von Nimptsch eingegangenen Sühnevertrag; weil [Gülcke] seine Klage in Kneiphof nicht erheben kann, will er sein Recht beim Herzog selbst suchen; Ablehnung seiner Beschwerden durch die herzoglichen Räte, die vorgeben, nicht zu wissen, wie der Herzog entscheiden werde; Bitte an den Bischof um Fürsprache beim Herzog in Königsberg.

1 Bogen 20, 5 x 31, 5 cm, S. 1—3 beschrieben, Unterschrift des Ausstellers.

III. [o. D. u. O.]

Hans Nimptsch der Ältere an Herzog Albrecht:

Antwort auf das Gesuch Paul Gülkes aus Braunsberg; ungebührlicher Angriff des Gülke auf Nimptsch vor zwei Jahren vor dem Bürgermeister Peter Glogau und zwei Herren des Rats; Vorwurf, daß er dessen Schwester vom Leben zum Tode gebracht habe; Gesuch [Gülkes] an den Bürgermeister, ihm durch peinliche Klage Recht zu verschaffen; keine Bürgschaftsleistung der Ankläger - dazu gehören Bartholomes Voigt, Hans Kersten und zwei Bäckermeister; Einholung von durch den Danziger Rat besiegelten Zeugnisaussagen in Danzig durch die Kläger; Festhalten des Nimptsch an seiner Unschuld und an dem ius talionis [Erwiderungsrecht], was der [Kneiphofer] Rat anerkennt; daraufhin Rücktritt Gülkes von seiner peinlichen Klage und dessen Forderung eines Sühnevertrags; Verweigerung einer Sühneverhandlung durch Nimptsch wegen der öffentlichen Schmähung seiner Person auf den Rathäusern in Danzig, Braunsberg, Königsberg und vor dem Herzog selbst; Urteil des Kneiphofer Rats nach drei rechtlich angesetzten Terminen am 3. Juni 1550 (dynstagk nach Trinitatis) über Nimptschs Lossprechung von den Ansprüchen des Klägers; Vermerk über das Urteil im Ratsbuch; Bitte an den Herzog um Beibehaltung des Urteils, weil davon nicht appelliert worden sei.

1 Bogen 19 x 28, 5 cm, S. 1—2 beschrieben, Unterschrift des Ausstellers, S. 4 Inhaltsvermerk mit dem Hinweis auf die Zuleitung des Berichts an Bischof Stanislaus von Ermland am 2. Januar 1552.

IV. [o. D. u. O.]

Hans Nimptsch der Ältere an Herzog Albrecht:

Auf Ersuchen des Herzogs Erstattung des Gegenberichts in der Sache Paul Gülkes; auf Anregung des Markgrafen Hans [Johann von Brandenburg-Küstrin] Übertragung der Angelegenheit an den Kneiphofer Rat; wegen Krankheit mußte [Nimptsch] die dortigen Verhandlungen durch einen Bevollmächtigten führen lassen; Weigerung [Gülkes] zur Leistung der in der Kriminalsache geforderten Bürgschaft und dessen Forderung eines Sühnevertrags; Ablehnung einer Sühneverhandlung durch [Nimptsch] wegen der Schmähung seiner Person vor dem Landesfürsten, der Ritterschaft, dem Adel und den Bürgern wie auch bei den öffentlichen Gerichten zu Danzig und Königsberg und Forderung eines Rechtsverfahrens; Urteil des Kneiphofer Rates über [Nimptschs] Befreiung von den Anschuldigungen seiner Gegner; Unschuldserklärung des [Nimptsch]; nach seiner Meinung soll die sich über Jahre hinziehende Sache endlich zum Abschluß gebracht werden; öffentliche Schmähung seiner Magd durch deren Schwester, die Hans Rodische, während seiner Abwesenheit in Lochstädt; Klage der Magd über ihre Schwester bei einer auf dem Steindamm wohnenden Frau; Hinweis auf ihre wahrscheinlich durch Nimptschs Sohn erfolgte Schwängerung; Aussage des Gesindes über ihr Nachtlager in der Kammer der Söhne Hans und Wolf bis zu deren Abreise nach Holland bzw. nach Litauen; auf Veranlassung des [Nimptsch] bringt sie Bartholomäus Luttermann auf einer einspännigen Kalesche nach Danzig, wo sie im Hause von Paul Yaski Aufnahme findet; davon hat [Nimptsch] ihre Verwandten unterrichtet; nach dem Ableben der Magd hat Paul Yaski deren Nachlaß an [Nimptsch] übersandt, den dieser an ihre Angehörigen weitergeleitet hat; möglicherweise habe er [Nimptsch] wegen eines Sühnevertrags mit Hans Scholcz — allerdings lediglich bezüglich seines Sohns Hans — verhandelt; weil dieser nicht vollzogen worden sei, könne die Gegenpartei keine Forderungen daraus erheben.

1 Bogen 19, 5 x 28, 5 cm, S. 1—3 beschrieben, Unterschrift des Ausstellers.

V. 1550 Juni 3, Kneiphof

Urteil in Sachen Hans Nimptschs des Älteren ./. Paul Gülke:

Lossprechung Hans Nimptschs des Älteren vom Gerichtsstand wegen Weigerung der Gegenpartei zum rechtlichen Austrag der Streitigkeiten.
dynstagk noch Trinitatis

Reinkopie
1 Blatt 19 x 15 cm, S. 1 beschrieben.

Nr. 1236

1552 Januar [2], Königsberg

Herzog Albrecht an Bischof Stanislaus von Ermland:

Empfang des bischöflichen Schreibens wegen der Klage Paul Gülckes ./. den Kammerrat Hans Nimptsch den Älteren; Ablehnung des herzoglichen Vorschlags, die Sache „schleunigst procediren" zu lassen; Ankündigung [Gülckes], andere Mittel zu finden, womit er sich rächen könne; dennoch Bereitschaft des Herzogs, die Sache des [Gülcke] rechtlich verhandeln zu lassen, obwohl Nimptsch bereits in erster Instanz losgesprochen worden sei; Bitte an den Bischof, den [Gülcke] zur Aufgabe seines mutwilligen Verhaltens zu veranlassen, weil sonst leicht Weiterungen daraus entstehen könnten.

Reinkopie
Ostpr. Fol. 70, S. 4—7.

Nr. 1237

1552 Januar 4, Heilsberg

Bischof Stanislaus von Ermland an Herzog Albrecht:

Dank für das übersandte Schreiben des Markgrafen Wilhelm von Brandenburg, Erzbischofs von Riga, und Bitte um Weiterleitung seines Antwortschreibens an diesen.

Behändigte Ausfertigung
1 Bogen 23, 5 x 33 cm, S. 1 beschrieben, Unterschrift des Bischofs, S. 4 Außenadresse, Inhalts- und Kanzleivermerk.
Siegel des Bischofs
HBA C 1 Nr. 1237. — Altsignatur: 1/12/142; K. 470.
Kurzregest: Stanislai Hosii Epistolae, Bd. 2, Nr. 623, S. 148.

Journalvermerk:

Schreiben des Bischofs wegen Empfangs eines Briefes des Erzbischofs Wilhelm von Riga; Bitte, diesem sein Antwortschreiben zu übermitteln.

Ostpr. Fol. 14321, Bl. 17 r.

Nr. 1238

1552 Januar 14, Heilsberg

Bischof Stanislaus von Ermland an Herzog Albrecht:

Dank für die Förderung der Rechtsangelegenheit Pauel Gulkes ./. Hans Nimptsch den Älteren; Mißbilligung der Drohworte des Gulke; Zusicherung seiner Bestrafung und Vorsorge, daß er seine Sache nur auf der Grundlage des Rechts verfolgt.

Behändigte Ausfertigung
1 Bogen 24 x 32, 5 cm, S. 1 beschrieben, Unterschrift des Bischofs, S. 4 Außenadresse, Inhaltsvermerk, Eingangsvermerk vom 15. Januar 1552.
Siegel des Bischofs
HBA C 1 Nr. 1238. — Altsignatur: 1/12/141; K. 470.
Kurzregest: Stanislai Hosii Epistolae, Bd. 2, Nr. 634, S. 154.

Journalvermerk:

Schreiben des Bischofs in der Sache Paul Gulkes, Bürgers zu Braunsberg.

Ostpr. Fol. 14321, Bl. 17 r.

Nr. 1239

1552 Januar 14, Königsberg

Herzog Albrecht an Bischof Stanislaus von Ermland:

Bezug auf seine frühere Fürbitte für Georg Muth Lautenschlaher an Bischof Johannes von Ermland; keine Erledigung dieser Sache wegen des Todes von Bischof Johannes und des nachfolgenden Ablebens des Bischofs Tidemann; Bitte, der Supplikation der Witwe Lautenschlahers stattzugeben, damit die Angelegenheit abgeschlossen werden kann.

Reinkopie
Ostpr. Fol. 70, S. 7—9.

Nr. 1240

1552 Januar 26, Heilsberg

Bischof Stanislaus von Ermland an Herzog Albrecht:

Ablehnung des herzoglichen Gesuchs wegen der Witwe des Georg Muts Lautenschlager, weil die Sache abgeschlossen worden ist; Urteile und Dekrete des Bischofs Johannes wegen eines Testaments im Jahre 1540 und wegen einer falschen Bezichtigung des Braunsberger Rates hinsichtlich der Ausgabe zweier strittiger Schriften aus dem Stadtbuch und deren hinterlistiger Besiegelung durch einen der Bürgermeister; Verkauf der verwirkten Güter und Wiesen durch [Bischof Johannes] an einen anderen, der sie fünf Jahre unangefochten im Besitz gehabt hat; keine Möglichkeit des Bischofs, die Urteile und Dekrete seines Vorgängers außer Kraft zu setzen.

Behändigte Ausfertigung
1 Bogen 24 x 32, 5 cm, S. 1—2 beschrieben, Unterschrift des Bischofs, S. 4 Außenadresse, Inhalts- und Kanzleivermerk.
Siegel des Bischofs
HBA C 1 Nr. 1240. — Altsignatur: 1/12/140; K. 470.
Kurzregest: Stanislai Hosii Epistolae; Bd. 2, Nr. 651, S. 160.

Journalvermerk:

Ablehnung der Supplikation der Witwe Lautenschlagers durch den Bischof.

Ostpr. Fol. 14321, Bl. 17 r.

Nr. 1241

1552 Februar 2, Königsberg

Herzog Albrecht an Bischof Stanislaus von Ermland:

Bezug auf eine Petition des Kanzlers Johann von Kreytzen für dessen Schwager Heucke von der Damerau; Bitte an den Bischof, diesen als seinen Diener anzunehmen, weil er bisher außer in der Krone Polen niemals im Ausland gewesen sei; der junge Heucke könne vielleicht den Bischof auf seiner Reise zum Konzil nach Deutschland begleiten, wo er durch dessen Vermittlung möglicherweise einen neuen Herrn finden würde.

Reinkopie
Ostpr. Fol. 70, S. 19—20.

Nr. 1242

1552 Februar 7, Königsberg

Herzog Albrecht an Bischof Stanislaus von Ermland:

Dank für die Einräumung der Mühle zu Böhmenhöfen an Albertus Pölman, Gerichtsschreiber der drei Städte Königsberg; da nach Aussage Pölmans die Restitution der Mühle bisher jedoch nicht vollständig erfolgt ist und er deshalb beschwerliche Eingriffe erleiden muß, bittet der Herzog, diesem zum Recht zu verhelfen, damit er die Mühle ohne Molestation besitzen kann.

Reinkopie
Ostpr. Fol. 70, S. 20—22.

Nr. 1243

1552 Februar 13, Königsberg

Herzog Albrecht an Greger von Portugal, Burggrafen zu Rössel:

Ersuchen an den Burggrafen, der herzoglichen Untertanin Margaretha Roth in ihrer Erbschaftsangelegenheit beim Gericht zu Rössel Recht zu verschaffen, nachdem eine frühere Fürbitte des Rats der Altstadt [Königsberg] ergebnislos verlaufen war.

Reinkopie
Ostpr. Fol. 70, S. 24—25.

Nr. 1244

1552 Februar 21, Königsberg

Herzog Albrecht an die Domherren zu Frauenburg:

Anzeige des Hauptmanns zu Balga wegen einer Klage der Gemeinde Passarge über die Wegnahme von zwei Herbstgarnen und deren Fortführung nach Frauenburg; solche Überfälle entsprechen nicht der alten Gewohnheit, nach der das Wasser der Passarge sowohl den Untertanen des Domkapitels als denen des Herzogs zur Verfügung steht, worauf auch der Name „gemeines Wasser" schließen läßt; Androhung eines entsprechenden Verhaltens gegenüber den [Frauenburger] Untersassen, wenn den Passargern nicht ihr Garn zurückgegeben wird; Bitte um Aufklärung des Vorfalls durch die Domherren, damit das nachbarliche Einvernehmen wiederhergestellt werden kann.

Reinkopie
Ostpr. Fol. 70, S. 29—32.

Nr. 1245

1552 Februar 24, Frauenburg

Prälaten, Domherren und Kapitel des Stifts Ermland an Herzog Albrecht:

Darlegung der Sachlage gegenüber dem Hauptmann von Balga und dem herzoglichen Bevollmächtigten Christoff von Portugal; die herzoglichen Untertanen haben nicht — wie sie ausführen — auf den „gemeinen Gewässern", sondern zu Mariae Lichtmeß (2. Februar) auf dem Wasser direkt bei der Domkirche und Stadt [Frauenburg] gefischt; Einziehung ihrer Schiffe und Garne zur Bestrafung ihres Frevels; kein Verstoß des Kapitels gegen die bisherigen Gewohnheiten; gemäß dem Wunsch des Herzogs Rückgabe der Schiffe und Garne in Erwartung der Unterlassung weiteren Mutwillens in fremden Herrschaften.

Behändigte Ausfertigung
1 Bogen Folio, S. 1—2 beschrieben, Unterschrift der Aussteller, S. 4 Außenadresse, Inhalts- und Kanzleivermerk.
Siegelspuren
HBA C 1 Nr. 1245. — Altsignatur: 1/12/138; K. 470.

Journalvermerk:

Darlegung der Gründe für die Einziehung der Schiffe und Garne der Passarger.

Ostpr. Fol. 14321, Bl. 17 r.

Nr. 1246

1552 März 1, Königsberg

Herzog Albrecht an das Kapitel zu Frauenburg:

Empfang des Schreibens vom [24. Februar] wegen der Passarger; Dank für die Ausfolgung der eingezogenen Schiffe und Garne an diese; Entschluß des Herzogs zur Bestrafung der Übeltäter.

Reinkopie
Ostpr. Fol. 70, S. 35—36.

Nr. 1247

1552 März 5, Königsberg

Herzog Albrecht an das Kapitel zu Frauenburg:

Supplik des Ertmann Fischer aus Zinten wegen seines Verlöbnisses mit der Stieftochter des Heinrich Schultz aus Bärwalde (Perßwalde); Schultz steht nicht zu seiner Zusage und bezeichnet den Ertmann als „Schlemmer und Spieler"; dessen Protest gegen diese Äußerung durch Vorlage eines Zeugnisses des Rats der Stadt Zinten; Gesuch des Herzogs an das Domkapitel, den Heinrich Schultz zur Vollziehung des Verlöbnisses zu veranlassen und [Ertmann Fischer] seine Braut nicht vorzuenthalten.

Reinkopie
Ostpr. Fol. 70, S. 38—39.

Nr. 1248

1552 März 29, Königsberg

Herzog Albrecht an das Kapitel zu Frauenburg:

Entgegen der Zusicherung des Kapitels keine Rückgabe der Schiffe und Garne an die Passarger; die Auslieferung wird von einer Zahlung von fünf Mark abhängig gemacht; Bestehen des Herzogs auf Einhaltung der Zusage seitens des Domkapitels; Frage nach dem Wahrheitsgehalt des Gerüchts einer Sperrung der Fischerei für die herzoglichen Untertanen durch das Domkapitel.

Reinkopie
Ostpr. Fol. 70, S. 53—55.

Nr. 1249

1552 April 7, Königsberg

Herzog Albrecht an Georg von Pröck, Hauptmann von Braunsberg:

Ersuchen um Verdeutlichung seiner Angaben in einer bestimmten Vormundschaftssache; der von [Pröck] erwähnte Name „Deppen" ist dem Herzog unbekannt; möglicherweise handelt es sich dabei um ein Mitglied der Familie Eppingen, das für die Ausübung der Vormundschaft zu jung ist.

Reinkopie
Ostpr. Fol. 70, S. 59—61.

Nr. 1250

1552 April 15, Königsberg

Herzog Albrecht an Bischof Stanislaus von Ermland:

Nach Rückkehr vom Reichstag in Petrikau haben die herzoglichen Gesandten ihren Landesherrn von der Benennung zweier neuer Kommissionen des polnischen Königs in der Streitsache zwischen Michel Schmid und Georg Ritter und in der zwischen dem Burggrafen zu Preußisch Mark und den Marienwerderschen Untertanen anhängigen Sache unterrichtet; Bitte an den Bischof als den obersten Präsidenten des Königlichen Teils [Preußen], den Ritter und den Hauptmann zu Marienwerder auf die vorliegenden königlichen Dekrete hinzuweisen, nach denen verfahren werden müsse.

Reinkopie
Ostpr. Fol. 70, S. 63—65.

Nr. 1251

1552 April 17, Königsberg

Herzog Albrecht an Bischof Stanislaus von Ermland:

Fürbitte für den herzoglichen Büchsenmeister Greger Taubitz, dessen Erbschaftssache auf die nächste Tagfahrt des Königlichen Teils Preußen verwiesen worden ist.

Reinkopie
Ostpr. Fol. 70, S. 65.

Nr. 1252

1552 April 29, Königsberg

Herzog Albrecht an die Frauenburger Domherren Eustachius von Knobelsdorff, Fabian Emrich und Johann Zimmermann in ihrer Eigenschaft als Testamentsvollstrecker des Achatius von der Trenck:

Bericht der Vormünder und der Verwandtschaft der Witwe Jacobs von der Trenck und deren Kinder über die Verschreibung des Bischofs von Ermland bezüglich eines von den Brüdern Jacob und Achatius von der Trenck gemeinsam gekauften Guts; dessen spätere alleinige Verschreibung an Achatius, der es nach seinem Ableben testamentarisch an die männlichen Erben des Jacob oder — falls solche nicht vorhanden sind — an die Spitäler in Frauenburg und Allenstein überschrieben hat; Bitte um Anberaumung eines Verhandlungstermins mit der Verwandtschaft des Jacob wegen ihrer Anfechtung des Testaments.

Konzept
1 Bogen Folio, S. 1—3 beschrieben, Empfängervermerk, S. 4 Empfänger- und Datumsvermerk.
HBA C 1 Nr. 1252. Altsignatur fehlt; K. 1210.

Nr. 1253

1552 Mai 4, Königsberg

Herzog Albrecht an Bischof Stanislaus von Ermland:

Fürbitte für einige Bürger der Stadt Bartenstein wegen eines Rechtsspruchs des Rats zu Rössel in ihrer Erbschaftsangelegenheit; da dieser Spruch eine Rechtsverkürzung für die Bartensteiner darstellt, soll der Bischof deren Appellation annehmen.

Reinkopie
Ostpr. Fol. 70, S. 73—75.

Nr. 1254

1552 Mai 26, Frauenburg

Eustachius von Knobelsdorff, Johannes Zimmermann, Fabianus Emrich, Domherren des Stifts Ermland, an Herzog Albrecht:

Ansetzung eines Tages durch den Herzog wegen des Gutes Tollack (Tollauken) auf das Gesuch der Vormünder der Witwe und der Kinder Jacobs von der Trenck; die Brüder Achatius und Jacob haben das Gut nicht gekauft, vielmehr hat es Bischof Johannes mit Zustimmung des Kapitels nicht dem Jacob, sondern dem Domherrn Achatius von der

Trenck mit allen Gerechtigkeiten eingeräumt und übergeben; Ausbau und Besetzung des Guts durch Achatius; dessen testamentarische Verfügung wegen Übergabe des Guts an die männlichen Erben seines Bruders [Jacob] und der daraus zu bestreitenden Morgengabe für die Tochter; Bitte an den Herzog, keine Einschränkung der Gerechtigkeiten und Regalien der ermländischen Kirche zuzulassen.

Behändigte Ausfertigung
1 Bogen Folio, S. 1—2 beschrieben, Außenadresse, Inhalts- und Kanzleivermerk.
Drei Siegel der Aussteller
HBA C 1 Nr. 1254. — Altsignatur: 1/12/137; K. 470.

Journalvermerk:

Frauenburger Domherren wegen der Vormundschaftssache der Witwe und Kinder Jacobs von der Trenck.

Ostpr. Fol. 14321, Bl. 17 v.

Nr. 1255

1552 Mai 29, Königsberg

Herzog Albrecht an Georg von Pröck, Hauptmann zu Braunsberg:

Begehren an den Hauptmann, zusammen mit seinem Bruder am Montag nach Johannis (27. Juni) wegen der Streitsache mit Caspar von Lethen vor dem Herzog oder dessen Räten [in Königsberg] zu erscheinen.

Reinkopie
Ostpr. Fol. 70, S. 83.

Nr. 1256

1552 Mai 31, Königsberg

Herzog Albrecht an Georg von Pröck, Hauptmann von Braunsberg:

[Georg von Pröck] soll dem Pfarrer zu Groß Schönau zur Erstattung des diesem von der Gemeinde Hammersdorf vorenthaltenen Dezemzinses in Höhe von 20 Mark verhelfen, die er zur Abtragung seiner Schulden benötigt.

Reinkopie
Ostpr. Fol. 70, S. 84.

Nr. 1257

1552 Juni 8, Königsberg

Herzog Albrecht an Bischof Stanislaus von Ermland:

Bitte an den Bischof, den nachgelassenen Kindern des Georg Pfersfelder das Gut Hohenfeld wieder gegen Bezahlung zu überlassen, das Pfersfelder vor dem letzten Preußischen Krieg in Pfandbesitz gehabt hatte.

Reinkopie
Ostpr. Fol. 70, S. 101—102.

Nr. 1258

1552 Juni 14, Allenstein

Peter Pfaff, Burggraf zu Allenstein, an Christoff von Kreytzen, Burggrafen zu Königsberg:

Verhaftung dreier Diebe auf Anzeige des Königsberger Bürgers Jorge Kempstedte; Verbürgung der Königsberger Bürger Clement Scholcz, Augustin Kissaw, Jorg Grabe und Tiburtius Teichmann füt das rechtmäßige Vorgehen des [Kempstedte] gegen die Verhafteten; Bitte [Kempstedtes] an [Pfaff] um ein schriftliches Bekenntnis über das in dieser Sache durchgeführte Gerichtsverfahren in Allenstein, damit er möglichst bald Briefe des [Königsberger] Burggrafen erhalten kann, um den angefangenen Sachen ihre endgültige rechtliche Gestalt zu geben.

Behändigte Ausfertigung
1 Blatt Folio, S. 1 beschrieben, Unterschrift des Ausstellers, S. 2 Außenadresse, Inhaltsvermerk.
Siegelreste
HBA C 1 Nr. 1258. — Altsignatur: 1/9/49; K. 470.

Journalvermerk:

Burggraf zu Allenstein wegen der auf Anregung des Jorge Kempstedte erfolgten Verhaftung dreier Diebe.

Ostpr. Fol. 14321, Bl. 17 r.

Nr. 1259

1552 Juni 16, Königsberg

Herzog Albrecht an Hauptmann zu Braunsberg:

Begehren an den Hauptmann, dem Zintener Bürger Valtin Greuell zur Erfüllung seiner Forderungen zu verhelfen.

Reinkopie
Ostpr. Fol. 70, S. 89—90.

Nr. 1260

1552 Juli 7, Königsberg

Herzog Albrecht an Georg von Pröck, Hauptmann zu Braunsberg:

Befehl an den Hauptmann, der Witwe des Jacob von der Trenck und ihren Kindern den ihnen bisher vorenthaltenen Hof einräumen zu lassen.

Reinkopie
Ostpr. Fol. 70, S. 98—99.

Nr. 1261

1552 Juli 18, Königsberg

Herzog Albrecht an den Rat zu Allenstein:

Ersuchen an den Allensteiner Rat, den herzoglichen Untertan Jobst Lieber für seine unschuldig erlittene Haft angemessen zu entschädigen; dem [Lieber] ist durch diese Haft eine Verkleinerung und Schmähung seiner Ehre zuteil geworden; auf Veranlassung des Herzogs hat dieser auf die strafrechtliche Verfolgung einiger Allensteiner Bürger verzichtet und möchte durch Vermittlung seines Landesherrn Recht erhalten.

Reinkopie
Ostpr. Fol. 70, S. 99—100.

Nr. 1262

1552 September 29, Königsberg

Herzog Albrecht an Hauptmann zu Braunsberg:

Der polnische König will wegen der „sterblichen Luft" in Braunsberg bei seinem Umzug diese Stadt meiden und hat um Auskunft ersucht, wie und an welchen Orten er am sichersten umziehen und insbesondere durch die Furt über die Passarge gelangen könne; da der Monarch nach seiner Abreise aus Frauenburg sein Nachtlager in Heiligenbeil schnell erreichen möchte, hat der Herzog seinem Hauptmann zu Balga den Befehl erteilt, sich eilends zum Braunsberger Hauptmann [Georg von Pröck] zu begeben, um mit diesem über den Durchzug des Königs und dessen Begleitung zu beraten; Begehren an [Pröck], die in Betracht kommenden Orte persönlich zu besichtigen und für die Ausbesserung der Ufer an der Furt der Passarge Sorge zu tragen; erforderliche Bereitstellung von Prahmen oder Fähren für das Übersetzen der Wagen und Pferde; benötigt werden auch Boote für die Königliche Majestät und Fährtaue.

Reinkopie
Ostpr. Fol. 70, S. 106—108.

Nr. 1263

1552 Oktober 1, Königsberg

Herzog Albrecht an Bischof Stanislaus von Ermland:

Empfang einer königlichen Kommission in Sachen Georg Ritters zu Thorn und des herzoglichen Untertans Michel Schmid und deren Übersendung an den Bischof als den obersten Präsidenten der königlichen Lande Preußen; Bitte um Unterrichtung der anderen königlichen Kommissarien und Insinuierung der Kommission an diese; Erwartung des endgültigen Abschlusses der Sache auf dem angesetzten Termin; Bitte um Weiterleitung der königlichen Zitation an Ritter.

Reinkopie
Ostpr. Fol. 70, S. 148—149.

Nr. 1264

1552 Oktober 4, Rössel

Bischof Stanislaus von Ermland an Herzog Albrecht:

Empfang des herzoglichen Schreibens mit beigefügter königlicher Kommission und Mandat in Sachen des Thorner Bürgers Georg Ritter ./. den herzoglichen Untertan Michel Schmidt; Abfassung und Zustellung der Ladung mit inserierter königlicher Kommission an die Bevollmächtigten und an Ritter; Rücksendung der Kommission an den Herzog, damit sie dessen Untertan zugestellt werden kann.

Behändigte Ausfertigung
1 Bogen Folio, S. 1 beschrieben, Unterschrift des Bischofs, S. 4 Außenadresse.
Siegel des Bischofs
HBA C 1 Nr. 1264. — Altsignatur: 1/12/139 (I); K. 470.
Kurzregest: Stanislai Hosii Epistolae, Bd. 2, Nr. 841, S. 241.

Journalvermerk:

Schreiben des Bischofs wegen der Kommission in Sachen Schmidts und Ritters.

Ostpr. Fol. 14321, Bl. 17 r.

Nr. 1265

1552 November 7, Heilsberg

Bischof Stanislaus von Ermland an Herzog Albrecht:

Wüten der Pest in Elbing und Thorn; Frage an den Herzog, ob dieser trotzdem zur Absendung seiner Bevollmächtigten in der Sache [Schmidts] und Ritters nach Elbing bereit sei und verlange, daß auch Ritter mit seinem Beistand aus einem pestverdächtigen Ort dorthin komme; Bitte um Nachricht, weil die königlichen Kommissarien davon unterrichtet werden müßten, die dagegen Bedenken hätten.

Behändigte Ausfertigung
1 Bogen Folio, S. 1 beschrieben, Unterschrift des Bischofs, S. 4 Außenadresse.
Siegel des Bischofs
HBA C 1 Nr. 1265. — Altsignatur: 1/12/139 (II); K. 470.
Kurzregest: Stanislai Hosii Epistolae, Bd. 2, Nr. 859, S. 248.

Nr. 1266

1552 November 9, Königsberg

Herzog Albrecht an Georg von Pröck, Hauptmann zu Braunsberg:

Begehren an den Hauptmann, nicht namentlich genannten herzoglichen Untertanen zu dem Erbe ihres im Stift Ermland ansässig gewesenen Bruders Hans genannt zu Bißbergk zu verhelfen.

Reinkopie
Ostpr. Fol. 70, S. 117—118.

Nr. 1267

1552 November 13, Königsberg

Herzog Albrecht an Georg von Pröck, Hauptmann zu Braunsberg:

Strittige Teilungssache zwischen Georg von Kitlitz und Merten Pröck, dem Bruder des Hauptmanns; trotz Zusammenkunft der dazu verordneten Bevollmächtigten verhinderte Merten das Zustandekommen eines Beschlusses in dieser Sache; Befehl an [Georg von Pröck], am Sonntag vor Nicolai (5. Dezember) persönlich im Hofe seines Bruders zu erscheinen oder einen Bevollmächtigten dorthin abzuordnen, damit die Teilung vollzogen werden kann.

Reinkopie
Ostpr. Fol. 70, S. 118—120.

Nr. 1268

1552 November 16, Königsberg

Herzog Albrecht an Bischof Stanislaus von Ermland:

Empfang des bischöflichen Schreibens wegen der Pest in Elbing und Thorn; Bereitschaft des Herzogs am Festhalten des Termins in Elbing zur Regelung der Sache Ritters und [Schmids]; für den Herzog steht der gemeine Nutzen über dem persönlichen Wohlergehen; nach glaubwürdigen Berichten ist die Gefahr in Elbing nicht so groß wie vermutet; die herzoglichen Bevollmächtigten werden den Tag gemäß dem vom König angesetzten Termin besuchen; der Herzog ist aber auch mit einer Verlegung des Verhandlungsorts nach Wormditt, Heilsberg oder an einen anderen Ort im Bistum einverstanden, wenn das der Bischof und die anderen königlichen Kommissarien wünschen; Bitte an den Bischof, sich für die Freigabe der arrestierten Güter herzoglicher Untertanen im Bistum Kujawien zu verwenden.

Reinkopie
Ostpr. Fol. 70, S. 149—151.

Nr. 1269

1552 November 20, Heilsberg

Bischof Stanislaus von Ermland an Herzog Albrecht:

Kenntnisnahme vom Wunsche des Herzogs, den zu Elbing angesetzten Termin in der Angelegenheit Michel Schmids und Georg Ritters wahrzunehmen; Bereitschaft des Bischofs, die königlichen Kommissarien von diesem Beschluß des Herzogs zu unterrichten; er sagt in der Sache der beschlagnahmten Güter im Bistum Kujawien seine Unterstützung zu.

Behändigte Ausfertigung
1 Bogen Folio, S. 1 beschrieben, Unterschrift des Bischofs, S. 4 Außenadresse und Inhaltsvermerk.
Siegel des Bischofs
HBA C 1 Nr. 1269. — Altsignatur: 1/12/139 (III); K. 470.
Kurzregest: Stanislai Hosii Epistolae, Bd. 2, Nr. 877, S. 257.

Nr. 1270

1552 November 25, Königsberg

Herzog Albrecht an Georg von Pröck, Hauptmann zu Braunsberg:

Verhinderung des [Pröck] an dem vom Herzog anberaumten Termin zur Lösung der Teilungssache mit Georg von Kitlitz; Einverständis des Herzogs mit der Verschiebung dieser Angelegenheit auf Trium Regum (6. Januar) des folgenden Jahres.

Reinkopie
Ostpr. Fol. 70, S. 128—129.

Nr. 1271

1552 Dezember 3, Königsberg

Herzog Albrecht an Bischof Stanislaus von Ermland:

Bezug auf die ihm vom Bischof in Danzig überreichte Supplikation in der Sache der Brüder Procop, Anders, Hans und Merten Praffda; Bericht des Hauptmanns von Osterode [Wolf von Kreytzen], unter dem diese Freien gesessen haben, über den Sachverhalt; den übersandten Privilegien und Handfesten kann der Bischof entnehmen, mit welchen Pflichten die besagten Güter belegt sind; Bitte des Herzogs an den Bischof, die Gebrüder Praffda zur Erfüllung ihrer auf ihren Gütern haftenden Pflichten zu veranlassen; falls sie dabei unbillig beschwert werden, soll ihnen Abhilfe zuteil werden.

Reinkopie
Ostpr. Fol. 70, S. 129—131.

Nr. 1272

1552 Dezember 14, Königsberg

Herzog Albrecht an Bischof Stanislaus von Ermland:

Supplik des herzoglichen Untersassen Peter Tekel wegen eines von der alten Frau Schönwiese herrührenden Erbfalls und seiner damit zusammenhängenden Vorladung vor das Braunsberger Stadtgericht; Anspruch der Winnepfennigschen auf dieses Erbe, den sie mit dem Testament der Verstorbenen begründet; Bitte des Herzogs an den Bischof, dem [Tekel] und dessen Angehörigen gegen die unbegründete Forderung der Winnepfennigschen zum Recht zu verhelfen.

Reinkopie
Ostpr. Fol. 70, S. 131—133.

Nr. 1273

1552 Dezember 22, Königsberg

Herzog Albrecht an Rat zu Braunsberg:

Supplik der Witwe des Ambrosius Adler wegen der ausstehenden 100 Mark, die ihr Mann seinerzeit in seiner Eigenschaft als Bürge dem Bartholomäus Lütke gezahlt hatte; der Braunsberger Rat will diese Forderung ohne Vorlage der Handfeste Adlers über diese Bürgschaft nicht anerkennen; da Lütke diese Handfeste beim Gericht der Altstadt Königsberg hinterlegt und das Dokument inzwischen an das fürstliche Hofgericht geschickt worden ist, ersucht der Herzog den Braunsberger Rat, der Witwe Adler zur Erfüllung ihrer Forderung zu verhelfen.

Reinkopie
Ostpr. Fol. 70, S. 141—144.

Nr. 1274

1552 Dezember 23, Königsberg

Herzog Albrecht an Hauptmann zu Braunsberg:

Supplik Urban Jagentheuffels, Bürgers der Altstadt Königsberg, wegen des Nachlasses seiner Schwiegermutter, der Witwe des Braunsberger Bürgers Andres Gulich; da [Jagentheuffel] wegen dringlicher Geschäfte nicht umgehend nach Braunsberg in der mit seinem Schwager und der Schwägerin strittigen Teilungssache kommen kann, Begehren des Herzogs an den Hauptmann, die Verhandlungen bis zur Rückkehr [Jagentheuffels] auszusetzen und den Braunsberger Rat und die anderen Erbnehmer von der Fristverlängerung entsprechend zu unterrichten.

Reinkopie
Ostpr. Fol. 70, S. 146—148.

Nr. 1275

1553 Januar 4, Braunsberg

Georg von Pröck, Hauptmann von Braunsberg, an Herzog Albrecht:

Verhinderung seiner Teilnahme an den Teilungsverhandlungen am 6. Februar mit den Vormündern der Witwe und Kinder Jacobs von der Trenck und dem alten Hofmann wegen schwerer Erkrankung und Bettlägerigkeit; Bereitschaft zu einem Verhandlungstag in Schidenin oder Heiligenbeil nach seiner Genesung; Hinweis auf das herzogliche Schreiben wegen der Thomasdorfer (Thomsdorfer) im Amt Balga, von denen jeder ein Stück Bauholz von 45 Schuh Länge liefern soll.

Behändigte Ausfertigung
1 Bogen Folio, S. 1 beschrieben, Unterschrift des Ausstellers, Inhaltsvermerk, Eingangsvermerk vom 9. Januar.
Siegel des Ausstellers
HBA C 1 Nr. 1275. — Altsignatur: 2/34/83; K. 470.

Nr. 1276

1553 Januar 19, Heilsberg

Bischof Stanislaus von Ermland an Herzog Albrecht:

Erinnerung an die gemeinsame Beredung in Danzig wegen der Flachs- und Hopfenbrake und anderer „Gebrechen" der beiderseitigen Untertanen; Zusage des Herzogs über die Einrichtung einer solchen Brake auf der Grundlage der Landesordnung; Übersendung einer Supplikation seiner städtischen Untertanen um die Bewahrung der Gleichheit zwischen den herzoglichen und bischöflichen Untersassen in diesen Artikeln; Bitte um Stellungnahme des Herzogs zu diesen Fragen, damit die bischöflichen Untertanen entsprechend unterrichtet werden können.

Behändigte Ausfertigung
1 Bogen Folio, S. 1 beschrieben, Unterschrift des Bischofs, S. 4 Außenadresse, Inhalts- und Kanzleivermerk, Eingangsvermerk vom 19. Januar 1553.
Siegel des Bischofs
HBA C 1 Nr. 1276. — Altsignatur: 1/11/193; K. 470.
Kurzregest: Stanislai Hosii Epistolae, Bd. 2, Nr. 949, S. 289f.

Beilage

[o. D. u. O.]

Städtische Gesandte an Bischof Stanislaus von Ermland:

Schädigung der ermländischen Städte durch die Danziger wegen des von den Bauern in zu schweren Bündeln und in unreiner Qualität auf den Markt gebrachten Flachses; Bitte um spezielle Wiegung derjenigen Bündel, die ein Gewicht von mehr als fünf Vierteln Stein haben; zur Aussonderung des unreinen Flachses ist die Errichtung einer im Lande üblichen Brake erforderlich; unreinen Flachs sollen die Bauern wieder mitnehmen und erst nach dessen Reinigung wieder auf den Markt bringen; Kaufleute, die unreine Ware erwerben, sollen mit gebührender Strafe belegt werden; desgleichen Erfordernis einer Brake für die Prüfung des mit Blättern und Ranken behafteten Hopfens; Beschwerde über die Polen, die den Teer verfälschen und mit dickem und ungewöhnlichem Holz durchsetzt auf den Markt bringen, so daß der Käufer nur die Hälfte der Ware für sein gutes Geld bekommt; Klage über den Müßiggang des Gesindes, das unter ungebührlichen Jahrgeldern angemietet wird; Bitte um die Verordnung, daß kein Dienstbote von seinem Herrn ohne „Passbort" verabschiedet werden darf; Gesuch an den Bischof, beim Herzog die Annahme und Beachtung der genannten Artikel zu bewirken, daß die Gleichheit zwischen den beiderseitigen Untertanen hergestellt werden kann; andernfalls würde mancher Bauer ins Herzogtum abwandern.

Reinkopie
1 Bogen Folio, S. 1—2 beschrieben.

Journalvermerk:

Schreiben des Bischofs wegen der Beschwerden seiner städtischen Untertanen über die unreine und zu schwere Ware und der erforderlichen Einrichtung einer Brake.

Ostpr. Fol. 14320, Bl. 66 r.

Nr. 1277

1553 Januar 22, Königsberg

Herzog Albrecht an Bischof Stanislaus von Ermland:

Empfang des bischöflichen Schreibens vom 19. Januar; Zusage der Einrichtung einer Brake im Herzogtum, wenn auf bischöflicher Seite gleichfalls eine etabliert wird; für den gemeinen Nutzen soll nichts unterlassen werden.

Reinkopie
Ostpr. Fol. 70, S. 160—161.

Nr. 1278

1553 Januar 28, Königsberg

Herzog Albrecht an Georg von Pröck, Hauptmann von Braunsberg:

Ansetzung eines Verhandlungstermins in den strittigen Grenzsachen zwischen [Georg von Pröck] und dessen Bruder einer- und Caspar von Lethen andererseits in Königsberg am Montag nach Reminiscere (27. Februar).

Reinkopie
Ostpr. Fol. 70, S. 162—163.

Nr. 1279

1553 Februar 4, Königsberg

Herzog Albrecht an Bischof Stanislaus von Ermland:

Errichtung von Braken in allen Marktstädten des Herzogtums zur Aussonderung von unreinem Flachs, Hanf, Wolle, Hopfen, Pech und Teer; Schädigung des armen Bauern durch ein Verbot, zwei Bündel Flachs über vier Fünftel Stein nicht zusammenbinden und gemeinsam auswiegen zu lassen; durch den Ausschlag der Waage entsteht ein Verlust von zwei Pfund, weil dann jeder Stein gesondert gewogen werden muß; erforderliche Lohnfestsetzung für das Gesinde; ein Knecht, der im Geschirrmachen und Pflügen erfahren ist, muß mehr bekommen als einer, der dazu nicht fähig ist; das gleiche gilt für eine Magd, die Molkenspeise wohl zubereiten kann, im Unterschied zu einer, die dazu nicht zu gebrauchen ist; eine gleiche Praktizierung dieser Fragen im Herzogtum und Bistum setzt die Anpassung des gesamten Königlichen Teils Preußen an dieses Verfahren voraus.

Reinkopie
Ostpr. Fol. 70, S. 167—172.

Nr. 1280

1553 Februar 8, Königsberg

Herzog Albrecht an Georg von Pröck, Hauptmann zu Braunsberg:

Ersuchen an den Hauptmann, zu dem in der Streitsache mit Georg von Kitlitz und Caspar von Lethen angesetzten Tag in Königsberg zu erscheinen.

Reinkopie
Ostpr. Fol. 70, S. 173—174.

Nr. 1281

1553 Februar 27, Königsberg

Herzog Albrecht an Georg von Pröck, Hauptmann zu Braunsberg:

Teilweises Verständnis für das Nichterscheinen [Pröcks] auf dem am [27. Februar] angesetzten Tag in Königsberg wegen dienstlicher Geschäfte des Hauptmanns; erneute Festsetzung eines Verhandlungstermins auf den Montag nach Quasimodogeniti (10. April), den [Pröck] entweder persönlich oder durch seinen Sohn oder einen anderen Bevollmächtigten wahrnehmen muß; er soll dazu die Handfeste über die im gemeinschaftlichen Besitz mit seinem Bruder befindlichen Güter mitbringen.

Reinkopie
Ostpr. Fol. 70, S. 178—179.

Nr. 1282

1553 März 8, Königsberg

Herzog Albrecht an Bischof Stanislaus von Ermland:

Gestrige Aushändigung eines königlichen Schreibens vom 12. Februar durch den Diener Georg Ritters; auf dessen unbegründetes Verlangen hin Verlegung der ihn und andere herzogliche Untertanen betreffenden Prozeßsache an einen anderen Ort und deren Behandlung durch mit der Materie nicht vertraute königliche Bevollmächtigte; diese Änderung dient zum „Schimpf und Nachtheil" der Königlichen Majestät und ihrer Dekrete wie auch der bisherigen Bevollmächtigten; der Herzog will einen eilenden Boten an den König abfertigen, der die herzoglichen Bedenken gegen diese Maßnahmen vorbringen und nach den Gründen, warum dieser „Handel" nicht abgeschlossen sei, fragen soll; Bitte um Stellungnahme des Bischofs als des obersten königlichen Bevollmächtigten in dieser Angelegenheit.

Reinkopie
Ostpr. Fol. 70, S. 183—186.

Nr. 1283

1553 März 10, Elbing

Bischof Stanislaus von Ermland an Herzog Albrecht:

Bezug auf den in Elbing getroffenen Beschluß, die Prozeßsache Ritters und [Schmids] auf die nächste Tagfahrt des Königlichen Teils Preußen zu verschieben; der königlichen Kommission kann nicht entsprochen werden, weil er [der Bischof] die herzoglichen Untertanen nicht zitieren oder laden kann und die zu Kommissarien verordneten Woiwoden durch die Grenzbesichtigung und -festlegung zwischen der Krone Polen und

Herzog Barnim von Pommern in Anspruch genommen sind; Annahme des [Elbinger] Beschlusses durch die Gegenseite; Schreiben des Bischofs an den König zur Förderung der Sache; nach dem Willen des Monarchen soll der eingeleitete Prozeß fortgeführt werden.

Behändigte Ausfertigung
1 Bogen Folio, S. 1—2 beschrieben, Unterschrift des Bischofs, S. 4 Außenadresse, Inhalts- und Kanzleivermerk.
Siegel des Bischofs
HBA C 1 Nr. 1283. — Altsignatur: 1/11/194; K. 470.

Journalvermerk:

Schreiben des Bischofs wegen der Sache Ritters und Schmids und seiner diesbezüglichen Bemühungen beim König.

Ostpr. Fol. 14320, Bl. 66 r.

Nr. 1284

1553 März 12, Königsberg

Herzog Albrecht an Bischof Stanislaus von Ermland:

Empfang und Verlesung des bischöflichen Schreibens vom 10. März; Bitte um weiteres Bemühen in der Sache der herzoglichen Untertanen ./. Georg Ritter, der zu einem der Billigkeit entsprechenden Verhalten angewiesen werden soll; Dank für den Bericht des Bischofs über den Stand dieses Prozesses an den König, dem auch der Herzog geschrieben hat; Klage der herzoglichen Untertanen über Ritter, der eine königliche Vollmacht zur Arrestierung ihrer Güter erlangt haben soll; der Bischof soll beim König den Widerruf dieses Zulasses bewirken.

Reinkopie
Ostpr. Fol. 70, S. 193—196.

Nr. 1285

1553 März 14, Elbing

Bischof Stanislaus von Ermland an Herzog Albrecht:

Frage des Bruders Georg Ritters, ob die königlichen Bevollmächtigten an dem festgesetzten Termin nach dem Inhalt der königlichen Kommission verfahren würden; wegen Nichtanwesenheit der Woiwoden, darunter auch des erkrankten Bartelmes Grefe, kann die Sache zunächst nicht weiterverhandelt werden; kein Erfordernis zur Absendung herzoglicher Kommissarien zwecks Behandlung der Angelegenheit; Bereitschaft des

Bischofs zur Hinderung des Ritter an Übergriffen gegen herzogliche Untertanen; etwaigen Erklärungen Georg Ritters soll der Herzog keinen Glauben schenken.

Behändigte Ausfertigung
1 Bogen 21, 5 x 30 cm, S. 1—2 beschrieben, Unterschrift des Bischofs, S. 4 Außenadresse, Inhaltsvermerk.
Siegel des Bischofs
HBA C 1 Nr. 1285. — Altsignatur: 1/11/195; K. 470.

Journalvermerk:

Schreiben des Bischofs in der Prozeßsache herzoglicher Untertanen ./. Georg Ritter und seine Bemühungen, den Interessen des Herzogs zu entsprechen.

Ostpr. Fol. 14320, Bl. 66 r.

Nr. 1286

1553 März 30, Königsberg

Herzog Albrecht an Hans von Pröck:

Dank für die Übersendung von Pomeranzen und Granatäpfeln an den Herzog und seine Gemahlin [Anna Maria].

Reinkopie
Ostpr. Fol. 70, S. 201—202.

Nr. 1287

1553 April 3, Königsberg

Herzog Albrecht an Bischof Stanislaus von Ermland:

Fürbitte für den herzoglichen Untertan Caspar Scheffler, der seinen Sohn ins Stift Ermland zur Eintreibung von Schulden in Höhe von 100 Mark schicken möchte.

Reinkopie
Ostpr. Fol. 70, S. 203—205.

Nr. 1288

1553 April 12, Königsberg

Herzog Albrecht an den Rat zu Allenstein:

Ersuchen um Unterstützung des herzoglichen Untertans Jost Leuer, damit dieser zu seinem Recht kommt.

Reinkopie
Ostpr. Fol. 70, S. 207.

Nr. 1289

1553 April 22, Königsberg

Herzog Albrecht an Bischof Stanislaus von Ermland:

Tod Georg Ritters zu Thorn; der Bischof möge erkunden, ob es bei dem Abschied der Elbinger Tagfahrt bleibt oder ob die Sache auf dem kommenden Marienburger Landtag verhandelt wird.

Reinkopie
Ostpr. Fol. 70, S. 210—212.

Nr. 1290

1553 April 24, Heilsberg

Bischof Stanislaus von Ermland an Herzog Albrecht:

Keine offizielle Ladung der Erben Georg Ritters zur Tagfahrt in Marienburg, weil die noch verbleibende Zeit zu kurz ist; Hoffnung, daß diese auch ungeladen an der Tagfahrt teilnehmen werden, „da sie das Recht zu prosequiren gesinnet"; Bitte um Entsendung der herzoglichen Bevollmächtigten nach Marienburg entsprechend dem letzten Elbinger Abschied.

Behändigte Ausfertigung
1 Bogen Folio, S. 1—2 beschrieben, Unterschrift des Bischofs, S. 4 Außenadresse, Inhalts- und Kanzleivermerk.
Siegel des Bischofs
HBA C 1 Nr. 1290. — Altsignatur: 1/11/197; K. 470.

Journalvermerk:

Antwort des Bischofs in der Sache Michel Schmids und Georg Ritters.

Ostpr. Fol. 14320, Bl. 66 v.

Nr. 1291

1553 Mai 3, Königsberg

Herzog Albrecht an Bischof Stanislaus von Ermland:

Neue Kommission des Königs, die die vorangehende annulliert und verfügt, daß es bei den alten Kommissarien in der Sache Ritters verbleiben soll; die Sache soll in Marienburg gemäß dem Beschluß der letzten Elbinger Tagfahrt verhandelt werden; Bitte um Weiterleitung eines königlichen Schreibens an die Stände des Königlichen Teils Preußen zu Stanislai (8. Mai) in Marienburg, damit sie über die Behandlung der Angelegenheit beraten können.

Reinkopie
Ostpr. Fol. 70, S. 213—215.

Nr. 1292

1553 Mai 5, Braunsberg

Bischof Stanislaus von Ermland an Herzog Albrecht:

Der Bischof befindet sich auf der Reise nach Marienburg; er will auf der dortigen Tagfahrt die anderen königlichen Kommissarien zur Behandlung der Sache des verstorbenen Georg Ritter veranlassen, damit die herzoglichen Bevollmächtigten nach ihrer Ankunft am Tagfahrtort deren Stellungnahme erfahren.

Behändigte Ausfertigung
1 Bogen Folio, S. 1 beschrieben, Unterschrift des Bischofs, S. 4 Außenadresse, Inhalts- und Kanzleivermerk.
Siegel des Bischofs
HBA C 1 Nr. 1292. — Altsignatur: 1/11/198; K. 470.

Journalvermerk:

Schreiben des Bischofs wegen Behandlung der Sache von Ritters Erben auf der Tagfahrt zu Marienburg.

Ostpr. Fol. 14320, Bl. 66 v.

Nr. 1293

1553 Juni 14, Schönfeld

Bischof Stanislaus von Ermland an Herzog Albrecht:

Dank für die Nachricht über die Aussetzung der Hochzeit des Königs mit [Katharina von Habsburg] wegen Krankheit; Aufschub seines Zuges nach Krakau bis auf näheren Bescheid; der an den polnischen Hof entsandte Bote ist bislang nicht von dort zurückgekehrt.

Behändigte Ausfertigung
1 Bogen Folio, S. 1 beschrieben, Unterschrift des Bischofs, S. 4 Außenadresse, Inhalts- und Kanzleivermerk.
Siegel des Bischofs
HBA C 1 Nr. 1293. — Altsignatur: 1/11/196; K. 470.

Journalvermerk:

Dank für die herzogliche Nachricht über die ausgesetzte Hochzeit des Königs.

Ostpr. Fol. 14320, Bl. 66 v.

Nr. 1294

1553 Juni 27, Königsberg

Herzog Albrecht an Bischof Stanislaus von Ermland:

Bitte um Auskunft, wie im Bistum [Ermland] mit Tüchern, die nicht die erforderliche Länge und Breite haben, verfahren wird; Hinweise auf mehrfache Vereinbarungen im Beisein des polnischen Königs [Sigismund I.] in Danzig in dieser Sache, die bisher nicht zum Abschluß gelangt sind; der Herzog hält übereinstimmende Maßnahmen mit dem Bischof für erforderlich, um den Import solcher falschen Tücher wirkungsvoll bekämpfen zu können.

Reinkopie
Ostpr. Fol. 70, S. 244—245.

Nr. 1295

1553 Juni 28, Sehbolt

Bischof Stanislaus von Ermland an Herzog Albrecht:

Bitte um Mitteilung der Ursachen für den abermaligen Aufschub der Hochzeit des polnischen Königs [Sigismund II. August].

Behändigte Ausfertigung
1 Bogen Folio, S. 1 beschrieben, Unterschrift des Ausstellers, S. 4 Außenadresse, Inhalts- und Kanzleivermerk.
Siegel des Bischofs
HBA C 1 Nr. 1295. — Altsignatur: 1/11/199; K. 470.

Journalvermerk:

Anfrage des Bischofs wegen erneuter Verschiebung der königlichen Hochzeit.

Ostpr. Fol. 14320, Bl. 66 v.

Nr. 1296

1553 Juli 9, Königsberg

Herzog Albrecht an Bischof Stanislaus von Ermland:

Dank für die Nachricht des Bischofs wegen des im Ermland gehandhabten Verbots der falschen Tücher; im Herzogtum wird hierin die Gleichheit mit dem Königlichen Teil Preußen praktiziert werden; nach Informationen vom königlichen Hofe hat den Monarchen am Johannistag (24. Juni) das Fieber verlassen, was zur Hoffnung auf Gesundung Anlaß gibt; das königliche Beilager soll am 30. Juni vollzogen werden.

Reinkopie
Ostpr. Fol. 70, S. 247—249.

Nr. 1297

1553 August 20, Königsberg

Herzog Albrecht an Hauptmann zu Braunsberg:

Befriedigung über das Einverständnis des Hauptmanns zur gütlichen Einigung mit Wilhelm von Schlieben; die entsprechende Verhandlung ist auf den Montag nach Michaelis (2. Oktober) in Heilsberg angesetzt; der Hauptmann soll dafür die erforderlichen Schriften, Briefe und Siegel zur Verfügung halten.

Reinkopie
Ostpr. Fol. 70, S. 256—257.

Nr. 1298

1553 September 3, Königsberg

Herzog Albrecht an Bischof Stanislaus von Ermland:

Bitte um Zitation der Erben Georg Ritters aus Thorn auf die kommende Tagfahrt zu Michaelis; der Herzog will seinerseits den Michel Schmid und seine Räte dahin abordnen, damit die Sache abgeschlossen werden kann.

Reinkopie
Ostpr. Fol. 70, S. 260—261.

Nr. 1299

1553 September 5, Heilsberg

Bischof Stanislaus von Ermland an Herzog Albrecht:

Ausgabe einer königlichen Kommission auf Antrag Michael Schmids ./. Georg Ritters Erben unter dem Landessiegel im Namen aller königlichen Räte auf der letzten Tagfahrt zu Marienburg für die kommende Tagfahrt in Graudenz; Michael Schmid soll diese Zitation an die Gegenpartei weiterleiten, was spätestens 14 Tage vor Beginn dieser Tagfahrt erfolgt sein muß, um weitere Verzögerungen auszuschließen.

Behändigte Ausfertigung
1 Bogen Folio, S. 1 beschrieben, Unterschrift des Bischofs, S. 4 Außenadresse, Inhalts- und Kanzleivermerk.
Siegel des Bischofs
HBA C 1 Nr. 1299. — Altsignatur: 1/11/200; K. 470.

Journalvermerk:

Schreiben des Bischofs wegen der Zitation Michel Schmids in dessen Sache ./. Georg Ritters Erben.

Ostpr. Fol. 14320, Bl. 66 v.

Nr. 1300

1553 Oktober 19, Königsberg

Herzog Albrecht an Bischof Stanislaus von Ermland:

Vergleich wegen der Handhabung der schmalen schlesischen Tücher; Bitte der Gewandschneider des Herzogtums, die schmalen Tücher, die sie vor Inkrafttreten des Vergleichs erhalten haben, zuschneiden zu dürfen; Klage des Untertans Christoff Winter über den Braunsberger Bürgermeister; [Winter] hatte seine Frau von Schippenbeil, wo er Markt gehalten hatte, nach Braunsberg geschickt, das sie am Tage Francisci (4. Oktober) erreichte; unter ihren Tuchpacken befanden sich auch schmale Tücher, die sie nicht in Braunsberg verkaufen, sondern vielmehr nach Zinten und Heiligenbeil ins Herzogtum bringen wollte; diese Tücher hat sie wegen des feuchten Wetters unter den Tuchstapeln verwahrt; Beschlagnahme von sieben dieser Tücher durch die [Braunsberger] Verordneten; nach Aussage der Frau hat ihr der [Braunsberger] Hauptmann die Rückgabe dieser Tücher versprochen; auf ihr Begehren, diesem Versprechen Folge zu leisten, hat sie der Bürgermeister mit „bösen Worten angefahren" und ihr auf freier Gasse vor dem Rathaus Schläge angedroht; trotz ihrer erneuten Supplik an den Hauptmann ist ihr das beschlagnahmte Tuch nicht ausgefolgt worden; Bitte des Herzogs an den Bischof um Aushändigung der beschlagnahmten Ware an Christoff Winter.

Reinkopie
Ostpr. Fol. 70, S. 275—279.

Nr. 1301

1553 Oktober 24, o. O.

Auszug aus der Darstellung eines Ungenannten [möglicherweise eines Mitglieds des Frauenburger Domkapitels] über die Verletzung der Freiheiten der Lande Preußen und des Stifts Ermland:

Vor kurzem Ankunft eines päpstlichen Boten in Krakau zur Hochzeit des polnischen Königs; Äußerungen des königlichen Sekretärs Adam Konarski, man wolle „das Land Preussen gänzlich unterdrücken und sich zu eigen machen"; weil sich Hosius und Kromer gegen die Besetzung der Domherrenstellen mit preußischen Landsassen aussprechen, da diese alle lutherisch seien, fordert der König, daß niemand ohne seine Einwilligung und die des Bischofs eine Domherrenstelle in Frauenburg erlangen dürfe; angesichts der nahezu erblichen Besetzung der Koadjutorstellen durch die Danziger solle der Papst statuieren, daß niemand Posseß gegeben werde ohne Zulaß des Königs und des Bischofs; das führt zur Vernichtung der Landes- und Kapitelsfreiheiten; das Domkapitel hatte bis jetzt das Recht der Berufung, wenn auch der Bischof hierbei die erste Stimme hatte, was die von diesem beschworenen Artikel beinhalteten; Tatenlosigkeit des Domkapitels gegen die Versuche des Hosius, das Schloß und Gebiet Allenstein an sich zu bringen; wenn man dem Kapitel seine Freiheit und Gerechtigkeit nimmt, wird man in Zukunft polnische Domherren und Bischöfe haben; Verzicht Jacob Cleffelts auf die ihm zustehende Domherrenstelle, die ehemals Kostkas Sohn in Besitz gehabt hatte, wegen der Anklagen des Hosius und des Königs gegen sein und seines Vaters lutherisches Bekenntnis in ihrem in Abwesenheit des Kardinals Farnese an den Kardinal Puteus, den Vizeprotektor des polnischen Reiches, gerichteten Schreiben; Absicht des [Puteus], den [Cleffelt] aufgrund der Briefe des Königs und des Hosius der Inquisition zu überantworten; Hosius hat sich in seinem Schreiben auch über das Luthertum des jungen Gisius geäußert; nach Aussage von Briefen soll Hosius den Befehl zur Ausrottung des Luthertums unter den Frauenburger Domherren erhalten haben; Kontakte des Verfassers zum Bürgermeister Tidemann Giese wegen Bewahrung der kirchlichen Gerechtigkeiten; die Ursache für den Verlust der Freiheiten ist in der eigenen Uneinigkeit zu suchen; Empfehlung eines Schreibens der drei Städte [Danzig, Elbing, Thorn] an den Kardinal Puteus mit dem Hinweis auf die Verleihung vieler Freiheiten und Privilegien seitens der Päpste und Kaiser für die Kirche Ermland und das ganze Land [Preußen]; Fundierung und Dotierung der ermländischen Kirche durch den Stuhl zu Rom; Gewährung der Freiheiten des Landes [Preußen] durch die Vorfahren des polnischen Königs; deutsche Art und Sprache des gesamten [Preußen]; Zugehörigkeit der Kirche Ermland zu den „Concordatis Nationis Germanice“; Besetzung des ermländischen Bischofstuhls mit Landeseinzöglingen; Versuch der Kurie, diese Freiheiten und Privilegien zu brechen, was zu Zwietracht und Aufruhr führen kann; Gesuch um Belassung der Einzöglinge mit ihren Kindern bei ihren Privilegien und Freiheiten und um Abwehr der dem Lande zum Nachteil dienenden Neuerungen.

Reinkopie
1 Bogen Folio, S. 1—2 beschrieben, S. 4 Inhalts- und Datumsvermerk von 1554 (!).
HBA C 1 Nr. 1301; Altsignatur: 2/22/52; K. 470.

Nr. 1302

1553 November 20, Königsberg

Herzog Albrecht an Bischof Stanislaus von Ermland:

Empfang des bischöflichen Schreibens vom 10. November; Wiederaufgreifen der Klage des herzoglichen Untertans Christoff Winter über den Bürgermeister von Braunsberg; Fürbitte für [Winter], damit er seine in Braunsberg beschlagnahmten Waren zurückerhalten und für seine Mühe und Kosten entschädigt werden kann; Interesse des Herzogs an der Aufrechterhaltung der beiderseitigen freundlichen Nachbarschaft.

Reinkopie
Ostpr. Fol. 70, S. 283—286.

Nr. 1303

1553 Dezember 5, Königsberg

Herzog Albrecht an Hauptmann zu Braunsberg:

Tadel an dem Hauptmann wegen seines Ausbleibens an dem vom Herzog angesetzten Verhandlungstag zu Andreae (30. November) in der Sache [Bothos] von Eylenburg, Hauptmanns zu Bartenstein, und Wolffs von Cöderitz als Vormünder der Witwe Heinrichs von Kitlitz; die Ladung hatte Georg von Kitlitz an den Hauptmann und dessen Bruder ergehen lassen; da der letztere nur drei Briefe über Güter im Balgaschen vorgelegt hatte — alle anderen Schreiben befanden sich in der Hand des Hauptmanns —, konnte die Verhandlung nicht abgeschlossen werden; peremptorische [letztmalige] Zitation des Hauptmanns am 2. Januar 1554 vor den Herzog oder dessen Hof- und Gerichtsräte; andernfalls Einweisung der Gegenpartei in die strittigen Güter oder Verurteilung des [Pröck] zu einer Strafe von 300 Gulden wegen Ungehorsams.

Reinkopie
Ostpr. Fol. 70, S. 286—289.

Nr. 1304

1554 Januar 10, Königsberg

Herzog Albrecht an Bischof Stanislaus von Ermland:

Überreichung eines königlichen Befehlsschreibens an den Herzog durch den Marienburger Woiwoden Achatius von Zehmen; angeordnete Beredung des Bischofs, [Zehmens] und des Herzogs in etlichen Angelegenheiten, vor allem in Ordenssachen; Bitte an den Bischof um Vorschlag eines Verhandlungsorts und -termins, dem der Herzog Folge leisten will; da [Zehmen] am herzoglichen Hoflager weilt, wäre vielleicht ein Treffen in [Königsberg] am ratsamsten.

Reinkopie
Ostpr. Fol. 70, S. 306—308.

Nr. 1305

1554 Januar 10, Heilsberg

Bischof Stanislaus von Ermland an Herzog Albrecht:

Einverständnis mit dem Vorschlag des Herzogs, zur Beredung der Ordensangelegenheiten zum Hoflager nach Königsberg zu kommen; Ankunft des Bischofs am kommenden Montagabend oder am Dienstag früh (15./16. Januar).

Behändigte Ausfertigung
1 Bogen Folio, S. 1—2 beschrieben, Unterschrift des Bischofs, S. 4 Außenadresse, Inhalts- und Kanzleivermerk.
Siegel des Bischofs
HBA C 1 Nr. 1305. — Altsignatur: 1/12/91; K. 470.
Kurzregest: Stanislai Hosii Epistolae, Bd. 2, Nr. 1171, S. 398.

Journalvermerk:

Anzeige der Ankunft des Bischofs in Königsberg zwecks Beredung von Ordensangelegenheiten.

Ostpr. 14320, Bl. 68 r.

Nr. 1306

1554 März 23, Königsberg

Herzog Albrecht an das Kapitel zu Frauenburg:

Umfallen des Grenzbaums auf der Nehrung, der „unser und euer Wasser scheidet"; Anberaumung eines Grenztages am 2. Mai zur Behebung der Irrungen zwischen den herzoglichen Dörfern Sonnenstuhl und Maternhof einer- und der Neustadt Braunsberg andererseits; wenn das Kapitel damit einverstanden ist, will der Herzog seine Kommissarien dorthin abschicken und erwartet, daß die Domherren ein gleiches tun.

Reinkopie
Ostpr. Fol. 70, S. 345—346.

Nr. 1307

1554 März 23, Königsberg

Herzog Albrecht an den Landpropst zu Allenstein:

Annahme eines Untertans des Sigmund Schertwitz, der zuvor im Allensteiner Gebiet bei einem namens Valten Hannau als Hofmann gedient hatte, in gleicher Eigenschaft auf dem Haus Ortelsburg durch den dortigen Hauptmann Christoff Reiman; Begehren an den Landpropst, den gedachten Hofmann an den Hauptmann zu Ortelsburg ausfolgen zu lassen.

Reinkopie
Ostpr. Fol. 70, S. 346—347.

Nr. 1308

1554 März 24, Königsberg

Herzog Albrecht an Bischof Stanislaus von Ermland:

Empfang einer königlichen Kommission und Zitation in Sachen der Erben Georg Ritters und der herzoglichen Untertanen; Bitte an den Bischof, diese wegen Herannahens des Tages Stanislai den anderen königlichen Raten und Ständen zu übermitteln und den Erben Ritters die Zitation auf Kosten des Herzogs zu insinuieren; vor allem möge der Bischof für die rechtzeitige Rücksendung der königlichen Kommission an die herzoglichen Untertanen Sorge tragen, damit diese davon auf der Tagfahrt Gebrauch machen können.

Reinkopie
Ostpr. Fol. 70, S. 348—349.

Nr. 1309

1554 März 26, Frauenburg

Prälaten, Domherren und Kapitel des Stifts Ermland an Herzog Albrecht:

Dank für das am heiligen Osterabend (24. März) empfangene herzogliche Schreiben wegen des auf der Nehrung umgefallenen Grenzbaumes; Bitte um entsprechende Mitteilung an den Bischof, weil es sich dabei um eine die Kirche des Bistums berührende Landesgrenze handelt; falls der Bischof einer Erneuerung der Grenze zustimmt, wollen die Domherren ihre Vertreter zur Beratung der Angelegenheit dorthin abfertigen.
Monntag zu Ostern

Behändigte Ausfertigung
1 Bogen Folio, S. 1 beschrieben, Unterschrift der Aussteller, S. 4 Außenadresse, Inhalts- und Kanzleivermerk.
Siegel der Aussteller
HBA C 1 Nr. 1309. — Altsignatur: 1/12/104; K. 470.

Journalvermerk:

Schreiben des Frauenburger Kapitels wegen des auf der Nehrung umgefallenen Grenzbaums.

Ostpr. Fol. 14320, Bl. 68 r.

Nr. 1310

1554 März 28, Heilsberg

Bischof Stanislaus von Ermland an Herzog Albrecht:

Nach Rückkehr aus Guttstadt hat der Bischof das herzogliche Schreiben mit der königlichen Kommission in der Sache der Erben Georg Ritters und des Untertans [Michel

Schmid] empfangen; Ausstellung und Übersendung der Vorladung für Ritters Erben und deren Vormünder samt dem königlichen Mandat mit der Bitte um Besiegelung durch die anderen Kommissarien und Zustellung an Ritters Erben; der Bischof ist dazu nicht bereit, um sich nicht dem Verdacht der Parteilichkeit auszusetzen.

Behändigte Ausfertigung
1 Bogen Folio, S. 1—2 beschrieben, Unterschrift des Bischofs, S. 4 Außenadresse, Inhalts- und Kanzleivermerk.
Siegel des Bischofs
HBA C 1 Nr. 1310. — Altsignatur: 1/12/92; K. 470.

Journalvermerk:

Keine Bereitschaft des Bischofs zur Insinuierung der Zitation an Georg Ritters Erben.

Ostpr. Fol. 14320, Bl. 68 r.

Nr. 1311

1554 März 29, Königsberg

Herzog Albrecht an Bischof Stanislaus von Ermland:

Übersendung des Schreibens des Domkapitels in der Sache des umgefallenen Grenzbaums auf der Nehrung; Bitte an den Bischof, zur Grenzerneuerung beizutragen, was durch die Errichtung eines anderen Merkzeichens geschehen kann; es handelt sich dabei um die Grenze zwischen dem Stift und den Dörfern Sonnenstuhl und Maternhof im Amt Balga.

Reinkopie
Ostpr. Fol. 70, S. 349—350.

Nr. 1312

1554 März 31, Heilsberg

Bischof Stanislaus von Ermland an Herzog Albrecht:

Einverständnis mit der Grenzerneuerung zwischen Sonnenstuhl und Maternhof einer- und der Neustadt Braunsberg andererseits am 2. Mai [1554]; von diesem Bescheid will er das Domkapitel unterrichten.

Behändigte Ausfertigung
1 Bogen Folio, S. 1 beschrieben, Unterschrift des Bischofs, S. 4 Außenadresse, Inhalts- und Kanzleivermerk.
Siegel des Bischofs
HBA C 1 Nr. 1312. — Altsignatur: 1/12/93; K. 470.

Journalvermerk:

Einverständnis des Bischofs mit der vom Herzog vorgeschlagenen Grenzerneuerung am 2. Mai.

Ostpr. Fol. 14320, Bl. 68 r.

Nr. 1313

1554 Mai 7, Königsberg

Herzog Albrecht an Fabian Emmerich, Eustachius von Knobelsdorff und [Johann] Zimmermann:

Nach testamentarischer Verfügung des verstorbenen Achatius von der Trenck soll die Mutter 100 und der Knabe 400 Mark erhalten; dieses Geld ist bisher nicht an gebührendem Ort hinterlegt worden, was insofern mißlich ist, als es der Knabe für sein Studium benötigt; Ersuchen an die o. g. Domherren, diese Gelder an Georg von Pröck, Großvogt des Stiftes Ermland und Hauptmann zu Braunsberg, und an Christoff Portugal als Vormünder des Knaben ausfolgen zu lassen, damit dieser sein Studium aufnehmen kann.

Reinkopie
Ostpr. Fol. 70, S. 375—377.

Nr. 1314

1554 Mai 8, Königsberg

Herzog Albrecht an Georg von Pröck und Christoff Portugal:

Befehl an die Adressaten, sich zu den Testamentsvollstreckern des Achatius von der Trenck zu begeben und dort das Geld für ihre Mündel in Empfang zu nehmen, das diesen ausgehändigt werden soll.

Reinkopie
Ostpr. Fol. 70, S. 377—378.

Nr. 1315

1554 Mai 15, Frauenburg

Eustachius von Knobelsdorff, Johannes Tymmermann und Fabianus Emerich, Prälaten und Domherren des Stifts Ermland, an Herzog Albrecht:

Zurückweisung der Anschuldigungen wegen Mißachtung des Testaments des [Achatius von der Trenck] und Vorenthaltung der für die Witwe Jacobs von der Trenck und deren

Kindern bestimmten 500 Mark; Verweis an Dr. Christophorus Jonas wegen Übergabe des Originaltestaments an diesen; die Witwe [Jacobs] oder ihre Töchter haben alles ihnen testamentarisch Zustehende an Kleidern und Hausrat erhalten; die dem jüngeren Achatius vermachten 400 Mark sind nicht für dessen Studium bestimmt, sondern werden auf dem Hause Allenstein bis zu seiner ehelichen Vermählung hinterlegt; dort wird auch der jährliche Zins von Tollauken verwahrt.

Behändigte Ausfertigung
1 Bogen Folio, S. 1 beschrieben, Unterschrift der Aussteller, S. 4 Außenadresse, Inhalts- und Kanzleivermerk.
Siegel der Aussteller
HBA C 1 Nr. 1315. — Altsignatur: 1/12/103; K. 470.

Journalvermerk:

Schreiben der drei Frauenburger Domherren wegen der testamentarischen Verfügung für die Witwe und die Kinder Jacobs von der Trenck.

Ostpr. Fol. 14320, Bl. 68 v.

Nr. 1316

1554 Mai 18, Königsberg

Herzog Albrecht an die Frauenburger Domherren Eustachius von Knobelsdorff, Johann Zimmermann und Fabian Emmerich:

Weiterleitung etlicher Testamentssachen an die Parteien und Vormünder mit dem Ersuchen, sich danach zu richten; deren Antworten will der Herzog dem Domkapitel zuleiten.

Reinkopie
Ostpr. Fol. 70, S. 387.

Nr. 1317

1554 Mai 21, Königsberg

Herzog Albrecht an Bischof Stanislaus von Ermland:

Hinweis von Kaufleuten auf den Marsch Herzog Heinrichs von Braunschweig mit Kriegsvolk nach Hamburg; der Deutschmeister [Wolfgang Schutzbar] soll mit ihm vertraglich verbunden sein und zu ihm zwecks gemeinsamen Zuges gegen die königlichen Lande Preußen stoßen; Bitte an den Bischof als obersten Präsidenten der königlichen Lande [Preußen], gute Acht auf die Stadt Danzig zu haben, weil dort leicht von Lübeck kommende Schiffe Leute an Land setzen können; falls Herzog Heinrich und der

Deutschmeister ihren Weg über Land nehmen, ist wichtig zu wissen, ob die Herzöge von Pommern vertraglich an die Krone Polen gebunden und möglicherweise zur Hilfeleistung gegen die Aggressoren verpflichtet sind.

Reinkopie
Ostpr. Fol. 70, S. 390—393.

Nr. 1318

1554 Mai 21, Königsberg

Herzog Albrecht an Bischof Stanislaus von Ermland:

Dank für das freundnachbarliche Erbieten des Bischofs wegen der Grenztage; die herzoglichen Untertanen haben sich über Grenzirrungen im Ortelsburgischen, Seehestenschen und Rastenburgischen beklagt; Bitte um Instruktion an die bischöflichen Bevollmächtigten, nicht nur die Grenze zwischen dem Stift [Ermland] und dem Amt Ortelsburg, sondern auch die zwischen Rössel und Seehesten zu visitieren.

Reinkopie
Ostpr. Fol. 70, S. 393—394.

Nr. 1319

1554 [o. M. u. T.], Königsberg

Herzog Albrecht an Bischof Stanislaus von Ermland, [Achatius] von Zehmen und Johann von Werden:

Empfang von Nachrichten des Herzogs Johann Albrecht von Mecklenburg über die Sammlung eines Kriegshaufens in der Nähe seines Landes, der nach Pommern und Preußen zu marschieren beabsichtigt; der Herzog [in Preußen] tue gut daran, die entsprechenden Vorkehrungen zu treffen; die Unterrichtung des polnischen Königs von dieser drohenden Gefahr ist dringend erforderlich; Bitte an den Bischof, weil der Feind seinen Zug auf Danzig richten würde, mit den anderen Räten des Königlichen Teils [Preußen] zu beratschlagen, welche Mittel ergriffen werden sollten; man müsse dem Gegner lieber außer Landes begegnen als warten, bis er vor den Türen stünde; erforderliche Verteidigungsmaßnahmen in Danzig, Elbing und Braunsberg; Hoffnung auf Unterstützung seitens des polnischen Königs.

Reinkopie
Ostpr. Fol. 70, S. 395—398.

Nr. 1320

1554 Mai 24, Heilsberg

Bischof Stanislaus von Ermland an Herzog Albrecht:

Empfang zweier herzoglicher Schreiben aus Königsberg vom 21. Mai und eines weiteren [vom 24. Mai] wegen der Grenzstreitigkeiten und des feindlichen Vorhabens Herzog Heinrichs von Braunschweig und des Deutschmeisters; Absendung seiner und der domkapitularischen Bevollmächtigten auf den angesetzten Grenztag; keine Kenntnis des Bischofs von den Grenzirrungen in den Ämtern Rastenburg, Seehesten und Rössel; bekannt ist lediglich der Austausch eines Grenzsteins durch die Bewohner von Pastirtz (Pastern) im Amt Seehesten; Schreiben aus Lübeck über das Kriegsunternehmen Herzog Heinrichs; dessen Zug über die Elbe Ende April; Verfolgung des feindlichen Kriegsvolks bis vor Lübeck, das seine Tore aus Furcht vor einer möglichen Belagerung durch die Truppen des Herzogs verschlossen hat; Abmarsch des Braunschweiger Herzogs nach Hamburg in der Absicht, den König von Dänemark [Christian III.] zu bekriegen; keine Erwähnung des Deutschmeisters; der Bischof will die Danziger zur Vorsorge ermahnen und auch den König von Polen von der Gefahr unterrichten, damit dieser die Fürsten von Pommern zu ihrer vertragsmäßigen Hilfeleistung verpflichten und um Posen Schutzmaßnahmen ergreifen kann.

Behändigte Ausfertigung
1 Bogen Folio, S. 1—2 beschrieben, Unterschrift des Bischofs, S. 4 Außenadresse, Inhalts- und Kanzleivermerk.
Siegel des Bischofs
HBA C 1 Nr. 1320. — Altsignatur: 1/12/94; K. 470.
Kurzregest: Stanislai Hosii Epistolae, Bd. 2, Nr. 1233, S. 435.

Journalvermerk:

Schreiben des Bischofs wegen Grenzstreitigkeiten und des Kriegszugs Herzog Heinrichs von Braunschweig.

Ostpr. Fol. 14320, Bl. 68 v.

Nr. 1321

1554 Juni 9, Königsberg

Herzog Albrecht an Georg von Pröck, Hauptmann zu Braunsberg:

Nach Mitteilung des Rastenburger Hauptmanns Wolf zu Heydeck soll [Pröck] ohne dessen Wissen etliche Güter vom Hause Raben im Amt Balga gekauft haben; Anspruch [Heydecks] auf diese Güter von seinen Kindern her; wenn keine gütliche Einigung stattfindet, soll sich [Pröck] am 11. Juli vor dem Herzog oder dessen Hofgerichtsräten einfinden.

Reinkopie
Ostpr. Fol. 70, S. 411—412.

Nr. 1322

1554 Juni 10, Königsberg

Herzog Albrecht an Bischof Stanislaus von Ermland:

Bezug auf die Antwort der Räte und Stände der königlichen Lande Preußen auf die Propositionen des Herzogs zur Durchsicht der Landesordnung und Reform der kölmischen Rechte auf der letzten Tagfahrt in Marienburg; Ankündigung der Entsendung des Rates Dr. Jonas an den Bischof und Bitte um Auskunft, wann dessen Ankunft genehm sei, um diese Sache weiter zu fördern.

Reinkopie
Ostpr. Fol. 70, S. 413—414.

Nr. 1323

1554 [o. M., T.], Königsberg

Herzog Albrecht an Bischof Stanislaus von Ermland, [Achatius] von Zehmen und Johann von Werden:

Vertrag des Kriegsvolks [Herzog Heinrichs] mit den Städten Lübeck, Hamburg, Bremen und Lüneburg über die Zahlung von 26000 Gulden; daraufhin Einfall dieses Volks in das Land des Herzogs von Mecklenburg mit neun Schwadronen Reitern und nicht wenig Fußvolk; sie haben dort bereits zwei feste Häuser eingenommen und sich vor das dritte gelagert; sie beabsichtigen, von dort ihren Weg nach Pommern und Preußen zu nehmen; Anwesenheit des Deutschmeisters bei diesem Kriegszug unter dem Namen eines Herrn von Dillingen; Bitte an den Bischof, gemeinsam mit den anderen Räten und Ständen des Königlichen Teils [Preußen] die erforderlichen Gegenmaßnahmen zu treffen; die Danziger sollen entsprechend instruiert werden, um möglichen Angriffen zu Wasser begegnen zu können.

Reinkopie
Ostpr. Fol. 70, S. 414—416.

Nr. 1324

1554 Juni 13, Heilsberg

Bischof Stanislaus von Ermland an Herzog Albrecht:

Bereitschaft des Bischofs, in der erwähnten Kriegssache nach dem Wunsche des Herzogs zu verfahren; Erwartung der Rückkehr seines Kanzlers aus Danzig mit weiteren Nachrichten; Absendung eines Boten an den polnischen König; heutiger Eingang eines königlichen Briefs mit dem Befehl, alle Häuser wohl verwahren zu lassen.

Behändigte Ausfertigung
1 Bogen Folio, S. 1 beschrieben, Unterschrift des Bischofs, S. 4 Außenadresse, Inhalts- und Kanzleivermerk.
Siegel des Bischofs
HBA C 1 Nr. 1324. — Altsignatur: 1/12/95; K. 470.

Postskript

Verschiebung seines Bescheides auf den gestern empfangenen herzoglichen Brief bis zur Rückkehr seines Kanzlers.

1 Zettel 21 x 7, 5 cm, S. 1 beschrieben.

Journalvermerk:

Schreiben des Bischofs wegen des Kriegszuges des Herzogs Heinrich von Braunschweig und der zu treffenden Gegenmaßnahmen.

Ostpr. Fol. 14320, Bl. 68 v.

Nr. 1325

1554 Juni 18, Heilsberg

Bischof Stanislaus von Ermland an Herzog Albrecht:

Gemeinsamer Beschluß der Räte und Stände des Königlichen Teils [Preußen] und der herzoglichen Gesandten auf der letzten Tagfahrt zu Marienburg zur Wahl je einer Person durch die beiden Seiten für die Reform der Landesordnung und des Kulmer Rechts; kein Bescheid auf die Werbung des Doktors Christophorus Jonas, weil der bischöfliche Kanzler den Domherrn Caspar Hannow in Frauenburg zur Übernahme der gemeinsam mit dem herzoglichen Bevollmächtigten zu leistenden Arbeit überreden wollte, aber von dort noch nicht zurückgekehrt ist; nach dessen Rückkunft soll der Herzog umgehend Nachricht erhalten.

Behändigte Ausfertigung
1 Bogen Folio, S. 1—2 beschrieben, Unterschrift des Bischofs, S. 4 Außenadresse, Inhalts- und Kanzleivermerk.
Siegel des Bischofs
HBA C 1 Nr. 1325. — Altsignatur: 1/12/96; K. 470.

Journalvermerk:

Schreiben des Bischofs wegen der Reform der Landesordnung und des Kulmer Rechts.

Ostpr. Fol. 14320, Bl. 68 v.

Nr. 1326

1554 Juli 3, Königsberg

Herzog Albrecht an den Rat zu Braunsberg:

Ersuchen an den Adressaten, dem herzoglichen Untertan Greger Tannenbergk zur Erfüllung seiner Schuldforderung an die Witwe Greger Rabes, Bürgerin in Braunsberg, zu verhelfen.

Reinkopie
Ostpr. Fol. 70, S. 428—429.

Nr. 1327

1554 Juli 4, Heilsberg

Bischof Stanislaus von Ermland an Herzog Albrecht:

Bereitschaft zur persönlichen Mitwirkung an der Reform des Kulmer Rechts, weil die von ihm dazu ausersehene Person aus begründeten Ursachen abgelehnt hat; Bitte um Mitteilung der Ankunftszeit des Doktors Jonas [in Heilsberg], der von herzoglicher Seite zur Mitarbeit an dem Reformwerk bestimmt ist.

Behändigte Ausfertigung
1 Bogen Folio, S. 1 beschrieben, Unterschrift des Bischofs, S. 4 Außenadresse, Inhalts- und Kanzleivermerk.
Siegel des Bischofs
HBA C 1 Nr. 1327. — Altsignatur: 1/12/97; K. 470.

Journalvermerk:

Bereitschaft des Bischofs zur persönlichen Mitwirkung an der Reform des Kulmer Rechts.

Ostpr. Fol. 14320, Bl. 68 v.

Nr. 1328

1554 Juli 19, Allenstein

Bürgermeister und Ratmannen der Stadt Allenstein an Herzog Albrecht:

Anschlag eines Absagebriefes an das Stadttor von Allenstein durch den Fleischergesellen Jacob Treudtler, einen gebürtigen Schlesier, wegen eines ihm angeblich verweigerten Rechts im [Allensteiner] Gericht, das er fordert gegen die Schmähungen seiner Person durch einen [Allensteiner] Bürger; gerichtliche Vernehmung des in Kirschburg (Christburg) ergriffenen Friedensbrechers; der Pfarrer in Liebemühl hat ihn zu diesem

Absagebrief angestiftet und diesen selbst geschrieben; der [Allensteiner] Rat hat den Hauptmann von Liebemühl, Albrecht Finck, davon unterrichtet und die Bestrafung des Pfarrers gefordert; weil der Hauptmann sich „der geistlichen Jurisdiction" nicht anmaßen wollte, hat er die Angelegenheit dem Herzog zur Kenntnis gebracht; Bitte um Bestrafung des Pfarrers, der [Treudtler] „wissentlicher und gefährlicher Weise Hülfe, Beistandt und Förderung" gewährt hat.

Behändigte Ausfertigung
1 Bogen Folio, S. 1—2 beschrieben, Unterschrift der Aussteller, S. 4 Inhalts- und Kanzleivermerk.
HBA C 1 Nr. 1328. — Altsignatur: 1/9/47; K. 470.

Beilagen

I. Absagebrief Jacob Treudtlers:

Absage Jacob Treudtlers an die Stadt Allenstein wegen Rechtsverweigerung des dortigen Gerichts in seiner Klage gegen den Allensteiner Bürger Jacob Henichen, der ihm nach seiner „Ehre, Leib und Leben" getrachtet habe.

Reinkopie
1 Blatt Folio, S. 1 beschrieben.

II. Bekenntnis Jacob Treudtlers vor dem [Allensteiner Gericht] am 12. und 16. Juli 1554:

Keine Rechtsverweigerung der Stadt Allenstein für [Treudtler]; der Pfarrer Jeronimus von Liebemühl hat ihm den Rat zur Absage gegeben; Empfehlung des Richters Ignacius an [Treudtler], auf die Rückkehr des nicht geständigen Henichen in einer Herberge zu warten; am Montag danach (16. Juli) erneute Aussage [Treudtlers] in Anwesenheit des Burggrafen und des Gerichts; sein Einverständnis mit dem vom Pfarrer zu Liebemühl geschriebenen und verlesenen Absagebrief; Gelöbnis [Treudtlers], durch seine Absage der Stadt Allenstein keinen Schaden zuzufügen; Treudtler legt seinen Geburtsbrief als Pfand vor.

Reinkopie
1 Bogen Folio, S. 1—2 beschrieben, S. 4 Inhaltsvermerk, Vermerk über die Kollationierung mit dem Original.

III. 1554 Juli 14, Szeibolt

Albrecht Finck von Szeibolt, Landrichter von Osterode, Hauptmann zu Liebemühl, an [Rat der Stadt Allenstein]:

Empfang des Briefes der Stadt Allenstein an den Pfarrer zu Liebemühl, der durch Pether Latinge überbracht worden ist; [Finck] ist daraufhin nach Liebemühl gefahren und hat dem Pfarrer das Schreiben präsentiert; nach dessen Aussage ist der Fleischergeselle als ein unbekannter Fremder zu ihm gekommen mit der Erklärung, die Allensteiner wollten ihm kein Recht widerfahren lassen; er [der Pfarrer] habe den besagten Brief „nicht aus seinem Kopf, sondern aus des gedachten Fleischergesellen Maule geschrieben"; mit dem Schreiben habe er die Allensteiner öffentlich warnen und dadurch einen heimlichen Anschlag auf sie verhüten wollen; Einvernahme des Pfarrers durch den Hauptmann bis zu weiterem Bescheid.

Reinkopie
1 Bogen Folio, S. 1—2 beschrieben, Unterschrift des Ausstellers, S. 4 Inhaltsvermerk, Vermerk über die Kollationierung mit dem Original.

Journalvermerk:

Schreiben des Allensteiner Rats wegen des Absagebriefs Jacob Treudtlers und dessen Bitte, den Liebemühler Pfarrer gefänglich einzuvernehmen.

Ostpr. Fol. 14320, Bl. 69 r.

Nr. 1329

1554 Juli 20, Königsberg

Herzog Albrecht an Bischof Stanislaus von Ermland:

Fürbitte für einen Bürger der Altstadt Königsberg, Brosien Schultze, der ehemals in Wormditt ansässig gewesen und wegen Nahrungslosigkeit ins Herzogtum abgewandert war; dem [Schultze] möge sein in Wormditt zurückgebliebenes Weib ausgefolgt werden.

Reinkopie
Ostpr. Fol. 70, S. 442—444.

Nr. 1330

1554 August 3, Heilsberg

Bischof Stanislaus von Ermland an Herzog Albrecht:

Befehl an die Amtleute seines Bistums zur Ergreifung und gefänglichen Inhaftierung des aus dem Gefängnis der Altstadt Königsberg entwichenen Gefangenen.

Behändigte Ausfertigung
1 Bogen Folio, S. 1 beschrieben, Unterschrift des Bischofs, S. 4 Außenadresse, Inhalts- und Kanzleivermerk.
Siegel des Bischofs
HBA C 1 Nr. 1330. — Altsignatur: 1/12/98; K. 470.

Journalvermerk:

Schreiben des Bischofs wegen des aus der Altstadt Königsberg entwichenen Gefangenen.

Ostpr. Fol. 14320, Bl. 69 r.

Nr. 1331

1554 August 5, Allenstein

Bürgermeister und Ratmannen der Stadt Allenstein an Christoff von Kreytzen, herzoglichen Rat und Burggrafen zu Königsberg:

Hinweis auf die am 21. Juli erfolgte Abfertigung der städtischen Gesandten an den Herzog in der den Liebemühler Pfarrer belangenden Sache; da sich der Herzog die Entscheidung in diesem Fall vorbehalten und den Pfarrer vorgefordert hat, bitten die Aussteller um schriftliche Nachricht über den Stand der Angelegenheit.

Behändigte Ausfertigung
1 Bogen Folio, S. 1 beschrieben, Unterschrift der Aussteller, S. 4 Außenadresse, Inhalts- und Berichtsvermerk.
Das Siegel ist ausgeschnitten worden.
HBA C 1 Nr. 1331. — Altsignatur: 1/9/48; K. 470.

Postskript

Erneutes Verhör Jacob Treudtlers vor dem Allensteiner Burggrafen und Gericht am 6. August; jener bekräftigt wiederum, vom Liebemühler Pfarrer zu dem Absagebrief veranlaßt worden zu sein, der ihm auch das Wachs zum Ankleben gegeben habe.

1 Blatt 21, 5 x 15 cm, S. 1—2 beschrieben.

Journalvermerk:

Anfrage des Allensteiner Rats wegen des Absagebriefs Treudtlers und der Ermittlungen gegen den Liebemühler Pfarrer.

Ostpr. Fol. 14320, Bl. 69 r.

Nr. 1332

1554 August 6, Heilsberg

Bischof Stanislaus von Ermland an Herzog Albrecht:

Durchsicht des Kulmer Rechts mit Dr. Christophorus Jonas zum Zweck seiner Reformierung; das Reformwerk soll den Ständen des Königlichen Teils Preußen auf der kommenden Tagfahrt zu Michaelis (29. September) zur Kenntnis gebracht werden; Druck des Werkes zum Besten des „gemeinen Vaterlands“; Übermittlung einiger Anliegen des Bischofs an den Herzog durch Dr. [Jonas].

Behändigte Ausfertigung
1 Bogen Folio, S. 1 beschrieben, Unterschrift des Bischofs, S. 4 Außenadresse, Inhalts- und Kanzleivermerk.
Siegel des Bischofs
HBA C 1 Nr. 1332. — Altsignatur: 1/12/99; K. 470.

Journalvermerk:

Fertigstellung des Reformwerks des Kulmer Rechts gemeinsam mit Dr. Christophorus Jonas, der dem Herzog einige Anliegen des Bischofs übermitteln soll.

Ostpr. Fol. 14320, Bl. 69 r.

Nr. 1333

1554 August 7, Königsberg

Herzog Albrecht an Bischof Stanislaus von Ermland:

Wegen des bevorstehenden Grenztages zwischen dem Amt Ortelsburg und dem Stift Ermland gibt der Herzog zu bedenken, daß die strittige Grenze bis ins Allensteinsche reiche und man daher dort mit der Grenzrevision beginnen solle; Bitte an den Bischof, seine und die Kapitelsuntertanen davon in Kenntnis zu setzen.

Reinkopie
Ostpr. Fol. 70, S. 450—451.

Nr. 1334

1554 August 19, Königsberg

Herzog Albrecht an Bischof Stanislaus von Ermland:

Empfang bischöflicher Nachrichten durch Dr. Christophorus Jonas wegen des Schlagens der Wehre in den Strömen, des Pfarrers von Liebemühl, der etliche Drohbriefe geschrieben habe, und des aus Wormditt abgewanderten [Brosien Schultze]; Mißfallen des Herzogs über das Schlagen der Wehre in den Strömen und dessen Bereitschaft, dieses Übel abzustellen; Vorforderung und gefängliche Einvernahme des Liebemühler Pfarrers; dieser habe den Absagebrief verfaßt, um [Treudtler] vom Brennen und einem tätlichen Angriff abzuhalten; Bitte, dem Mann aus Wormditt sein Weib ausfolgen zu lassen.

Reinkopie
Ostpr. Fol. 70, S. 455—457.

Nr. 1335

1554 August 22, Heilsberg

Bischof Stanislaus von Ermland an Herzog Albrecht:

Dank für die Antwort des Herzogs auf die von Dr. Christophorus Jonas übermittelten bischöflichen Anliegen; angesichts der Bereitschaft des Herzogs, das Schlagen der Wehre und die Verstellung der Ströme seinen Untertanen zu verbieten, will der Bischof bei seinen Untersassen ein gleiches tun.

Behändigte Ausfertigung
1 Bogen Folio, S. 1 beschrieben, Unterschrift des Bischofs, S. 4 Außenadresse, Inhalts- und Kanzleivermerk.
Siegel des Bischofs
HBA C 1 Nr. 1335. — Altsignatur: 1/12/100; K. 470.

Journalvermerk:

Dank für die Bereitschaft des Herzogs, seinen Untertanen das Schlagen der Wehre und die Verstellung der Ströme zu verbieten.

Ostpr. Fol. 14320, Bl. 69 v.

Nr. 1336

1554 August 30, Königsberg

Herzog Albrecht an Georg von Pröck, Hauptmann zu Braunsberg:

Begehren an den Hauptmann, dem herzoglichen Untertan Hieronymus Einwolt zur Bezahlung des von ihm an die inzwischen verstorbene Witwe Rabe in Braunsberg gelieferten Honigs zu verhelfen.

Reinkopie
Ostpr. Fol. 70, S. 461.

Nr. 1337

1554 September 6, Königsberg

Herzog Albrecht an Bischof Stanislaus von Ermland:

Keine Beseitigung der Grenzirrungen zwischen dem Gebiet Ortelsburg und dem Stift [Ermland]; Weigerung der bischöflichen Kommissarien, der Weisung des Ortelsburger Hauptmanns zur Besichtigung der Grenze zu folgen; die Beibehaltung der Grenzstreitigkeit trägt nicht zum beiderseitigen guten Verhältnis bei, zumal die bischöflichen Untertanen aus Bißberg (Bischberg/Bischofsburg ?) wiederholt unbefugt die Grenze zum Herzogtum überschreiten; Bitte an den Bischof um Benennung eines anderen Tages zur Besichtigung der strittigen Grenze, damit diesen Irrungen abgeholfen werden kann.

Reinkopie
Ostpr. Fol. 70, S. 473—475.

Nr. 1338

1554 September 7, Königsberg

Herzog Albrecht an Bischof Stanislaus von Ermland:

Übersendung der Gegendarstellung der herzoglichen Untertanen zur Position der Erben Georg Ritters an den Bischof mit der Bitte, diese gemäß dem letzten Marienburger Abschied an Ritters Erben auszufertigen; letztere könnten dann auf der kommenden Graudenzer Tagfahrt ihre Proposition einbringen, wodurch der Streit beendet werden könne; Bitte an den Bischof, bei den Erben Ritters zu erfragen, ob sie auf der [Graudenzer] Tagfahrt ihre Gegendarstellung vorbringen und zur Annahme des endgültigen Spruchs bereit sein würden; andernfalls sei die Abordnung der herzoglichen Kommissarien nach [Graudenz] unnötig, weil dann die Sache erst zu Stanislai (8. Mai) des nächsten Jahres verhandelt werden könne.

Reinkopie
Ostpr. Fol. 70, S. 476—478.

Nr. 1339

1554 September 16, Heilsberg

Bischof Stanislaus von Ermland an Herzog Albrecht:

Empfang der beiden herzoglichen Schreiben vom 6. und 7. September aus Königsberg nebst der Antwort der herzoglichen Untertanen auf die Schrift von Georg Ritters Erben, die dem Bischof durch einen Heilsberger Bürger, dem diese von einem Schulzen ausgehändigt worden war, überreicht worden ist; Weiterleitung des letzteren Schreibens an die Ritterschen Erben in Thorn; der bischöfliche Bote soll den Bescheid dieser Erben, ob sie ihre Sache auf der kommenden [Graudenzer] Tagfahrt vorbringen oder diese auf die in Marienburg zu Stanislai [1555] verschieben wollen, umgehend überbringen; Absicht zur Erörterung der Grenzfrage zwischen dem Amt Ortelsburg und dem Bistum mit den herzoglichen Kommissarien entweder in Graudenz oder nach seiner Rückkehr von der dortigen Tagfahrt in [Heilsberg].

Behändigte Ausfertigung
1 Bogen Folio, S. 1 beschrieben, Unterschrift des Bischofs, S. 4 Außenadresse, Inhalts- und Kanzleivermerk.
Siegel des Bischofs
HBA C 1 Nr. 1339. — Altsignatur: 1/12/101; K. 470.

Journalvermerk:

Schreiben des Bischofs wegen Abfertigung eines Boten an Ritters Erben; Erörterung der Ortelsburger Grenzangelegenheit.

Ostpr. Fol. 14320, Bl. 69 v.

Nr. 1340

1554 September 19, Königsberg

Herzog Albrecht an das Kapitel zu Frauenburg:

Anzeige des Krügers Steffan Sager zu Crame (Craam) über den Diebstahl eines Pferdes vor der Kirche in Medenau; dieses Pferd hat der Dieb an Eustachius von Knobelsdorff verkauft; Knobelsdorff will das Pferd erst nach Erhalt des von ihm dafür gezahlten Geldes an den Krüger zurückgeben; da inzwischen auf Gerichtsbeschluß der Dieb die aus dem Verkauf erlösten 15 Mark an [Sager] zurückgeben mußte, bittet der Herzog das Kapitel, dessen Mitbruder [Knobelsdorff] zur Rückgabe des Pferdes an den Krüger gegen die Wiedererstattung der 15 Mark zu veranlassen.

Reinkopie
Ostpr. Fol. 70, S. 481—483.

Nr. 1341

1554 September 21, Königsberg

Herzog Albrecht an Georg von Pröck, Hauptmann zu Braunsberg:

Befehl an [Pröck], sich am 25. Oktober auf seinem Hof einzufinden und dort die herzogliche Entscheidung in einer bestimmten Sache abzuwarten.

Reinkopie
Ostpr. Fol. 70, S. 490—491.

Nr. 1342

1554 September 28, Königsberg

Herzog Albrecht an Bischof Stanislaus von Ermland:

Abordnung des Wentzel Schack mit „etlicher Werbung" an den Bischof auf die Tagfahrt zu Michaelis in [Graudenz]; Bitte, dem [Schack] in allem Glauben zu schenken, weil dieser alle Vollmachten seitens des Herzogs besitzt.

Reinkopie
Ostpr. Fol. 70, S. 491.

Nr. 1343

1554 Dezember 12, Heilsberg

Bischof Stanislaus von Ermland an Herzog Albrecht:

Beschwerde des Rates von Braunsberg vor dem Bischof nach dessen Rückkehr aus Petrikau über den herzoglichen Amtmann zu Burchertsdorf, Merten Werder; dieser habe vermutlich ohne Wissen des Herzogs auf Kirchengrund einen Pfahl an der Passarge einschlagen lassen, wodurch er die freie Durchfahrt des Flusses hemme und keinen durchlasse, der sich bei ihm nicht angemeldet habe; Anhaltung und gefängliche Einvernahme etlicher Flößer aus Braunsberg durch den Amtmann; trotz Einspruchs des Braunsberger Hauptmanns Georg von Pröck keine Freilassung der Inhaftierten durch [Werder]; erst nach Erlegung von neun Mark Buße werden sie auf freien Fuß gesetzt; falsche Beschuldigung der Braunsberger Flößer durch den Amtmann wegen Entwendens und Zerhauens einer ihm gehörigen Diele, die in Wirklichkeit von den von Allenstein geflößten Dielen abgekommen ist; Bitte um Rückgabe des den Braunsberger Flößern abgenommenen Geldes, um Zurechtweisung des Amtmanns und um Entfernung des Pfahls.

Behändigte Ausfertigung
1 Bogen Folio, S. 1—2 beschrieben, Unterschrift des Bischofs, S. 4 Außenadresse, Inhalts-, Eingangs- und Beantwortungsvermerk.
Siegel des Bischofs
HBA C 1 Nr. 1343. — Altsignatur: 1/12/102; K. 470.
Kurzregest: Stanislai Hosii Epistolae, Bd. 2, Nr. 1302, S. 476.

Journalvermerk:

Beschwerde des Bischofs über die Übergriffe des Amtmanns von Burchertsdorf gegen Braunsberger Flößer.

Ostpr. Fol. 14320, Bl. 69 v.

Nr. 1344

1554 Dezember 16, Königsberg

Herzog Albrecht an Bischof Stanislaus von Ermland:

Empfang des bischöflichen Schreibens wegen der Übergriffe des Burggrafen von Burkersdorf gegen Braunsberger Einwohner; Mißfallen des Herzogs über das Verhalten des Burggrafen; wenn dieser allerdings etwas getan habe, was für „Strom und Flößung" unschädlich sei, vor allem um die Mühle an der Passarge mit dem nötigen Wasser zu versehen, glaube er [der Herzog], der Zustimmung des Bischofs sicher zu sein; diese Mühle würde sowohl den herzoglichen als den bischöflichen Untertanen offenstehen; nach Kenntnis des Herzogs hat die Einvernahme der Braunsberger Flößer durch den Burggrafen andere Ursachen gehabt; da an der Mühle gebaut und das Wasser versetzt worden sei, habe der Burggraf die Braunsberger Flößer zum Verharren während der Nacht aufgefordert, was diese zu mutwilligem Treiben in der Mühle veranlaßt habe; das habe ihre gebührliche Bestrafung zur Folge gehabt; aus nachbarlichem Gefallen Befehl an den Burggrafen zu Burkersdorf, den Braunsbergern ihr Strafgeld wieder zu erstatten.

Reinkopie
Ostpr. Fol. 70, S. 521—525.

Nr. 1345

1554 Dezember 23, Königsberg

Herzog Albrecht an den Rat zu Braunsberg:

Ersuchen an den [Braunsberger] Rat, den herzoglichen Untertanen Greger Tannenbergk, Nickell Strokirch und Jacob Meibom in ihrer Schuldforderung an Andres Kersten und Konsorten zu Braunsberg zum Recht zu verhelfen.

Reinkopie
Ostpr. Fol. 70, S. 525—527.

Nr. 1346

1555 Januar 2, Heilsberg

Bischof Stanislaus von Ermland an Herzog Albrecht:

Übersendung des Gesuchs der Mutter und der Schwester seines Hofdieners Albrecht Boleminski mit der Bitte um weitere Förderung.

Behändigte Ausfertigung
1 Bogen Folio, S. 1 beschrieben, Unterschrift des Bischofs, S. 4 Außenadresse, Inhalts- und Kanzleivermerk.
Siegel des Bischofs
HBA C 1 Nr. 1346. — Altsignatur: 1/12/145; K. 471.
Kurzregest: Stanislai Hosii Epistolae, Bd. 2, Nr. 1316, S. 484.

Beilage

[o. D. u. O.]

Gertruda und Barbara von Osteschaw an Herzog Albrecht:

Übersendung ihres Gesuchs um Bevollmächtigte und vier Vormünder aus dem Landgericht Hohenstein durch ihren Schwager Christoff von der Tymme; Erneuerung ihrer vom Herzog abgeschlagenen Bitte um Bestellung von Albrecht Finck, Samsel von der Baltze, Segemunt Schertwietz und Hans Keckell aus dem Landgericht Hohenstein zu

Vormündern; Gesuch um Verbot der Fischerei für Nickell Wittendorffer bis zum Austrag des Streites wegen der Aufschiebung der Grenzfrage durch den Burggrafen bis zur Rückkehr des Hauptmanns; Entziehung ihrer Fischerei aufgrund eines unwahren Berichts des herzoglichen Hausvogtes; [Wittendorffer] hatte behauptet, die Aussteller hätten seinem Vater einen Ort und Ackerstücke entzogen; Bitte um Erhaltung ihrer alten Gerechtigkeit und ihres alten Besitzes.

1 Bogen Folio, S. 1 beschrieben, Unterschrift der Aussteller.

Nr. 1347

1555 Januar 6, Königsberg

Herzog Albrecht an Bischof Stanislaus von Ermland:

Bereitschaft des Herzogs, dem bischöflichen Hofdiener Albrecht Boleminski und dessen Mutter und Schwester zum Recht zu verhelfen, soweit es die früher gegebenen Abschiede zulassen.

Reinkopie
Ostpr. Fol. 70, S. 532.

Nr. 1348

1555 Januar 9, Königsberg

Herzog Albrecht an den Rat zu Braunsberg:

Bitte der Ehefrau des herzoglichen Untersassen Franz Schonfelt, Tochter des Braunsberger Bürgers Thewes Winnepfennig, an die Fürstin Anna Maria [in Preußen], geborene Herzogin zu Braunschweig und Lüneburg, um Förderung der Eheverbindung zwischen ihrem Bruder und der Tochter des verstorbenen Magisters Bartholomes Götze; Zusage des [Thewes Winnepfennig], seinem Sohn 1600 Mark an Barschaft und liegenden Gründen in die Ehe mitzugeben, die er aber nicht eingehalten hat; das Verhalten [Winnepfennigs] trägt zum „Schimpf" der Herzogin [Anna Maria] bei, die nur aufgrund dieser Zusage die Ehesache gefördert hatte; Ersuchen an den [Braunsberger] Rat, den Bürger [Thewes Winnepfennig] innerhalb von 14 Tagen zum Erscheinen in Königsberg zu veranlassen, damit das „Beilager" möglichst bald vollzogen werden könne.

Reinkopie
Ostpr. Fol. 70, S. 533—536.

Nr. 1349

1555 Februar 1, Königsberg

Statthalter zu [Königsberg] an den Rat zu Wormditt:

Bitte an den Adressaten, den herzoglichen Untertanen Hillebrant Stormer aus Domnau in ehelicher Vormundschaft seines Weibes Agneta, Bendict Backir aus Königsberg gleichfalls im Namen seines Weibes Gerdrut und Hans Wagner wegen eines Erbfalls in Wormditt zum Recht zu verhelfen.

Reinkopie
Ostpr. Fol. 70, S. 549—551.

Nr. 1350

1555 März [o. T.], Heilsberg

Bischof Stanislaus von Ermland an Herzog Albrecht:

Übersendung des Gesuchs Philipp Potrittes für seine Schwester, die Witwe Gabriel Jagenreuters, und deren Töchter mit der Bitte um Förderung sowohl für Potrittes Nichten als auch für Heinrich Gersdorffs Kind.

Behändigte Ausfertigung
1 Bogen Folio, S. 1 beschrieben, Unterschrift des Bischofs, S. 4 Außenadresse, Inhalts- und Kanzleivermerk, Anweisung an die Räte zur Durchsicht des Vertrages wegen weiterer Maßnahmen, Beantwortungsvermerk vom 24. April 1555.
Siegel des Bischofs
HBA C 1 Nr. 1350. — Altsignatur: 1/12/144; K. 471.

Beilage

[o. D. u. O.]

Philipp Potritte an Herzog Albrecht:

Vertrag seines verstorbenen Schwagers Gabriel Jagenreuter mit der Verwandtschaft seines verstorbenen Schwiegersohns Heinrich von Gersdorff über einen Brautschatz von 500 Mark preußischer Münze — die Mark zu 20 Groschen gerechnet — für dessen hinterlassene Tochter; Bitte um gleichzeitige Ausfolgung des Heiratsgeldes und Brautschatzes an die erwachsenen Töchter [Gabriel Jagenreuters] und um Bestellung Rudolph Dippelskirchers und Albrecht Waysells, Jagenreuters Neffen, zu Vormündern.

1 Bogen Folio, S. 1—2 beschrieben, Unterschrift des Ausstellers.

Journalvermerk:

Schreiben des Bischofs wegen der Supplik Philipp Potrittes in der Sache seiner Schwester, der Witwe Jagenreuters, und der Tochter Heinrichs von Gersdorff.

Ostpr. Fol. 14320, Bl. 71 r.

Nr. 1351

1555 April 15, Königsberg

Herzog Albrecht an Bischof Stanislaus von Ermland:

Bezug auf das bischöfliche Schreiben vom 23. September 1554 in der Sache der Erben Georg Ritters; keine Behandlung dieser Sache auf der letzten Tagfahrt in [Graudenz]; der herzogliche Untertan Michel Schmid zeigt an, daß ihm bisher von Ritters Erben nichts zugegangen sei; Bitte an den Bischof um Beförderung der Angelegenheit bei den Erben Ritters und Frage, wie er sich mit der Abschickung seiner Kommissarien auf die Marienburger Tagfahrt zu Stanislai (8. Mai) verhalten solle.

Reinkopie
Ostpr. Fol. 70, S. 562—564.

Nr. 1352

1555 April 22, Heilsberg

Bischof Stanislaus von Ermland an Herzog Albrecht:

Keine Teilnahme des Bischofs an der Marienburger Tagfahrt zu Stanislai wegen der Reise etlicher Räte der königlichen Lande Preußen zum Reichstag nach Petrikau, der krankheitsbedingten Abwesenheit anderer Räte und wegen eines möglichen Befehls des polnischen Königs an ihn [Hosius] zum Erscheinen auf dem Reichstag.

Behändigte Ausfertigung
1 Bogen Folio, S. 1 beschrieben, Unterschrift des Bischofs, S. 4 Außenadresse und Eingangsvermerk vom 24. April 1555.
Siegel des Bischofs
HBA C 1 Nr. 1352. — Altsignatur: 1/10; K. 471.

Nr. 1353

1555 April 24, Königsberg

Herzog Albrecht an Bischof Stanislaus von Ermland:

Empfang des bischöflichen Schreibens mit der beiliegenden Supplikation Philipp Potrittes; Kenntnis des von Potritte erwähnten Vertrags; keine Möglichkeit von dessen Abänderung; Jagenreuter hatte der Tochter des Gersdorff vor seinen Kindern die Erlegung des Brautschatzes in Höhe von 500 Mark preußischer Münze zugesagt; für die Tochter des Gersdorff sind bereits Vormünder bestellt worden.

Reinkopie
Ostpr. Fol. 70, S. 571—573.

Nr. 1354

1555 Juni 15, Königsberg

Herzog Albrecht an Bischof Stanislaus von Ermland:

Bezug auf die Supplik Hans Wagners, Bendict Pockirs wegen seines Weibes und der Ehefrau Hilbrant Stormers von Domnau, Agneta, hinsichtlich eines nach dem Tode der Witwe Caspar Jordans, Anna, eingetretenen Erbfalls in der Stadt Wormditt; in ihrer Sache haben die Petenten eine Fürbitte der herzoglichen Statthalter und Räte während der Abwesenheit des Herzogs erlangt; Bitte an den Bischof, den Rat oder das Gericht zu Wormditt zur Erfüllung dieser Forderung zu veranlassen.

Reinkopie
Ostpr. Fol. 70, S. 601—603.

Nr. 1355

1555 Juni 26, Königsberg

Herzog Albrecht an Bischof Stanislaus von Ermland:

Fürbitte für die herzoglichen Untertanen Thomas Zingk, Valtin Pilgram und Konsorten, die Anspruch auf die Hinterlassenschaft der verstorbenen Ehefrau Philipp Potrittes erheben.

Reinkopie
Ostpr. Fol. 70, S. 606—607.

Nr. 1356

1555 Juni 29, Heilsberg

Bischof Stanislaus von Ermland an Herzog Albrecht:

Urteil der ersten Instanz, des Rates zu Wormditt, im Erbfall der Anna, der Frau des Wormditter Bürgers Caspar Jordan, zugunsten der bischöflichen Untertanen wegen ihres nach kulmischem Recht näheren Verwandtschaftsgrades gegenüber den herzoglichen Untertanen Hans Wagner, Benedict Pokine und Hillebrandt Stürmer; die ersteren sind „der verstorbenen Vatern Halbschwester Kinder, von einem Vater und zweien Müttern geboren“, die letzteren dagegen nur „Halbbruder Kinds Kindt“; Bestätigung des Urteils im Appellationsverfahren vor dem Bischof entsprechend dem von beiden Seiten beachteten Kulmer Recht und den laufenden, in Königsberg gedruckten Urteilen; Zurückweisung des Vorwurfs der herzoglichen Petenten wegen unterlassener Aushändigung einer Abschrift des betreffenden Schriftstücks.

Behändigte Ausfertigung
1 Bogen Folio, S. 1—2 beschrieben, Unterschrift des Bischofs, S. 4 Außenadresse, Inhalts- und Kanzleivermerk.
Siegel des Bischofs
HBA C 1 Nr. 1355. — Altsignatur: 1/12/143; K. 471.

Journalvermerk:

Schreiben des Bischofs wegen gerichtlicher Entscheidung der Nachlaßsache der Frau Caspar Jordans in Wormditt.

Ostpr. Fol. 14320, Bl. 71 r.

Nr. 1357

1555 August 7, Königsberg

Herzog Albrecht an Bischof Stanislaus von Ermland:

Bezug auf sein Schreiben vom 15. April [1555] in der Sache des herzoglichen Untertans Michel Schmid ./. die Erben Georg Ritters; erneute Petition [Schmids] an den Herzog um Hilfe, da Ritters Erben bisher keine Schriften, die auf der Michaelis-Tagfahrt erörtert werden könnten, übersandt haben; Bitte an den Bischof als obersten Präsidenten des Königlichen Teils Preußen, die Ritterschen Erben gemäß den gegebenen Abschieden zur Einschickung ihres Schriftsatzes zu veranlassen.

Reinkopie
Ostpr. Fol. 70, S. 625—627.

Nr. 1358

1555 August 31, Königsberg

Statthalter und Räte zu Königsberg an Bischof Stanislaus von Ermland:

Bezug auf das letzte Schreiben des Herzogs vor dessen Abreise nach Wilna wegen der Sache Michel Schmids ./. die Erben Georg Ritters; auf die Frage, ob die Absendung herzoglicher Kommissarien auf die Tagfahrt in Graudenz erforderlich sei oder nicht, hat der Bischof bisher nicht geantwortet; Erneuerung dieser Frage an [Hosius], weil man wissen müsse, wie man sich hier künftig verhalten solle.

Reinkopie
Ostpr. Fol. 70, S. 639—640.

Nr. 1359

1556 Januar 2, Heilsberg

Bischof Stanislaus von Ermland an Herzog Albrecht:

Schriftlicher Befehl des polnischen Königs [Sigismund II. August] an den Bischof, dem Herzog etliche Anliegen des Monarchen vorzutragen; Übersendung eines königlichen Kreditivs an [Hosius] zu dessen Verhandlungen mit den herzoglichen Räten; Bitte um Mitteilung von Zeit und Ort für diese Zusammenkunft an den bischöflichen Boten.

Behändigte Ausfertigung
1 Bogen Folio, S. 1 beschrieben, Unterschrift des Bischofs, S. 4 Außenadresse, Inhalts- und Kanzleivermerk.
Siegel des Bischofs
HBA C 1 Nr. 1359. — Altsignatur: 1/12/115; K. 471.
Kurzregest: Stanislai Hosii Epistolae, Bd. 2, Nr. 1545, S. 652.

Journalvermerk:

Bitte des Bischofs um Nennung eines Termins für eine Zusammenkunft mit dem Herzog, um diesem etliche Anliegen des Königs vorzutragen.

Ostpr. Fol. 14320, Bl. 72 r.

Nr. 1360

1556 Januar 4, Heilsberg

Bischof Stanislaus von Ermland an den herzoglichen Kanzler Johann von Kreytzen:

Fürbitte für den nach Königsberg abgefertigten Diener des Niclas Maciejowski, der dort einige Anliegen seines Herrn vortragen soll und sehr unter Zeitverzug steht.

Behändigte Ausfertigung
1 Bogen Folio, S. 1 beschrieben, Unterschrift des Bischofs, S. 4 Außenadresse, Inhalts- und Kanzleivermerk.
Siegel des Bischofs
HBA C 1 Nr. 1360. — Altsignatur: 1/12/116; K. 471.

Journalvermerk:

Fürbitte des Bischofs für den Diener des Niclas Maciejowski bei dessen Mission nach Königsberg.

Ostpr. Fol. 14320, Bl. 72 r.

Nr. 1361

1556 Januar 5, Königsberg

Herzog Albrecht an Bischof Stanislaus von Ermland:

Empfang des bischöflichen Schreibens wegen etlicher Anliegen des Königs an den Herzog; keine Möglichkeit der Nennung eines Tags für die erbetene Zusammenkunft wegen der Anwesenheit Herzog Johann Albrechts von Mecklenburg und seiner Gemahlin [Anna Sophia, Tochter Herzog Albrechts in Preußen,] in Königsberg; Hoffnung auf einen Besuch der alten Königin [Bona Sforza] in Königsberg vor ihrer Abreise aus Polen; Bitte um Verständnis für den Aufschub der Angelegenheiten des [Hosius], die sobald wie möglich erörtert werden sollen.

Reinkopie
Ostpr. Fol. 70, S. 671—674.

Nr. 1362

1556 März 14, Königsberg

Herzog Albrecht an die Räte von Braunsberg, Frauenburg, Tolkemit und Elbing:

Ersuchen an die Räte der o. g. Städte, ihren Untertanen die Waren an den herzoglichen Strand führen und Fische einkaufen, die heimliche Durchfuhr von Bernstein und dessen Verkauf an die Bernsteindreher zu verbieten.

Reinkopie
Ostpr. Fol. 70, S. 727—728.

Nr. 1363

1556 März 30, Frauenburg

Prälaten, Domherren und Kapitel des Stifts Ermland an Herzog Albrecht:

Ankündigung ihrer baldigen Antwort wegen des herzoglichen Strandverbots für Schiffe, Boote und Seuen [Fischerboote] ihrer Untertanen.

Behändigte Ausfertigung
1 Bogen 20 x 30 cm, S. 1 beschrieben, Unterschrift der Aussteller, S. 4 Außenadresse, Inhalts- und Kanzleivermerk.
Siegel der Aussteller
HBA C 1 Nr. 1363. — Altsignatur: 1/12/113; K. 471.

Journalvermerk:

Schreiben des Domkapitels wegen des herzoglichen Strandverbots für ihre Untertanen.

Ostpr. Fol. 14320, Bl. 72 r.

Nr. 1364

1556 April 15, Heilsberg

Bischof Stanislaus von Ermland an Herzog Albrecht:

Klage des Frauenburger Domkapitels und des Braunsberger Rates über das herzogliche Strandverbot für Schiffe, Boote und Seue ihrer Untertanen wegen angeblichen Diebstahls und Verkaufs von Bernstein an Bernsteindreher; Beeinträchtigung des Lebensunterhalts dieser Untertanen durch die Abschaffung des von alters her geübten Brauchs, den Strand zu besuchen; Klage der armen Leute von der Passarge über die von herzoglichen Amtleuten verweigerte Anlegung ihrer Keutelschiffe am Haffufer und die Wegnahme ihrer Garne; jene besuchen das Haffufer nur zur Tötung des gefangenen Aals, damit ihnen dieser „nicht riechend werde"; Hoffnung auf das Entgegenkommen des Herzogs wegen des freien Gebrauchs der Ufer auf bischöflicher Seite durch herzogliche Untertanen.

Behändigte Ausfertigung
1 Bogen Folio, S. 1—2 beschrieben, Unterschrift des Bischofs, S. 4 Außenadresse, Inhalts- und Kanzleivermerk.
Siegel des Bischofs
HBA C 1 Nr. 1364. — Altsignatur: 1/12/117; K. 471.

Journalvermerk:

Beschwerde des Bischofs wegen der Übergriffe herzoglicher Amtleute gegenüber den Untertanen des Frauenburger Domkapitels und des Braunsberger Rates.

Ostpr. Fol. 14320, Bl. 73 r.

Nr. 1365

1556 Juni 5, Heilsberg

Bischof Stanislaus von Ermland an Herzog Albrecht:

Fürbitte für den Hofdiener des Römischen Königs [Ferdinand I.] Christoff Lasota, der die Rückkehr des Herzogs nach Königsberg in [Heilsberg] abgewartet hat; der Herzog möge den Anliegen [Lasotas] Gehör schenken.

Behändigte Ausfertigung
1 Bogen Folio, S. 1 beschrieben, Unterschrift des Bischofs, S. 4 Außenadresse, Inhalts- und Kanzleivermerk.
Siegel des Bischofs
HBA C 1 Nr. 1365. — Altsignatur: 1/12/105; K. 471.

Journalvermerk:

Empfehlungsschreiben des Bischofs für Christoff Lasota.

Ostpr. Fol. 14320, Bl. 72 r.

Nr. 1366

1556 Juni 9, Heilsberg

Bischof Stanislaus von Ermland an Herzog Albrecht:

Bitte um Förderung des Schulzen von Heiligenfelde beim Rat und Gericht der Altstadt Königsberg in dem Rechtsstreit um dessen Erbschaft.

Behändigte Ausfertigung
1 Bogen Folio, S. 1 beschrieben, Unterschrift des Bischofs, S. 4 Außenadresse, Inhalts- und Kanzleivermerk.
Siegel des Bischofs
HBA C 1 Nr. 1366. — Altsignatur: 1/12/106; K. 471.

Journalvermerk:

Verschreibung des Bischofs für den Schulzen zu Heiligenfelde in dessen beim Rat und Gericht der Altstadt Königsberg anhängiger Erbschaftssache.

Ostpr. Fol. 14320, Bl. 72 r.

Nr. 1367

1556 Juni 16, Heilsberg

Bischof Stanislaus von Ermland an Herzog Albrecht:

Absendung Georgs von Pröck, Landvogts und Hauptmanns zu Braunsberg, mit etlichen mündlichen Anliegen an den Herzog, die dieser nach Beratschlagung mit seinen Räten beantworten will; Bitte, diese Antwort dem Burggrafen von Rössel, Georg von Schedlin, schriftlich zu übermitteln.

Behändigte Ausfertigung
1 Bogen Folio, S. 1 beschrieben, Unterschrift des Bischofs, S. 4 Außenadresse, Inhalts- und Kanzleivermerk.
Siegel des Bischofs
HBA C 1 Nr. 1367. — Altsignatur: 1/12/107; K. 471.
Kurzregest: Stanislai Hosii Epistolae, Bd. 2, Nr. 1619, S. 720—721.

Journalvermerk:

Bitte des Bischofs um Beantwortung der von Georg von Pröck übermittelten Anliegen.

Ostpr. Fol. 14320, Bl. 72 r.

Nr. 1368

1556 Juli 1, Königsberg

Herzog Albrecht an Bischof Stanislaus von Ermland:

Empfang des bischöflichen Schreibens und der mündlichen Anzeige durch Georg von Pröck, Landvogt und Hauptmann zu Btaunsberg, in der Angelegenheit Albert Polmans, Gerichtsschreibers der Städte Königsberg; schriftlicher Gegenbericht [Polmans] gegen die Beschwerden des Bischofs; [Polman] hat mit dem jetzigen Inhaber der Mühle [Böhmenhöfen] keinen Kaufvertrag abgeschlossen, sondern nur einen Traktat wegen seiner auf die Mühle verwandten Unkosten aufgerichtet; Bitte, dem [Polman] zur Entschädigung für seine Unkosten zu verhelfen.

Reinkopie
Ostpr. Fol. 70, S. 767—768.

Nr. 1369

1556 August 6, Königsberg

Herzog Albrecht an Hans Pröck:

Erlaubnis für [Pröck], sein Wachs und andere Waren gegen Erlegung des üblichen Pfundzolls auszuschiffen.

Reinkopie
Ostpr. Fol. 70, S. 785.

Nr. 1370

1556 August 25, Heilsberg

Bischof Stanislaus von Ermland an Herzog Albrecht:

Reise des Bischofs zu der vom König anberaumten Zusammenkunft in der Masau (Masowien); Schädigung seiner Untertanen und der des Domkapitels durch angeworbene Kriegsknechte des Herzogs; sie haben Hühner und Gänse getötet, Geld von den Untertanen erpreßt und kürzlich das Pferd eines armen Mannes zu Tiedmannsdorf im Kammeramt Braunsberg erstochen; Bitte um Abstellung dieser Exzesse, die zweifellos ohne die Einwilligung des Herzogs geschehen sind.

Behändigte Ausfertigung
1 Bogen Folio, S. 1 beschrieben, Unterschrift des Bischofs, S. 4 Außenadresse, Inhalts- und Kanzleivermerk.
Siegel des Bischofs
HBA C 1 Nr. 1370. — Altsignatur: 1/12/108; K. 471.

Journalvermerk:

Schreiben des Bischofs wegen seiner Reise nach Masowien mit der Bitte, die Exzesse herzoglicher Kriegsknechte an ermländischen Untertanen abzustellen.

Ostpr. Fol. 14320, Bl. 72 v.

Nr. 1371

1556 August 27, Heilsberg

Bischof Stanislaus von Ermland an Herzog Albrecht:

Albertus Pölmann hat den für ihn vom Bischof anberaumten Termin am vergangenen Dienstag (25. August) nicht wahrgenommen; dem Herzog zum Gefallen Ansetzung eines neuen Termins für [Pölmann] nach der Rückkehr des Bischofs von seiner Reise nach Masowien.

Behändigte Ausfertigung
1 Bogen Folio, S. 1 beschrieben, Unterschrift des Bischofs, S. 4 Außenadresse, Inhaltsvermerk, Eingangsvermerk vom 29. August 1556.
Siegel des Bischofs
HBA C 1 Nr. 1371. — Altsignatur: 1/12/109; K. 471.

Journalvermerk:

Schreiben des Bischofs in der Angelegenheit des Albertus Pölmann.

Ostpr. Fol. 14320, Bl. 72 v.

Nr. 1372

1556 August 28, Königsberg

Herzog Albrecht an den Landpropst zu Frauenburg:

Bitte an den Landpropst, das Überpflügen der Ortelsburger Grenze durch die Untertanen des Domkapitels zu verbieten.

Reinkopie
Ostpr. Fol. 71, S. 3.

Nr. 1373

1556 Oktober 6, Graudenz

Bischof Stanislaus von Ermland an Herzog Albrecht:

Dank für die Anweisung des Herzogs an seine Kriegsleute, den bischöflichen Untertanen beim Durchzug durch das [Ermland] oder sonst überhaupt keinen Schaden zuzufügen; Bitte um Verhinderung künftigen Mutwillens seiner Dienstleute im Bistum und dem Gebiet des Domkapitels; Aufforderung des Königs an die auf der Tagfahrt versammelten Stände des Königlichen Teils Preußen, sich mit der Teuerung des Getreides und dem daraus resultierenden Getreideausfuhrverbot des Herzogs zu befassen; Gesuch um Abschaffung des Ausfuhrverbots im Herzogtum und um Beachtung der Bestimmungen der Landesordnung über den freien Handel mit Getreide und Milchspeise zum Nutzen der beiderseitigen Untertanen.

Behändigte Ausfertigung
1 Bogen Folio, S. 1—2 beschrieben, Unterschrift des Bischofs S. 4 Außenadresse, Inhalts- und Kanzleivermerk.
Siegel des Bischofs
HBA C 1 Nr. 1373. — Altsignatur: 1/12/110; K. 471.
Kurzregest: Stanislai Hosii Epistolae, Bd. 2, Nr. 1673, S. 760—761.

Journalvermerk:

Schreiben des Herzogs wegen des Durchzuges herzoglicher Kriegsleute durch das Bistum und der Abschaffung des herzoglichen Getreideausfuhrverbots.

Ostpr. Fol. 14320, Bl. 72 v.

Nr. 1374

1556 Oktober 11, Königsberg

Herzog Albrecht an Bischof Stanislaus von Ermland:

Empfang des bischöflichen Schreibens aus Graudenz vom 6. Oktober [1556]; monatliche Besoldung seines Kriegsvolkes, damit es zu keinen Exzessen verursacht wird; der Herzog hat in seinem Fürstentum aus begründeten Ursachen die Getreideausschiffung im Juli und August teilweise verboten; die Braunsberger und andere bischöfliche Untertanen haben aus Eigennutz für große Summen Getreide im Herzogtum aufgekauft und es nach Danzig und anderswohin zum Verschiffen weggeführt; daraus ist vor allem der Stadt Königsberg großer Nachteil entstanden; kein Verstoß des Herzogs gegen die Bestimmungen der Landesordnung, da jeder „seine häusliche Notdurft" auf dem freien Markt und den Dörfern befriedigen kann; Bitte an den Bischof, die Ausschiffung großer Mengen Getreide durch seine Untertanen zu unterbinden, da das dem Gemeinwohl abträglich ist.

Reinkopie
Ostpr. Fol. 71, S. 21—25.

Nr. 1375

1556 Oktober 11, Heilsberg

Bischof Stanislaus von Ermland an Herzog Albrecht:

Empfang der herzoglichen Fürbitte und der beiliegenden Supplikation der Untertanen Hans Wagner, Benedict Pekur und Agneta Stormer wegen Verweigerung der „billigen Gerechtigkeit“ in der Erbfallsache der Frau des Wormditter Bürgers Caspar Jordan durch das Gericht und den Rat zu Wormditt und danach durch den Bischof selbst; Urteil des Stadtgerichts und Rats zu Wormditt vor 1 1/2 Jahren zugunsten bischöflicher Untertanen aus Arnsdorf gegen die genannten Kläger wegen ihres näheren Verwandtschaftsgrades; Bestätigung des Urteils im Appellationsverfahren vor dem Bischof; Ablehnung der Wiederaufnahme des Verfahrens.

Behändigte Ausfertigung
1 Bogen Folio, S. 1—2 beschrieben, Unterschrift des Bischofs, S. 4 Außenadresse, Inhalts- und Kanzleivermerk.
Siegel des Bischofs
HBA C 1 Nr. 1375. — Altsignatur: 1/12/111; K. 471.

Beilage

[o. D. u. O.]

Johannes Buttner an Herzog Albrecht:

Bezug auf das herzogliche Empfehlungsschreiben für Benedict Pekir, Hanns Schmid und Agneta, die Frau Hillebrant [Stormers], wegen ihres Erbfalls zu Wormditt; wahrheitsmäßiger Bericht [Buttners] über den Sachverhalt; nach dem Tode der Frau Caspar Jordans haben die o. g. herzoglichen Untertanen ihren Anspruch auf den Nachlaß der Verstorbenen damit begründet, daß ihr Großvater bzw. ihre Großmutter die leiblichen Geschwister der Mutter der Frau Jordan gewesen seien; dagegen haben zwei bischöfliche Untertanen ihre Forderung mit der Begründung geltend gemacht, ihr Vater sei der Halbbruder der Mutter der Jordanschen gewesen; Zeugnis des Wormditter Gerichts an den dortigen Rat in der Angelegenheit der beiden bischöflichen Untersassen aufgrund des Schwurs von Hans Haselberg, Ludewig Colmer und Bartel Wernner aus Arnsdorf, worauf der Rat seinen Spruch gefällt hat; nach den Ermittlungen [Buttners] haben die drei genannten Arnsdorfer ihr Zeugnis und ihren Schwur vor dem Wormditter Gericht nicht abgelegt, weil ihnen die Verwandtschaftsverhältnisse der verstorbenen Frau Jordan gar nicht bekannt sind; erfolglose Gesuche [Buttners] an den Bischof um Vorladung der Zeugen; Bemerkung des [Hosius], „er habe einmal gesprochen, dabei lasse er es verbleiben“, verweigerte Aushändigung einer Abschrift des Testaments und der ergangenen Sentenz an [Buttner]; Bitte um Intervention des Herzogs beim Bischof wegen der Gewährung von Abschriften der beiden Schriftstücke und wegen Anordnung eines unparteiischen Rechtsverfahrens über die Ansprüche seiner Mandanten auf den auf über 50 000 Gulden geschätzten Nachlaß.

1 Bogen 21 x 29 cm; S. 1—3 beschrieben, Unterschrift des Ausstellers, S. 4 Inhaltsvermerk, Beantwortungsvermerk vom 30. Oktober 1556.

Journalvermerk:

Schreiben des Bischofs wegen der Erbschaftssache der Frau des Wormditter Bürgers Caspar Jordan.

Ostpr. Fol. 14320, Bl. 72 v.

Nr. 1376

1556 Oktober 30, Königsberg

Herzog Albrecht an Bischof Stanislaus von Ermland:

Nach dem Gegenbericht [Buttners] ist in der Jordanschen Erbfallsache zu Wormditt „unordentlich procediret“ worden; Bitte um Ausfolgung der „Abschriften und Acta“ an [Buttner] wegen der „billigen Iusticia“, damit sich niemand über die Vorenthaltung seines Rechts beschweren könne.

Reinkopie
Ostpr. Fol. 71, S. 38—39.

Nr. 1377

1556 November 2, Frauenburg

Prälaten, Domherren und Kapitel des Stifts Ermland an Herzog Albrecht:

Fehlende Zuständigkeit ihrer Jurisdiktion im Erbfall der Frau Caspar Jordans, weil die Stadt Wormditt nicht dem Kapitel, sondern Bischof Stanislaus von Ermland untersteht und die Verhandlung über die Erbansprüche dort stattgefunden hat.

Behändigte Ausfertigung
1 Bogen 21, 5 x 30, 5 cm; S. 1—2 beschrieben, Unterschrift der Aussteller, S. 4 Außenadresse, Inhalts- und Kanzleivermerk.
Siegel der Aussteller
HBA C 1 Nr. 1377. Altsignatur: 1/12/144; K. 471.

Journalvermerk:

Fehlende Zuständigkeit des Frauenburger Kapitels in der Erbfallsache der Frau Caspar Jordans aus Wormditt.

Ostpr. Fol. 14320, Bl. 73 r.

Nr. 1378

1556 November 19, Königsberg

Herzog Albrecht an den Landpropst zu Allenstein:

Kreditiv für den an den Landpropst entsandten Hauptmann von Marienwerder, Absolon Reiman.

Reinkopie
Ostpr. Fol. 71, S. 45.

Nr. 1379

1556 November 21, Heilsberg

Bischof Stanislaus von Ermland an Herzog Albrecht:

Dank für das Unterbinden des Mutwillens der herzoglichen Kriegsleute im Bistum und Gebiet des Domkapitels; wegen seiner bevorstehenden Reise zum Reichstag nach Warschau Bitte an den Herzog, das Verlaufen seines Kriegsvolks in geordneten Bahnen zu halten, damit die bischöflichen und Kapitelsuntertanen dadurch nicht geschädigt werden.

Behändigte Ausfertigung
1 Bogen Folio, S. 1 beschrieben, Unterschrift des Bischofs, S. 4 Außenadresse, Inhalts- und Kanzleivermerk.
Siegel des Bischofs
HBA C 1 Nr. 1379. — Altsignatur: 1/12/112; K. 471.

Journalvermerk:

Schreiben des Bischofs wegen der herzoglichen Kriegsleute und seiner Reise zum Reichstag nach Warschau.

Ostpr. Fol. 14320, Bl. 72 v.

Nr. 1380

1556 November 24, Königsberg

Herzog Albrecht an Bischof Stanislaus von Ermland:

Zusicherung der Erfüllung des bischöflichen Anliegens hinsichtlich der herzoglichen Kriegsleute.

Reinkopie
Ostpr. Fol. 71, S. 59—60.

Nr. 1381

1557 Februar 19, Königsberg

Herzog Albrecht an Bischof Stanislaus von Ermland:

Übersendung des Gesuchs der Brüder Hans und Georg Pfersfelder; Bitte um Rückgabe ihres Pfandguts an diese, die bereit sind, ihren darauf geliehenen Betrag zurückzuzahlen; im Falle einer Ablehnung dieser Petition soll der Bischof eine Abschrift der Pfandverschreibung übersenden und die Gründe seiner Ablehnung darlegen.

Konzept
1 Bogen Folio, S. 1—2 beschrieben, S. 4 Empfänger-, Datums- und Registraturvermerk.
HBA C 1 Nr. 1381. — Altsignatur fehlt; K. 1211.
Reinkopie: Ostpr. Fol. 71, S. 88—89.

Nr. 1382

1557 März 8 [Tilsit]

Herzog Albrecht an Bischof Stanislaus von Ermland:

Klage der drei Städte Königsberg über die Verhinderung ihres Handels auf den ermländischen Wochenmärkten außer dem Flachs und Hopfenkauf in Heilsberg; dagegen freier Handel der Bewohner von Heilsberg und Braunsberg auf den Wochenmärkten in Schippenbeil, Bartenstein, Landsberg und Eylau; angebliches Verbot des Bischofs an seine Bauern zur Ausfuhr von Hopfen und Flachs; Vorkauf ermländischer Untertanen in herzoglichen Dörfern; Bitte um Beseitigung der ungleichen Handelsbedingungen sowie um Wiederherstellung des freien Handels für die herzoglichen Untertanen und der freien Ausfuhr für die Ermländer entsprechend den alten Gewohnheiten; Erfordernis eines Vorkaufverbots für die ermländischen Kaufleute in den herzoglichen Dörfern.

Konzept
1 Bogen Folio, S. 1—3 beschrieben, S. 4 Empfänger-, Datums- und Registraturvermerk.
HBA C 1 Nr. 1382. — Altsignatur fehlt; K. 1211.
Druck: Stanislai Hosii Epistolae, Bd. 2, Nr. 1721, S. 793—794 (nach anderer Überlieferung).

Nr. 1383

1557 März 14, Heilsberg

Bischof Stanislaus von Ermland an Herzog Albrecht:

Zurückweisung der Beschwerde der drei Städte Königsberg über die Verhinderung des freien Handels auf den ermländischen Wochenmärkten und der Einfuhr ihrer Waren in das Bistum laut herzoglichem Brief vom 8. März [1557] aus Tilsit; uneingeschränkte Gewährung des freien Wochenmarktes für Königsberg und die anderen herzoglichen

Städte im Bistum; Handelsverbot für nicht seßhafte Bauernkinder und -knechte und Beschränkung der Kaufmannschaft auf Wochenmärkten auf ansässige Bürger oder Bürgerkinder; größere Handelsfreiheit der herzoglichen Untertanen in ermländischen Städten als die bischöflicher Untertanen im Herzogtum, vor allem in den Städten Königsberg; Befehl an die Amtleute des Bischofs, Märkte in den Heimatorten der Händler für Kaufmannsware wie Hopfen und Flachs zuzulassen; wegen der Getreideausfuhr ins Herzogtum Preisanstieg auf 20 Groschen je Scheffel Korn in etlichen Orten des Bistums; Verbot des Vorkaufs auf dem Lande entsprechend der Landesordnung.

Behändigte Ausfertigung
1 Bogen Folio, S. 1—2 beschrieben, Unterschrift des Bischofs, S. 4 Außenadresse, Inhalts- und Kanzleivermerk.
Siegel des Bischofs
HBA C 1 Nr. 1383. — Altsignatur: 1/12/75; K. 471.
Textauszug nach anderer Vorlage: Stanislai Hosii Epistolae, Bd. 2, Nr. 1721, Anm. 1, S. 794.

Journalvermerk:

Schreiben des Bischofs wegen des Getreidehandels im Herzogtum und Bistum und der dabei anzustrebenden Gleichheit des Verfahrens auf den Märkten.

Ostpr. Fol. 14320, Bl. 74 r.

Nr. 1384

1557 März 23 [Königsberg]

Herzog Albrecht an Bischof Stanislaus von Ermland:

Übersendung des Gesuchs seiner Untertanen Benedict Pokir, Hans Schmidt und Agneta Hillebrandt wegen ihres Anspruchs auf das Erbe der verstorbenen Anna Jordan in Wormditt mit der Bitte um Erfüllung ihrer berechtigten Forderungen.

Konzept
1 Blatt 21 x 30 cm, S. 1 beschrieben, S. 2 Empfänger-, Datums- und Registraturvermerk.
HBA C 1 Nr. 1384. — Altsignatur fehlt; K. 1211.
Reinkopie: Ostpr. Fol. 71, S. 96.

Nr. 1385

1557 Mai 10, Königsberg

Statthalter und Räte zu Königsberg an den Rat zu Braunsberg:

Bitte an den Adressaten, dem herzoglichen Untertan Hans Krause, der vor sechs Jahren der [Braunsberger] Krügerin oder Bierschenkerin Michel 10 Mark zu treuen Händen übergeben hatte, zur Aushändigung dieses Geldes zu verhelfen.

Reinkopie
Ostpr.. Fol. 71, S. 109—110.

Nr. 1386

1557 Mai 15 [Königsberg]

Herzog Albrecht an Bischof Stanislaus von Ermland:

Empfang des bischöflichen Schreibens wegen des Hofdieners des [Hosius] Valtin von Gans, der Untertan des Herzogs ist; dessen Sache soll von den nach Neidenburg entsandten herzoglichen Kommissarien behandelt und entschieden werden.

Konzept
1 Blatt 21 x 29, 5 cm, S. 1 beschrieben, S. 2 Empfänger-, Datums- und Registraturvermerk.
HBA C 1 Nr. 1386. — Altsignatur fehlt; K. 1211.
Reinkopie: Ostpr. Fol. 71, S. 110.

Nr. 1387

1557 Juni 8, Heilsberg

Bischof Stanislaus von Ermland an Herzog Albrecht:

Bitte an den Herzog, dem Albrecht Sauatzki den Kauf eines wüsten Gutes oder etlicher Hufen zu gestatten, die sich von den Komorischen Grenzen bis zu der von Janowo nach Velbarg längs des Flusses Orszitz führenden Straße erstrecken.

Behändigte Ausfertigung
1 Bogen Folio, S. 1 beschrieben, Unterschrift des Bischofs, S. 4 Außenadresse, Inhalts- und Kanzleivermerk; Vermerk über die Anforderung eines Berichts durch den Hauptmann von Neidenburg.
Siegel des Bischofs
HBA C 1 Nr. 1387. — Altsignatur: 1/12/76; K. 471.

Journalvermerk:

Fürbitte des Bischofs für Albrecht Sauatzki wegen Kaufes eines wüsten Gutes.

Ostpr. Fol. 14320, Bl. 74 r.

Nr. 1388

1557 Juli 9, Königsberg

Herzog Albrecht an Eckert von Kempen, Domdechanten in Frauenburg:

Bitte um eine Anleihe von 30 000 oder 40 000 Talern von [Kempen] und Bereitschaft, „ein Mehreres vom Hundert jährlich zu geben"; der Zins soll [Kempen] durch den Hauptmann von [Preußisch] Holland erlegt werden.

Reinkopie
Ostpr. Fol. 71, S. 136—137.

Nr. 1389

1557 Juli 10 [Königsberg]

Herzog Albrecht an das Domkapitel zu Frauenburg:

Dank für die Förderung seiner Untertanen Hans Schmid aus Zinten, Benedict Pokir und Anna, Ehefrau Hillebrant [Störmers], aus Domnau in ihrem Rechtsstreit um das Erbe von Casper Jordans Frau aus Wormditt; Petition dieser Untertanen an den Herzog um Anzeige ihrer Beschwerde beim König und um Erlangung von dessen Schutz und Restitution; zuvor jedoch Fürbitte des Herzogs beim Bischof um erneute Unterstützung des Anliegens seiner Untertanen und um Abwendung des ihnen zugefügten „Dolus malus" [Arglist]; Bitte der Revision des auf ungegründeten Berichten gefällten Urteils.

Konzept
1 Bogen Folio, S. 1—3 beschrieben, S. 4 Empfänger-, Datums- und Registraturvermerk.
HBA C 1 Nr. 1389. — Altsignatur fehlt; K. 1211.
Reinkopie: Ostpr. Fol. 71, S. 137—140.

Nr. 1390

1557 Juli 12, Frauenburg

Eggert von Kempen an Herzog Albrecht:

Empfang der herzoglichen Antwort auf das Schreiben des Hauptmanns zu Marienwerder mit Erinnerung an seine [Kempens] Mitteilung an Christoff von Kreytzen, Obersten Burggrafen zu Königsberg; Bereitschaft zum Ausleihen einer Geldsumme gegen eine Verpfändung des Amtes [Preußisch] Holland entsprechend seinen vorherigen Verhandlungen mit dem Hauptmann von Marienwerder.

Behändigte Ausfertigung
1 Bogen Folio, S. 1—2 beschrieben, Unterschrift des Ausstellers, S. 4 Außenadresse, Inhalts- und Kanzleivermerk.
Siegel des Ausstellers
HBA C 1 Nr. 1390. — Altsignatur: 1/12/69; K. 471.

Journalvermerk:

Schreiben Eggerts von Kempen wegen der Bedingungen für seine dem Herzog zu gewährende Anleihe.

Ostpr. Fol. 14320, Bl. 74 r.

Nr. 1391

1557 Juli 14, Königsberg

Herzog Albrecht an Eckert von Kempen:

Empfang von [Kempens] Schreiben wegen der Anleihe; Bereitschaft des Herzogs, die vorgeschlagenen Konditionen einzuhalten und sich wegen des Zinses zu vergleichen.

Reinkopie
Ostpr. Fol. 71, S. 141—142.

Nr. 1392

1557 Juli 17, Heilsberg

Bischof Stanislaus von Ermland an Herzog Albrecht:

Bezug auf die herzogliche Aufforderung an den bischöflichen Hofmarschall Michel Pröck von der Lauth zur Dienstleistung für seine im Herzogtum befindlichen Güter anstelle seines aus Altersgründen verhinderten Vaters; Bitte um Erlassung von [Pröcks] Dienstleistungen wegen seiner hiesigen Amtsaufgaben im Hinblick auf den Verzicht des Bischofs auf die Dienstleistungen herzoglicher Untertanen mit ermländischen Gütern bei der letzten Heerschau.

Behändigte Ausfertigung
1 Bogen Folio, S. 1 beschrieben, Unterschrift des Bischofs, S. 4 Außenadresse, Inhalts- und Kanzleivermerk.
Siegel des Bischofs
HBA C 1 Nr. 1392. — Altsignatur: 1/12/77; K. 471.
Kurzregest mit Auszug: Stanislai Hosii Epistolae, Bd. 2, Nr. 1797, S. 852 (nach anderer Überlieferung).

Postskript

Trotz der herzoglichen Zusicherung, die gegen die gemeinen Verträge und die Landesordnung verstoßenden Stromsperren in der Alle beseitigen zu lassen, haben Untertanen des Herzogs in diesem Fluß so hohe Wehre aufgestellt, daß kein Fisch hindurch kommen kann, und darüber hinaus Gebühren für die Benutzung des Flusses erhoben; Bitte des Bischofs um Beseitigung dieser gegen das althergebrachte Recht verstoßenden Hindernisse.

1 Blatt 21 x 27 cm, S. 1 beschrieben.

Journalvermerk:

Fürbitte des Bischofs für seinen Hofmarschall Michel Pröck wegen dessen im Herzogtum zu erbringenden Dienstleistungen.

Ostpr. Fol. 14320, Bl. 74 r.

Nr. 1393

1557 Juli 20, Frauenburg

Prälaten, Domherren und Kapitel des Stifts Ermland an Herzog Albrecht:

Bereitschaft zur Unterstützung der herzoglichen Untertanen Hans Schmid aus Zinten, Benedict Pokyr und Anna, Frau des Hillebrandt [Störmer], aus Domnau in ihrem Rechtsgang mit Caspar Jordan aus Wormditt vor dem Bischof von Ermland.

Behändigte Ausfertigung
1 Bogen Folio, S, 1 beschrieben, Unterschrift der Aussteller, S. 4 Außenadresse, Inhalts- und Kanzleivermerk.
Siegel der Aussteller
HBA C 1 Nr. 1393. — Altsignatur: 1/12/71; K. 471.

Journalvermerk:

Bereitschaft des Domkapitels, die besagten herzoglichen Untertanen in ihrem Rechtsgang vor dem Bischof zu unterstützen.

Ostpr. Fol. 14320, Bl. 74 v.

Nr. 1394

1557 Juli 30, Königsberg

Herzog Albrecht an Eckert von Kempen:

Dank für die vom Obermarschall Jochim Borgk (Joachim von Borcke) übermittelte Nachricht über die Bereitschaft [Kempens], dem Herzog eine Anleihe auf das Amt [Preußisch] Holland zu gewähren; Übersendung eines Entwurfes der Verschreibung über die Verpfändung des Amts an [Kempen] und Bitte an diesen, mit dem Geld persönlich in Königsberg zu erscheinen, damit eine Reinschrift der Verschreibung gefertigt werden kann; Erwartung, daß [Kempen] bei der von ihm zugesagten Summe von 40 000 Mark verbleibt, weil die Nutzungen und Einkünfte des Amts [Preußisch Holland] weit über 30 000 Mark betragen; im Falle der Verhinderung [Kempens] will der Herzog einen Bevollmächtigten mit der Verschreibungsurkunde nach Frauenburg schicken, der dort das Geld in Empfang nehmen soll.

Reinkopie
Ostpr. Fol. 71, S. 150—151.

Nr. 1395

1557 Juli 31 [Königsberg]

Herzog Albrecht an das Kapitel zu Frauenburg:

Dank für den Brief des Domkapitels vom 20. Juli [1557] und erneute Bitte um Verwendung für seine unbillig behandelten Untertanen zur Vermeidung von Weiterungen.

Konzept
1 Blatt Folio, S. 1—2 beschrieben, S. 2 Empfänger-, Datums- und Registraturvermerk.
HBA C 1 Nr. 1395. — Altsignatur fehlt; K. 1211.
Reinkopie: Ostpr. Fol. 71, S. 151—152.

Nr. 1396

1557 August 31, Heilsberg

Bischof Stanislaus von Ermland an Herzog Albrecht:

Bezug auf die auf der Graudenzer Tagfahrt geäußerte Bitte der Räte des Königlichen Teils [Preußen] um Abzug des vom Herzog besoldeten Kriegsvolkes aus dem Lande angesichts des bevorstehenden Friedens zwischen dem König von Polen, dem Herzog und den Livländern; da der Friedensschluß inzwischen in greifbare Nähe gerückt ist, erneuerte Bitte um den Abzug des herzoglichen Kriegsvolkes ohne Schädigung der Untertanen, der am besten auf dem Wasserwege erfolgen kann.

Behändigte Ausfertigung
1 Bogen Folio, S. 1 beschrieben, Unterschrift des Bischofs, S. 4 Außenadresse, Inhalts- und Kanzleivermerk.
Siegel des Bischofs
HBA C 1 Nr. 1396. — Altsignatur: 1/12/78; K. 471.

Journalvermerk:

Bitte des Bischofs um den Abzug des herzoglichen Kriegsvolkes angesichts des bevorstehenden Friedens.

Ostpr. Fol. 14320, Bl. 74 v.

Nr. 1397

1557 September 1 [Königsberg]

Herzog Albrecht an Bischof Stanislaus von Ermland:

Erinnerung an das Verbot des Vorkaufes auf dem Lande durch die Landesordnung; Bitte um bischöfliches Verbot des Aufkaufs von Getreide in den Dörfern im Rastenburgischen, Bartensteinischen und in anderen Gebieten des Herzogtums durch die

Ermländer; Bitte um ein Verbot dieser Praktiken, die seitens des Herzogs geahndet werden; Zunahme der Armut im Fürstentum [Preußen] wegen des von den Ermländern getätigten umfangreichen Ankaufs von Gerste in den Dörfern und Städten und deren Ausfuhr außer Landes; der Bischof soll das bei seinen Untertanen zwecks Verhütung weiterer Teuerung verhindern.

Konzept
1 Bogen Folio, S. 1—3 beschrieben, S. 4 Empfänger-, Datums- und Registraturvermerk.
HBA C 1 Nr. 1397. — Altsignatur fehlt; K. 1211.
Reinkopie: Ostpr. Fol. 71, S. 169—171.

Nr. 1398

1557 September 2 [Königsberg]

Herzog Albrecht an Bischof Stanislaus von Ermland:

Empfang des bischöflichen Schreibens vom 31. August [1557]; keine Kenntnis des Herzogs vom Abschluß eines Friedens; Unterhaltung des herzoglichen Kriegsvolkes auf Wunsch des polnischen Königs „ubers Jahr"; es soll erst auf Befehl des Monarchen entlassen und abschließend entlohnt werden; Ablehnung des Rücktransports des Volkes wegen Mangels an Schiffen und Proviant; nach der Abdankung des Kriegsvolks sollen die Untersassen des Königlichen Teils [Preußen] diesem bei seinem Durchzug freundlich begegnen.

Konzept
1 Bogen Folio, S. 1—3 beschrieben, S. 4 Empfänger-, Datums- und Registraturvermerk.
HBA C 1 Nr. 1398. — Altsignatur fehlt; K. 1211.
Reinkopie: Ostpr. Fol. 71, S. 172—174.
Kurzregest mit Auszug: Stanislai Hosii Epistolae, Bd. 2, Nr. 1818, S. 868.

Nr. 1399

1557 September 7, Königsberg

Herzog Albrecht an Eckert von Kempen:

Vorstellung des Hauptmanns zu Preußisch Mark wegen der von [Kempen] zu leistenden Anleihe an den Herzog; Bitte an [Kempen] um weitere Geduld in dieser Sache, weil möglicherweise der Friede kurz bevorsteht und dann eine Verpfändung des Amtes [Preußisch] Holland nicht erforderlich sein dürfte.

Reinkopie
Ostpr. Fol. 71, S. 175—176.

Nr. 1400

1557 September 19, Frauenburg

Eggert von Kempen an Herzog Albrecht:

Empfang des durch Hans von Werden überbrachten herzoglichen Schreibens wegen der nicht mehr erforderlichen Verpfändung des Amtes [Preußisch] Holland; Bitte um eine zukünftige andere Vergünstigung für seine Dienste.

Behändigte Ausfertigung
1 Bogen Folio, S. 1—2 beschrieben, Unterschrift des Ausstellers, S. 4 Außenadresse, Inhalts- und Kanzleivermerk.
Siegel des Ausstellers
HBA C 1 Nr. 1400. — Altsignatur: 1/12/70; K. 471.

Journalvermerk:

Bitte von Kempens um eine andere Vergünstigung des Herzogs in Anbetracht seiner bisherigen Dienste.

Ostpr. Fol. 14320, Bl. 74 v.

Nr. 1401

1557 September 20 [Königsberg]

Herzog Albrecht an Bischof Stanislaus von Ermland:

Abschluß des Friedens zwischen dem polnischen König und den Livländern; bevorstehende Abdankung des herzoglichen Kriegsvolkes; keine Möglichkeit seines Abtransportes auf Schiffen, weil jeder Söldner den Weg nach seinem Gefallen nehmen wird; Bitte um Ermahnung der Untersassen des Königlichen Teils [Preußen], auf ihre Habe gut achtzugeben, Empfehlung der Einrichtung von Pferdestreifen in den Dörfern an den Straßen zur Abwehr von Übergriffen, was auch im Herzogtum praktiziert wird; Ermahnung des Herzogs an die Kriegsknechte, sich des Bettelns, Raubens und Stehlens zu enthalten; Bitte an den Bischof um Versorgung der durchziehenden Truppen gegen Bezahlung und um deren gutwillige Behandlung.

Konzept
1 Bogen Folio, S. 1—3 beschrieben, S. 4 Empfänger-, Datums- und Registraturvermerk.
HBA C 1 Nr. 1401. — Altsignatur fehlt; K. 1211.
Reinkopie: Ostpr. Fol. 71, S. 181—183.

Nr. 1402

1557 September 22 [Königsberg]

Herzog Albrecht an Bischof Stanislaus von Ermland (mutatis mutandis an das Domkapitel zu Frauenburg):

Dem Obersten Wulff Schonwiese und dessen Brüdern wird eine im Amt Preußisch Eylau an der Landesgrenze gelegene Wiese durch den Bischof und das Domkapitel vorenthalten; Bitte, den Petenten zu ihrem Recht zu verhelfen.

Konzept
1 Bogen Folio, S. 1—2 beschrieben, S. 4 Empfänger-, Datums- und Registraturvermerk.
HBA C 1 Nr. 1402. — Altsignatur fehlt; K. 1211.

Nr. 1403

1557 September 23, Königsberg

Herzog Albrecht an Eckert von Kempen:

Übermittlung eines neuen Anleiheangebots [Kempens] durch den Sekretär Andreas Muntzer; Anweisung an diesen, darauf nicht einzugehen, weil der Herzog durch die Bezahlung seines abgedankten Kriegsvolkes besonders belastet ist.

Reinkopie
Ostpr. Fol. 71, S. 188—189.

Nr. 1404

1557 September 23, Heilsberg

Bischof Stanislaus von Ermland an Herzog Albrecht:

Übersendung eines Schreibens des Obersten des herzoglichen Kriegsvolkes, Wolff Schönwiese, in einer aus der Zeit des Bischofs Mauritius [Ferber] stammenden und erledigten Angelegenheit; Befremden über die Äußerung des Obersten, sein vermeintliches Recht mit Gewalt durchzusetzen; da das herzogliche Kriegsvolk nicht gegen den polnischen König und dessen Untertanen, sondern vielmehr zur Bekämpfung auswärtiger Feinde angeworben worden ist, erwartet der Bischof ein friedliches Verhalten der Truppen gegen jedermann; Bereitschaft zur rechtlichen Behandlung von Schönwieses Anliegen, das die Landesgrenze zwischen dem Herzogtum und dem Bistum betrifft.

Behändigte Ausfertigung
1 Bogen Folio, S. 1 beschrieben, Unterschrift des Bischofs, S. 4 Außenadresse, Inhalts- und Kanzleivermerk.
Siegel des Bischofs
HBA C 1 Nr. 1404. — Altsignatur: 1/12/79; K. 471.

Beilage

1557 September 22, Königsberg

Wollf Schonwiese an Bischof Stanislaus von Ermland:

Forderung der Rückgabe der von einem Vorgänger des Bischofs [Mauritius Ferber] seinem verstorbenen Vater Lorentz Schonwiese weggenommenen Wiese an der Grenze des Gebiets Preußisch Eylau; Erwartung der unverzüglichen Wiedereinräumung dieser Wiese an [Schönwiese] und dessen Brüder und der Erstattung der daraus in der Zwischenzeit bezogenen Einkünfte; andernfalls beabsichtigt [Schönwiese], sein Recht auf andere Weise durchzusetzen; Nichteinhaltung der Zusage einer Zusammenkunft auf der besagten Wiese; Absicht des Herzogs zur Nutzung der an der Nerfkenschen Grenze gelegenen, bis zum Fluß Elbe reichenden Wiese.

Reinkopie
1 Blatt Folio, S. 1 beschrieben.

Journalvermerk:

Beschwerde des Bischofs über Wolff Schonwiese wegen einer an der Nerfkenschen Grenze gelegenen Wiese.

Ostpr. Fol. 14320, Bl. 74 v.

Nr. 1405

1557 September 24 [Königsberg]

Herzog Albrecht an Bischof Stanislaus von Ermland:

Keine Androhung einer Fehde seitens des Obersten Wolff Schonwiese; dieser will vielmehr im Falle einer Rechtsverweigerung durch den Bischof an den polnischen König, den Oberherrn des Bischofs, appellieren; Bitte [Schönwieses] an den Herzog, ihn in seinen Gerechtigkeiten zu schützen; trotz großer Beschwer Abzahlung und Abfertigung der Kriegsleute mit der Ermahnung, niemanden im Herzogtum und den anderen genannten Landen zu schädigen; Aufstellung von Straßenstreifen aus den Dienstpflichtigen und dem Hofgesinde des Herzogs, die auf Ersuchen des Bischofs oder dessen Untertanen zur Hilfeleistung bereit sind; Bitte, dem Schonwiese und dessen Miterben zum Recht zu verhelfen.

Konzept
1 Bogen Folio, S. 1—3 beschrieben, S. 4 Empfänger-, Datums- und Registraturvermerk.
HBA C 1 Nr. 1405. — Altsignatur fehlt; K. 1211.

Nr. 1406

1557 September 24, Heilsberg

Bischof Stanislaus von Ermland an Herzog Albrecht:

Übersendung einer Abschrift des in der Kanzlei ermittelten endgültigen Abschieds der beiderseitigen Kommissarien in der Sache des [Schönwiese] zur Widerlegung von dessen unbilliger Forderung; Bitte um entsprechende Unterrichtung des [Schönwiese] und um Abweisung von dessen Ansprüchen.

Behändigte Ausfertigung
1 Bogen Folio, S. 1 beschrieben, Unterschrift des Bischofs, S. 4 Außenadresse, Inhalts- und Kanzleivermerk.
Siegel des Bischofs
HBA C 1 Nr. 1406. — Altsignatur: 1/12/80; K. 471.

Beilagen

I. 1536 April 24, Nerfken

Johann von Kreytzen wegen der Grenzirrungen zwischen Bischof Mauritius von Ermland einer- und Friedrich von Hondorff und Lorentz Schonwiese andererseits:

Am Abschluß des Vergleichs waren auf herzoglicher Seite die Bevollmächtigten Georg von Kunheim, Hauptmann zu Tapiau, Fabian von Lehendorf (Lehndorff), Hauptmann zu Preußisch Eylau, Hans Leskewange, Jacob Kalckstein und Dr. Hans von Kreytzen und auf bischöflicher Seite Tidemann Giese, Kustos und Offizial, Felix Reich, Domherr zu Frauenburg, Georg von Pröck, ermländischer Stiftsgroßvogt und Hauptmann zu Braunsberg, Philipp Potritte, Henrich von Osterwyn und Georg Knobelsdorff beteiligt; gemeinsamer Beschluß, die alten landscheidenden Grenzbriefe zwischen beiden Oberherrschaften in Kraft zu belassen; danach sollen der Bischof und die ermländische Kirche die Wiesen über dem Großendorf, Rittersdorf und Nerfken scheidenden Fluß mit allen Gerechtigkeiten besitzen; Aufstellung langer Ricken [Stangen] auf aufgeschütteten Haufen vom Grenzfluß bis an die Ilm zur Kennzeichnung der Grenze zwischen den Wiesen des Stifts Ermland und dem Gut Nerwicken (Nerfken); Mitteilung des Bischofs an den Herzog wegen Ansetzung eines Verhandlungstages der beiderseitigen Bevollmächtigten zur Markierung des Grenzverlaufs.

Reinkopie
1 Blatt Folio, S. 1—2 beschrieben.

II. 1536 April 28, Neuhaus

Herzog Albrecht an Bischof Mauritius von Ermland:

Empfang der bischöflichen Nachricht über die „Beredung" der beiderseitigen Bevollmächtigten in der strittigen Frage der Nerfkenschen Grenzwiesen; Befehl an den Amtmann zu Preußisch Eylau, am Montag nach Cantate (15. Mai) mit den bischöflichen Bevollmächtigten die Aufschüttung der Grenze vorzunehmen; Befehl an Lorentz

Schonwiese und Friedrich Hoendorff, sich an der Aufrichtung der Grenze zu beteiligen; Absicht des Herzogs, die Beurkundung der Vereinbarung nach seiner Rückkehr nach Königsberg vornehmen zu lassen.

Reinkopie
1 Blatt 20 x 27 cm, S. 1 beschrieben.

Journalvermerk:

Schreiben des Bischofs mit Anlagen in der Sache des Schonwiese und der Wiesen zu Nerfken.

Ostpr. Fol. 14320, Bl. 75 r.

Nr. 1407

1557 September 24, Frauenburg

Prälaten, Domherren und Kapitel des Stifts Ermland an Herzog Albrecht:

Nach dem Eingang des herzoglichen Schreibens in der Sache des Obersten Wolf Schönewyse, deren Gegenstand eine Wiese im Eylauschen ist, umgehende Absendung eines Boten an den Bischof, der diesem die Bitte des Kapitels um eine einvernehmliche Regelung der Angelegenheit übermitteln soll; Verwendung des Kapitels für [Schönwiese] wegen seiner „rittermäßigen Taten" für das „gemeine Vaterland".

Behändigte Ausfertigung
1 Bogen Folio, S. 1—2 beschrieben, Unterschrift der Aussteller, S. 4 Außenadresse, Inhalts- und Kanzleivermerk.
Siegel der Aussteller
HBA C 1 Nr. 1407. — Altsignatur: 1/12/72; K. 471.

Journalvermerk:

Schreiben des Frauenburger Domkapitels wegen der Sache des Schönwiese.

Ostpr. Fol. 14320, Bl. 74 v.

Nr. 1408

1557 September 25 [Königsberg]

Herzog Albrecht an Bischof Stanislaus von Ermland:

Empfang des bischöflichen Schreibens wegen der Grenzbesichtigung in der Sache des Obersten Wolff Schonwiese; keine Zeichnung und Bestätigung der Grenzzeichen abweichend von dem damals geschlossenen Grenzvergleich; daher Bitte an den Bischof, einen neuen Vergleich an einem zu bestimmenden Tage über die besagte Grenze vorzunehmen; Befehl an Schonwiese und dessen Miterben, vor den Bevollmächtigen beider Seiten zu erscheinen und deren Beschluß zu erwarten wofür die Zustimmung des Bischofs erbeten wird.

Konzept
1 Bogen Folio, S. 1—3 beschrieben, S. 4 Empfänger- und Datumsvermerk.
HBA C 1 Nr. 1408. — Altsignatur fehlt; K. 1211.
Reinkopie: Ostpr. Fol. 71, S. 192—195.

Nr. 1409

1557 September 25 [Königsberg]

Herzog Albrecht an das Domkapitel zu Frauenburg:

Empfang des Schreibens des Kapitels in der Angelegenheit des Obersten Wolff von Schonwiese; Übersendung der herzoglichen Schreiben an Bischof Stanislaus von Ermland vom gestrigen und heutigen Tage in dieser Sache.

Konzept
1 Blatt Folio, S. 1 beschrieben, S. 2 Empfänger-, Datums- und Registraturvermerk.
HBA C 1 Nr. 1409. — Altsignatur fehlt; K. 1211.
Reinkopie: Ostpr. Fol. 71, S. 195—196.

Nr. 1410

1557 September 27, Heilsberg

Bischof Stanislaus von Ermland an Herzog Albrecht:

Dank für die Bemühungen des Herzogs um die Unterbindung von Schädigungen bischöflicher Untertanen durch die abgedankten Kriegsknechte; Absicht des Bischofs, das dem polnischen König zur Kenntnis zu bringen; Einverständnis mit einer erneuten Besichtigung der strittigen Grenze bei [Nerfken]; Bitte um kurzen Aufschub wegen zuvoriger Absprache des Bischofs mit dem Domkapitel in der Sache der Landesgrenze; danach Vorschlag eines Tages und Orts zur Behandlung der Grenzfrage durch die beiderseitigen Bevollmächtigten; Bereitschaft zur Entgegennahme der Ansprüche Wolff Schonwieses und dessen Miterben.

Behändigte Ausfertigung
1 Bogen Folio, S. 1 beschrieben, Unterschrift des Bischofs, S. 4 Außenadresse, Inhalts- und Beantwortungsvermerk.
Siegel des Bischofs
HBA C 1 Nr. 1410. — Altsignatur: 1/12/81; K. 471.

Journalvermerk:

Schreiben des Bischofs wegen der abgedankten herzoglichen Kriegsleute und der strittigen Grenzsache bei [Nerfken].

Ostpr. Fol. 14320, Bl. 75 v.

Nr. 1411

1557 September 28, Frauenburg

Prälaten, Domherren und Kapitel des Stifts Ermland an Herzog Albrecht:

Dank für die Bemühungen des Herzogs um die Aufrechterhaltung von Frieden und Ruhe „dieses Vaterlandes"; der Herzog hat sein Kriegsvolk abgedankt, um alle zu befürchtende Nachteile zu verhüten.

Behändigte Ausfertigung
1 Bogen Folio, S. 1 beschrieben, Unterschrift der Aussteller, S. 4 Außenadresse, Inhalts- und Kanzleivermerk.
Siegel der Aussteller
HBA C 1 Nr. 1411. — Altsignatur: 1/12/73; K. 471.

Journalvermerk:

Dank des Domkapitels für die Bemühung des Herzogs um Aufrechterhaltung des Friedens und die Abdankung seines Kriegsvolkes.

Ostpr. Fol. 14320, Bl. 75 r.

Nr. 1412

1557 September 30, Königsberg

Herzog Albrecht an das Domkapitel zu Frauenburg:

Erneute Bitte um Förderung herzoglicher Untertanen in der Erbfallsache der Frau Caspar Jordans zu Wormditt in Anbetracht der bisher ausgebliebenen Antwort des Kapitels; Gesuch um Übermittlung des entsprechenden, an das Kapitel gerichteten Schreibens des Bischofs.

Konzept
1 Blatt Folio, S. 1 beschrieben, S. 2 Empfänger-, Datums- und Registraturvermerk.
HBA C 1 Nr. 1412. — Altsignatur fehlt; K. 1211.
Reinkopie: Ostpr. Fol. 71, S. 199.

Nr. 1413

1557 Oktober 7, Frauenburg

Prälaten, Domherren und Kapitel des Stifts Ermland an Herzog Albrecht:

Bisher keine Beantwortung ihres an den ermländischen Bischof gerichteten Schreibens in der Erbfallsache der Frau Casper Jordans; daher erneutes Schreiben an den Bischof mit der Bitte um eine „gelegene Antwort", die dem Herzog umgehend nach Eingang übermittelt werden soll.

Behändigte Ausfertigung
1 Bogen Folio, S. 1 beschrieben, Unterschrift der Aussteller, S. 4 Außenadresse, Inhalts- und Kanzleivermerk.
Siegel der Aussteller
HBA C 1 Nr. 1413. — Altsignatur: 1/12/74; K. 471.

Journalvermerk:

Anzeige des Domkapitels wegen erneuten Schreibens an den Bischof in der Erbfallsache der Frau Casper Jordans.

Ostpr. Fol. 14320, Bl. 75 r.

Nr. 1414

1557 Oktober 11, Heilsberg

Bischof Stanislaus von Ermland an Herzog Albrecht:

Einverständnis des [Frauenburger] Domkapitels mit der vom Bischof befürworteten Grenzbesichtigung bei Nerwicken (Nerfken); wegen zahlreicher anderer Aufgaben des Bischofs und des Domkapitels Bitte um Anberaumung eines Verhandlungstages nach Martini (11. November).

Behändigte Ausfertigung
1 Bogen Folio, S. 1 beschrieben, Unterschrift des Bischofs, S. 4 Außenadresse, Inhalts- und Kanzleivermerk.
Siegel des Bischofs
HBA C 1 Nr. 1414. — Altsignatur: 1/12/82; K. 471.

Journalvermerk:

Einholung des Einverständnisses des Domkapitels zur Grenzbesichtigung in Nerwicken durch den Bischof.

Ostpr. Fol. 14320, Bl. 75 r.

Nr. 1415

1557 Oktober 16, Heilsberg

Bischof Stanislaus von Ermland an Herzog Albrecht:

Bitte um Rechtsschutz für seinen Hofdiener Valentin Ganszorowski, dessen Vater und Bruder gegen die unbilligen Anfechtungen seitens ihrer Gegner.

Behändigte Ausfertigung
1 Bogen Folio, S. 1 beschrieben, Unterschrift des Bischofs, S. 4 Außenadresse, Inhalts- und Kanzleivermerk.
Siegel des Bischofs
HBA C 1 Nr. 1415. — Altsignatur: 1/12/83; K. 471.

Journalvermerk:

Fürbitte des Bischofs für seinen Hofdiener Valentin Ganszorowski.

Ostpr. Fol. 14320, Bl. 75 r.

Nr. 1416

1557 Oktober 20 [Königsberg]

Herzog Albrecht an Bischof Stanislaus von Ermland:

Empfang des bischöflichen Schreibens vom 11. Oktober [1557]; Festsetzung der Zusammenkunft der beiderseitigen Bevollmächtigten zur Durchführung der Grenzbesichtigung am 22. November.

Konzept
1 Bogen Folio, S. 1—2 beschrieben, S. 4 Empfänger-, Datums- und Registraturvermerk.
HBA C 1 Nr. 1416. — Altsignatur fehlt; K. 1211.
Reinkopie: Ostpr. Fol. 71, S. 206—207.

Nr. 1417

1557 November 6, Heilsberg

Bischof Stanislaus von Ermland an Herzog Albrecht:

Übermittlung des herzoglichen Vorschlags wegen Anberaumung eines Tages für die Grenzverhandlungen bei Nerwicken (Nerfken) durch den bischöflichen Hofdiener Valentin von Gansar (Ganszorowski); Einverständnis mit dem vom Herzog genannten Termin zwecks Erörterung der Ansprüche Wolff Schonwieses; Fürbitte für Albrecht Sauatzki wegen des geplanten Ankaufs wüster Güter im Herzogtum.

Behändigte Ausfertigung
1 Bogen Folio, S. 1 beschrieben, Unterschrift des Bischofs, S. 4 Außenadresse, Inhalts- und Kanzleivermerk.
Siegel des Bischofs
HBA C 1 Nr. 1417. — Altsignatur: 1/12/84; K. 471.

Journalvermerk:

Einverständnis des Bischofs mit dem vom Herzog vorgeschlagenen Termin zur Grenzbesichtigung bei Nerwicken und Fürbitte für Albrecht Sauatzki.

Ostpr. Fol. 14320, Bl. 75 v.

Nr. 1418

1557 Dezember 4, Königsberg

Herzog Albrecht an den Rat zu Allenstein:

Ersuchen an den Adressaten, dem herzoglichen Untertan Lucas Spanden aus dem Amt Caymen sein entlaufenes Pferd — dabei handelt es sich um einen Rotfuchs mit vier weißen Füßen — wieder auszuhändigen.

Reinkopie
Ostpr. Fol. 71, S. 213.

Nr. 1419

1557 Dezember 27, Heilsberg

Bischof Stanislaus von Ermland an Herzog Albrecht:

Beschwerde über das angeblich vom Herzog verhängte Ausfuhrverbot für Getreide und Milchspeise aus dem Fürstentum [Preußen] ins Bistum [Ermland]; Anhaltung herzoglicher Untertanen auf freier Straße, die Waren ins Ermland bringen wollten, durch die Amtleute; entsprechendes Verfahren bei bischöflichen Untertanen, die Waren aufgekauft haben; Bitte um Beseitigung dieses gegen die beiderseitige Landesordnung verstoßenden Verfahrens.

Behändigte Ausfertigung
1 Bogen Folio, S. 1—2 beschrieben, Unterschrift des Bischofs, S. 4 Außenadresse, Inhalts- und Kanzleivermerk.
HBA C 1 Nr. 1419. — Altsignatur: 1/12/85; K. 471.
Kurzregest mit Textauszug: Stanislai Hosii Epistolae, Bd. 2, Nr. 1901, S. 936—937 (nach anderer Vorlage).

Journalvermerk:

Beschwerde des Bischofs über das vom Herzog verhängte Ausfuhrverbot für Getreide und Milchspeise.

Ostpr. Fol. 14320, Bl. 75 v.

Nr. 1420

1557 Dezember 31, Königsberg

Herzog Albrecht an Bischof Stanislaus von Ermland:

Keine Kenntnis von einem Ausfuhrverbot im Herzogtum; lediglich Befehl an die Amtleute zur Unterbindung der Vorkäufe; die herzoglichen Untertanen müssen nach alter Gewohnheit zunächst die nächstgelegenen Märkte und Städte mit ihren Waren aufsuchen und dürfen erst dann nach ihrem Willen in anderen Orten handeln und verkaufen; Bereitschaft des Herzogs zur Beseitigung aller Verstöße gegen die Landesordnung zwecks Erhaltung freundlicher Nachbarschaft.

Reinkopie
Ostpr. Fol. 71, S. 219—221.

Nr. 1421

1558 Januar 15 [Königsberg]

Herzog Albrecht an Bischof Stanislaus von Ermland:

Beschwerde Peter Jökels und seines Anhangs aus Zinten über die Ansetzung des bischöflichen Appellationsverfahrens in ihrem Erbstreit mit Lorentz Hasse und Hans Bartz aus Braunsberg, den Vormündern von Symon Wennepfenning, durch Rat und Gericht zu Braunsberg auf den 28. Januar, weil ihr Rechtsbeistand, der herzogliche Rat Dr. Christophorus Jonas, außer Landes ist; Bitte um Verschiebung dieses „Handels" bis zu dessen Rückkehr; Fürbitte des Herzogs für das Anliegen seiner Untertanen.

Konzept
1 Bogen Folio, S. 1—3 beschrieben, S. 4 Empfänger-, Datums- und Registraturvermerk.
HBA C 1 Nr. 1421. — Altsignatur fehlt; K. 1212.
Reinkopie: Ostpr. Fol. 71, S. 250—252.

Nr. 1422

1558 Januar 20, Heilsberg

Bischof Stanislaus von Ermland an Herzog Albrecht:

Berechtigte Beschwerde Peter Jekels und seiner Verwandtschaft über die Ansetzung des bischöflichen Appellationsverfahrens in ihrem Rechtsstreit mit den ermländischen

Untertanen Lorentz Hasse und Hans Bartsch, Vormündern der Witwe Simon Winnepfennigs, auf den 28. Januar durch Rat und Gericht von Braunsberg wegen der Abwesenheit ihres Patronus Dr. Christophorus Jonas; Bereitschaft des Bischofs, in dieser Sache vor Beginn der Fastenzeit nichts vorzunehmen, und Aufforderung an die Parteien, einen neuen Termin zu benennen und ihm diesen vorzuschlagen.

Behändigte Ausfertigung
1 Bogen Folio, S. 1 beschrieben, Unterschrift des Bischofs, S. 4 Außenadresse, Inhalts- und Kanzleivermerk, Vermerk über die Einlieferung des Schreibens in die Ratsstube durch den Kanzler und dessen Befehl zur Verwahrung vom 24. Januar 1558.
Siegel des Bischofs
HBA C 1 Nr. 1422. — Altsignatur: 1/12/16; K. 472.

Journalvermerk:

Schreiben des Bischofs wegen der Sache Peter Jekels.

Ostpr. Fol. 14320, Bl. 77 r.

Nr. 1423

1558 Januar 25 [Königsberg]

Herzog Albrecht an das Kapitel zu Frauenburg:

Bezug auf die Fürbitte für den Kupferschmied Lorentz Schimmelpfennig, der aus der Jurisdiktion des Domkapitels entlassen werden möchte und sich in Bartenstein niederlassen will; Bitte an das Kapitel, dem [Schimmelpfennig] als einem freien kölmischen Mann seine Habe aushändigen zu lassen und ihm den Verkauf seiner Liegenschaften, z. B. einer Kupfermühle und des Hammers, zu gestatten; das Kapitel soll [Schimmelpfennig] ein christliches Geleit in seiner Jurisdiktion gewähren, damit er seine Anliegen in geraumer Zeit abwickeln kann.

Konzept
1 Bogen Folio, S. 1—3 beschrieben, S. 4 Empfänger-, Datums- und Registraturvermerk.
HBA C 1 Nr. 1423. — Altsignatur fehlt; K. 1212.
Reinkopie: Ostpr. Fol. 71, S. 252—254.

Nr. 1424

1558 Januar 28 [Königsberg]

Herzog Albrecht an Bischof Stanislaus von Ermland:

Beschwerde herzoglicher Untertanen über die Erschießung ihres Verwandten Hans Stache durch einen flüchtigen Dieb Christof Streckfus, als er sich auf dem Wege zur Fischerei im See Rifen befand; weil sich der Täter im Gebiet des Bischofs aufhält und von diesem Geleit erhalten hat, Bitte des Herzogs um dessen Aufkündigung und um gefängliche Festsetzung des Verbrechers, damit die Kläger das Rechtsverfahren gegen diesen einleiten können.

Konzept
1 Bogen Folio, S. 1—2 beschrieben, S. 4 Empfänger-, Datums- und Registraturvermerk.
HBA C 1 Nr. 1424. — Altsignatur fehlt; K. 1212.
Reinkopie: Ostpr. Fol. 71, S. 254—256.

Nr. 1425

1558 Februar 12 [Königsberg]

Herzog Albrecht an Bischof Stanislaus von Ermland:

Vermutlicher Aufenthalt des wegen Ertränkens seiner schwangeren Schwester gesuchten herzoglichen Untertans Friedrich Cannacher in Bistum [Ermland], wo er vom Bischof Geleit erhalten haben soll; Bitte um gefängliche Inhaftierung [Cannachers] und um Aufkündigung des Geleits wegen seiner „sehr großen bösen That".

Konzept
1 Bogen Folio, S. 1—2 beschrieben, S. 4 Empfänger-, Datums- und Registraturvermerk.
HBA C 1 Nr. 1425. — Altsignatur fehlt; K. 1212.
Reinkopie: Ostpr. Fol. 71, S. 261—262.

Nr. 1426

1558 Februar 15, Heilsberg

Bischof Stanislaus von Ermland an Herzog Albrecht:

Keine Kenntnis des Bischofs von einer Geleitsgewährung an Friedrich Cannacher; keine Duldung des Übeltäters im Bistum und Zusage an den Herzog, sich in dergleichen Fällen vertragsgemäß verhalten zu wollen.

Behändigte Ausfertigung
1 Bogen Folio, S. 1 beschrieben, Unterschrift des Bischofs, S. 4 Außenadresse, Inhalts- und Kanzleivermerk.
Siegel des Bischofs
HBA C 1 Nr. 1426. — Altsignatur: 3/26/117/a; K. 472.

Journalvermerk:

Keine Duldung oder Geleitsgewährung Cannachers im Bistum Ermland.

Ostpr. Fol. 14320, Bl. 77 r..

Nr. 1427

1558 Februar 17 [Königsberg]

Herzog Albrecht an Bischof Stanislaus von Ermland:

Klage des herzoglichen Untertans und Buchhändlers Fabian Reich über die Beschlagnahme einer nicht geringen Anzahl Bücher in Allenstein mit der Behauptung, diese seien ketzerisch; Bitte um Rückgabe der Bücher an [Reich], weil diese weder von der Kirche noch vom allgemeinen Konzil verurteilt worden sind; [Reich] hat schon unter den Vorgängern des Bischofs Bücher im Ermland verkauft; im Falle eines Einreiseverbots für Buchhändler ins Bistum Bitte um öffentliche Publizierung des entsprechenden Mandats, damit man sich im Herzogtum danach richten kann.

Konzept
1 Bogen Folio, S. 1—2 beschrieben, S. 4 Empfänger-, Datums- und Registraturvermerk.
HBA C 1 Nr. 1427. — Altsignatur fehlt; K. 1212.
Reinkopie: Ostpr. Fol. 71, S. 266—268.
Druck: Stanislai Hosii Epistolae, Bd. 2, Nr. 1922, S. 952—953.

Cedula

Dank für das Antwortschreiben des Bischofs wegen Friedrich Cannacher und erneute Bitte um Versagung des Geleites.

1 Blatt Folio, S. 1 beschrieben.
Reinkopie: Ostpr. Fol. 71, S. 268—269.

Nr. 1428

1558 Februar 19 [Königsberg]

Herzog Albrecht an Bischof Stanislaus von Ermland:

Verpfändung etlicher im Ermland gelegener Güter durch die Familie Kunheim an das Domkapitel; Bereitschaft der Kunheims zur Wiedererlangung dieser Güter durch die Ablösung der Pfandsumme; das Kapitel macht seine Einwilligung von der Rückzahlung der zusätzlich von der Großmutter der [Kunheims] geliehenen Gelder abhängig, worüber die Pfandverschreibung keinen Vermerk enthält; Bitte an den Bischof, das Domkapitel zur Rückgabe der besagten Güter auf der Grundlage der Pfandverschreibung zu veranlassen; bezüglich der zusätzlichen, von ihrer Großmutter aufgenommenen Gelder sind die [Kunheims] zu einer rechtlichen Klärung mit dem Kapitel willens.

Konzept
1 Bogen Folio, S. 1—3 beschrieben, S. 4 Empfänger-, Datums- und Registraturvermerk.
HBA C 1 Nr. 1428. — Altsignatur fehlt; K. 1212.
Reinkopie: Ostpr. Fol. 71, S. 270—271.

Nr. 1429

1558 März 28, Heilsberg

Bischof Stanislaus von Ermland an Herzog Albrecht:

Übersendung der Beschwerde des Heilsberger Bürgers Merten Osterreich über die Witwe seines Schwiegervaters mit der Bitte um Verhandlung der Sache vor dem Gericht zu Hohenstein, bevor diese an die Obergerichte gelangt.

Behändigte Ausfertigung
1 Bogen Folio, S. 1 beschrieben, Unterschrift des Bischofs, S. 4 Außenadresse, Inhaltsvermerk und Aufgabevermerk vom 31. März 1558.
Siegel des Bischofs
HBA C 1 Nr. 1429. — Altsignatur: 1/10; K. 472.

Beilagen

I. [o. D. u. O.]

Merten Osterreich, Bürger zu Heilsberg, an Bischof Stanislaus von Ermland:

Vertraglicher Anspruch seines unmündigen Sohnes auf das halbe Haus von dessen im letzten Jahr in Hohenstein verstorbenem Großvater; Zurückweisung der beantragten Teilung des Hauses durch den als Vormund der Witwe des Großvaters fungierenden Hauptmann zu Hohenstein, Ditz von Wernsdorff (Dietrich von Wernsdorff); er will der Witwe die Wohnung in besagtem Hause bis zur Errichtung des Erbgeldes belassen, was gegen den geschlossenen Vertrag verstößt; Aufsetzung eines neuen Testaments durch den Großvater auf dem Totenbett auf Anstiften seines Weibes, das gegen die Kulmer und anderen Rechte verstößt und für den Enkel nachteilig ist; beim Verfassen des Testaments sind weder der Erbe noch dessen Vormünder hinzugezogen worden; Ablehnung eines freundschaftlichen Vergleichs durch den Hauptmann, die Witwe und deren Verwandtschaft; Zurückweisung des Vorschlags, die Sache dem Stadtgericht in Hohenstein zur Entscheidung zu unterbreiten; stattdessen Appellation der Witwe und ihres Anhangs durch den Hauptmann von Hohenstein an den Herzog; Gesuch [Osterreichs] an den Bischof, beim Herzog ein Rechtsverfahren vor dem Gericht in Hohenstein zu erwirken und erst im Falle einer ausgebliebenen Einigung jeder Partei die Berufung an die Obergerichte zu ermöglichen.

1 Bogen Folio, S. 1—2 beschrieben.

II. [o. D. u. O.]

Abschluß eines am 20. September 1545 im Beisein des Obersten Marschalls Friedrich von der Oelsnitz und des Ortelsburger Hauptmanns Hans Schertwitz geschlossenen Schicht- und Teilungsvertrages zwischen dem Burggrafen Nickel Kusener und dessen Schwiegersohn Merten Osterreich; Taxierung von Kuseners Haus und Hof auf 300 Mark, wovon Merten Osterreich und sein Sohn Nickel 150 Mark erhalten sollen, die jeweils jährlich ab Michaelis [1546] in Raten zu 10 Mark bis zur endgültigen Erstattung der Summe gezahlt werden; Vorkaufsrecht für Osterreichs Kind im Falle des erbenlosen Todes Nickel Kuseners.

1 Blatt 21 x 17 cm, S. 1 beschrieben.

III. 1558 März 18, Hohenstein

Beschluß des Stadtgerichts zu Hohenstein:

Zeugnis der Richter und Schöffen des Stadtgerichts Hohenstein auf Ersuchen Merten Osterreichs, Fabian Geschells und Bastian Frischlings, der Vormünder des Kindes Nickel Osterreich; Teilnahme einzelner Gerichtspersonen an der Abfassung des Testaments des Burggrafen ohne Auftrag, Wissen und Willen des Gerichts; eidliche Aussagen des Tuchmachers und Schöppenmeisters Dominick Krause und des Büttners und Gerichtsverwandten Merten Wagner; ihre Bestellung zum Burggrafen durch dessen Gesellen Bartel; Abfassung des Testaments des Burggrafen in ihrem Beisein zugunsten der Frau [Kuseners]; beide überbringen dem Hauptmann das besagte Testament, der dessen Inhalt den Vormündern verlesen hat; Bemerkung des Burggrafen über das für seine Witwe und seinen Enkel ausreichende Erbe; Rückgabe des Testaments an Dominick [Krause] zwecks dessen Verwahrung bis zur Vornahme der Teilung.

1 Bogen Folio, S.1—2 beschrieben.

Nr. 1430

1558 März 29 [Königsberg]

Herzog Albrecht an Bischof Stanislaus von Ermland (mutatis mutandis an das Domkapitel zu Frauenburg und die Stadt Elbing):

Klage der im Frischen Haff Säcke auslegenden Fischer, von denen einer eine Mark kostet, über den großen Mutwillen der Keutelführer; Absicht des Herzogs, die Säckner und Keutler in ihrer Nahrung zu erhalten, was durch das Ausstecken eines bestimmten Ortes für die Säckner, den die Keutler nicht betreten dürfen, erreicht werden kann; dieser Ort ist inzwischen im Amt Balga von der Kahlholzer Wiek bis an den schwarzen Busch oder Patersort an der Wolitte ausgesteckt worden; kein Nachteil für die Keutler, weil diese das ganze Haff mit Ausnahme der ausgesteckten Plätze bei Fischhausen und Lochstädt befahren können; gemäß dieser Verordnung können die Zerschneidung und Wegnahme der Säcke durch die Keutler vermieden werden.

Konzept
1 Bogen Folio, S. 1—3 beschrieben, S. 4 Empfänger-, Datums- und Registraturvermerk.
HBA C 1 Nr. 1430. — Altsignatur fehlt; K. 1212.
Reinkopie: Ostpr. Fol. 71, S. 283—285.
Kurzregest mit Auszug: Stanislai Hosii Epistolae, Bd. 2, Nr. 1929, S. 957.

Nr. 1431

1558 April 2, Heilsberg

Bischof Stanislaus von Ermland an Herzog Albrecht:

Bitte um Aufschub des herzoglichen Vorhabens der Absteckung bestimmter Plätze für die Säckner im Frischen Haff bis zur Benachrichtigung des Domkapitels und Befragung der ermländischen Fischer, ob ihnen die Maßnahmen des Herzogs „beschwerlich und verfänglich" seien; nach den klaren Worten des „ewigen Friedens" kann jeder die Keutelfischerei ungehindert betreiben.

Behändigte Ausfertigung
1 Bogen Folio, S. 1 beschrieben, Unterschrift des Bischofs, S. 4 Außenadresse.
Siegel des Bischofs
HBA C 1 Nr. 1431. — Altsignatur: 1/12/30 (I); K. 472.

Journalvermerk:

Schreiben des Bischofs wegen der ausgesteckten Plätze im Frischen Haff.

Ostpr. Fol. 14320, Bl. 77 r.

Nr. 1432

1558 April 6, Frauenburg

Prälaten, Domherren und Kapitel des Stifts Ermland an Herzog Albrecht:

Verschiebung der Stellungnahme zur Absteckung der Orte im Balgaer Bezirk bis zur Ankunft des Bischofs in [Frauenburg], weil die Sache mit diesem persönlich beraten werden muß.

Behändigte Ausfertigung
1 Bogen 20 x 30 cm, S. 1 beschrieben, Unterschrift der Aussteller, S. 4 Außenadresse.
Siegel der Aussteller
HBA C 1 Nr. 1432. — Altsignatur: 1/12/27; K. 472.

Nr. 1433

1558 April 12, Braunsberg

Bischof Stanislaus von Ermland an Herzog Albrecht:

Einholung der Stellungnahme des Kapitels und der Keutler zur Absteckung von allein für die Säckner bestimmten Plätzen; dadurch verlieren die ermländischen Fischer die nahezu besten Plätze für ihren Aalfang im freien Wasser; die Abgrenzung von Plätzen im Balgaschen von der Kahlholzer Wiek bis an den schwarzen Busch oder bei Patersort an der Wolitte führt zum Entzug nicht von steinigen, sondern vielmehr „madigen"

Gründen, die für die Keutelfischerei günstig sind; nach altem Gebrauch räumen die Säckner die „Made“, wenn die Keutel ausgelegt werden, und stellen ihre Säcke an Stellen auf, wohin die Keutel nicht treiben können, damit das freie Wasser nach den Privilegien des polnischen Königs und des Herzogs den Keutelfischern frei gegeben werden kann; wenn sich die Säckner danach richten würden, könnten derartige Beschwerden über das Zerreißen ihrer Säcke vermieden werden; Zerstörung von Säcken durch die Schmacken [kleine Schiffe] und Weichselfahrer, wofür die ermländischen Fischer verantwortlich gemacht werden; Übersendung des Abschiedes der beiderseitigen Bevollmächtigten auf die Klagen der Säckner über die Keutler; Bitte um Beachtung des ewigen Friedens, der alten Verträge, Gewohnheiten und Gerechtigkeiten im Frischen Haff und um Abstellung unbegründeter Neuerungen.

Behändigte Ausfertigung
1 Bogen Folio, S. 1—2 beschrieben, Unterschrift des Bischofs, S. 4 Außenadresse, Inhalts- und Kanzleivermerk.
Siegel des Bischofs
HBA C 1 Nr. 1433. — Altsignatur: 1/12/30 (II); K. 472.

Beilage

1536 Mai 30, Camstigall

Vertrag zwischen den herzoglichen und den bischöflichen Bevollmächtigten, den Kommissarien des Domkapitels und des Elbinger Rats über die Fischerei im Frischen Haff:

Bei den Bevollmächtigten handelt es sich um den Hofmeister Melchior von Kreytzen, den Obersten Burggrafen zu Königsberg Merten Cannacher, den Hauptmann zu Tapiau Georg von Kunheim, Dr. Johann von Kreytzen, Georg von Witmansdorff, den Vogt zu Fischhausen Hans Rauter, den Lochstädter Amtmann Anthonius Borke, den Kustos und Offizial Tidemann Giese, den Kantor und Frauenburger Domherrn Johannes Cymerman, den ermländischen Stiftsgroßvogt und Braunsberger Hauptmann Georg von Pröck, den Kanzler Nicolaus Human und um den Elbinger Bürgermeister Lucas Schirmer; deren Zusammenkunft am Sonntag Exaudi (28. Mai 1536) in Fischhausen gemäß dem Abschied zu Heiligenbeil; nach dem dort getroffenen Vergleich freier Fischfang für die Bewohner von Camstigall in der Lochstädtischen Wiek von Springborn bis zum flachen Riff bei Balga mit Säcken und anderen Fanggeräten; Verpflichtung der Keutler, den Camstigallern in deren Revier mögliche Schäden an Säcken zu ersetzen; Zusammenwirken der Amtleute der Vertragspartner bei der Ergreifung und Bestrafung der diese Abmachung übertretenden Keutler; Erlaubnis für die Keutler, in Camstigall oder an anderen Orten ohne Schädigung der dortigen Bewohner anzulegen; die Keutler sollen die Küchenzüge an den herzoglichen Häusern und Ämtern in der Wiek meiden; Aufsicht des Vogtes zu Fischhausen über die alten Fischereigerechtigkeiten der Bewohner von Pönsen und Neplecken; Annahme der vorstehenden Artikel durch die Keutler und Fischer zu Camstigall und deren Bestätigung durch die genannten Bevollmächtigten vorbehaltlich der Privilegien und Gerechtigkeiten des polnischen Königs, des Herzogs in Preußen und des Bischofs und Kapitels von Ermland.

Reinkopie
1 Bogen Folio, S. 1—2 beschrieben.

Nr. 1434

1558 April 14, Königsberg

Herzog Albrecht an den Landpropst zu Allenstein:

Supplik des Hans von der Gablentz in seinem und seiner Geschwister Namen wegen eines von seinem Vater in den 1540er Jahren dem Allensteiner Bürger Donat Sachs gewährten Darlehens von 100 ungarischen Gulden, das dieser nach Ablauf eines Jahres nicht zurückgezahlt hat; [Sachs] hat dafür unter Besiegelung des inzwischen verstorbenen Allensteiner Landpropstes Achatius von der Trenck dem Vater des [Gablentz] sein neuerbautes Malzhaus in Allenstein verpfändet; nach dem Tode des alten [Gablentz] Übergang des Unterpfandes an die Mutter der Antragsteller, die dafür vom Allensteiner Rat etliche Jahre 8 Mark anstelle des Zinses erhalten hat; der Allensteiner Landpropst Eckart von Kempen hat der Mutter des [Gablentz] zur Ablösung des Pfandrechts eine Summe von 100 ungarischen Gulden angeboten, die in fünf Raten erlegt werden sollte; diese lehnt den Vorschlag mit der Begründung ab, daß der Betrag in zwei Terminen abgelöst werden sollte; danach sei die Bezahlung der Hauptsumme und der Zinsen ausgeblieben; Gesuch an den Landpropst, den Allensteiner Rat zur Einlösung seiner eingegangenen Verpflichtungen gegenüber [Hans von der Gablentz] und dessen Geschwistern zu veranlassen.

Reinkopie
Ostpr. Fol. 71, S. 295—297.

Nr. 1435

1558 April 16 [Königsberg]

Herzog Albrecht an Bischof Stanislaus von Ermland:

Bezug auf das bischöfliche Schreiben und den beigefügten Vergleich von 1536 in Camstigall; die jetzt ausgesteckte Fläche widerspricht diesem nicht; obwohl die Säckner ihre Geräte an dem ihnen gebührenden Ort aufstellen, leisten sich die Keutler viele Übergriffe; sie binden an ihre Keutel einen Baum mit eingestecktem Messer, womit sie die korrekt stehenden Säcke durchschneiden; große Bedeutung des Fischfangs mit Säcken im Frischen Haff für das ganze Land [Preußen]; im Sommer wird ohne Säcke nur wenig gefangen, was zur Armut der Bevölkerung beiträgt; die Keutelfischerei nutzt nur dem Kaufmann, der die gefangenen Aale in fremde Länder verkauft; Vernichtung der kleinen Fische durch die Keutel; daraus resultiert der an den Bischof, das Domkapitel und die Stadt Elbing gerichtete Vorschlag des Herzogs, der Absteckung einer Fläche für die Säckner von der Kahlholzer Wiek bis zum schwarzen Busch oder bei Patersort an der Wolitte zuzustimmen; Verbleib einer genügenden Fläche freien Wassers für die Keutelfischerei; unbegründete Beschuldigung der Schmacken und Weichselkahnführer, weil solche an diese Orte nicht kommen und dort auch nicht fahren können; Einverständnis des Herzogs mit einer entsprechenden Flächenabsteckung durch den Bischof, das Kapitel und die Stadt Elbing in ihren Haffteilen.

Konzept
2 Bogen Folio, S. 1—8 beschrieben, S. 8 Empfänger-, Datums- und Registraturvermerk.
HBA C 1 Nr. 1435. — Altsignatur fehlt; K. 1212.
Reinkopie: Ostpr. Fol. 71, S. 301—305.

Nr. 1436

1558 April 25, Heilsberg

Bischof Stanislaus von Ermland an Herzog Albrecht:

Beschwerde des Allensteiner Landpropstes über die unrichtige Schilderung der Beschlagnahme der Bücher des Buchhändlers Fabian Reich; ausreichende Warnung des besagten [Reich] und anderer Buchhändler vor der Einfuhr und dem Verkauf solcher Bücher im Ermland gemäß der bischöflichen Landesordnung; erneute Warnung an Reich am Abend, bevor er seine Bücher ausgelegt hat, durch den Diener des Landpropstes; Vorforderung des Buchhändlers auf das Schloß und dessen Verhör im Beisein des Schäffers, Burggrafen, Pfarrers, Kaplans und beider Bürgermeister von Allenstein; [Reich] begründet sein Verhalten allein mit der Sicherung des Lebensunterhaltes; Hinweis des Landpropstes auf die ähnliche Lage junger Leute und Bürger im Ermland, die mühsam ihre Nahrung auswärts suchen und sich im Herzogtum den dort geltenden Anordnungen über das Kaufen und Verkaufen unterwerfen müßten; die Beschlagnahme der Bücher des jungen Reich ist rechtens erfolgt; Beibehaltung des von den Vorgängern des Bischofs erlassenen Einfuhrverbots „verdächtiger" Bücher, damit die ermländischen Untertanen dadurch nicht in ihrem christlichen katholischen Glauben irregemacht und zum Abfall von diesem veranlaßt werden; Klage über den zunehmenden Verkauf „verführerischer" Bücher „voller Gift" an den „armen Laien"; Beschlagnahme vieler derartiger Bücher in Allenstein; Fund eines Schwenkfeldischen [Kaspar von Schwenkfeld] Büchleins im bischöflichen Hause zu Braunsberg; Bereitschaft zur Rückgabe der konfiszierten Bucher [Reichs] auf herzoglichen Wunsch in Erwartung einer künftigen Beachtung der von seinen Vorgängern erlassenen Verbote.

Behändigte Ausfertigung
1 Bogen Folio, S. 1—3 beschrieben, Unterschrift des Bischofs, S. 4 Außenadresse, Inhalts- und Kanzleivermerk.
Siegel des Bischofs
HBA C 1 Nr. 1436. — Altsignatur: 1/12/31; K. 472.
Druck: Stanislai Hosii Epistolae, Bd. 2, Nr. 1936, S. 963—964.

Journalvermerk:

Schreiben des Bischofs wegen Beschlagnahme der Bücher Fabian Reichs in Allenstein.

Ostpr. Fol. 14320, Bl. 77 r.

Nr. 1437

1558 April 29, Heilsberg

Bischof Stanislaus von Ermland an Herzog Albrecht:

Übermittlung des herzoglichen Standpunktes in der Sache der Keutler und Säckner an die bischöflichen und Kapitelsuntertanen; im Ausstecken von Flächen im Haff für die Säckner sehen sie eine Vernichtung ihrer Lebensgrundlagen, da sie nur Fischerei und Aalfang betreiben würden; durch den Nahrungsverlust der Fischer gehen dem Bischof und dem Kapitel Einkünfte und Zinsen verloren, die diesen durch Regalien und Privilegien verbrieft sind; Erklärung des polnischen Königs bei seinem Aufenthalt in Danzig, jeden in seinen Freiheiten und Regalien zu erhalten; Erwartung, daß sich der Herzog nicht mehr als der König anmaße und die bischöflichen Regalien und Kirchenfreiheiten im Frischen Haff nicht schmälere; mehr Menschen ernähren sich mit den von Keutlern als mit den von Säcknern gefangenen Fischen; der meiste gefangene und gesalzene Aal wird in Orte der Krone Polen geführt, wo großer Bedarf an Fasttagen besteht; schon in der Ordenszeit haben die Keutler in den vom Herzog für die Säckner reservierten Plätzen gefischt; der Orden hat in den Keutlern größeren Nutzen als in den Säcknern gesehen; Bestreitung einer Schädigung der Säckner durch die Keutler; Abschluß eines Vergleichs zwischen Keutlern und Säckern zu Camstigall [1536], der von beiden Seiten angenommen worden ist und kein Abstecken weiterer Plätze beinhaltet; Hoffnung auf die Unterlassung von Eingriffen in die bischöflichen Regalien und die Abweisung derer, die etwas gegen den Bischof und seine Kirche vornehmen wollen.

Behändigte Ausfertigung
1 Bogen Folio, S. 1—3 beschrieben, Unterschrift des Bischofs, S. 4 Außenadresse, Inhalts- und Kanzleivermerk, Vermerk über die Ankündigung eines Schreibens nach Balga.
Siegel des Bischofs
HBA C 1 Nr. 1437. — Altsignatur: 1/12/32; K. 472.

Journalvermerk:

Schreiben des Bischofs wegen der Keutelfischer und der Absteckung von Plätzen für die Säckner im Frischen Haff.

Ostpr. Fol. 14320, Bl. 77 r.

Nr. 1438

1558 Mai 7, Heilsberg

Bischof Stanislaus von Ermland an Herzog Albrecht:

Schriftlicher Befehl des polnischen Königs an [Hosius], sich zum neu erwählten Römischen Kaiser [Ferdinand I.] zu begeben und diesem die Glückwünsche seines Monarchen zur Erhöhung auszusprechen; danach Reise des Bischofs zum Papst [Paul IV.] nach Rom, um auf Wunsch [Sigismunds II. August] ein allgemeines christliches Konzil anzuregen; Dank für das freundnachbarliche Verhalten des Herzogs seit dem „ersten Aufzuge“ in sein ermländisches Bistum und Bitte um eine freundschaftliche Behandlung der bischöflichen und Kapitelsuntertanen während seiner Abwesenheit; der Herzog soll Übergriffe seitens seiner Amtleute unterbinden und etwaige Beschwerden, die von den ermländischen Untertanen nicht zu dulden seien, dem Domkapitel oder dem bischöflichen Statthalter zur Kenntnis bringen.

Behändigte Ausfertigung
1 Bogen Folio, S. 1—2 beschrieben, Unterschrift des Bischofs, S. 4 Außenadresse, Inhalts- und Kanzleivermerk.
Siegel des Bischofs
HBA C 1 Nr. 1438. — Altsignatur: 1/12/19; K. 472.
Druck: Stanislai Hosii Epistolae, Bd. 2, Nr. 1951, S. 973.

Journalvermerk:

Ankündigung einer Reise des Bischofs zum neuen Römischen Kaiser und zum Papst nach Rom und Bitte um ein freundnachbarliches Verhältnis zwischen dem Herzogtum und dem Ermland während seiner Abwesenheit.

Ostpr. Fol. 14320, Bl. 77 v.

Nr. 1439

1558 Mai 10 [Königsberg]

Herzog Albrecht an Bischof Stanislaus von Ermland:

Segenswünsche für die Reise des Bischofs zum Kaiser und Papst; Hoffnung, daß damit der Krone Polen und „diesem armen Vaterland“ wie auch der ganzen Christenheit gedient werde; Versicherung seines freundnachbarlichen Verhaltens gegenüber den bischöflichen und Kapitelsuntertanen in der Weise, als wenn der Bischof persönlich anwesend wäre; Bitte um Anweisung an den hinterlassenen Statthalter, zur Besichtigung der zwischen dem Herzogtum und dem Stift [Ermland] strittigen Grenzen Bevollmächtigte abzuordnen; Unterrichtung des Bischofs von seinem Gesuch an den polnischen König um Fürsprache beim Kaiser wegen seines Nachfolgeanspruchs auf die Lehen des verstorbenen Markgrafen Albrecht [Alkibiades], die ihm nach der Ordnung des Hauses Brandenburg als erstem Agnaten zustehen; Bitte an den Bischof, beim Kaiser die Ansetzung eines Tages zum Empfang der Lehen zu bewirken.

Konzept
1 Bogen Folio, S. 1—3 beschrieben, S. 4 Empfänger-, Datums- und Registraturvermerk.
HBA C 1 Nr. 1439. — Altsignatur fehlt; K. 1212.
Reinkopie: Ostpr. Fol. 71, S. 311—313.

Nr. 1440

1558 Mai 12, Heilsberg

Bischof Stanislaus von Ermland an Herzog Albrecht:

Dank für das jüngst bei der Abdankung des Kriegsvolkes, das ohne Schädigung der ermländischen Untertanen abgezogen ist, sichtbar gewordene freundliche Verhalten des Herzogs; Anweisung an die Seinigen, sich in allem friedlich und der Billigkeit gemäß gegenüber den herzoglichen Amtleuten und Untertanen während seiner Abwesenheit zu verhalten; Einverständnis mit der Besichtigung der zwischen dem Herzogtum und der ermländischen Kirche strittigen Grenzen; Bitte um Aufrechterhaltung des Status quo im Ortelsburgischen, wo sich der dortige Amtmann an „unseren armen Leuten" vergriffen hatte, und um Benennung eines Orts und Tags im Herbst, weil dann die Wälder und Sträucher begehbarer sind, zur Grenzbesichtigung mit dem bischöflichen Statthalter; Bitte um Rückgabe eines bei der letzten Grenzbesichtigung abgesteckten Orts zwischen den Ämtern Balga und Braunsberg, der, wie Dr. Christophorus Jonas bestätigen wird, eindeutig zum Amt Braunsberg gehört; Bereitschaft des Bischofs, das Anliegen des Herzogs beim Kaiser zu fördern, wenn er dazu den offiziellen Auftrag des polnischen Königs erhält.

Behändigte Ausfertigung
1 Bogen Folio, S. 1—2 beschrieben, Unterschrift des Bischofs, S. 4 Außenadresse, Inhalts- und Kanzleivermerk.
Siegel des Bischofs
HBA C 1 Nr. 1440. — Altsignatur: 1/12/17; K. 472.

Journalvermerk:

Schreiben des Bischofs wegen verschiedener Grenzirrungen zwischen dem Herzogtum und dem Ermland.

Ostpr. Fol. 14320, Bl. 77 v.

Nr. 1441

1558 Mai 13, Guttstadt

Bischof Stanislaus von Ermland an Herzog Albrecht:

Beschwerde etlicher Bürger aus Wormditt, die die Ankunft des Bischofs in Guttstadt abgewartet haben, über den herzoglichen Amtmann zu Liebstadt, Andres von Willemsdorff; dieser hat deren Pferde und Wagen mit dem teilweise im Werder gekauften Getreide im vergangenen Winter beschlagnahmen lassen und das mit dem herzoglichen Verbot des Getreidekaufs auf dem Lande begründet; keine Maßnahmen des Bischofs in dieser Angelegenheit wegen der ihm gegebenen Zusage des Amtmanns, den Wormditter Bürgern ihre beschlagnahmten Waren wieder ausfolgen zu lassen; der Amtmann ist seinem Versprechen bisher nicht nachgekommen und hat darüber hinaus 11 Mark von dem Bürger Hans Mitzincken wegen dessen mit Genehmigung des Hauptmanns von

Liebemühl getätigten Haferkaufs einbehalten; kürzliches Ansinnen des Amtmanns an den Wormditter Burggrafen und den Bischof selbst, die Bürger mitsamt ihren Waren am 31. Mai (zukommenden dinstag zu Pfingsten) zur Gestellung in Liebstadt zu veranlassen; Bitte um Unterbindung des unbilligen und nötigenden Verhaltens des Amtmanns.

Behändigte Ausfertigung
1 Bogen Folio, S. 1—2 beschrieben, Unterschrift des Bischofs, S. 4 Außenadresse, Inhalts- und Kanzleivermerk.
Siegel des Bischofs
HBA C 1 Nr. 1441. — Altsignatur: 1/12/18; K. 472.

Journalvermerk:

Schreiben des Bischofs wegen des unbilligen Verhaltens des Amtmanns Andres von Willemsdorff.

Ostpr. Fol. 14320, Bl. 77 v.

Nr. 1442

1558 Mai 14, Heilsberg

Johannes Leoman, Kanzler des Bischofs von Ermland, an Dr. Johannes von Kreytzen, herzoglichen Rat und Kanzler:

Bezug auf das an den Herzog gerichtete bischöfliche Schreiben vom 13. Mai wegen der Beschwerde etlicher Untertanen aus Wormditt über den Hauptmann von Liebstadt; wegen seiner Reise ins Ausland Auftrag des Bischofs an [Leoman], in dieser Sache an [Kreytzen] zu schreiben; Bitte um Befreiung der ermländischen Untertanen von den Ansprüchen des Hauptmanns zu Liebstadt.

Behändigte Ausfertigung
1 Bogen Folio, S. 1 beschrieben, Unterschrift des Ausstellers, S. 4 Außenadresse, Inhalts- und Kanzleivermerk.
Siegel des Ausstellers
HBA C 1 Nr. 1442. — Altsignatur: 1/9/35; K. 472.

Journalvermerk:

Schreiben des bischöflichen Kanzlers wegen der Wormditter Untertanen und des Hauptmanns zu Liebstadt.

Ostpr. Fol. 14320, Bl. 77 v.

Nr. 1443

1558 Mai 16 [Königsberg]

Herzog Albrecht an Bischof Stanislaus von Ermland:

Übersendung des Gesuchs seines Untertans Lorentz Bartsch mit der Bitte, ihm zur Erfüllung seiner berechtigten Ansprüche in einer Erbfallsache zu verhelfen.

Konzept
1 Blatt Folio, S. 1—2 beschrieben, S. 2 Empfänger-, Datums- und Registraturvermerk.
HBA C 1 Nr. 1443. — Altsignatur fehlt; K. 1212.
Reinkopie: Ostpr. Fol. 71, S. 316.

Nr. 1444

1558 Mai 17 [Königsberg]

Herzog Albrecht an Bischof Stanislaus von Ermland:

Empfang und Verlesung des bischöflichen Schreibens vom 12. Mai; Bereitschaft des Herzogs, dem bischöflichen Statthalter einen Tag zur Grenzbesichtigung zu benennen und sich mit ihm darin zu vergleichen; Absicht, sich bei seinen Räten über die Grenzirrungen zwischen den Ämtern Balga und Braunsberg zu erkundigen und dann nach der Billigkeit zu verfahren; Abfertigung eines Boten an den polnischen König, um dessen Befehl an [Hosius] zur Förderung des herzoglichen Anliegens beim Kaiser zu erlangen; nach Eingang des königlichen Bescheids soll dieser dem Bischof durch einen Boten nachgeschickt werden, wofür die Angabe des Reisewegs des [Hosius] erbeten wird; Wünsche für eine erfolgreiche Mission des Bischofs zum Nutzen der Krone Polen und der ihr inkorporierten Lande.

Konzept
1 Bogen Folio, S. 1—3 beschrieben, S. 4 Empfänger-, Datums- und Registraturvermerk.
HBA C 1 Nr. 1444. — Altsignatur fehlt; K. 1212.
Reinkopie: Ostpr. Fol. 71, S. 317—319.

Nr. 1445

1558 Mai 28, Heilsberg

Eustachius von Knobelsdorff, Kustos und Domherr zu Frauenburg, Statthalter des Bistums Ermland, an Herzog Albrecht:

Bei seiner Ankunft in Heilsberg am 27. Mai als verordneter Administrator und Statthalter findet [Knobelsdorff] zwei an den Bischof gerichtete Schreiben des Herzogs vor; weil seine Wahl zum Statthalter durch das Kapitel erst kürzlich stattgefunden hat, kann er erst jetzt die Briefe des Herzogs beantworten; der Bischof nimmt seinen Weg über Posen und Breslau, wo er sich zu Pfingsten aufzuhalten gedenkt, nach Wien oder Preßburg, um dort den Kaiser [Ferdinand I.] anzutreffen; Bereitschaft [Knobelsdorffs] zur Vornahme der Grenzbesichtigung im kommenden Herbst; Verweis der Supplikation des Böttchers Lorentz Bartsch wegen seiner Erbansprüche auf ein Gut Parwilten (Perwilten) im Mehlsackschen an das Domkapitel oder den zuständigen Landpropst zu Mehlsack.

Behändigte Ausfertigung
1 Bogen Folio, S. 1—2 beschrieben, Unterschrift des Ausstellers, S. 4 Außenadresse, Inhalts- und Kanzleivermerk; Eingangs- und Beantwortungsvermerk vom 31. Mai 1558.
Siegel des Ausstellers
HBA C 1 Nr. 1445. — Altsignatur: 1/12/20; K. 472.

Journalvermerk:

Schreiben des Statthalters Eustachius von Knobelsdorff wegen der Reiseroute des Bischofs zum Kaiser und der Supplik des Lorentz Bartsch.

Ostpr. Fol. 14320, Bl. 77 v.

Nr. 1446

1558 Mai 31 [Königsberg]

Herzog Albrecht an Eustachius von Knobelsdorff:

Dank für die Auskunft über den Reiseweg des Bischofs und Bereitschaft zur Durchführung der Grenzbesichtigung zu gegebener Zeit.

Konzept
1 Blatt Folio, S. 1 beschrieben, S. 2 Empfänger-, Datums- und Registraturvermerk.
HBA C 1 Nr. 1446. — Altsignatur fehlt; K. 1212.
Reinkopie: Ostpr. Fol. 71, S. 323.

Nr. 1447

1558 Juni 3, Königsberg

Herzog Albrecht an den Rat zu Guttstadt:

Verwendung für den Steinschneider Rupertus Jeckel, der eine Schuldforderung an den in [Guttstadt] verstorbenen schottischen Krämer Jacob Andres in Höhe von etwa 240 Mark hat; Bitte um Unterrichtung über den Umfang des Nachlasses des verstorbenen Krämers, damit der Supplikant zu seinem Recht kommen kann.

Reinkopie
Ostpr. Fol. 71, S. 326—327.

Nr. 1448

1558 Juni 10, Heilsberg

Eustachius von Knobelsdorff, Kustos und Domherr zu Frauenburg, Statthalter des Bistums Ermland, an Herzog Albrecht:

Anhaltung von Fischern aus Passarge neben drei anderen herzoglichen Keutlern durch den Amtmann von Lochstädt im freien Wasser auf dem Haff; während die letzteren losgegeben worden sind, haben die bischöflichen Untertanen ihre Garne abliefern müssen; Bitte an den Herzog, den besagten Fischern ihre Garne wiedererstatten zu lassen und künftig derartige Hemmungen auf freiem Wasser zu unterbinden.

Behändigte Ausfertigung
1 Bogen Folio, S. 1—2 beschrieben, Unterschrift des Ausstellers, S. 4 Außenadresse, Inhalts- und Kanzleivermerk.
Siegel des Ausstellers
HBA C 1 Nr. 1448. — Altsignatur: 1/12/21, K. 472.

Journalvermerk:

Beschwerde des bischöflichen Statthalters über den Amtmann zu Lochstädt wegen der Beschlagnahme von Garnen der Passarger Fischer.

Ostpr. Fol. 14320, Bl. 78 r.

Nr. 1449

1558 Juni 13 [Königsberg]

Herzog Albrecht an Eustachius von Knobelsdorff, Statthalter des Stifts Ermland:

Aufgrund des Schreibens [Knobelsdorffs] vom 10. Juni Befehl an den Amtmann zu Lochstädt, genauen Bericht über die Beschlagnahme von Garnen der [Passarger Fischer] zu erstatten, damit der Herzog Einblick in den Sachverhalt erhält.

Konzept
1 Blatt Folio, S. 1 beschrieben, S. 2 Empfänger-, Datums- und Registraturvermerk.
HBA C 1 Nr. 1449. — Altsignatur fehlt; K. 1212.
Reinkopie: Ostpr. Fol. 71, S. 335—336.

Nr. 1450

1558 Juni 17 [Königsberg]

Herzog Albrecht an Eustachius von Knobelsdorff:

Supplik des herzoglichen Untertans Peter Gerhart wegen der ihm von seinem Vater Greger Gerhart hinterlassenen halben Hufe und vier Morgen Acker im Stadtfeld von Frauenburg, deren Ausfolgung ihm trotz mehrmaligen Ansuchens vom Frauenburger Domkapitel verweigert worden ist; auch die Schreiben des Hauptmanns von [Preußisch] Holland, Hans von Witmannsdorff, an Bischof Stanislaus von Ermland und das Domkapitel haben zu keinem Ergebnis geführt; Bitte an den Statthalter, dem Supplikanten zu seinem Recht zu verhelfen.

Konzept
1 Bogen Folio, S. 1—3 beschrieben, S. 4 Empfänger-, Datums- und Registraturvermerk.
HBA C 1 Nr. 1450. — Altsignatur fehlt; K. 1212.
Reinkopie: Ostpr. Fol. 71, S. 337—339.

Nr. 1451

1558 Juni 20, Königsberg

Herzog Albrecht an den Propst zu Allenstein:

Ersuchen an den Propst, dem jungen Fabian Reich dessen beschlagnahmten Bücher gemäß der Zusage des Bischofs wieder auszuhändigen.

Reinkopie
Ostpr. Fol. 71, S. 339—340.

Nr. 1452

1558 Juni 26 [Königsberg]

Herzog Albrecht an das Kapitel zu Frauenburg:

Bezug auf seine Fürbitte für den Kneiphofer Böttcher Lorentz Bartsch wegen dessen Erbfallsache; Übersendung der erneuten Supplikation des [Bartsch] und Verwendung für diesen; wenn seinem Gesuch ohne Rechtsverfahren nicht stattgegeben wird, soll ihm Gastrecht zur Regelung seiner Angelegenheiten gewährt werden.

Konzept
1 Bogen Folio, S. 1—2 beschrieben, S. 4 Empfänger-, Datums- und Registraturvermerk.
HBA C 1 Nr. 1452. — Altsignatur fehlt; K. 1212.
Reinkopie: Ostpr. Fol. 71, S. 341—343.

Nr. 1453

1558 Juni 27, Wien

Bischof Stanislaus von Ermland an Herzog Albrecht:

Bei seiner Ankunft am 11. Juni in Wien hat er den Kaiser mit Fieber und „Leibes Schwachheit" angetroffen; erst am 23. Juni (am nhest verschienen donnerstagk) konnte er [Ferdinand I.] die Botschaft des polnischen Königs und das Anliegen des Herzogs wegen des Lehens in Deutschland vortragen; im Gegensatz zu den Belangen [Sigismunds II. August] hat [Hosius] auf seine Anfrage wegen des Herzogs keine endgültige Antwort erhalten; die Instruktion des polnischen Königs bezüglich des herzoglichen Anliegens ist nicht so „weitläufig und ausführlich", wie es zur Förderung dieses „wichtigen Handels" erforderlich ist; das Fehlen eines gründlichen Berichts des Herzogs über die Beschaffenheit dieser Sache ist nachteilig; obwohl [Hosius] nach der in seinen Händen befindlichen königlichen Instruktion auf die Abschaffung der über den Herzog verhängten kaiserlichen Acht dringen soll, hat er es besser gefunden, sein Anliegen ohne deren Erwähnung vorzutragen; Rücksichtnahme des Kaisers auf die Haltung des Markgrafen Georg Friedrich in der besagten Lehnssache; falls der Kaiser „Schein und Beweis" darüber fordert, ob Georg Friedrich zur Mitbelehnung zugelassen werden soll oder nicht, ist der Bischof nur auf die ungenaue königliche Instruktion angewiesen, weil er nicht über genaue Informationen seitens des Herzogs verfügt; nach Vorliegen der kaiserlichen Antwort soll diese mit den für den polnischen König bestimmten Briefen nach Krakau geschickt werden.

Behändigte Ausfertigung
1 Bogen Folio, S. 1—3 beschrieben, Unterschrift des Bischofs, S. 4 Außenadresse.
Siegel des Bischofs
HBA C 1 Nr. 1453. — Altsignatur: 2/3/184/IV; K. 472.

Beilage

[o. D. u. O.]

Auszug aus einem Brief des Bischofs Stanislaus von Ermland an König [Sigismund II. August] von Polen:

Der Kaiser verneint, daß jemals die Stände des Heiligen Römischen Reiches bei ihm den Antrag gestellt hätten, das Achtdekret gegen den Herzog aufzuheben; er könne nicht privat widerrufen, was öffentlich mit Zustimmung aller Reichsstände beschlossen worden sei; Antrag des [Hosius], die Acht bis zum nächsten Reichstag zu suspendieren; Hinweis auf die ihm seinerzeit als Gesandten in Brüssel von Kaiser Karl [V.] gegebene Zusage, die Acht für ein halbes Jahr auszusetzen; erneute Ablehnung [Ferdinands I.] wegen des Beschlusses der Reichsstände; nach Ausführungen des Kaisers ist die Verwandtschaft Georg Friedrichs zu Albrecht [Alkibiades] einen Grad niedriger als die Herzog Albrechts, weil dieser der Bruder des Vaters, jener aber der Sohn des Bruders des Vaters Albrechts des Jüngeren sei.

Lateinisch
1 Blatt Folio, S. 1—2 beschrieben.

Nr. 1454

1558 Juli 3, Wien

Bischof Stanislaus von Ermland an Herzog Albrecht:

Ankündigung seiner Abreise am folgenden Tag wegen seiner vollständigen Abfertigung durch den Kaiser; dessen Ablehnung einer Suspension der über den Herzog verhängten Reichsacht, weil diese vor vielen Jahren von den Reichsständen auf dem Reichstag Deutscher Nation beschlossen und vollzogen worden sei; dennoch Bereitschaft zur Verhandlung der Angelegenheit auf dem nächsten Reichstag; Übersendung seiner Anträge und der darauf erfolgten Antworten des Kaisers an den Herzog; Versuche des [Hosius], mit Hilfe des Königs Maximilian von Böhmen [ab 1564 Kaiser Maximilian II.] und des Erzherzogs Karl von Österreich beim Kaiser eine dem Herzog günstige Entscheidung in der Acht- und Lehnsfrage zu erreichen; ergebnisloser Verlauf dieser Petitionen; auch die Beantragung einer halbjährigen Suspension der Acht wegen der in der Vergangenheit erfolgten Übertragung der Entscheidung dieser Frage auf den Kaiser durch die Reichsstände bleibt ohne Erfolg.

Behändigte Ausfertigung
1 Bogen Folio, S. 1—3 beschrieben, Unterschrift des Bischofs, S. 4 Außenadresse.
Siegel des Bischofs
HBA C 1 Nr. 1454. — Altsignatur: 2/3/184/V; K. 472.

Beilage

Anträge des [Hosius] und Bescheide des Kaisers in Angelegenheiten Herzog Albrechts:

1. Gesuch Herzog Albrechts um Belehnung mit den Ländern Markgraf Albrechts [Alkibiades] und dessen Unterstützung seitens des polnischen Königs [Sigismund II. August]; der Kaiser macht seine Entscheidung von der Stellungnahme des gleichfalls erbberechtigten Markgrafen Georg Friedrich abhängig; dessen Bereitschaft, das Recht Herzog Albrechts, seines Onkels, ungeschmälert anzuerkennen; in Anbetracht dieses Sachverhalts erneute Bitte des polnischen Königs um Übertragung der Lehen an [Albrecht] gemäß den geschlossenen Verträgen.

2. Antwort des Kaisers am 30. Juni 1558:

Bezug auf die erneute Verwendung des polnischen Königs für Herzog Albrecht in der erwähnten Lehnssache; Einholung der Stellungnahme des Markgrafen Georg Friedrich, der das Lehen dem Herzog überlassen will, was er schon früher geäußert hat, ohne daß es dem Kaiser bekannt geworden ist; der Kaiser will zwar dem Wunsche des polnischen Königs entsprechen, er kann aber ohne genauere Information seitens des Herzogs nichts entscheiden; wenn ihn [Sigismund II. August] und Herzog Albrecht auf dem kommenden Reichstag wiederum an die Sache erinnern, will er sie mit den Kurfürsten, Fürsten und Ständen des Heiligen Römischen Reiches beraten und daraufhin seinen Beschluß nach den Prinzipien der Gerechtigkeit verkünden.

3. Replik des Bischofs [Stanislaus von Ermland]:

Bitte des polnischen Königs um den Vollzug der erwähnten Belehnung Herzog Albrechts und um Aufhebung der über diesen verhängten Reichsacht; diese Sache ist in der „camera Imperii" in den vergangenen Jahren immer wieder aufgeschoben worden; der Kaiser möchte das verfügen, weil die Reichsstände die Entscheidung in dieser Angelegenheit auf ihn übertragen und eine Absprache zwischen ihm [Ferdinand I.] und dem polnischen König gestattet hätten; falls der Kaiser die Achtsache an die Reichsstände verweisen wolle, solle er einer vorläufigen Suspension der Acht zustimmen, damit der Herzog vorab sein Erbe ungeschmälert erhalten könne.

4. Replik des Kaisers auf die Vorstellungen des Bischofs vom 2. Juli 1558:

Bisher keine Antwort Herzog Albrechts auf das Schreiben Georg Friedrichs in der Belehnungssache; keine Entscheidung des Kaisers in der Belehnungs- und Achtsache des Herzogs ohne zuvorige Beratung mit den Kurfürsten, Fürsten und den übrigen Reichsständen entsprechend der Verfassung des Heiligen Römischen Reiches; Bitte um Verständnis des polnischen Königs für dieses Verfahren, das dem Gebrauch christlicher Länder entspricht.

Lateinisch
1 Bogen Folio, S. 1—3 beschrieben.

Nr. 1455

1558 Juli 22, Heilsberg

Eustachius von Knobelsdorff, Kustos und Domherr zu Frauenburg, Statthalter des Bistums Ermland, an Herzog Albrecht:

Übersendung der beiden Schreiben des Bischofs [Stanislaus von Ermland] aus [Wien] an Herzog Albrecht.

Behändigte Ausfertigung
1 Bogen Folio, S. 1 beschrieben, Unterschrift des Ausstellers, S. 4 Außenadresse, Eingangsvermerk vom 24. Juli 1558 zu Königsberg.
Siegel des Ausstellers
HBA C 1 Nr. 1455. — Altsignatur: 2/3/184/III; K. 472.

Nr. 1456

1558 Juli 24 [Königsberg]

Räte zu Königsberg an Eustachius von Knobelsdorff:

Empfang des Schreibens des Statthalters mit den beiliegenden Briefen des Bischofs [Stanislaus von Ermland] und deren Weiterleitung an den abwesenden Herzog.

Konzept
1 Blatt Folio, S. 1 beschrieben, S. 2 Empfänger-, Datums- und Registraturvermerk.
HBA C 1 Nr. 1456. — Altsignatur fehlt; K. 1212.
Reinkopie: Ostpr. Fol. 71, S. 355;

Nr. 1457

1558 Juli [o. T.], Frauenburg

Prälaten und Domherren des Stifts Ermland an Herzog Albrecht:

Ansetzung eines Termins auf der nächsten Sitzung des Mehlsacker Landgerichts nach dem Braunsberger Jahrmarkt am 10. Oktober wegen Anspruchs des Königsberger Bürgers Lorentz Bartsch auf die Güter Perwilten im Mehlsacker Gebiet; Lorentz [Bartsch] soll die Möglichkeit zur Appellation an das Kapitel erhalten.

Behändigte Ausfertigung
1 Bogen 21 x 29, 5 cm, S. 1—2 beschrieben, Unterschrift der Aussteller, S. 4 Außenadresse, Inhalts- und Kanzleivermerk.
Siegel der Aussteller
HBA C 1 Nr. 1457. — Altsignatur: 1/12/28; K. 472.

Journalvermerk:

Schreiben des Kapitels in der Rechtssache des Lorentz Bartsch.

Ostpr. Fol. 14320, Bl. 78 r.

Nr. 1458

1558 August 20, Heilsberg

Eustachius von Knobelsdorff, Kustos und Domherr zu Frauenburg, Statthalter des Bistums Ermland, an Herzog Albrecht:

Bezug auf die vor zwei Jahren geschehene Ermordung des Bürgermeistersohns Franz Ölschleger durch den Krüger von Passarge; Ansetzung des 24. August zur Urteilsverkündung vor dem Herzog; Bitte um Bestrafung des Täters entsprechend der Forderung der Verwandtschaft des Ermordeten.

Behändigte Ausfertigung
1 Bogen Folio, S. 1 beschrieben, Unterschrift des Ausstellers, S. 4 Außenadresse, Inhalts- und Kanzleivermerk.
Siegel des Ausstellers
HBA C 1 Nr. 1458. — Altsignatur: 1/12/22; K. 472.

Journalvermerk:

Schreiben des Statthalters in Sachen des ermordeten Franz Ölschleger.

Ostpr. Fol. 14320, Bl. 78 r.

Nr. 1459

1558 August 22, Guttstadt

Bürgermeister und Ratmannen der Stadt Guttstadt an den herzoglichen Kanzler Johann von Kreytzen:

Angebliche Auslösung ihrer im letzten Krieg entwendeten Güterprivilegien aus der herzoglichen Kanzlei durch die Domherren gegen 30 Mark vor neun Jahren; Unkenntnis [Kreytzens], des Sekretärs und anderer alter Kanzleibedienten von dieser Auslösung; Bitte um Beglaubigung dieser dem [Guttstadter] Stadtschreiber gegebenen Auskunft.

Behändigte Ausfertigung
1 Bogen Folio, S. 1—3 beschrieben, Unterschrift der Aussteller, S. 4 Außenadresse, Inhalts- und Kanzleivermerk.
Siegelspuren der Aussteller
HBA C 1 Nr. 1459. — Altsignatur: 4/20/42; K. 472.

Nr. 1460

1558 September 3, Heilsberg

Eustachius von Knobelsdorff, Kustos und Domherr zu Frauenburg, Statthalter des Bistums Ermland, an Herzog Albrecht:

Übermittlung der Beschwerde der Älterleute und Meister des ermländischen Hutmachergewerks über das Hutmachergewerk der drei Städte Königsberg; Bitte um Unterbindung der unzulässigen Übergriffe gegen die Ermländer und um rechtliche Behandlung der Klagen von Gesellen und Meistern bei ihren Gewerken; Bereitschaft [Knobelsdorffs], von Amts wegen den sich ungerecht behandelt glaubenden Petenten zum Recht zu verhelfen.

Behändigte Ausfertigung
1 Bogen Folio, S. 1 beschrieben, Unterschrift des Ausstellers, S. 4 Außenadresse, Inhalts- und Kanzleivermerk.
Siegel des Ausstellers
HBA C 1 Nr. 1460. — Altsignatur: 1/12/23; K. 472.

Beilage

[o. D. u. O.]

Älterleute und Meister des Hutmachergewerks des Bistums Ermland an Eustachius von Knobelsdorff:

Durch die Verleihung einer verbrieften und besiegelten Rolle und Willkür hat der Bischof die Hutmacher seines Territoriums von ihrer bisherigen Abhängigkeit vom Hutmachergewerk der drei Städte Königsberg befreit; heimliches Anstiften der ermländischen Hutmachergesellen zum Aufstand durch die Königsberger Meister; mancher hat heimlich ohne Urlaub die Stadt verlassen; ein Geselle ist unter Zurücklassung seines Rockes nach Königsberg gelaufen und hat den dortigen Meistern Unwahrheiten berichtet; Bezeichnung der ermländischen Hutmacher als „Straßenräuber" in den besiegelten Schriften der Königsberger; Beschwerde des Wormditter Rates bei den Königsberger Hutmachermeistern und -gesellen über die Verunglimpfung der ermländischen Hutmacher, bei denen nach ihrer Meinung kein ehrlicher Geselle mehr arbeiten dürfe; Bitte des Gewerks an den Statthalter, beim Herzog gemäß der ihnen verliehenen Willkür den Schutz vor „solchem vorterblichen" Mutwillen der Königsberger Meister zu erwirken.

Reinkopie
1 Bogen Folio, S. 1—2 beschrieben.

Journalvermerk:

Schreiben des Statthalters wegen der den ermländischen Hutmachern von seiten des Königsberger Hutmachergewerks zugefügten Kränkungen.

Ostpr. Fol. 14320, Bl. 78 r.

Nr. 1461

1558 Oktober 25, Königsberg

Herzog Albrecht an den bischöflichen Hofmarschall Nicolaus Plutowski:

Bitte an den Adressaten, dem herzoglichen Untertan Ventur Vekuss zu dem ihm von seinem Großvater her zustehenden Hof im Dorfe Dobring zu verhelfen, den jetzt Merten von der Deben im Besitz hat.

Reinkopie
Ostpr. Fol. 71, S. 397—398.

Nr. 1462

1558 November 21, Heilsberg

Eustachius von Knobelsdorff, Kustos und Domherr zu Frauenburg, Statthalter des Bistums Ermland, an Herzog Albrecht:

Gemäß dem herzoglichen Begehren Befehl an die bischöflichen Amtleute und Untertanen, dem angeblich im Allensteinischen befindlichen herzoglichen Untertan Hans Francknowski, der wegen Bruchs des königlichen Geleits und des Landfriedens verfolgt wird, keine Herberge im Bistum zu gewähren; Beschwerde des Rates und der Bürgerschaft zu Braunsberg über die Hinderung der Einfuhr von Getreide und Milchspeise aus den umliegenden herzoglichen Ämtern, insbesondere aus dem Balgaschen, und über die Wegnahme ihrer in Städten des Herzogtums gekauften Waren auf freier Straße; Bitte um Freigabe der Zufuhr gemäß der Landesordnung.

Behändigte Ausfertigung
1 Bogen Folio, S. 1—2 beschrieben, Unterschrift des Ausstellers, S. 4 Außenadresse, Inhalts- und Kanzleivermerk.
Siegel des Ausstellers
HBA C 1 Nr. 1462. — Altsignatur: 1/12/24; K. 472.

Journalvermerk:

Schreiben des Statthalters wegen des eidbrüchigen Francknowski und der Beschwerden der Braunsberger über die gehemmte Zufuhr.

Ostpr. Fol. 14320, Bl. 78 r.

Nr. 1463

1558 November 22, Heilsberg

Eustachius von Knobelsdorff, Kustos und Domherr zu Frauenburg, Statthalter des Bistums Ermland, an Herzog Albrecht:

Bitte um angemessene Bestrafung der Söhne des herzoglichen Baumeisters wegen des von ihnen begangenen Mordes an Andres Sternberg; dessen Mutter, die jetzt eine Dienerin des Statthalters ist, sowie die Verwandtschaft haben bis jetzt auf ihr Begehren keine Antwort vom Herzog erhalten.

Behändigte Ausfertigung
1 Bogen Folio, S. 1 beschrieben, Unterschrift des Ausstellers, S. 4 Außenadresse, Inhalts- und Kanzleivermerk.
Siegel des Ausstellers
HBA C 1 Nr. 1463. — Altsignatur: 1/12/25; K. 472.

Journalvermerk:

Schreiben des Statthalters wegen einer angemessenen Bestrafung der Söhne des herzoglichen Baumeisters für einen von ihnen begangenen Mord.

Ostpr. Fol. 14320, Bl. 78 v.

Nr. 1464

1558 November 29 [Königsberg]

Herzog Albrecht an Eustachius von Knobelsdorff, Statthalter des Bistums Ermland:

Empfang zweier Schreiben des Statthalters vom 21. und 22. November; Dank für die zugesagte Unterstützung im Fall Francknowski; unerlaubter Vorkauf der Braunsberger in den Dörfern des Balgaer und anderer Bezirke; kein Befehl zur Anhaltung von Waren, die in Städten von Bürgern gekauft sind; Ankündigung eines Befehls an den Hauptmann zu Balga, die Braunsberger ungehindert mit ihren Waren, die sie nach „landläufigem Brauch an gebührendem Ort“ gekauft haben, passieren zu lassen; der Statthalter soll seinerseits den Vorkauf und das Herumfahren auf dem Lande untersagen; Ergreifen von Maßnahmen gegen die des Mordes bezichtigten Söhne des herzoglichen Baumeisters nach Eingang der vom Kanzler erbetenen Stellungnahme des Statthalters in dieser Sache.

Konzept
1 Bogen Folio, S. 1—3 beschrieben, S. 4 Empfänger-, Datums- und Registraturvermerk.
HBA C 1 Nr. 1464. — Altsignatur fehlt; K. 1212.
Reinkopie: Ostpr. Fol. 71, S. 404—406.

Nr. 1465

1558 Dezember 6, Königsberg

Herzog Albrecht an den Landpropst zu Allenstein (mutatis mutandis an das Kapitel zu Allenstein):

Bezug auf seine an den Bischof am 17. Februar und an den Landpropst am 20. Juni gerichteten Schreiben wegen Freigabe der in Allenstein beschlagnahmten, als „ketzerisch“ bezeichneten Bücher des Buchhändlers Fabian Reich; trotz der schriftlichen

Zusage des Bischofs vom 25. April keine Ausfolgung der konfiszierten Bücher; Wiederholung des Ersuchens um Freigabe, weil die Konfiskation ohne vorheriges Verbot oder Mandat erfolgt ist; nach Wissen des Herzogs sind die besagten Bücher nicht der Ketzerei überführt und nicht vom allgemeinen Konzil kondemniert worden.

Reinkopie
Ostpr. Fol. 71, S. 408—411.

Nr. 1466

1558 Dezember 16 [Königsberg]

Herzog Albrecht an Eustachius von Knobelsdorff:

Hinweis auf die vom Bischof erhaltene Zusage, die in Allenstein beschlagnahmten Bücher des Buchhändlers Fabian Reich wieder an diesen ausfolgen zu lassen; der Wert der Bücher wird auf 100 Taler veranschlagt; Bitte um Erfüllung dieses Versprechens aufgrund der erneuten Supplikation des Reich; den ins Bistum reisenden Buchhändlern und anderen möge ein derartiges Verbot durch öffentlichen Anschlag bekanntgemacht werden.

Konzept
1 Bogen Folio, S. 1—3 beschrieben, S. 4 Empfänger-, Datums- und Registraturvermerk.
HBA C 1 Nr. 1466. — Altsignatur fehlt; K. 1212.
Reinkopie: Ostpr. Fol. 71, S. 413—416.

Nr. 1467

1558 Dezember 23, Frauenburg

Prälaten und Domherren der Kirche Ermland an Herzog Albrecht:

Beschlagnahme der „zänkischen" Bücher des Buchhändlers Fabian Reich, die dieser gegen das mündliche Verbot des Landpropstes in Allenstein ausgelegt hat; die Ausführung des Befehls zur Rückgabe der Bücher an Reich ist unterblieben, weil bei dessen Aufenthalt in Allenstein der Landpropst nicht anwesend war; kein Verständnis für die unnötigen Supplikationen des [Reich]; Aufforderung an diesen zur Abholung der Bücher.

Behändigte Ausfertigung
1 Bogen Folio, S. 1 beschrieben, Unterschrift der Aussteller, S. 4 Außenadresse, Inhalts- und Kanzleivermerk.
Siegel der Aussteller
HBA C 1 Nr. 1467. — Altsignatur: 1/12/29; K. 472.

Journalvermerk:

Schreiben des Domkapitels wegen der in Allenstein beschlagnahmten Bücher des Fabian Reich.

Ostpr. Fol. 14320, Bl. 78 v.

Nr. 1468

1558 Dezember 31, Heilsberg

Eustachius von Knobelsdorff, Kustos und Domherr zu Frauenburg, Statthalter des Bistums Ermland, an Herzog Albrecht:

Bemühen um friedliche Beilegung des Erbstreits zwischen seinen Schwagern Timotheus, Adrian und Michel von Boxen; der verstorbene Adrian hat die nach Rössel in Verwahrung gebrachte Lade mit Geld, Kleinodien, Privilegien, Verträgen und Inventaren, zu der Timotheus und Michel einen Schlüssel besitzen, hinweggenommen, geöffnet und ihnen entwendet; [Knobelsdorff] übermittelt das Gesuch seiner Schwager um Ansetzung eines Tages auf ihren väterlichen Gütern in Seligenfeld und um Berufung Potes (Bothos) zu Eulenburg, Johanns von Kreytzen, des Doktors Christophorus Jonas und Lucas Davids zu Bevollmächtigten in dieser Angelegenheit.

Behändigte Ausfertigung
1 Bogen Folio, S. 1—2 beschrieben, Unterschrift des Ausstellers, S. 4 Außenadresse, Inhalts- und Kanzleivermerk.
Siegel des Ausstellers
HBA C 1 Nr. 1468. — Altsignatur: 1/12/26; K. 472.

Journalvermerk:

Schreiben des Statthalters in der Erbschaftssache von Timotheus, Adrian und Michel von Boxen.

Ostpr. Fol. 14320, Bl. 78 v.

Nr. 1469

1559 Januar 24, Königsberg

Herzog Albrecht an das Kapitel zu Frauenburg:

Erneute Verwendung für seine Untertanen Hans Schmidt aus Zinten, Benedict Pokir und den Sohn der verstorbenen Anna Hillebrant [Störmer] aus Domnau in der Erbfallsache der Frau Caspar Jordans aus Wormditt; Bitte um Förderung eines Vergleichs mit der Gegenpartei, der den Supplikanten 200 ungarische Gulden und zwei Stück Tuch zuspricht.

Reinkopie
Ostpr. Fol. 71, S. 433—435.

Nr. 1470

1559 März 13, Königsberg

Herzog Albrecht an den Landpropst zu Allenstein:

Dank für die Bereitschaft, auf Ersuchen des Ortelsburger Hauptmanns Lorenz Roch Karpfen an den Herzog zu liefern; Bitte um Lieferung von Setzlingen und Streichkarpfen an den Hauptmann von Ortelsburg gegen Bezahlung.

Reinkopie
Ostpr. Fol. 71, S. 468—469.

Nr. 1471

1559 März 29, Frauenburg

Prälaten, Domherren und Kapitel des Stifts Ermland an Herzog Albrecht:

Erinnerung an die vom Herzog zugesagte Hilfe und Unterstützung während der Abwesenheit von Bischof Stanislaus in Rom; Eingang eines Schreibens Wolfgang Schönwieses über die ihm vom Statthalter zugesagte Wiedererlangung seiner Güter; Drohung [Schönwieses], sich am ganzen Stift und Kapitel schadlos zu halten, wenn diese Zusage gegenüber ihm und seiner Verwandtschaft nicht eingehalten wird; die alleinige Verantwortung für diese Zusage liegt beim Statthalter; der eigentliche Streitgegenstand ist eine an der Landesgrenze zwischen dem Herzogtum und Bistum bei dem Gut Nerwicken (Nerfken) gelegene Wiese; im vorigen Jahr haben die beiderseitigen Kommissarien den vor 20 Jahren getroffenen Abschied bestätigt; die herzogliche Seite war durch die Bevollmächtigten Dr. Johann von Kreytzen, Kanzler, Dr. Wolfgang von Koderitz, Caspar von Lehndorff, Hauptmann zu [Preußisch] Eylau, und Lucas David vertreten; die besagte Wiese untersteht nicht dem Kapitel, sondern dem Bischof; die Landesgrenze kann nicht ohne Wissen und Willen des Bischofs verrückt oder verändert werden; Bitte um Abhaltung Schönwieses und seiner Brüder von Übergriffen gegen die bischöflichen Untertanen und um Einhaltung der mit Zustimmung des Herzogs getroffenen Entscheidung der Bevollmächtigten.
mitwoch nach den heyligen Ostern

Behändigte Ausfertigung
1 Bogen Folio, S. 1—3 beschrieben, Unterschrift der Aussteller, S. 4 Außenadresse, Inhalts- und Kanzleivermerk.
Siegel der Aussteller
HBA C 1 Nr. 1471. — Altsignatur: 1/12/87; K. 472.

Journalvermerk:

Beschwerde des Kapitels über Wolfgang Schönwiese.

Ostpr. Fol. 14320, Bl. 80 r.

Nr. 1472

1559 März 31, Königsberg

Herzog Albrecht an das Kapitel zu Frauenburg:

Mißfallen über das unfreundliche Verhalten Wolff Schonwieses; Absicht des Herzogs, den sich nicht im Lande aufhaltenden Schonwiese schriftlich von seinem Begehren abzuhalten und ihn zum freundnachbarlichen Verhalten zu ermahnen.

Reinkopie
Ostpr. Fol. 71, S. 472—474.

Nr. 1473

1559 April 16, Königsberg

Herzog Albrecht an den Rat zu Braunsberg:

Bezug auf eine Supplik einiger Bürger der Altstadt Königsberg wegen einer Bürgschaft auf einen Hauskauf zwischen dem Braunsberger Bürger Gregor Dackau und dem Stadtschreiber der Altstadt Königsberg Bartholomäus Richau; die Antragsteller haben auf die Güter des Dackau eine Anleihe von 100 ungarischen Gulden gewährt und darüber einen vom Braunsberger Rat gesiegelten Brief im vergangenen Jahr präsentiert; Ersuchen an den [Braunsberger Rat], die besagten Güter erst nach Tilgung der Anleihe an die Erben des Dackau ausfolgen zu lassen.

Reinkopie
Ostpr. Fol. 71, S. 478—479.

Nr. 1474

1559 April 29, Rom

Bischof Stanislaus von Ermland an Herzog Albrecht:

Bericht seiner Amtleute über die erneuten Versuche Wolf Schoneweeses, sich die bei Nerwicken (Nerfken) gelegenen Wiesen anzueignen; Erinnerung an die darüber vor mehr als 20 Jahren zur Zeit des Bischofs Mauritius von den beiderseitigen Bevollmächtigten getroffene Entscheidung; Bestätigung des Grenzbriefs und der Grenzaufschüttungen im November 1557; Bitte um Abhaltung Schoneweeses von einer Zerstörung des „gemeinen Friedens der Lande Preußen“ und um dessen Verweisung an den „gebührlichen Richter“ des Bischofs, den polnischen König.

Behändigte Ausfertigung
1 Bogen 21 x 28, 5 cm, S. 1—2 beschrieben, Unterschrift des Bischofs, S. 4 Außenadresse, Inhalts- und Kanzleivermerk.
Siegel des Bischofs
HBA C 1 Nr. 1474. — Altsignatur: 1/12/86; K. 472.

Journalvermerk:

Beschwerde des Bischofs über das unbillige Verhalten des Schönwiese wegen der Wiesen zu Nerwicken.

Ostpr. Fol. 14320, Bl. 80 r.

Nr. 1475

1559 Mai 25, Königsberg

Herzog Albrecht an das Kapitel zu Frauenburg:

Bitte an das Kapitel, dem Lasar Wilcke und dessen Schwagern gemäß der beiliegenden Supplikation zum Recht zu verhelfen.

Reinkopie
Ostpr. Fol. 71, S. 495.

Nr. 1476

1559 Juni 1, Königsberg

Herzog Albrecht an den bischöflichen Amtmann zu Danzig:

Ersuchen um Förderung des Anliegens des Dieners und Büchsenmeisters auf dem Hause Memel Gerhart Junigsfeldt in einer Erbfallsache.

Reinkopie
Ostpr. Fol. 71, S. 499—500.

Nr. 1477

1559 Juni 1, Königsberg

Herzog Albrecht an Bischof Stanislaus von Ermland:

Empfang des bischöflichen Schreibens vom 29. April in der Sache des Wolff von Schonwiese; Mißfallen über dessen unfreundliches Verhalten; umgehendes Schreiben an den sich außer Landes befindenden Schonwiese, das dem Bischof abschriftlich übersandt wird.

Reinkopie
Ostpr. Fol. 71, S. 501—502.

Nr. 1478

1559 Juni 14, Königsberg

Herzog Albrecht an Bischof Stanislaus von Ermland:

Übersendung der Supplik Conradus Langerbeins, Jacobus Falcknaus und Valtin Örthels wegen des Nachlasses ihres Freundes Georg Langerbein; Bitte um Erfüllung des Anliegens der Petenten.

Reinkopie
Ostpr. Fol. 71, S. 502—503.

Nr. 1479

1559 Juni 21, Königsberg

Herzog Albrecht an das Kapitel zu Frauenburg:

Erinnerung an die Supplik des Kneiphofer Bürgers Lorentz Bartsch; Beschwerde des [Bartsch] über die Verzögerung des Handels durch Valtin Witfart zu Perwilten; Bitte um Veranlassung des Witfart zur Beschleunigung der Angelegenheit, in der er seinem Widerpart Rede und Antwort stehen müsse.

Reinkopie
Ostpr. Fol. 71, S. 509—510.

Nr. 1480

1559 Juli 19, Königsberg

Herzog Albrecht an den Statthalter Eustachius von Knobelsdorff:

Beschwerde des herzoglichen Untertans Melchior Lesgewang über den ihm von [Knobelsdorff] verweigerten Kauf des Anteils seines Oheims Michel von Rössen im Dorf Grünau; [Knobelsdorff] macht diesen Kauf vom Zulaß des Bischofs abhängig, was dem alten Gebrauch im ganzen Fürstentum [Preußen] widerspricht, daß innerhalb des Adels zu Kulmer Recht verliehene Güter ohne Einwilligung der Herrschaft gekauft werden können; kein Zweifel des Herzogs an der Gültigkeit dieser Praxis im Stift Ermland und im gesamten Königlichen Teil Preußen; Vorkaufsrecht von Gütern für Blutsverwandte gegenüber Fremden; Bitte an [Knobelsdorff], dem Lesgewang zur Vermeidung von Zwietracht zum Recht zu verhelfen.

Reinkopie
Ostpr. Fol. 71, S. 519—521.

Nr. 1481

1559 August 4, Frauenburg

Prälaten, Domherren und Kapitel des Stifts Ermland an Herzog Albrecht:

Befehl an den Landpropst zu Mehlsack, Valtin Wytfart aus Parwilten (Perwilten) auf das nächste Mehlsacker Landgericht, das nach dem Braunsberger Jahrmarkt am 10. Oktober stattfinden wird, vorzuladen; dieser Termin wird auch Lorentz Bartsch genannt, dem gerechte Verhandlung seines Anliegens zugesagt wird.

Behändigte Ausfertigung
1 Bogen Folio, S. 1 beschrieben, Unterschrift der Aussteller, S. 4 Außenadresse, Inhalts- und Kanzleivermerk.
Siegel der Aussteller
HBA C 1 Nr. 1481. — Altsignatur: 1/12/88; K. 472.

Journalvermerk:

Schreiben des Kapitels in der Rechtsangelegenheit des Lorentz Bartsch.

Ostpr. Fol. 14320, Bl. 80 r.

Nr. 1482

1559 August 14, Heilsberg

Eustachius von Knobelsdorff, Kustos und Domherr zu Frauenburg, Statthalter des Bistums Ermland, an Herzog Albrecht:

Rechtfertigung seines Einspruchs gegen den von Melchior Lesgewang beabsichtigten Hufenkauf im Dorf Grünau; Übertragung der besagten Hufen durch die Oberherrschaft an den verstorbenen Otto von Rössen und anschließend, nach dem Wegzug dessen Sohns Michel von Rössen aus dem Lande, auf die Eltern [Knobelsdorffs]; Übertragung dieser Hufen weder zu Kulmer noch zu anderem Recht, sondern „nach Gunst und Gefallen" der Herrschaft; keine Geltung der Praxis im Ermland, zu Kulmer Recht verliehene Güter ohne Zulaß der Herrschaft zu verkaufen; dennoch Bereitschaft zur Aufgabe seines Einspruchs, wenn Lesgewang den Nachweis erbringen kann, daß die besagten Hufen an Otto von Rössen zu Kulmer Recht verliehen worden sind; andernfalls Empfehlung der Verschiebung der Sache bis zur Rückkehr des Bischofs in seine Lande.

Behändigte Ausfertigung
1 Bogen Folio, S. 1—3 beschrieben, Unterschrift des Statthalters, S. 4 Außenadresse, Inhalts- und Kanzleivermerk.
Siegel des Statthalters
HBA C 1 Nr. 1482. — Altsignatur: 1/12/90; K. 472.

Journalvermerk:

Äußerungen Knobelsdorffs zu dem von Melchior Lesgewang geplanten Hufenkauf im Dorf Grünau.

Ostpr. Fol. 14320, Bl. 80 r.

Nr. 1483

1559 August 24, Königsberg

Herzog Albrecht an den Rat zu Heilsberg:

Ansetzung eines abschließenden Termins in der Klage der Verwandten des ermordeten Ölschleger gegen den Krüger von Passarge am 11. September in [Königsberg].

Reinkopie
Ostpr. Fol. 71, S. 538—539.

Nr. 1484

1559 November 8, Königsberg

Herzog Albrecht an das Kapitel zu Frauenburg:

Übersendung der Supplik des herzoglichen Untertans Valten Kamblacken wegen des ihm weggenommenen Flachses; Bitte, dem Petenten zu seinem Recht zu verhelfen.

Reinkopie
Ostpr. Fol. 71, S. 576.

Nr. 1485

1559 November 15, Königsberg

Herzog Albrecht an [Eustachius von Knobelsdorff], Statthalter zu Heilsberg:

Bitte an den Statthalter, dem Georg Kersten und dessen Verwandten zum Recht in einer anhängigen Erbfallsache zu verhelfen.

Reinkopie
Ostpr. Fol. 71, S. 578—579.

Nr. 1486

1559 November 15, Frauenburg

Prälaten, Domherren und Kapitel des Stifts Ermland an Herzog Albrecht:

Überreichung eines herzoglichen Schreibens mit beigefügter Supplikation durch den sich als herzoglichen Untertan bezeichnenden Valtin Kamplacken, obwohl er in Danzig wohnt; in seiner Supplikation gibt [Kamplacken] keinen genauen Bericht über den ihm vor einem Jahr in Allenstein weggenommenen Flachs; nach Kenntnis des Kapitels hat Kamplack acht Tage vor Beginn des Allensteiner Jahrmarkts Flachs bei den Bauern auf den Dörfern aufgekauft, obwohl die Vorkäuferei nach der Landesordnung fast überall, auch im Herzogtum, streng verboten ist; Lieferung des aufgekauften Flachses durch die Bauern nach Allenstein, was den den dortigen Jahrmarkt besuchenden Bürgern und fremden Kaufleuten bekanntgeworden ist; auf deren Klage und Beschwerde hat der Allensteiner Landpropst Caspar Hannau nach Verhör des Valtin dessen Flachs beschlagnahmt; keine Absicht, einen Präzedenzfall in der Vorkäuferei zuzulassen, da diese sonst jeder betreiben werde; trotz Wiedergabe der Hälfte des Flachses an Valtin durch den Landpropst hat jener das Landfahren und Umherstreichen nicht aufgegeben und ist nach wenigen Tagen mit zwei Schlitten, die mit Heringen, Salz, Pfeffer, Safran und anderen Waren beladen waren, zurückgekehrt; Verkauf dieser Artikel zum Schaden der städtischen Bürger an die Bauern in den Dörfern; erneute Vorforderung Valtins auf das Schloß; seine konfiszierten Waren gibt ihm der Landpropst aus Güte und Barmherzigkeit zurück; statt einer Danksagung für die ihm erwiesene Milde hat Valtin Klage beim Herzog erhoben, als ob ihm große Unbilligkeit widerfahren sei; Ansetzung eines Verhandlungstages für Valtin auf den 1. Mai 1560 (konfftig Philippi und Jacobi) in Allenstein.

Behändigte Ausfertigung
2 Bogen Folio, S. 3—6 beschrieben, Unterschrift der Aussteller, S. 8 Außenadresse, Inhalts- und Kanzleivermerk.
Siegel der Aussteller
HBA C 1 Nr. 1486. — Altsignatur: 1/12/89; K. 472.

Journalvermerk:

Schreiben des Domkapitels wegen der unbegründeten Supplikation Valtin Kamplackens.

Ostpr. Fol. 14320, Bl. 80 v.

Nr. 1487

1559 November 30, Seeburg

Nicolaus Plottofski an Herzog Albrecht:

Bitte um ein Empfehlungsschreiben für den an den königlichen Hof reisenden Sohn des Bansen gemäß der vom Herzog in Poppen gegebenen Zusage.

Behändigte Ausfertigung
1 Bogen Folio, S. 1 beschrieben, Unterschrift des Ausstellers, S. 4 Außenadresse, Inhalts- und Kanzleivermerk
Siegelspuren
HBA C 1 Nr. 1487. — Altsignatur: 3/29/160; K. 472.

Journalvermerk:

Gesuch Plottofskis um ein Empfehlungsschreiben für den Sohn des Bansen.

Ostpr. Fol. 14320, Bl. 80 v.

Nr. 1488

1559 Dezember 12, Königsberg

Herzog Albrecht an das Kapitel zu Frauenburg:

Bitte an das Kapitel, den Valten Wilfert aus Perwilten zur Abfassung seiner Beweisartikel und zur Antwort an Lorentz Bartsch zu veranlassen.

Reinkopie
Ostpr. Fol. 71, S. 589—590.

Nr. 1489

1560 Januar 20 [Königsberg]

Herzog Albrecht an Eustachius von Knobelsdorff, Statthalter zu Heilsberg:

Übersendung des Gesuchs seines Untertans Cosman Fritze aus dem Kammeramt Germau mit der Bitte um Erfüllung seiner berechtigten Ansprüche.

Konzept
1 Blatt Folio, S. 1 beschrieben, S. 2 Empfänger-, Datums- und Registraturvermerk.
HBA C 1 Nr. 1489. — Altsignatur fehlt; K. 1213.
Reinkopie: Ostpr. Fol. 71, S. 629—630.

Nr. 1490

1560 Januar 31, Königsberg

Herzog Albrecht an den Rat zu Braunsberg:

Veruntreuung herzoglicher Leinengeräte, die der Krüger Moritz Döring zu Neuenhaus in Verwahrung gehabt hat; Beschlagnahme dieser Geräte durch das Braunsberger Gericht; Ersuchen um Ausfolgung dieser Geräte an den Krüger.

Reinkopie
Ostpr. Fol. 71, S. 645—646.

Nr. 1491

1560 Februar 8 [Königsberg]

Herzog Albrecht an [Eustachius von Knobelsdorff], Statthalter des Bistums Ermland (bezüglich des ersten Punktes mutatis mutandis an den Hauptmann von Liebstadt):

Klagen über die Unbenutzbarkeit der Brücke über die Passarge zwischen Liebstadt und Wormditt wegen ihres verfallenen Zustands; weil nach der Landesordnung die Unterhaltung der Brücke dem Herzogtum und dem Bistum auferlegt ist, Begehren an den Statthalter, die bischöflichen Untertanen zur Instandsetzung des dem Ermland zugehörigen Teils zu veranlassen; die andere Hälfte wird von herzoglichen Untersassen ausgebessert werden; Beschwerde der Städte auf dem letzten Landtag in Königsberg über die den ermländischen Untertanen verbotene Zufuhr von Hopfen, Flachs und anderen Waren ins Herzogtum und insbesondere in die dem Ermland benachbarten Hinterstädte; Ersuchen um Verhandlung mit den Kapitelsverwandten zwecks Freigabe der Ausfuhr ins Fürstentum [Preußen], wie diese umgekehrt im Herzogtum gehandhabt wird.

Konzept
1 Blatt Folio, S. 1—2 beschrieben, S. 2 Empfänger-, Datums- und Registraturvermerk.
HBA C 1 Nr. 1491. — Altsignatur fehlt; K. 1213.
Reinkopie: Ostpr. Fol. 71, S. 654—655.

Nr. 1492

1560 Februar 14, Königsberg

Herzog Albrecht an den Hauptmann zu Seeburg:

Bitte an den Adressaten, 50 Schiffpfund Hopfen im Stift Ermland für einen leidlichen Preis für die herzogliche Hofhaltung aufzukaufen und den Herzog von dem getätigten Kauf zu unterrichten.

Reinkopie
Ostpr. Fol. 71, S. 658.

Nr. 1493

1560 Februar 17, Heilsberg

Eustachius von Knobelsdorff, Kustos und Domherr zu Frauenburg, Statthalter des Bistums Ermland, an Herzog Albrecht:

Bereitschaft zur Ausbesserung des bischöflichen Teils der verfallenen Brücke zwischen Wormditt und Liebstadt nach erfolgter Beredung mit dem Hauptmann zu Liebstadt; keine Kenntnis von einem Ausfuhrverbot vom Ermland ins Herzogtum; im Bistum kann jeder gemäß der Landesordnung Getreide und Milchspeise ins Herzogtum ausführen; Kaufmannswaren dürfen dagegen nur im nächstgelegenen Marktort verkauft werden, dessen Besuch den bischöflichen und herzoglichen Untertanen freisteht; dagegen dürfen ermländische Untertanen in herzoglichen Marktstädten nur nach Einholung der Marktfahne Kaufhandel betreiben; Aufschub von Änderungen der Landesordnung bis zur Rückkehr des Bischofs.

Behändigte Ausfertigung
1 Bogen Folio, S. 1—2 beschrieben, Unterschrift des Statthalters, S. 4 Außenadresse, Inhalts- und Kanzleivermerk.
Siegel des Statthalters
HBA C 1 Nr. 1493. — Altsignatur: 1/11/240; K. 472.

Journalvermerk:

Schreiben des Statthalters wegen der Passargebrücke zwischen Wormditt und Liebstadt und eines angeblichen Ausfuhrverbots vom Ermland ins Herzogtum.

Ostpr. Fol. 14320, Bl. 81 r.

Nr. 1494

1560 Februar 29 [Königsberg]

Herzog Albrecht an die Brüder Caspar und Hans Hanno, Domherren zu Frauenburg:

Lieferung von zwei Macheiern [wollener Kleiderstoff] zu je sieben Mark vom Stadtschreiber zu Friedland, Hieronimus Knopf, an die Mutter der beiden Domherren; Zusage der Mutter, die Lieferung nach ihrer Rückkehr von Danzig nach Heilsberg zu bezahlen; wegen der Unkenntnis Knopfs, wer die Erben der bald darauf gestorbenen Mutter seien, konnte er bisher keine Bezahlung erlangen; Ersuchen des Herzogs an die Domherren, die Schuldforderung [Knopfs] in Höhe von 14 Mark zu erfüllen.

Konzept
1 Bogen 19 x 28, 5 cm, S. 1—2 beschrieben, S. 4 Empfänger-, Datums- und Registraturvermerk.
HBA C 1 Nr. 1494. — Altsignatur fehlt; K. 1213.
Reinkopie: Ostpr. Fol. 71, S. 664—666.

Nr. 1495

1560 März 22 [Königsberg]

Herzog Albrecht an Eustachius von Knobelsdorff, Statthalter zu Heilsberg:

Beschwerde des herzoglichen Untertans Mattheus Winnepfennig über die Prozeßabsichten seines Widersachers Lorentz Hasse aus Braunsberg; keine Möglichkeit für [Winnepfennig], mit einem Prokurator nach Braunsberg zu reisen; Ersuchen des Herzogs an den Statthalter, Hasse zur schriftlichen Klageeinlegung, zur Übermittlung einer davon gefertigten Abschrift an Winnepfennig und zur Ansetzung eines Prozeßtermins zu veranlassen.

Konzept
1 Bogen Folio, S. 1—2 beschrieben, S. 4 Empfänger, Datums- und Registraturvermerk.
HBA C 1 Nr. 1495. — Altsignatur fehlt; K. 1213.
Reinkopie: Ostpr. Fol. 71, S. 693—694.

Nr. 1496

1560 April 30 [Königsberg]

Herzog Albrecht an das Domkapitel zu Frauenburg:

Erneute Fürbitte für seinen Untertan Valtin Kamplack, dem noch immer sein beschlagnahmter Flachs vorenthalten wird; das Kapitel hat zwar dazu mehrere Gründe aufgeführt, aber nichts darauf erfolgen lassen.

Konzept
1 Blatt Folio, S. 1 beschrieben, S. 2 Empfänger-, Datums- und Registraturvermerk.
HBA C 1 Nr. 1496. — Altsignatur fehlt; K. 1213.
Reinkopie: Ostpr. Fol. 71, S. 728.

Nr. 1497

1560 Mai 4, Königsberg

Herzog Albrecht an den Rat zu Braunsberg:

Ersuchen an den Rat, dem herzoglichen Untertan Georg Kersten in seiner in Braunsberg anhängigen Erbfallsache ohne Beschwerungen und Reise- und sonstige Kosten zu seinem Recht zu verhelfen.

Reinkopie
Ostpr. Fol. 71, S. 736—737.

Nr. 1498

1560 Mai 6, Königsberg

Herzog Albrecht an den Rat zu Braunsberg:

Begehren an den Rat, die wegen ihrer Religion in Braunsberg bedrängten Bürger George Efraus und Thomas Visebergk mit ihrer Habe ungehindert ziehen zu lassen; sie wollen sich an einem Ort im Herzogtum niederlassen, um ihren Glauben ungestört ausüben zu können.

Reinkopie
Ostpr. Fol. 71, S. 742—743.

Nr. 1499

1560 Mai 12 [Königsberg]

Herzog Albrecht an Eustachius von Knobelsdorff, Statthalter zu Heilsberg:

Beschwerde Hans Paschkes über Valtin Tiele und dessen Sohn Lucas aus Bisteyn (Bischofstein) im Bistum [Ermland] wegen Nichteinhaltung der [Paschke] gegebenen Zusage, Hopfen zum Bedarf von Herzog Magnus von Schleswig und Holstein, postuliertem Bischof von Ösel und Kurland, der bereits angezahlt ist, zu liefern; Rücktritt Tieles und seines Sohns von dem mit [Paschke] geschlossenen Kaufvertrag wegen des gestiegenen Hopfenpreises; Bitte des Herzogs Magnus an [Albrecht] um Veranlassung Tieles zur vertraglich vereinbarten Hopfenlieferung an Paschke, weil er diese nach seiner Ankunft in Arnsburg (Arensburg auf Ösel) dringend benötigt; Gesuch [Albrechts] an den Statthalter, den Tiele zur Erfüllung seiner Verpflichtungen gegenüber Paschke und Herzog Magnus zu veranlassen.

Konzept
1 Bogen Folio, S. 1—3 beschrieben, S. 4 Empfänger-, Datums- und Registraturvermerk.
HBA C 1 Nr. 1499. — Altsignatur fehlt; K. 1213.
Reinkopie: Ostpr. Fol. 71, S. 744—746.

Nr. 1500

1560 Juni 21, Heilsberg

Johannes Leoman, Domherr zu Frauenburg und Schäffer zu Heilsberg, an Herzog Albrecht:

Beschwerde über den während der Abwesenheit des Statthalters erfolgten gewaltsamen Einfall von Untertanen des Gebiets [Preußisch] Holland in das zum Kammeramt Wormditt gehörige Dorf Wolfsdorf am 5. Juni [1560] (in vorgangner Mitwochen noch Pfingsten) „bey nachtschlafender Zeitt“; die besagten Personen drangen ohne Wissen des Amtmanns mit Pferden, Wagen und „etlichen geladenen Röhren“ in das Dorf ein und nahmen den Pfarrer Valentinus Bloe neben Vieh und anderem Gerät, das teils zur Widdem, teils anderen Leuten gehörte, mit; der Pfarrer ist bischöflicher Untertan und von den Vorgängern des [Hosius] zum Priester ordiniert worden; wegen früherer Übertretungen hat er sich eidlich unter einer Bürgschaft dreier Personen von 300 Mark zum Verbleib im Bistum verpflichtet; dennoch hat [Bloe] diesen Gewaltakt angezettelt und ist als ein „Ehren vergessener Mann“ unter Mitführung von Gegenständen, die ihm nicht gehören, entronnen; auf Antrag der Bürgen Ersuchen [Leomans] an den Amtmann von [Preußisch] Holland um Auslieferung Valentin Bloes und um Überstellung der an dem Einfall beteiligten Personen nach Heilsberg, um sich dort für ihren Gewaltakt zu verantworten; Ablehnung dieses Gesuchs durch den den Amtmann vertretenden Burggrafen und Amtsschreiber und deren Vorladung der Bürgen am 3. Juli nach [Preußisch Holland], um dort gegen den entlaufenen Valentinus Bloe Klage zu erheben; Behauptung Bloes, der Bischof habe ihm Gewalt und Unrecht angetan, so daß er „dem Antichrist und Teufelsbadestuben“ entlaufen sei; Beschlagnahme zweier Pferde des kürzlich nach Guttstadt gekommenen Pfarrers Ambrosius Melhorn auf Veranlassung des dortigen Richters mit Genehmigung des Statthalters und deren Überführung nach Heilsberg wegen ihrer Identität mit den von Bloe entwendeten Pferden; Schmähung eines der Bürgen in dem von Melhorn an den Guttstadter Bürgermeister gerichteten Schreiben; er bezeichnet diesen als „Dieb“ und droht an, ihn in [Preußisch] Holland am Galgen aufhängen zu lassen; Bereitschaft [Leomans] zur Rückgabe der Pferde, wenn es sich bei diesen nicht um die von Bloe entführten handelt; Bitte an den Herzog, die Herausgabe Bloes an seine Bürgen, die Überstellung der anderen Übeltäter nach [Heilsberg] und die Genugtuung des besagten Bürgen für die ihm angetanen Schmähungen Melhorns zu veranlassen.

Behändigte Ausfertigung
1 Bogen Folio, S. 1—3 beschrieben, Unterschrift des Ausstellers, S. 4 Außenadresse, Inhalts- und Beantwortungsvermerk vom 24. Juni 1560.
Siegel des Ausstellers
HBA C 1 Nr. 1500. — Altsignatur: 1/11/231; K. 472.

Journalvermerk:

Schreiben [Leomans] wegen des Einfalls herzoglicher Untertanen in das Amt Wormditt und der Flucht des Pfarrers Valentinus Bloe.

Ostpr. Fol. 14320, Bl. 81 r.

Nr. 1501

1560 Juni 24 [Königsberg]

Herzog Albrecht an Johannes Leoman, Domherrn zu Frauenburg, Schäffer zu Heilsberg:

Bereitschaft zur Einhaltung der königlichen Verträge und zur Abwendung jeglicher „Perturbatio publicae pacis"; Bericht des Wolfsdorfer Pfarrers Valentinus Bloe über seine Gründe für den Wegzug aus der bischöflichen Jurisdiktion; er streitet ab, ermländische Untersassen geschädigt oder sich gegen sie unfreundlich verhalten zu haben; keine Hinderung des Abzugs geistlicher oder anderer freier Personen aus dem Herzogtum in andere Herrschaften; Bereitschaft [Bloes], jedem, der ihm gegenüber Ansprüche habe, Rechenschaft vor dem Herzog oder dessen Räten beziehungsweise dem geistlichen Konsistorium zu geben und deren rechtliches Erkenntnis abzuwarten; Befehl an den Hauptmann von [Preußisch] Holland zur Rückgabe der von [Bloe] entwendeten Dinge; der Pfarrer ist mit der Entschädigung der Bürgen aus dem in seiner Widdem zurückgelassenen Getreide und seiner anderen Habe einverstanden; der Hauptmann zu [Preußisch] Holland soll den Hirschfelder Pfarrer [Melhorn] wegen seiner Schmähworte befragen und ihn gegebenenfalls zurechtweisen, damit der Friede wiederhergestellt werde.

Konzept
1 Bogen Folio, S. 1—3 beschrieben, S. 4 Empfänger-, Datums- und Registraturvermerk.
HBA C 1 Nr. 1501. — Altsignatur fehlt; K. 1213.
Reinkopie: Ostpr. Fol. 71, S. 761—767.

Nr. 1502

1560 Juni 27, Heilsberg

Johannes Leoman, Domherr zu Frauenburg, Schäffer zu Heilsberg, an Herzog Albrecht:

Enttäuschung über die abgelehnte Herausgabe des entlaufenen Pfarrers von Wolfsdorf an dessen Bürgen und auch darüber, daß der Herzog der Supplik [Bloes] mehr Glauben als seinen [Leomans] Ausführungen schenkt; weil das herzogliche Schreiben eher den Bischof als [Leoman] betrifft, will es dieser seinem Landesherrn zur Kenntnis bringen; [Bloe] kann nicht nachweisen, daß ihm vom Bischof Gewalt oder Unrecht widerfahren sei; die Wegführung eines bischöflichen Untertans mit seiner Habe durch herzogliche Untertanen habe die „pax publica perturbiret"; Valentin Bloe genieße nicht den Status freier Leute, weil er seinen Bürgen verpflichtet sei; es trifft nicht zu, daß [Bloe] soviel zurückgelassen habe, um damit seine Bürgen entschädigen zu können, zumal die Güter entlaufener Personen an die Oberherrschaft fielen; übliches Verfahren der Ausfolgung entlaufener Personen an die Gerichte, aus deren Bezirk sie entwichen sind, statt Verweisung der Kläger an fremde Gerichte; unglaubwürdige Rechtfertigung der Flucht [Bloes] mit religiösen Gründen.

Behändigte Ausfertigung
1 Bogen Folio, S. 1—2 beschrieben, Unterschrift des Ausstellers, S. 4 Außenadresse, Inhalts- und Kanzleivermerk.
Siegel des Ausstellers
HBA C 1 Nr. 1502. — Altsignatur: 1/11/232; K. 472.

Journalvermerk:

Erneutes Schreiben [Leomans] wegen des entlaufenen Valentinus Bloe.

Ostpr. Fol. 14320, Bl. 81 r.

Nr. 1503

1560 Juli 15, Heilsberg

Johannes Leoman, Domherr zu Frauenburg, Schäffer zu Heilsberg, an den herzoglichen Kanzler Johann von Kreytzen:

Keine Ursache für [Kreytzen], sich für den Bericht über die Fischerei und das übersandte Weißbier zu bedanken; [Leoman] schenkt der Behauptung bischöflicher Untertanen, [Kreytzen] habe sie beim Vorbringen ihrer Beschwerde über den Einfall ins Wormditter Gebiet hart angefahren, keinen Glauben; Hinweis auf den entlaufenen [Bloe] und dessen Vergehen; [Leoman] sieht die Aufgabe seines Schäfferamts in der Verhütung „aller Unfreundlichkeit" zwischen dem Herzogtum und dem Bistum und hat sich deshalb in der Sache [Bloes] direkt an den Herzog gewendet; weil dieser seine Forderungen abgelehnt hat, mußte [Leoman] den Sachverhalt seinem Bischof zur Kenntnis bringen; Anzeige eines Mords zwischen den Dörfern Kiwitten und Kerwienen an der Rösselschen Straße; am vergangenen Sonnabend abend (13. Juli) sind zwei Personen im Gasthof zu Kiwitten eingekehrt und am folgenden Morgen von dort fortgeritten; eine halbe Meile vom Dorf entfernt hat der eine seinen Gefährten mit der Büchse erschossen, dessen Taschen und Wollsack geplündert und ihn dann im Strauch tot liegen lassen; Auffinden des Toten und Anzeige der Mordtat durch Leute aus Kerwienen, die sich auf dem Wege zur Kirche in Kiwitten befunden haben; bei dem Ermordeten handelt es sich um den Diener des Danziger Kastellans und Marienburger Schatzmeisters Johann Kostka; Übersendung der in der Brieftasche des Toten gefundenen Briefe des königlichen Hofes an den Kastellan; umgehende Aufnahme der Verfolgung des Täters, der über Wussolaucken (Wuslack) und Galinden (Gallingen) den Weg zu der nach Königsberg führenden Straße genommen hat und sich dort vielleicht verstecken will; der Täter ist ziemlich groß, reitet ein schnelles Pferd und führt zwei Büchsen am Sattel mit; er soll in Wendainen (Wendehnen ?) unter den Schliebens geboren sein und im vergangenen Jahr an der Beraubung des Pfarrers von Leunenburg mitgewirkt haben; Bitte um Bekanntmachung in Königsberg und anderen Orten des Herzogtums zwecks Ergreifung und Bestrafung des Mörders.

Behändigte Ausfertigung
1 Bogen und 1 Blatt Folio, S. 1—4 eigenhändig beschrieben, Unterschrift des Ausstellers, S. 6 Außenadresse, Inhalts- und Kanzleivermerk.
Siegel des Ausstellers
HBA C 1 Nr. 1503. — Altsignatur: 1/11/233; K. 472.

Journalvermerk:

Schreiben Leomans wegen des entlaufenen Pfarrers und eines begangenen Mordes.

Ostpr. Fol. 14320, Bl. 82 r.

Nr. 1504

1560 August 5, Wien

Bischof Stanislaus von Ermland, päpstlicher Gesandter an den Kaiser, an Herzog Albrecht:

Mitteilung des beim Bischof weilenden Statthalters Eustachius von Knobelsdorff über das gute und freundnachbarliche Verhalten des Herzogs gegenüber den bischöflichen Amtleuten und Untertanen; Absendung des [Hosius] als Gesandten von Papst Pius IV. an den Kaiser [Ferdinand I.], um sich dort für die Abschaffung der Sekten und Spaltungen in der christlichen Kirche einzusetzen; seit etlichen 100 Jahren sei kein Papst der Deutschen Nation so wohlwollend zugetan wie Pius IV.; Verbreitung von Unwahrheiten durch Vergerius; Bestellung des [Hosius] zum päpstlichen Gesandten wegen seiner Kenntnis der deutschen Sprache und seiner Bekanntschaft mit dem Kaiser in Anbetracht seiner mehrfachen Missionen an diesen im Auftrag des polnischen Königs; Absicht des Papstes, das vor wenigen Jahren von den Ständen des Heiligen Römischen

Reiches bewilligte und dann von Papst Julius III. suspendierte allgemeine christliche Konzil am alten Tagungsort Trient wiedereinzuberufen und mit dem Willen der christlichen Fürsten zu Ende zu führen; Hoffnung auf die baldige Aufhebung der Trennung und die Wiederherstellung der Einigkeit des christlichen Glaubens, „auf daß nur ein Gott, ein Glaub, ein Hirt und ein Schaffstall werde"; Bitte an den Herzog um weitere Unterstützung seiner Amtleute wegen seiner erneut vom polnischen König bewilligten Abwesenheit; Übersendung eines Exemplars seiner durchgesehenen und vermehrten, jüngst zu Wien im Druck erschienenen „Confessio catholicae fidei christiana".

Behändigte Ausfertigung
2 Bogen 22 x 31 cm, S. 1—5 beschrieben, Unterschrift des Bischofs, S. 8 Außenadresse, Inhalts- und Kanzleivermerk.
Siegel des Bischofs
HBA C 1 Nr. 1504. — Altsignatur: 1/11/235; K. 472.
Druck: Ernst-Manfred Wermter (Hrg.), Kardinal Stanislaus Hosius und Herzog Albrecht von Preußen. Ihr Briefwechsel über das Konzil von Trient (1560—1562) (Reformationsgeschichtliche Studien und Texte, H. 82), Münster 1957, Nr. 1, S. 9—12.

Journalvermerk:

Schreiben des Bischofs wegen seiner Ernennung zum päpstlichen Gesandten in Wien und in Sachen des Konzils von Trient.

Ostpr. Fol. 14320, Bl. 81 r. und v.

Nr. 1505

1560 August 5, Wien

Bischof Stanislaus von Ermland, päpstlicher Gesandter an den Kaiser, an Herzogin Anna Maria:

Dank für die freundlichen Äußerungen der Herzogin über ihn gegenüber dem kürzlich in Königsberg weilenden Seeburger Hauptmann Niclas Plotowsky; Übersendung eines Buches in deutscher Sprache, das nicht ein augsburgisches, lutherisches, zwinglianisches, wiedertäuferisches, württembergisches, schwenkfeldisches oder picardisches, sondern ein allgemein christliches, seit 1500 Jahren in der christlichen Kirche anerkanntes Bekenntnis enthält.

Behändigte Ausfertigung
1 Bogen 22 x 31 cm, S. 1 beschrieben, Unterschrift des Bischofs, S. 4 Außenadresse, Inhalts- und Kanzleivermerk.
Siegel des Bischofs
HBA C 1 Nr. 1505. — Altsignatur: 1/11/234; K. 472.
Druck: Wermter (wie Nr. 1504), Nr. 2, S. 13—14.

Journalvermerk:

Schreiben des Bischofs an Anna Maria mit Übersendung einer Schrift, die nicht lutherisch oder zwinglianisch ist.

Ostpr. Fol. 14320, Bl. 81 v.

Nr. 1506

1560 August 20 [Königsberg]

Herzog Albrecht an Eustachius von Knobelsdorff, Statthalter zu Heilsberg:

Klage des herzoglichen Untertans Peter Neumann über die ihm und seiner Frau vom Gericht der Stadt Rössel unverschuldet zugefügte peinliche Tortur; daraufhin Wegzug [Neumanns] nach Königsberg; Schmälerung seiner Ehre und Beeinträchtigung seiner Gesundheit durch diesen Gewaltakt; Bitte des Herzogs an den Statthalter, dem Supplikanten gegenüber dem Gericht in [Rössel] zum Recht zu verhelfen.

Konzept
1 Bogen 24 x 30 cm, S. 1—3 beschrieben, S. 4 Empfänger-, Datums- und Registraturvermerk.
HBA C 1 Nr. 1506. — Altsignatur fehlt; K. 1213.
Reinkopie: Ostpr. Fol. 71, S. 797—800.

Nr. 1507

1560 August 21 [Königsberg]

Herzog Albrecht an Eustachius von Knobelsdorff, Statthalter zu Heilsberg:

Übersendung der Supplik der Hospitalverwalter zu Schippenbeil; nach dem am 7. Mai [1560] auf Grundlage von Berichten der Hospitalverwalter und der Vormünder gefällten Spruch des Herzogs sollte der Nachlaß eines gebrechlichen Mannes, der sich 22 Jahre im [Schippenbeiler] Hospital aufgehalten hat, diesem zufließen; Zusage des Rösseler Rates und der Angehörigen des Erblassers, dessen Nachlaß an das [Schippenbeiler] Hospital auszufolgen; dennoch Beschlagnahme des Nachlasses durch den ältesten Kämmerer und einen Rösseler Bürger in ihrer Eigenschaft als Testamentsvollstrecker mit der Absicht, diesen an das Spital in Rössel zu übergeben; Bitte an den Statthalter, die Rösseler zur unverzüglichen Abgabe des Nachlasses an das [Schippenbeiler] Hospital zu veranlassen.

Konzept
1 Bogen 24 x 36 cm, S. 1—2 beschrieben, S. 4 Empfänger-, Datums- und Registraturvermerk.
HBA C 1 Nr. 1507. — Altsignatur fehlt; K. 1213.
Reinkopie: Ostpr. Fol. 71, S. 801—802.

Nr. 1508

1560 September 24 [Königsberg]

Herzog Albrecht an das Domkapitel zu Frauenburg:

Beschwerde des herzoglichen Untertans Lorentz Bartsch über die ihm trotz mehrfachen Begehrens vom Frauenburger Domkapitel verweigerte Herausgabe eines Gutes; Bitte an das Kapitel, dem Bartsch unverzüglich zu seinem Recht zu verhelfen.

Konzept
1 Bogen Folio, S. 1—2 beschrieben, S. 4 Empfänger-, Datums- und Registraturvermerk.
HBA C 1 Nr. 1508. — Altsignatur fehlt; K. 1213.
Reinkopie: Ostpr. Fol. 71, S. 821—823.

Nr. 1509

1560 September 27, Heilsberg

Eustachius von Knobelsdorff, Kustos und Domherr zu Frauenburg, Statthalter des Bistums Ermland, an Herzog Albrecht:

Übersendung zweier Schreiben und zweier Ausgaben der Confessio, die ihm [Hosius] in Wien mitgegeben hat; die lateinische Version soll der Herzog und die deutsche dessen Gemahlin Anna Maria erhalten; der Sendung ist ein weiteres Buch beigefügt, das [Knobelsdorff] von Sigismund von Herberstein zwecks Weiterleitung an den Herzog erhalten hat.

Behändigte Ausfertigung
1 Bogen Folio, S. 1 beschrieben, Unterschrift des Statthalters, S. 4 Außenadresse, Inhalts- und Kanzleivermerk.
Siegel des Statthalters
HBA C 1 Nr. 1509. — Altsignatur: 1/11/238; K. 472.
Druck: Wermter (wie Nr. 1504), Nr. 3, S. 14—15.

Journalvermerk:

Weiterleitung von Schreiben und Büchern des Bischofs und von Sigismund von Herberstein durch [Knobelsdorff] an den Herzog.

Ostpr. Fol. 14320, Bl. 81 v.

Nr. 1510

1560 September 29 [Königsberg]

Herzog Albrecht an Bischof Stanislaus von Ermland:

Erneute Versicherung seines freundnachbarlichen Verhaltens gegen die Amtleute und Untertanen des Bischofs; Glückwünsche anläßlich der Absendung des [Hosius] als

Legat des Papstes Pius IV. an den kaiserlichen Hof zum Nutzen der Deutschen Nation und der Christenheit; Dank für die übersandte Confessio und Absicht, diese zu lesen; Bitte um weitere Mitteilung wissenswerter Vorfälle und um Empfehlung seiner Person und seiner Angelegenheiten bei dem Kaiser.

Konzept
2 Bogen Folio, S. 1—6 beschrieben, S. 8 Empfänger-, Datums- und Registraturvermerk.
HBA C 1 Nr. 1510. — Altsignatur fehlt; K. 1213.
Reinkopie: Ostpr. Fol. 71, S. 827—832.
Druck: Wermter (wie Nr. 1504), Nr.4, S. 15—18.

Nr. 1511

1560 September 29 [Königsberg]

Herzog Albrecht an Eustachius von Knobelsdorff, Statthalter zu Heilsberg:

Freude über die glückliche Heimkehr des Statthalters von dessen Besuch beim Bischof; Dank für die zugeschickten Briefe und Bücher; Bitte um Weiterleitung seines und seiner Gemahlin Antwortschreiben an den Bischof.

Konzept
1 Bogen Folio, S. 1—2 beschrieben, S. 4 Empfänger-, Datums- und Registraturvermerk.
HBA C 1 Nr. 1511. — Altsignatur fehlt; K. 1213.
Reinkopie: Ostpr. Fol. 71, S. 833—834.

Nr. 1512

1560 September 29 [Königsberg]

Herzogin Anna Maria an Bischof Stanislaus von Ermland:

Empfang des bischöflichen Schreibens vom 5. August mit dem Dank für ihre Äußerungen gegenüber dem Seeburger Hauptmann Niclas Plotowsky; Versicherung ihres freundnachbarlichen Verhaltens gegenüber dem Bischof, das auch ihr Gemahl praktiziert; Absicht zur Lektüre der ihr übersandten Confessio; Segenswünsche für die weiteren Vorhaben des Bischofs.

Konzept
2 Bogen Folio, S. 1—5 beschrieben, S. 8 Empfänger-, Datums- und Registraturvermerk.
HBA C 1 Nr. 1512. — Altsignatur fehlt; K. 1213.
Druck: Wermter (wie Nr. 1504), Nr. 5, S. 18—19.

Nr. 1513

1560 September 29, Frauenburg

Prälaten, Domherren und Kapitel der Kirche Ermland an Herzog Albrecht:

Befehl an den zuständigen Landpropst von Mehlsack, die Sache des Lorentz Bartsch rechtlich zu entscheiden; keine Appellation des Klägers an das Kapitel; wegen erneuter Beschwerde des Lorentz [Bartsch] Ansetzung eines neuen Verhandlungstermins auf dem nächsten Landding zu Mehlsack am Sonntag nach Francisci (6. Oktober) mit der Möglichkeit zur Appellation an das Kapitel.

Behändigte Ausfertigung
1 Bogen Folio, S. 1—2 beschrieben, S. 4 Außenadresse, Inhalts- und Kanzleivermerk.
Siegel der Aussteller
HBA C 1 Nr. 1513. — Altsignatur: 1/11/236; K. 472.

Journalvermerk:

Ansetzung eines neuen Verhandlungstermins für Lorentz Bartsch am Sonntag nach Francisci in Mehlsack.

Ostpr. Fol. 14320, Bl. 81 v.

Nr. 1514

1560 Oktober 4 [Königsberg]

Herzog Albrecht an das Kapitel zu Frauenburg:

Dank für die Bereitschaft des Kapitels zur Ansetzung eines neuen Verhandlungstages für Lorentz Bartsch am Sonntag nach Francisci (6. Oktober) in Mehlsack; das Kapitel soll mit dem Landpropst zu Mehlsack die Sache durch gütliche Mittel ohne ordentlichen Rechtsgang entscheiden, um Bartsch einen langwierigen und kostspieligen Prozeß zu ersparen.

Konzept
1 Blatt Folio, S. 1—2 beschrieben, S. 2 Empfänger-, Datums- und Registraturvermerk.
HBA C 1 Nr. 1514. — Altsignatur fehlt; K. 1213.
Reinkopie: Ostpr. Fol. 71, S. 834—836.

Nr. 1515

1560 Oktober 7, Frauenburg

Prälaten, Domherren und Kapitel der Kirche Ermland an Herzog Albrecht:

Empfang von Lorentz Bartsch betreffenden Briefen und deren Weiterleitung an den Landpropst zu Mehlsack mit dem Ersuchen um unverzügliche Rechtsgewährung an

Bartsch am angesetzten Termin oder bei dessen Nichteinhaltung auf dem nächsten Landding in der kommenden Fastenzeit; die Sache soll entweder „gütlich vertragen" oder durch rechtlichen Spruch entschieden werden.

Behändigte Ausfertigung
1 Bogen Folio, S. 1 beschrieben, Unterschrift der Aussteller, S. 4 Außenadresse, Inhaltsvermerk, Eingangsvermerk vom 10. Oktober 1560.
Siegel der Aussteller
HBA C 1 Nr. 1515. — Altsignatur: 1/11/237; K. 472.

Journalvermerk:

Schreiben des Kapitels wegen Entscheidung der Angelegenheit des Lorentz Bartsch.

Ostpr. Fol. 14320, Bl. 82 r.

Nr. 1516

1560 November 2 [Königsberg]

Statthalter und Räte zu Königsberg an Eustachius von Knobelsdorff, Statthalter zu Heilsberg:

Übersendung des Gesuchs eines Bürgers der Stadt Heiligenbeil mit der Bitte, diesem zur Erfüllung seiner Ansprüche gegenüber Casper Hannau zu verhelfen.

Konzept
1 Blatt Folio, S. 1 beschrieben, S. 2 Empfänger-, Datums- und Registraturvermerk.
HBA C 1 Nr. 1516. — Altsignatur fehlt; K. 1213.
Reinkopie: Ostpr. Fol. 71, 865—867.

Nr. 1517

1560 November 6 [Königsberg]

Herzog Albrecht an Eustachius von Knobelsdorff, Statthalter zu Heilsberg, (mutatis mutandis an Achatius von Zehmen und die Städte Danzig und Elbing):

Schreiben des Meisters zu Livland [Gotthard Kettler] über die Abdankung seines Kriegsvolks und dessen Abzug über Königsberg und Braunsberg.

Konzept
1 Bogen 18, 5 x 29, 5 cm, S. 1—3 beschrieben, S. 4 Empfänger-, Datums- und Registraturvermerk.
HBA C 1 Nr. 1517. — Altsignatur fehlt; K. 1213.
Reinkopie: Ostpr. Fol. 71, S. 867—868.

Nr. 1518

1560 November 20, Frauenburg

Eustachius von Knobelsdorff, Statthalter zu Heilsberg, an Statthalter und Räte zu Königsberg:

Empfang der Supplikation des Schotten Andres Koberzung aus Heiligenbeil; dessen Bitte um Rückgabe seiner 1559 im Allensteinschen konfiszierten Waren; wiederholte herzogliche Mandate über die verbotenen Käufe und Verkäufe auf dem Lande wegen Schädigung des Landmanns, der Oberherrschaft und der Krämer und Handwerker in den Städten durch den Ankauf von Rauch- und Fellwerk; Vorkaufsverbote im Bistum Ermland und im ganzen Königlichen Teil [Preußen]; nicht Andres Koberzung, sondern zwei andere Schotten, die in Dörfern des Allensteiner Gebiets Waren von Haus zu Haus verkauft haben, sind vom Frauenburger Domherrn und Allensteiner Landpropst Caspar Hannau beim Verkauf etlicher Krämerei oder Spezerei an den Schulzen von Rosengarten ertappt und in das Schloß überführt worden, wo ihre Wagen, Pferde und ihre sämtlichen Waren, darunter Ziegen- und Schaffelle, beschlagnahmt wurden; Bestrafung dieser Übeltäter zur Abschreckung anderer.

Behändigte Ausfertigung
1 Bogen Folio, S. 1—2 beschrieben, Unterschrift des Statthalters, S. 4 Außenadresse, Inhalts- und Kanzleivermerk.
Siegel des Statthalters
HBA C 1 Nr. 1518. — Altsignatur: 1/11/239; K. 472.

Journalvermerk:

Schreiben des Statthalters wegen des Andres Koberzung und anderer Schotten.

Ostpr. Fol. 14320, Bl. 82 r.

Nr. 1519

1560 November 21 [Königsberg]

Herzog Albrecht an Eustachius von Knobelsdorff, Statthalter des Bistums Ermland:

Übersendung der Supplik eines Bürgers aus Bartenstein mit der Bitte um Erfüllung von dessen rechtmäßigen Erbansprüchen.

Konzept
1 Blatt Folio, S. 1 beschrieben, S. 2 Empfänger-, Datums- und Registraturvermerk.
HBA C 1 Nr. 1519. — Altsignatur fehlt; K. 1213.
Reinkopie: Ostpr. Fol. 71, S. 875.

Nr. 1520

1560 November 23 [Königsberg]

Herzog Albrecht an Eustachius von Knobelsdorff, Statthalter des Bistums Ermland:

Zustimmung zu dem vorgeschlagenen Termin für den Grenztag; Bereitschaft zur Absendung seiner Bevollmächtigten, die mit den königlichen Kommissarien die Besichtigung vornehmen sollen; keine sichere Kenntnis vom Abschluß eines Friedens und Anstands zwischen dem polnischen König und den Landen Livland einer- und den Moskowitern andererseits; Erlaubnis zum Durchzug des abgedankten Kriegsvolks des Meisters [Gotthard Kettler] durch sein Land, damit es nicht den Moskowitern zuläuft; zur Verhinderung von Exzessen darf es nur in kleinen Gruppen von sieben bis acht Mann durch das Fürstentum [Preußen] ziehen und dort beherbergt werden; Schädigungen der herzoglichen Untertanen sollen auch durch die Aufstellung von Straßenstreifen verhindert werden.

Konzept
2 Bogen Folio, S. 3—6 beschrieben, S. 8 Empfänger-, Datums- und Registraturvermerk.
HBA C 1 Nr. 1520. — Altsignatur fehlt; K. 1213.
Reinkopie: Ostpr. Fol. 71, S. 875—877.

Nr. 1521

1560 Dezember 21 [Königsberg]

Herzog Albrecht an Eustachius von Knobelsdorff, Statthalter zu Heilsberg:

Beschwerde des Christof Wantkowski über den Burggrafen von Rössel und andere; Wegnahme etlicher bezahlter Tonnen Asche, Fällung mehrerer Eichen innerhalb seiner Grenzen und Mitnahme von Honig auf das Schloß Rössel; Wegnahme von Äxten der Leute aus dem Dorf Bothen (Bothau) im Gebiet Seehesten durch den Schloßschützen von Rössel innerhalb der Grenzen von Bansen; der Schloßkeiper [Fischmeister] Thomas hat den Untertanen [Wantkowskis] aus Bansen auf freier Straße ihre Habe abgenommen und sie in den Stock gesetzt; trotz Ansetzung eines Rechtstages und wiederholter Klagen hat [Wantkowski] bisher sein Recht nicht erhalten; Bitte an den Statthalter, dem Supplikanten das Seinige zu erstatten und ihn klaglos zu machen.

Konzept
1 Bogen Folio, S. 1—2 beschrieben, S. 4 Empfänger-, Datums- und Registraturvermerk.
HBA C 1 Nr. 1521. — Altsignatur fehlt; K. 1213.
Reinkopie: Ostpr. Fol. 71, S. 891—893.

Nr. 1522

1561 Januar 7, Königsberg

Herzog Albrecht an Eustachius von Knobelsdorff, Statthalter des Bistums Ermland:

Bezug auf sein Schreiben wegen Melchior von Lesgewang, der etliche Hufen von Michel von Rössen käuflich erworben hat; Klage [Lesgewangs] über die ihm von [Knobelsdorff] bereiteten Hindernisse; nach Ansicht des Herzogs haben [Knobelsdorff] und dessen Verwandte die Hufen nicht in erblichem Besitz, weil es sich dabei um ein kölmisches Gut handelt; es ist schwerlich nachzuvollziehen, daß der Adel mit weniger Rechten und Freiheiten als der einfache Kölmer begnadigt sein soll; erneute Bitte um Zustimmung [Knobelsdorffs] zu diesem Kauf, weil der Adel der ganzen Lande Preußen untereinander um kölmische Güter frei handeln könne; Vorkaufsrecht von Blutsverwandten gegenüber Fremden.

Reinkopie
Ostpr. Fol. 71, S. 920—924.

Nr. 1523

1561 Januar 14, Heilsberg

Eustachius von Knobelsdorff, Kustos und Domherr zu Frauenburg, Statthalter des Bistums Ermland, an Herzog Albrecht:

Erneute Erwähnung der vor zwei Jahren dem Herzog übermittelten Gründe für sein Verhalten in der Sache des Melchior Lesgewang; keine Bereitschaft, einen Hufenkauf zwischen [Lesgewang] und Michel von Rössen im Dorf Grünau des Heilsberger Kammeramts zuzulassen; Bitte um Verständnis, daß er in Abwesenheit des Bischofs den Verkauf von Gütern, worüber keine Verschreibungen oder Privilegien existieren, nicht gestatten kann; auch der Herzog würde in seinem Fürstentum ein solches Verfahren, das die Rechte seiner Obrigkeit schmälere, nicht dulden; [Knobelsdorff] will die Entscheidung in dieser Angelegenheit bis zur Rückkehr des Bischofs verschieben; sollte dieser die besagten Hufen [Lesgewang] zusprechen, will sich [Knobelsdorff] fügen; kein eigennütziges Verhalten des Statthalters in dieser Sache; er hat durch die von Lehndorff dem Lesgewang seine Bereitschaft zu einer freundlichen Beredung des Falles übermitteln lassen.

Behändigte Ausfertigung
1 Bogen Folio, S. 1—2 beschrieben, Unterschrift des Statthalters, S. 4 Außenadresse, Inhalts- und Kanzleivermerk.
Siegel des Statthalters
HBA C 1 Nr. 1523. — Altsignatur: 1/11/149; K. 473.

Journalvermerk:

Schreiben Knobelsdorffs wegen des Hufenkaufs Melchiors von Lesgewang in Grünau.

Ostpr. Fol. 14320, Bl. 83 r.

Nr. 1524

1561 Januar 23 [Königsberg]

Herzog Albrecht an Eustachius von Knobelsdorff, Statthalter des Bistums Ermland: Bitte um Überlassung eines kalkunischen Hahns, der sonst in der Nähe nicht zu bekommen ist.

Reinkopie
Ostpr. Fol. 71, S. 935—936.

Nr. 1525

1561 Januar 24, Königsberg

Herzog Albrecht an Eustachius von Knobelsdorff, Statthalter zu Heilsberg, und mutatis mutandis an die Städte Elbing und Braunsberg:

Im vergangenen Jahr ist auf Bitten der Bürgermeister und Räte der drei Städte Königsberg mit dem notwendigen und nützlichen Bau am Lochstädter Tief begonnen worden; Fortsetzung des Vorhabens im kommenden Sommer, das nicht nur den herzoglichen Untertanen, sondern auch denen der benachbarten Lande zum Vorteil gereicht; Ersuchen an die Adressaten, sich an diesem Bau mit der Lieferung von Strauch und Pfahlholz sowie mit der Bereitstellung finanzieller Mittel zu beteiligen, weil diese vom Herzogtum allein nicht aufgebracht werden können.

Reinkopie
Ostpr. Fol. 71, S. 936—939.

Nr. 1526

1561 Januar 25, Königsberg

Herzog Albrecht an Eustachius von Knobelsdorff, Statthalter zu Heilsberg:

Bitte an den Statthalter, dem Königsberger Bürger Paul Kunigke zur Erfüllung seiner rechtmäßigen Forderungen zu verhelfen.

Reinkopie
Ostpr. Fol. 71, S. 939—940.

Nr. 1527

1561 Januar 26, Königsberg

Herzog Albrecht an Eustachius von Knobelsdorff, Statthalter zu Heilsberg:

Bitte um Veranlassung des Bischofsteiner Bürgers Valten Thile zur Begleichung seiner ausstehenden Schulden an den Kneiphofer Bürger Hans Nimptsch.

Reinkopie
Ostpr. Fol. 71, S. 940—941.

Nr. 1528

1561 Januar 26, Königsberg

Herzog Albrecht an Eustachius von Knobelsdorff, Statthalter zu Heilsberg:

Bitte um Übersendung einer oder zweier Tonnen des in Heilsberg gebrauten Weißbiers gegen gebührende Bezahlung.

Reinkopie
Ostpr. Fol. 71, S. 941—942.

Nr. 1529

1561 Januar 30, Königsberg

Herzog Albrecht an Eustachius von Knobelsdorff, Statthalter zu Heilsberg:

Empfang zweier kalkunischer Hähne und der Supplikation des Erhart von Janosicz; Bereitschaft zur Entscheidung der Sache des Janosicz, sobald er kräftemäßig zur Abhörung gerichtlicher Händel fähig sein wird.

Reinkopie
Ostpr. Fol. 71, S. 943—944.

Nr. 1530

1561 Januar 31, Heilsberg

Eustachius von Knobelsdorff, Kustos und Domherr zu Frauenburg, Statthalter des Bistums Ermland, an Herzog Albrecht:

Übersendung von zwei Tonnen des besten auf dem bischöflichen Hause vorhandenen Weißbiers an den Herzog durch eigenen Boten und Bereitschaft, weiteres Bier auf Ersuchen des Herzogs zu liefern.

Behändigte Ausfertigung
1 Bogen Folio, S. 1 beschrieben, Unterschrift des Statthalters, S. 4 Außenadresse, Inhalts- und Kanzleivermerk.
Siegel des Statthalters
HBA C 1 Nr. 1530. — Altsignatur: 1/11/150; K. 473.

Journalvermerk:

Übersendung von Weißbier an den Herzog und Bereitschaft, weiteres Bier an den Herzog zu liefern.

Ostpr. Fol. 14320, Bl. 83 r.

Nr. 1531

1561 Februar 12, Königsberg

Herzog Albrecht an Eustachius von Knobelsdorff, Statthalter zu Heilsberg:

Klage des Stuhmschen Landrichters Hans Rabe über die Einfälle der ehemaligen Landpröpste und jetzigen Vorsteher zu Allenstein in seine dort gelegenen Güter; Einfall des Allensteiner Burggrafen Peter Pfaff in Klaukendorf und Wegführung des Viehs bis auf zwei alte Pferde und der gesamten Habe des dortigen verstorbenen Pfarrers; Einsetzung eines neuen Pfarrers ohne Wissen [Rabes]; Binden seines Sohnes und gefängliche Inhaftierung der Diener [Rabes] ohne rechtliche Begründung; den Suppliken [Rabes] hat bisher weder der bischöfliche Statthalter noch das Domkapitel entsprochen; Absicht des Herzogs, die Angelegenheit gütlich zu klären, und Abhaltung [Rabes] von einer Klage beim königlichen Hof, um Weiterungen zu vermeiden; Bitte an den Statthalter um Förderung der Angelegenheit.

Reinkopie
Ostpr. Fol. 71, S. 947—950.

Nr. 1532

1561 Februar 18, Königsberg

Herzog Albrecht an das Kapitel zu Frauenburg:

Bezug auf seine wiederholten Fürbitten in der Angelegenheit des Lorentz Bartsch, die bisher unbeantwortet geblieben sind; erneutes Ersuchen an das Kapitel, zusammen mit dem Mehlsacker Landpropst die Sache durch gütliche Mittel ohne Rechtsgang rasch zu entscheiden.

Reinkopie
Ostpr. Fol. 71, S. 950—952.

Nr. 1533

1561 Februar 20 [Königsberg]

Herzog Albrecht an das Kapitel zu Frauenburg:

Fürbitte für den Kneiphofer Bürger Tiburtius Teichmann wegen Anerkennung von dessen Ansprüchen, soweit sie zu Recht bestehen, auf das Schulzenamt in Steinpotten (Steinbotten).

Konzept
1 Blatt Folio, S. 1—2 beschrieben, S. 2 Außenadresse.
HBA C 1 Nr. 1533. — Altsignatur fehlt; K. 1214.
Reinkopie: Ostpr. Fol. 71, S. 953—954.

Nr. 1534

1561 März 3, Königsberg

Herzog Albrecht an Eustachius von Knobelsdorff, Statthalter zu Heilsberg:

Hinweis auf die Klage des Hirschfelder Pfarrers Ambrosius Melhorn über den Guttstadter Bürger Hieronimus Carioth; Bitte um Förderung der Angelegenheit des [Melhorn] und um Freigabe seiner Pferde und anderen Habe.

Reinkopie
Ostpr. Fol. 71, S. 965.

Nr. 1535

1561 März 12, Heilsberg

Eustachius von Knobelsdorff, Kustos und Domherr zu Frauenburg, Statthalter des Bistums Ermland, an Herzog Albrecht:

Ansetzung eines Rechtstages vor dem Herzog in der Streitsache zwischen Lucas und George von Knobelsdorff einer- und deren Vetter Felix von Knobelsdorff andererseits wegen eines Gutes; Bereitschaft des Statthalters, den Streit zwischen seinen Vettern gütlich zu vergleichen, wofür er einen Termin nach den heiligen Pfingstfeiertagen anberaumen will; Anzeige seines am folgenden Tag beabsichtigten Aufbruchs nach Brathian, um den dortigen „Grenzhandel" zu verrichten.

Behändigte Ausfertigung
1 Bogen Folio, S. 1 beschrieben, Unterschrift des Statthalters, S. 4 Außenadresse, Inhalts- und Kanzleivermerk.
Siegel des Statthalters
HBA C 1 Nr. 1535. — Altsignatur: 1/11/151; K. 473.

Journalvermerk:

Bereitschaft des Statthalters, den Streit zwischen seinen Vettern gütlich zu vergleichen.

Ostpr. Fol. 14320, Bl. 83 r.

Nr. 1536

1561 März 15 [Königsberg]

Herzog Albrecht an Eustachius von Knobelsdorff, Statthalter zu Heilsberg:

Zustimmung zu dessen Vorschlag, den Streit zwischen den Vettern Knobelsdorff ohne Prozeß gütlich zu vergleichen; Bitte an den Statthalter, die Entscheidung der Sache innerhalb von drei bis vier Wochen nach Ostern zu treffen.

Konzept
1 Blatt Folio, S. 1 beschrieben, S. 2 Empfänger- und Registraturvermerk.
HBA C 1 Nr. 1536. — Altsignatur fehlt; K. 1214.
Reinkopie: Ostpr. Fol. 71, S. 969—970.

Nr. 1537

1561 März 15, Schönberg

Bevollmächtigte des Herzogs an Eustachius von Knobelsdorff:

Anzeige ihrer Ankunft in [Schönberg] und der am kommenden Montag (17. März) vorzunehmenden Grenzbesichtigung zwischen Brathian und Schönberg; Bitte um Information, wann und wo sie den Statthalter und dessen Kommissarien erwarten können.

Konzept
1 Blatt Folio, S. 1 beschrieben, S. 2 Empfänger- und Registraturvermerk.
HBA C 1 Nr. 1537. — Altsignatur fehlt; K. 1214.
Reinkopie: Ostpr. Fol. 71, S. 982—983.

Nr. 1538

1561 März 15, Königsberg

Herzog Albrecht an Eustachius von Knobelsdorff, Statthalter zu Heilsberg:

Supplik der Bartensteiner Bürger George Werner und Leonhardt Öler wegen einer nach langwieriger Verhandlung vom Wartenburger Stadtgericht zu ihren Gunsten entschiedenen Erbfallsache; das hier gefällte Urteil ist in der Appellation vom Statthalter nicht anerkannt worden; Bitte um rechtliche Anerkennung der Ansprüche der Supplikanten.

Reinkopie
Ostpr. Fol. 71, S. 970—971.

Nr. 1539

1561 Mai 8, Königsberg

Herzog Albrecht an Eckert von Kempen:

Anzeige Absolon Reimans über eine dem Herzog von [Kempen] zu gewährende Anleihe in Höhe von 60 000 Talern; wegen des ausgebliebenen Berichts Reimans in dieser Sache Bitte um Mitteilung der Höhe zu leihenden Summe, damit die Gelder nicht so lange „stille liegen“; nach Abschluß der Handlung will der Herzog [Kempen] ein Amt zur Verpfändung vorschlagen.

Reinkopie
Ostpr. Fol. 71, S. 1006—1007.

Nr. 1540

1561 Mai 10, Heilsberg

Eustachius von Knobelsdorff, Kustos und Domherr zu Frauenburg, Statthalter des Bistums Ermland, an Herzog Albrecht:

Bezug auf die Klage der Bartensteiner Bürger George Werner und Leonhart Eler über sein in deren Streitsache mit den Untertanen Albrechts zu Eylenburg gefälltes Urteil wegen eines Erbfalls in Wartenburg; der Statthalter hat seine Entscheidung mit Hilfe der Rechtsverständigen „keinem teil zu liebe oder leide" getroffen, die der Herr von Eylenburg und seine Untertanen anerkannt haben; unsichere Rechtslage des Falles, weil der Erblasser seinen letzten Willen niemals vor seinen nächsten Blutsverwandten zum Ausdruck gebracht hat und sich alle Zeugen auf das „Hörensagen" berufen mußten; daher hat [Knobelsdorff] die Sache an den bischöflichen Fiskus weiterverwiesen; Einräumung einer ausreichenden Frist an die Parteien, sich zu diesem Erbfall verbindlich zu äußern.

Behändigte Ausfertigung
1 Bogen Folio, S. 1—2 beschrieben, Unterschrift des Statthalters, S. 4 Außenadresse, Inhalts- und Kanzleivermerk.
Siegel des Statthalters
HBA C 1 Nr. 1540. — Altsignatur: 1/11/148; K. 473.

Journalvermerk:

Schreiben des Statthalters wegen der Supplik zweier Bartensteiner Bürger und seiner in deren Erbfallsache getroffenen Entscheidung.

Ostpr. Fol. 14320, Bl. 83 v.

Nr. 1541

1561 Mai 18 [Königsberg]

Herzog Albrecht an Eustachius von Knobelsdorff, Statthalter zu Heilsberg:

Bezug auf die vom Statthalter getroffene Entscheidung wegen des vom Wartenburger Untergericht gefällten Urteils in der Erbfallsache der Bartensteiner Bürger [George Werner und Leonhart Elert]; der Statthalter fordert die Supplikanten zur nochmaligen Vorbringung ihrer Sache „binnen Jahr und Tag" auf; andernfalls wird das Erbe konfisziert; nach Ansicht des Herzogs haben sich die Petenten nach den Bestimmungen des Kulmer Rechts gerichtet und „untadelige" Zeugen gestellt; Bitte an [Knobelsdorff], den Bartensteiner Bürgern einen Termin bei dem Wartenburger Stadtgericht, wo die Sache hingehört, oder vor ihm selbst einzuräumen, damit sie zu ihrem Recht kommen.

Konzept
1 Bogen Folio, S. 1—3 beschrieben, S. 4 Empfänger-, Datums- und Registraturvermerk.
HBA C 1 Nr. 1541. — Altsignatur fehlt; K. 1214.
Reinkopie: Ostpr. Fol. 71, S. 1018—1021.

Nr. 1542

1561 Mai 19, Frauenburg

Eggert von Kempen an Herzog Albrecht:

Bereitschaft zur Gewährung einer Anleihe an den Herzog gegen die Verpfändung eines Amtes; Erwartung entsprechender Vorschläge seitens des Herzogs.

Behändigte Ausfertigung
1 Bogen Folio, S. 1 beschrieben, Unterschrift des Ausstellers, S. 4 Außenadresse, Inhalts- und Kanzleivermerk.
Siegelreste
HBA C 1 Nr. 1542. — Altsignatur: 3/28/140; K. 473.

Journalvermerk:

Schreiben Eggerts von Kempen wegen einer Anleihe an den Herzog gegen die Verpfändung eines Amtes.

Ostpr. Fol. 14320, Bl. 83 v.

Nr. 1543

1561 Mai 20, Königsberg

Herzog Albrecht an Eckert von Kempen:

Abfertigung des Obersten Burggrafen zu Königsberg, Christoff von Kreytzen, an [Kempen], der als herzoglicher Bevollmächtigter die besagte Anleihesache besprechen soll.

Reinkopie
Ostpr. Fol. 71, S. 1024—1025.

Nr. 1544

1561 Mai 28 [Königsberg]

Herzog Albrecht an Eustachius von Knobelsdorff, Statthalter zu Heilsberg:

Erneute Erinnerung an sein bisher unbeantwortetes Schreiben in der Angelegenheit des Christoff Wantkowski; Bitte um Anberaumung eines Tages für diesen zur Behebung der Grenzstreitigkeiten.

Konzept
1 Bogen Folio, S. 1 beschrieben, S. 4 Empfänger-, Datums- und Registraturvermerk.
HBA C 1 Nr. 1544. — Altsignatur fehlt; K. 1214.
Reinkopie: Ostpr. Fol. 71, S. 1032—1034.

Nr. 1545

1561 Mai 29, Mehlsack

Eustachius von Knobelsdorff an Herzog Albrecht:

Empfang des herzoglichen Schreibens wegen eines flüchtigen Türken; Befehl an alle bischöflichen Ämter, nach diesem zu fahnden; Absicht zur entsprechenden Unterrichtung des Kapitels in Frauenburg, damit dieses gleichfalls Nachforschungen anstellen kann.

Behändigte Ausfertigung
1 Bogen Folio, S. 1 beschrieben, Unterschrift des Statthalters, S. 4 Außenadresse, Inhalts- und Kanzleivermerk.
Siegel des Statthalters
HBA C 1 Nr. 1545. — Altsignatur: 1/11/131; K. 473.

Journalvermerk:

Schreiben des Statthalters wegen der Verfolgung eines flüchtigen Türken.

Ostpr. Fol. 14320, Bl. 83 v.

Nr. 1546

1561 Juni 11, Heilsberg

Eustachius von Knobelsdorff, Kustos und Domherr zu Frauenburg, Statthalter des Bistums Ermland, an Herzog Albrecht:

Christoff von Wantkaw hat sein Schreiben durch einen Bauern dem Statthalter übergeben lassen; Wantkaw hat den Fortgang seiner Angelegenheit dadurch gehindert, daß er dem Ersuchen [Knobelsdorffs], zwecks Beredung der Sache persönlich vor ihm zu erscheinen, nicht nachgekommen ist; Mißfallen über dessen Klageerhebung beim Herzog, weil ihm das Recht nicht verweigert worden sei; Weisung an den Amtmann zu Rössel, die einbehaltene Asche wieder an [Wantkaw] ausfolgen zu lassen; der Honig aus dem Gut Bansen steht den ermländischen Bischöfen zu; Bestrafung des Schloßfischmeisters wegen seiner an Wantkaws Untertanen aus Bansen verübten Exzesse mit dreiwöchigem harten Gefängnis; obwohl Wantkaw niemals sein Recht versagt worden ist, hat er bischöfliche Untertanen, als sie Holz zum Bau des Schlosses Rössel führen wollten, mit Büchsen überfallen, ihre Pferde ausspannen und diese zu seinem Hof bringen lassen; daher ist er [Knobelsdorff] eher als Wantkaw zur Klage berechtigt; Bitte um Unterrichtung, wie er sich in dieser Sache verhalten solle.

Behändigte Ausfertigung
1 Bogen 21, 5 x 30 cm, S. 1—3 beschrieben, Unterschrift des Statthalters, S. 4 Außenadresse, Inhalts- und Kanzleivermerk.
Siegel des Statthalters
HBA C 1 Nr. 1546. — Altsignatur: 1/11/147; K. 473.

Journalvermerk:

Schreiben des Statthalters wegen der Beschwerden Christoff Wantkaws.

Ostpr. Fol. 14320, Bl. 83 v.

Nr. 1547

1561 Juni 21, Wien

Bischof Stanislaus von Ermland an Herzog Albrecht:

Bitte um wohlwollende Aufnahme des päpstlichen Gesandten Franciscus Canobius, der an den Hof des Großfürsten [Zar Ivan IV.] zu Moskau weiterreisen will, um diesen zur Absendung seines Gesandten auf das allgemeine Konzil in [Trient] zu ermahnen, damit alle Spaltungen des Glaubens beseitigt und die Einigkeit der ganzen Christenheit wiederhergestellt werden kann; denn es heißt „catholica fides, catholica ecclesia, nicht germana, polona oder lituana"; eindringliche Bitte an den Herzog, selbst Gesandte nach Trient zu schicken, damit jedermann die christliche Einstellung des preußischen Fürsten spüre.

Behändigte Ausfertigung
1 Bogen Folio, S. 1—3 beschrieben, Unterschrift des Bischofs, S. 4 Außenadresse, Inhalts- und Kanzleivermerk.
Siegel des Bischofs
HBA C 1 Nr. 1547. — Altsignatur: 1/11/139; K. 473.
Druck: Wermter (wie Nr. 1504), Nr. 6, S. 19—21.

Journalvermerk:

Empfehlungsschreiben des Bischofs für den nach Moskau weiterreisenden päpstlichen Gesandten.

Ostpr. Fol. 14320, Bl. 85 r.

Nr. 1548

1561 Juni 27, Königsberg

Herzog Albrecht an Eustachius von Knobelsdorff:

Nach dem Bericht der von der Grenzbesichtigung zwischen Brathian und Schönberg bzw. Deutsch Eylau zurückgekehrten herzoglichen Bevollmächtigten hat sich der Statthalter geweigert, wegen des Sees Traupell und anderer Injuriensachen eine Entscheidung zu treffen, und die Angelegenheiten an die Königliche Majestät remittiert; eine solche Remission widerspricht den geltenden Verträgen; der Herzog mußte daher gleichfalls an den König appellieren, der einen Grenztag am 9. September angesetzt hat; Bitte an [Knobelsdorff], seine Kommissarien zu diesem Termin abzufertigen und den Kulmer Woiwoden [Jan Działyński] entsprechend zu unterrichten.

Reinkopie
Ostpr. Fol. 71, S. 1045—1047.

Nr. 1549

1561 Juni 27, Heilsberg

Eustachius von Knobelsdorff, Kustos und Domherr zu Frauenburg, Statthalter des Bistums Ermland, an Christoff von Kreytzen, Obersten Burggrafen zu Königsberg:

Klage eines bischöflichen Untertans über Marx Teichmann, der seine Schwester entjungfert habe und nach Königsberg entwichen sei; obwohl [Teichmann] seiner Schwester vor dem Bürgermeister im Beisein etlicher Leute ein Eheversprechen gegeben und die Ehe auch vollzogen habe, sei er wortbrüchig geworden; Flucht [Teichmanns] in das Werder; vergebliches Ersuchen an den [Danziger Kastellan Jan] Kostka, den Übeltäter auszuliefern; erneute Flucht [Teichmanns] ins Herzogtum, wo er eine andere Frau heiratet und sich im Dorfe Sperwitten niederläßt; Bitte um Verfolgung des Bigamisten, der zur Rückkehr zu seiner ersten ihm rechtmäßig angetrauten Frau veranlaßt werden soll.

Behändigte Ausfertigung
1 Bogen 21 x 30 cm, S. 1—2 beschrieben, Unterschrift des Statthalters, S. 4 Außenadresse, Inhalts- und Kanzleivermerk.
Siegel des Statthalters
HBA C 1 Nr. 1549. — Altsignatur: 1/11/132; K. 473.

Journalvermerk:

Schreiben des Statthalters wegen des Bigamisten Marx Teichmann.

Ostpr. Fol. 14320, Bl. 84 r.

Nr. 1550

1561 Juli 1 [Königsberg]

Kanzler [Johann von Kreytzen] an Eustachius von Knobelsdorff, Statthalter zu Heilsberg:

Anzeige des Todes des ermländischen Stiftsvogtes Philipp Patrit, womit dessen Geschlecht ausgestorben ist; Hinterlassung seines Testaments, das am kommenden Freitag, dem 4. Juli, vollstreckt werden soll; weil dieses Testament Verfügungen „contra Ius Colmense" enthält, worüber sich die Erben beschweren, soll der Statthalter für die Einhaltung des Rechts sorgen, damit kein Erbe vor dem anderen bevorzugt und ein gütlicher Vergleich erzielt wird.

Konzept
1 Bogen Folio, S. 1—4 beschrieben.
HBA C 1 Nr. 1550. — Altsignatur fehlt; K. 1214.
Reinkopie: Ostpr. Fol. 71, S. 1062—1065.

Nr. 1551

1561 Juli 1 [Königsberg]

Herzogliche Räte zu Königsberg an Eustachius von Knobelsdorff, Statthalter zu Heilsberg:

Anzeige der Erben des verstorbenen Stiftsvogtes Philipp Patrit wegen dessen nachgelassenem Testament, das am kommenden Freitag (4. Juli) vollstreckt werden soll; deren Bitte um einen von den Räten zu benennenden Rechtsbeistand und um Einhaltung der Bestimmungen des Kulmer Rechts, damit keiner dem anderen vorgezogen werde; Berufung des herzoglichen Hofrats Friedrich von Aulack zu diesem Rechtsbeistand; Bitte an den Statthalter, den Erben nach den Vorschriften des Kulmer Rechts und den landesüblichen Gebräuchen zum Recht zu verhelfen.

Konzept
2 Bogen 21 x 30, 5 cm, S. 3—6 beschrieben, S. 8 Datums-, Empfänger- und Registraturvermerk.
HBA C 1 Nr. 1551. — Altsignatur fehlt; K. 1214.
Reinkopie: Ostpr. Fol. 71, S. 1051—1055.

Nr. 1552

1561 Juli 1, Königsberg

Herzogliche Räte zu Königsberg an die Testamentsvollstrecker des verstorbenen [Philipp] Patrit:

Berufung des Heilsberger Kanzlers, des Pfarrers zu Seeburg, Christoff Kunsecks, Georg Troschkes und des Kanzlers Johann Leoman, Domherrn zu Frauenburg, zu Testamentsvollstreckern des verstorbenen Patrit; Bitte an diese im Namen des abwesenden Herzogs, bei der Vollstreckung des Testaments am 4. Juli jedem der Erben gemäß den Bestimmungen des Kulmer Rechts zur Erfüllung ihrer Ansprüche zu verhelfen.

Reinkopie
Ostpr. Fol. 71, S. 1055—1058.

Nr. 1553

1561 Juli 1, Königsberg

Herzogliche Räte zu Königsberg im Namen des Marienburger Woiwoden [Achatius von Zehmen] an Eustachius von Knobelsdorff, Statthalter zu Heilsberg:

Bitte an den Statthalter, dem Untersassen und Diener [Zehmens], Lazarus Trangnitz, einem Miterben der Hinterlassenschaft [Philipp] Patrits, zur Erfüllung seiner berechtigten Ansprüche zu verhelfen.

Reinkopie
Ostpr. Fol. 71, S. 1058—1062.

Nr. 1554

1561 Juli 3, Schmolainen

Eustachius von Knobelsdorff an Herzog Albrecht:

Empfang des herzoglichen Schreibens mit den beiliegenden Mandaten und Kommissionen an den Kulmer Woiwoden [Jan Działyński]; Bereitschaft zur umgehenden Weiterleitung dieser königlichen Kommissionen, von denen eine für Petrus von Wojna [Wojanowski] bestimmt ist; Bitte um Verständnis für die Kürze seines Schreibens, weil er zu einer Reise aufbrechen will.

Behändigte Ausfertigung
1 Bogen Folio, S. 1 beschrieben, Unterschrift des Statthalters, S. 4 Außenadresse, Inhalts- und Kanzleivermerk.
Siegel des Statthalters
HBA C 1 Nr. 1554. — Altsignatur: 1/11/146; K. 473.

Journalvermerk:

Schreiben des Statthalters wegen der erhaltenen königlichen Kommissionen und Mandate und deren Weiterleitung.

Ostpr. Fol. 14320, Bl. 84 r.

Nr. 1555

1561 Juli 20 [Königsberg]

Herzogliche Räte an Eustachius von Knobelsdorff, Statthalter zu Heilsberg:

Beschwerde Henrichs von Hülsen und seiner Brüder über ihre widerrechtliche Inhaftierung durch die Rösseler; Bitte um Freilassung Hülsens, der ein Diener der Kurfürstin von Brandenburg [Hedwig, Tochter Sigismunds I. von Polen] sei, und um Ansetzung eines Rechtstages in dieser Sache.

Konzept
1 Bogen Folio, S. 1—3 beschrieben, S. 4 Empfänger-, Datums- und Registraturvermerk.
HBA C 1 Nr. 1555. — Altsignatur fehlt; K. 1214.
Reinkopie: Ostpr. Fol. 71; S. 1071—1074.

Nr. 1556

1561 Juli 23, Tilsit

Herzog Albrecht an das Kapitel zu Frauenburg:

Bitte um Konsens für die Eheschließung der Witwe des Georg Krebs zu [Preußisch] Holland mit dem Kapitelsuntertan Hans Rautenberg in Bludau.

Konzept
2 Bogen Folio, S. 3—6 beschrieben, S. 8 Empfänger-, Datums- und Registraturvermerk.
HBA C 1 Nr. 1556. — Altsignatur fehlt; K. 1214.
Reinkopie: Ostpr. Fol. 71, S. 1074—1077.

Nr. 1557

1561 Juli 23, Insterburg

Herzog Albrecht an Eustachius von Knobelsdorff:

Auf Bitten des Herzogs hat der polnische König [Knobelsdorff], Johann Plinienski und Felix von Alten mit der Regulierung der strittigen Grenze zwischen dem Königlichen Teil [Preußen] und einigen herzoglichen Ämtern beauftragt; Bitte um Berufung von Bevollmächtigten und um Benennung eines Tages, damit der Herzog die Seinigen dazu abfertigen kann.

Konzept
1 Bogen Folio, S. 1—2 beschrieben, S. 4 Empfänger-, Datums- und Registraturvermerk.
HBA C 1 Nr. 1557. — Altsignatur fehlt; K. 1214.
Reinkopie: Ostpr. Fol. 71, S. 1077—1079.

Nr. 1558

1561 Juli 31 [Königsberg]

Herzog Albrecht an den Landpropst von Allenstein [Jacob Zimmermann]:

Anzeige der Witwe Merten Lackens über die bisher nicht beglichene Schuldforderung ihres Ehemanns an den inzwischen verstorbenen Allensteiner Bürger Donat Sachs aus dem Jahre 1540 in Höhe von 137 Mark; Fürbitte für die Witwe, damit diese von den Erben des Sachs zufriedengestellt werden kann.

Konzept
1 Bogen Folio, S. 1—2 beschrieben, S. 4 Empfänger-, Datums- und Registraturvermerk.
HBA C 1 Nr. 1558. — Altsignatur fehlt; K. 1214.
Reinkopie: Ostpr. Fol. 71, S. 1086—1087.

Nr. 1559

1561 August 13, Frauenburg

Eustachius von Knobelsdorff, Kustos und Domherr zu Frauenburg, Statthalter des Bistums Ermland, an Herzog Albrecht:

Empfang einer königlichen Kommission wegen Vornahme einer Besichtung der Grenze zwischen Lauterburg und Strasburg einer- und Soldau und Gilgenburg andererseits; Ansetzung des Termins auf den 11. September, damit auf einer Reise die Brathiansche und Lauterburgische Grenzsache behandelt werden kann; Bereitschaft von Felix von Alten, trotz Abwesenheit des Hauptmanns von Schönsee in Wilna, an besagtem Tagungsort zu erscheinen; Befürchtung des Statthalters, wegen unterlassener Ladung des Principalis Michel nichts Fruchtbares bewirken zu können; wegen der Brathianschen Grenze wird der Woiwode an dem getroffenen Beschluß festhalten, daß beide Parteien ihre Akten zusammentragen und diese an den Statthalter nach Heilsberg senden sollen, von wo sie an den König weitergeleitet werden; bisher sind nur die Akten des Woiwoden in [Heilsberg] eingegangen; trotz dieser Diffikultäten will sich der Statthalter zu dem vereinbarten Grenztag einfinden; Hoffnung auf Ernennung eines anderen Gesandten anstelle des verstorbenen Achatius von Brandt.

Behändigte Ausfertigung
1 Bogen Folio, S. 1—2 beschrieben, Unterschrift des Statthalters, S. 4 Außenadresse, Inhalts- und Kanzleivermerk.
Siegel des Statthalters
HBA C 1 Nr. 1559. — Altsignatur: 1/11/140; K. 473.

Beilage

1561 März 18, Wonnau (Wonno):

Grenzverhandlung zwischen den Ämtern Brathian und Schönberg:

Verhör der Grenzirrung zwischen den genannten Ämtern durch die beiderseitigen Kommissarien; keine Möglichkeit einer Veränderung, weil es sich dabei um die Landesgrenze zwischen dem Königlichen Teil [Preußen] und dem Herzogtum handelt; Beschluß der Bevollmächtigten, die Sache an den König zu remittieren, wobei jede Seite verpflichtet ist, alles, was in Anbetracht des Sees [Traupel] vorgebracht werden kann, bis zum kommenden Tage Stanislai (8. Mai) an den Statthalter des Bistums Ermland zu schicken, damit die Angelegenheit auf der Tagfahrt gebührend behandelt werden kann.

1 Blatt 26 x 20 cm, S. 1 beschrieben.

Journalvermerk:

Schreiben des Statthalters wegen der vorzunehmenden Grenzordnung.

Ostpr. Fol. 14320, Bl. 85 v.

Nr. 1560

1561 August 16, Königsberg

Herzog Albrecht an Eustachius von Knobelsdorff:

Empfang des Schreibens vom 13. August wegen der Grenzirrung; Dank für die Bereitschaft des Statthalters, auf dem Grenztag am 9. September zu erscheinen und an der Regulierung der Lauterburgschen und Brathianschen Grenze mitzuwirken; Bemühung um eine königliche Kommission zwecks Berufung eines neuen Gesandten anstelle des verstorbenen Achatius von Brandt; Bitte an [Knobelsdorff], Michael Działyński als Prinzipal auf diesen Tag laden zu lassen; im Falle von dessen Verhinderung soll sein Bruder Raphael hinzugezogen werden.

Reinkopie
Ostpr. Fol. 71, S. 1089—1091.

Nr. 1561

1561 August 19, Heilsberg

Eustachius von Knobelsdorff, Statthalter zu Heilsberg, an den herzoglichen Kanzler Johann von Kreytzen:

Erinnerung an die mit Hilfe herzoglicher Untertanen aus dem Amt [Preußisch] Holland bewerkstelligte Flucht des Wolfsdorfer Pfarrers Valentinus Bloe; Ergreifung Bloes nach dessen Betreten des bischöflichen Territoriums; Drohungen des Burggrafen Achatius zu Dohna an den Frauenburger Domherrn und Dekan Eggert von Kempen zwecks Auslieferung des Bloe; dabei handelt es sich um eine die gültigen Verträge verletzende Nötigung; Hinweis auf die Beachtung der herzoglichen Jurisdiktion seitens des Bischofs; Bitte um die Abhaltung Dohnas von künftigen Drohworten, weil Bloe als ungehorsamer und entlaufener Pfarrer zu Recht im Bistum festgehalten wird.

Behändigte Ausfertigung
1 Bogen 21, 5 x 34 cm, S. 1—2 beschrieben, Unterschrift des Statthalters, S. 4 Außenadresse, Inhalts- und Kanzleivermerk.
Siegel des Statthalters
HBA C 1 Nr. 1561. — Altsignatur: 1/11/138; K. 473.

Beilage

1561 August 14, Mohrungen

Achatius zu Dohna an Eggert von Kempen:

Beschwerde über die gefängliche Inhaftierung seines Pfarrers zu Hermsdorf [Valentinus Bloe]; Forderung der Freilassung [Bloes], weil dieser einer Kirche auf seinen Erbgütern vorsteht; andernfalls will sich er und sein Bruder einen anderen Pfaffen von den nahegelegenen Orten Wusen oder Langwalde beschaffen; er [Dohna] wolle seinen Pfarrer [Bloe] wiederhaben, sonst wolle er einen anderen holen, „wo er kann".

1 Blatt 21, 5 x 34 cm, S. 1 beschrieben.

Journalvermerk:

Schreiben des Statthalters wegen der Drohungen des Burggrafen Achatius zu Dohna.

Ostpr. Fol. 14320, Bl. 84 r.

Nr. 1562

1561 August 19, Heilsberg

Eustachius von Knobelsdorff, Kustos und Domherr zu Frauenburg, Statthalter des Bistums Ermland, an Herzog Albrecht:

Gemäß dem Wunsch des Herzogs hat er den pommerellischen Unterkämmerer Michael Działyński auf den angesetzten Grenztag laden lassen; Befürchtung einer unterbleibenden Folgeleistung seines Mandats durch [Działyński], weil die von den anderen Kommissarien gesiegelte Zitation nicht in den Händen des Statthalters ist; Bereitschaft [Knobelsdorffs] zur weiteren Förderung des Grenzhandels.

Behändigte Ausfertigung
1 Bogen Folio, S. 1 beschrieben, Unterschrift des Statthalters, S. 4 Außenadresse, Inhalts- und Kanzleivermerk.
Siegel des Statthalters
HBA C 1 Nr. 1562. — Altsignatur: 1/11/133; K. 473.

Journalvermerk:

Schreiben Knobelsdorffs wegen der Grenzangelegenheit.

Ostpr. Fol. 14320, Bl. 84 r.

Nr. 1563

1561 September 1 [Königsberg]

Herzog Albrecht an Eustachius von Knobelsdorff, Statthalter zu Heilsberg:

Beschwerde des Mohrunger Burggrafen Achatius zu Dohna und des Hauptmanns zu Brandenburg, Anthonius von Borcke, über die Festnahme des Hermsdorfer Pfarrers

Valentinus Bloe in Damerau und dessen Überführung nach Mehlsack und Heilsberg; der Herzog verweist auf sein freundnachbarliches Verhalten gegenüber dem Bistum Ermland und dem Frauenburger Domkapitel; Ersuchen um Freilassung und Ausfolgung des Pfarrers [Bloe]; Bereitschaft, den Klägern gegen [Bloe] zu ihrem Recht zu verhelfen; Beschwerde über den Priester in Rössel, der den Pfarrer von Seehesten in der Kirche mutwillig „an den Hals geschlagen" und das Volk zu dessen Ergreifen ermuntert hat; Begehren an [Knobelsdorff], den Rösseler Priester für seinen Frevel gebührend zu bestrafen; Absicht des Herzogs, seiner „armen Geistlichkeit" den erforderlichen Schutz zu gewähren.

Konzept
1 Bogen Folio, S. 1—3 beschrieben.
HBA C 1 Nr. 1563. — Altsignatur fehlt; K. 1214.
Reinkopie: Ostpr. Fol. 14320, S. 1096—1099.

Nr. 1564

1561 September 1, Königsberg

Herzog Albrecht an Eustachius von Knobelsdorff, Statthalter zu Heilsberg:

Bezug auf das Herannahen des auf den 9. September angesetzten Tages in der Grenzsache zwischen Brathian einer- und den herzoglichen Ämtern Schönberg und Eylau andererseits; weil das königliche Mandat hinsichtlich der Berufung eines neuen Gesandten anstelle des verstorbenen Achatius von Brandt auf sich warten läßt, Bitte um Benennung eines anderen Grenztags nach der Michaelis-Tagfahrt und um entsprechende Unterrichtung des Kulmer Woiwoden [Jan Działyński] und der anderen königlichen Kommissarien.

Reinkopie
Ostpr. Fol. 71, S. 1102—1103.

Nr. 1565

1561 September 3, Heilsberg

Eustachius von Knobelsdorff, Kustos und Domherr zu Frauenburg, Statthalter des Bistums Ermland, an Herzog Albrecht:

Anwort auf die Beschwerden des Mohrunger Burggrafen Achatius zu Dohna und des Brandenburger Hauptmanns Anthonius von Borcke wegen Inhaftierung des Hermsdorfer Pfarrers Valentinus Bloe; Hoffnung, daß dadurch nicht das freundnachbarliche Verhältnis zwischen dem Herzogtum und Bistum beeinträchtigt wird; Hinweis auf das heimliche Entweichen Bloes trotz seiner Eidespflicht gegenüber dem Bischof und seiner eingegangenen Bürgschaft; [Knobelsdorff] hat den Bischof von diesem Fall unterrichtet; [Bloe] ist nicht als herzoglicher, sondern vielmehr als bischöflicher Untertan arretiert worden; Hinweis auf das hier im Bistum und Herzogtum in gleicher Weise praktizierte Verfahren; nicht zutreffende Behauptung, man wolle [Bloe] im Gefängnis verhungern lassen, obwohl dieser harte Strafe verdiene; trotz aller Bedenken will [Knobelsdorff] auf Wunsch des Herzogs [Bloe] aus dem Gefängnis entlassen; vom Vorfall in Rössel hat der Statthalter nur durch das Schreiben des Herzogs und in einer im Namen des Amtmanns von Seehesten erfolgten Anzeige Michael Isacks erfahren; der Seehestener Pfarrer soll während der Hl. Messe in die Kirche von Rössel gekommen sein und dem heiligen Evangelium und Sakrament keine Ehre erwiesen haben; der Pfarrer von Rössel habe ihn deshalb nicht als geistliche Person angesehen, sondern ihn vielmehr für einen Kürschner gehalten, der zuvor nicht häufig in der Kirche gesehen worden sei; er habe ihn „an den Hals gestoßen" und aus der Kirche führen lassen; man dürfe die Verspottung der christlichen Zeremonien in der katholischen Kirche nicht dulden, was auch dem armen einfältigen Laien Ärgernis bereite; im Ermland würden keine Neuerungen eingeführt, sondern die „traditiones Patrum nostrorum" bewahrt; Ermordung und Ausplünderung des Danziger Kaufmannsdieners Jacob Kresel durch sechs reisige, mit schwarzen braunschweigischen Mänteln bekleidete Personen zwei Meilen von Heilsberg entfernt auf der nach Wormditt führenden Straße; Bitte um Fahndung nach diesen Tätern in allen Ämtern des Herzogtums, damit sie ihrer gerechten Strafe nicht entgehen; man habe gewisse Kundschaft, daß sie dem Entleibten vom Herzogtum ins Bistum gefolgt und nach der Tat über die Passarge dorthin wieder zurückgekehrt seien.

Behändigte Ausfertigung
2 Bogen Folio, S. 1—5 beschrieben, Unterschrift des Statthalters, S. 8 Außenadresse, Inhalts- und Kanzleivermerk.
Siegel abgefallen
HBA C 1 Nr. 1565. — Altsignatur: 1/11/141; K. 473.

Beilage

[o. D. u. O.]

Beschreibung des am Mittwoch nach Bartholomaei (27. August) zwischen Freymarkt und Launau verübten Verbrechens:

Einer der Täter war untersetzt, mittelgroß und ohne Bart; er trug eine schwarze Kappe und einen schwarzen braunschweigischen Hut und ritt ein schwarzes Pferd; bei einem anderen handelte es sich um einen jungen Gesellen mit einem braunschweigischen Mantel, Hut und Stiefeln; u. a. haben die Täter mährische Tücher, holländische und flämische Leinwand, Safran, Ingwer, Muskat, Seide, Heringe und Wein erbeutet; der gesamte Verlust wurde auf 250 Gulden beziffert.

1 Blatt 21 x 28 cm, S. 1—2 beschrieben.

Journalvermerk:

Schreiben des Statthalters wegen des Valentinus Bloe und eines bei Heilsberg begangenen Mordes.

Ostpr. Fol. 14320, Bl. 84 v.

Nr. 1566

1561 September 3, Heilsberg

Eustachius von Knobelsdorff, Kustos und Domherr zu Frauenburg, Statthalter des Bistums Ermland, an Herzog Albrecht:

Keine Möglichkeit, dem herzoglichen Wunsch nach Verschiebung des Grenztages zu entsprechen, weil dieser auf einhelligen Beschluß auf den 9. September festgesetzt und im königlichen Mandat an den Woiwoden bestätigt worden ist; in der erneuerten Kommission wird der Hauptmann von Graudenz als vornehmer Commissarius bezeichnet; Absicht [Knobelsdorffs], am künftigen Freitag (5. September) aufzubrechen und den Auftrag des Königs abzuwarten; weil die Kommissarien so weit voneinander entfernt sind, können sie diese wichtige Sache nicht vorher bereden; an der nicht entschiedenen Nachfolgefrage des verstorbenen Achatius von Brandt werde der Woiwode gemäß dem Grundsatz „unius absentia non obstante" die Sache nicht scheitern lassen, sofern nur beide Parteien über die gleiche Anzahl von Stimmen verfügten.

Behändigte Ausfertigung
1 Bogen Folio, S. 1—2 beschrieben, Unterschrift des Statthalters, S. 4 Außenadresse, Inhaltsvermerk, Eingangsvermerk vom 5. September 1561.
Siegel des Statthalters
HBA C 1 Nr. 1566. — Altsignatur: 1/11/142; K. 473.

Journalvermerk:

Schreiben des Statthalters wegen der Unmöglichkeit, den Grenztag zu verschieben.

Ostpr. Fol. 14320, Bl. 84 v.

Nr. 1567

1561 September 4 [Königsberg]

Herzog Albrecht an Bischof Stanislaus von Ermland:

Empfang des ihm vom päpstlichen Gesandten Johann Franciscus Canobius übermittelten Schreibens des [Hosius]; Hoffnung, daß das angesetzte Konzil christlich, frei und allgemein sei, wie es der verstorbene Kaiser Karl V. den der Augsburgischen Konfession verwandten Ständen zugesagt habe; die Meinung über das jetzige Konzil werde der Bischof von dem herzoglichen Gesandten vernehmen.

Konzept
1 Bogen Folio, S. 1—2 beschrieben.
HBA C 1 Nr. 1567. — Altsignatur fehlt; K. 1214.
Reinkopie: Ostpr. Fol. 71, S. 1109—1111.
Druck: Wermter (wie Nr. 1504), Nr. 7, S, 21—22.

Nr. 1568

1561 September 5 [Königsberg]

Herzog Albrecht an Eustachius von Knobelsdorff, Statthalter zu Heilsberg, und an den Hauptmann zu Graudenz:

Keine Entscheidung der Nachfolge des verstorbenen Achatius von Brandt; Bitte an den König um Veränderung der Kommission; wegen der Kürze der Zeit kann der Herzog seine Bevollmächtigten nicht auf den Grenztag am 9. September abordnen, wofür er [Knobelsdorff] und den Kulmer Woiwoden [Jan Działyński] um Verständnis bittet; Bitte um Benennung eines anderen Tages und Bekundung seiner Bereitschaft, die erbetene neue Kommission nach deren Eingang dem Statthalter zur Kenntnis zu bringen.

Konzept
1 Bogen Folio, S. 1—2 beschrieben.
HBA C 1 Nr. 1568. — Altsignatur fehlt; K. 1214.
Reinkopie: Ostpr. Fol. 71, S. 1111—1113.

Nr. 1569

1561 September 8, Brathian

Eustachius von Knobelsdorff und Peter von Woinau (Wojanowski) an Herzog Albrecht:

Empfang der herzoglichen Entschuldigung für das Fernbleiben seiner Gesandten zu Brathian; Bereitschaft zur Verschiebung des Grenztages, worüber sie den Kulmer Woiwoden [Jan Działynski] informiert haben; dessen Festhalten am Beschluß der letzten Zusammenkunft über die Festlegung der Grenze des strittigen Teils des Traupelsees, der von den drei Bevollmächtigten des Herzogs bestätigt worden ist; Beschwerde des Woiwoden über ein seine Ehre verletzendes Schreiben des Herrn von Schönberg; nach Eingang der königlichen Kommission beim Herzog soll ein neuer Grenztag festgesetzt werden.

Behändigte Ausfertigung
1 Bogen Folio, S. 1—2 beschrieben, Unterschrift der Aussteller, S. 4 Außenadresse, Inhalts- und Kanzleivermerk.
Siegel der Aussteller
HBA C 1 Nr. 1569. — Altsignatur: 1/11/134; K. 473.

Journalvermerk:

Schreiben Knobelsdorffs und Peters von Wojna in der Schönbergschen und Brathianschen Grenzsache.

Ostpr. Fol. 14320, Bl. 84 v.

Nr. 1570

1561 September 13 [Königsberg]

Herzog Albrecht an Eustachius von Knobelsdorff, Statthalter zu Heilsberg:

Bitte um Ansetzung eines Tages zum Verhör und der Behandlung der Sache des Christoff Wantkau; danach wird sich erweisen, ob dessen Güter richtig begrenzt sind und wer Anspruch auf die Bienen und den Honig hat; dann kann man auch verbindlich beurteilen, ob dessen Bauern zu Recht gepfändet und ihm [Wantkaw] die Asche rechtmäßig genommen worden ist.

Konzept
1 Bogen Folio, S. 1—2 beschrieben, S. 4 Empfänger-, Datums- und Registraturvermerk.
HBA C 1 Nr. 1570. — Altsignatur fehlt; K. 1214.
Reinkopie: Ostpr. Fol. 71, S. 1116—1117.

Nr. 1571

1561 September 20, Heilsberg

Eustachius von Knobelsdorff, Kustos und Domherr zu Frauenburg, Statthalter des Bistums Ermland, an Herzog Albrecht:

Kein Grund für Christoff von Wantkow, sich beim Herzog zu beschweren, da ihm im Bistum keine Gerechtigkeit versagt worden sei; dieser hat sich an den Leuten und Pferden des Bischofs vergriffen und die Täter nicht an den Statthalter überstellt; nur auf Bitten des Herzogs will er [Wantkow] einen Tag einräumen, um diesen Handel zum Abschluß zu bringen.

Behändigte Ausfertigung
1 Bogen Folio, S. 1 beschrieben, Unterschrift des Statthalters, S. 4 Außenadresse, Inhalts- und Kanzleivermerk.
Siegel des Statthalters
HBA C 1 Nr. 1571. — Altsignatur: 1/11/143; K. 473.

Journalvermerk:

Bereitschaft des Statthalters, Christoff Wantkowski einen Tag anzusetzen.

Ostpr. Fol. 14320, Bl. 85 r.

Nr. 1572

1561 September 22, Königsberg

Herzog Albrecht an Eustachius von Knobelsdorff:

Empfang der neuen königlichen Kommission und deren Übersendung an den Statthalter mit der Bitte, diese an die Mitkommissarien zu insinuieren; der König entspricht in seiner Kommission dem Wunsch des Herzogs, den Grenzzwist gemäß den Verträgen zu erörtern; Erwartung, daß sich der Kulmer Woiwode und der Statthalter nach den geschlossenen Verträgen richten; Bitte um Anberaumung eines neuen Grenztages im Einvernehmen mit den anderen Kommissarien; Ermahnung des Herrn von Schönberg zum freundnachbarlichen Verhalten gegenüber dem Kulmer Woiwoden; desgleichen Eingang einer königlichen Kommission in dem Grenzstreit zwischen Strasburg und Lauterburg einer- und Soldau und Gilgenburg andererseits und deren Weiterleitung an [Knobelsdorff].

Reinkopie
Ostpr. Fol. 71, S. 1127—1131.

Nr. 1573

1561 September 27, Frauenburg

Eustachius von Knobelsdorff, Kustos und Domherr zu Frauenburg, Statthalter des Bistums Ermland, an Herzog Albrecht:

Empfang des herzoglichen Schreibens in Frauenburg, von wo er zur Tagfahrt nach Graudenz aufbrechen will; Hoffnung, dort den Kulmer Woiwoden und dessen Brüder wie auch die anderen Kommissarien anzutreffen und mit diesen die besagte Grenzsache zu erörtern und deren Meinung über die Anberaumung eines neuen Grenztages einzuholen; Ankündigung eines ausführlichen Berichts an den Herzog nach seiner Rückkehr nach [Heilsberg].

Behändigte Ausfertigung
1 Bogen Folio, S. 1 beschrieben, Unterschrift des Statthalters, S. 4 Außenadresse, Inhalts- und Kanzleivermerk.
Siegel des Statthalters
HBA C 1 Nr. 1573. — Altsignatur: 1/11/135; K. 473.

Journalvermerk:

Schreiben des Statthalters wegen der Behandlung der strittigen Grenzangelegenheit.

Ostpr. Fol. 14320, Bl. 85 r.

Nr. 1574

1561 Oktober 3 [Königsberg]

Herzog Albrecht an das Kapitel zu Frauenburg:

Bezug auf sein Schreiben an den Frauenburger Domherrn und Allensteiner Landpropst Jacob Zimmermann wegen der Schuldforderung der Sophia, Witwe des Merten Lacken, an Anna, Witwe des Allensteiner Bürgers Donat Sachs; Abweisung der Forderung der Witwe Lacken durch den Landpropst und die Debitorin; daher erneutes Ersuchen des Herzogs an das Kapitel, der Supplikantin zu ihrem Recht zu verhelfen.

Konzept
1 Bogen Folio, S. 1—3 beschrieben, S. 4 Empfänger-, Datums- und Registraturvermerk.
HBA C 1 Nr. 1574. — Altsignatur fehlt; K. 1214.
Reinkopie: Ostpr. Fol. 72, S. 5—7.

Nr. 1575

1561 Oktober 5 [Königsberg)

Herzog Albrecht an das Kapitel zu Frauenburg:

Übersendung der Supplik der Brüder Sylvester, Lorentz und Tiburtius Wichmann [Teichmann?]; Ersuchen an das Kapitel, den Petenten zu ihrem Recht zu verhelfen.

Konzept
1 Bogen Folio, S. 1—2 beschrieben, S. 4 Empfänger-, Datums- und Registraturvermerk.
HBA C 1 Nr. 1575. — Altsignatur fehlt; K. 1214.
Reinkopie: Ostpr. Fol. 72, S. 7—8.

Nr. 1576

1561 Oktober 6, Graudenz

Eustachius von Knobelsdorff, Kustos und Domherr zu Frauenburg, Statthalter des Bistums Ermland, an Herzog Albrecht:

Empfang des herzoglichen Schreibens vom 12. September; [Knobelsdorff] hat auf der Graudenzer Tagfahrt sämtliche Kommissarien mit Ausnahme des Felix von Alten, der erkrankt in Thorn zurückgeblieben ist, angetroffen; Bereitschaft der Bevollmächtigen sowie des Kulmer Woiwoden [Jan Działynski] und des Unterkämmerers Michael Działynski, dem Wunsch des Herzogs nach Ansetzung eines neuen Tages zu entsprechen; beide Brüder [Działynski] sind von den königlichen Räten der Lande Preußen zu Gesandten auf dem bevorstehenden Reichstag in Petrikau gewählt worden, wo sie sich zu Martini (11. November) einfinden müssen; wegen der Kürze der Zeit dürfte die Anberaumung eines neuen Grenztages schwierig werden, zumal sich die jetzige Tagfahrt zu Graudenz länger hingezogen hat; Bereitschaft des Kulmer Woiwoden, nach seiner Rückkehr vom Reichstag, möglichst im kommenden Frühling, mit seinem Bruder für einen derartigen Grenztag zur Verfügung zu stehen, damit die besagten Irrungen behoben werden können.

Behändigte Ausfertigung
1 Bogen Folio, S. 1—3 beschrieben, Unterschrift des Statthalters, S. 4 Außenadresse, Inhalts- und Kanzleivermerk.
Siegel des Statthalters
HBA C 1 Nr. 1576. — Altsignatur: 1/11/136; K. 473.

Journalvermerk:

Schreiben des Statthalters in der Schönbergschen und Brathianschen Grenzsache.

Ostpr. Fol. 14320, Bl. 85 v.

Nr. 1577

1561 Oktober 13, Heilsberg

Eustachius von Knobelsdorff, Kustos und Domherr zu Frauenburg, Statthalter des Bistums Ermland, an Herzog Albrecht:

Bedauern über die nicht erfolgte Festsetzung eines neuen Grenztages; weil in dem Brathianschen Mandat die Zitation auf den 9. September angesetzt ist, kann dieses nicht zur Anberaumung eines neuen Grenztages verwendet werden; das Entsprechende gilt für das Mandat im Strasburgschen und Lauterburgschen Handel, in dem Michael von Działynski nicht mit seinem rechtmäßigen Titel bezeichnet wird, sondern diesem vielmehr die Funktionen seines Bruders Raphael beigelegt werden; die besagten Mandate können erst nach Vornahme der erforderlichen Änderungen akzeptiert werden; Strasburg ist an Raphael zu Kulmer, Lauterburg an Michael zu Neidenburger Recht verschrieben worden; Bitte um Neufassung der königlichen Mandate und um deren Übersendung an die Kommissarien, damit die Sache ihren Fortgang nehmen kann.

Behändigte Ausfertigung
1 Bogen 21 x 31, 5 cm, S. 1—2 beschrieben, Unterschrift des Statthalters, S. 4 Außenadresse, Inhalts- und Kanzleivermerk.
Siegel des Statthalters
HBA C 1 Nr. 1577. — Altsignatur: 1/11/144; K. 473.

Journalvermerk:

Schreiben des Statthalters wegen der für die Aufschiebung des Grenztags verantwortlichen formalen und rechtlichen Gründe.

Ostpr. Fol. 14320, Bl. 85 v.

Nr. 1578

1561 Oktober 20 [Königsberg]

Herzog Albrecht an Eustachius von Knobelsdorff, Statthalter zu Heilsberg:

Dank für die vergeblichen Bemühungen [Knobelsdorffs] zur Ansetzung eines Grenztages; der Herzog hat die Kommissionen und Mandate zur Änderung an den königlichen Hof geschickt und will diese, sobald er sie wieder in den Händen hat, an den Statthalter senden, damit ein neuer Grenztag anberaumt werden kann.

Konzept
1 Bogen Folio, S. 1—2 beschrieben.
HBA C 1 Nr. 1578. — Altsignatur fehlt; K. 1214.
Reinkopie: Ostpr. Fol. 72, S. 12—13.

Nr. 1579

1561 Oktober 21 [Königsberg]

Herzog Albrecht an Eustachius von Knobelsdorff, Statthalter zu Heilsberg:

Absicht des aus Bayern stammenden herzoglichen Dieners Balzer Zenger, die Tochter des Felix von Knobelsdorff zu ehelichen; Bitte an den Statthalter, zu dieser Eheverbindung seine Zustimmung zu geben.

Konzept
1 Bogen Folio, S. 1—2 beschrieben, S. 4 Empfänger-, Datums- und Registraturvermerk.
HBA C 1 Nr. 1579. — Altsignatur fehlt; K. 1214.
Reinkopie: Ostpr. Fol. 72, S. 15—16.

Nr. 1580

1561 Oktober 27, Heilsberg

Eustachius von Knobelsdorff, Kustos und Domherr zu Frauenburg, Statthalter des Bistums Ermland, an Herzog Albrecht:

Bereitschaft zur Förderung der Eheschließung des Baltzer Zenger mit der Tochter des Felix von Knobelsdorff; Bitte um Weiterleitung der revidierten königlichen Mandate durch Boten an die anderen Kommissarien, damit sie durch die Landboten den Parteien insinuiert werden können; wenn diese Zitation nicht vier Wochen vor Beginn des Reichstags den Parteien mit den „üblichen Solemnitäten" überantwortet wird, sind diese nicht verpflichtet, der Ladung Folge zu leisten.

Behändigte Ausfertigung
1 Bogen Folio, S. 1—2 beschrieben, Unterschrift des Statthalters, S. 4 Außenadresse, Inhalts- und Kanzleivermerk.
Siegelspuren
HBA C 1 Nr. 1580. — Altsignatur: 1/11/137; K. 473.

Journalvermerk:

Schreiben des Statthalters wegen der Insinuation der revidierten königlichen Mandate.

Ostpr. Fol. 14320, Bl. 85 v.

Nr. 1581

1561 Oktober 27 [Königsberg]

Herzog Albrecht an das Kapitel zu Frauenburg:

Erinnerung an seine wiederholten Fürbitten in der Angelegenheit des Lorentz Bartsch; Bitte an das Kapitel, die langwierige Sache im Interesse des Petenten endlich zum Abschluß zu bringen.

Konzept
1 Bogen Folio, S. 1—2 beschrieben.
HBA C 1 Nr. 1581. — Altsignatur fehlt; K. 1214.
Reinkopie: Ostpr. Fol. 72, S. 17.

Nr. 1582

1561 Oktober 30 [Königsberg]

Herzog Albrecht an Eustachius von Knobelsdorff, Statthalter zu Heilsberg:

Übersendung der Supplik der Bartensteiner Bürger George Werner und Leonhardt Elert in deren Eigenschaft als Vormünder zweier Witwen; Verweigerung ihres Rechts, obwohl das Wartenburger Stadtgericht zu ihren Gunsten seinen Spruch gefällt hatte; erneutes Begehren des Herzogs an den Statthalter, den armen Witwen um der „Iustitia" willen rasch zu ihrem Recht zu verhelfen.

Konzept
1 Bogen Folio, S. 1—3 beschrieben.
HBA C 1 Nr. 1582. — Altsignatur fehlt; K. 1214.
Reinkopie: Ostpr. Fol. 72, S. 18—19.

Nr. 1583

1561 November 1, Königsberg

Herzog Albrecht an den Rat zu Braunsberg:

Übersendung der Supplik des Kneiphofer Bürgers George Kersten; Ersuchen an den Rat, dem Petenten in einer Erbfallsache zur Erfüllung seiner rechtmäßigen Ansprüche zu verhelfen.

Reinkopie
Ostpr. Fol. 72, S. 20.

Nr. 1584

1561 November 4 [Königsberg]

Herzog Albrecht an das Kapitel zu Frauenburg:

Klage des Obermüllers Alexander Egidius über den ihm vom Domkapitel verweigerten Verkauf einer Mühle in Kattreinen im Frauenburgischen, die ihm erblich zugefallen ist; Ersuchen des Herzogs an das Kapitel, diesen Verkauf zuzulassen und keineswegs zu behindern.

Konzept
1 Bogen Folio, S. 1—2 beschrieben.
HBA C 1 Nr. 1584. — Altsignatur fehlt; K. 1214.
Reinkopie: Ostpr. Fol. 72, S. 21.

Nr. 1585

1561 November 15, Frauenburg

Prälaten, Domherren und Kapitel des Stifts Ermland an Herzog Albrecht:

Entsendung zweier Domherren nach Mehlsack, die dort die Sache der Brüder Silvester, Lorentz und Tiburtius Teichmann untersuchen sollen; Verhör von vier alten geschworenen Männern, von denen zwei vor dem letzten Krieg Landschöppen in Mehlsack gewesen sind; etwa zwölf Jahre vor dem Krieg hat der Schulze zu Steinbotten im Mehlsackschen, Zander Reichert, dieses Schulzenamt an Bartelmes Teichmann, den Onkel der genannten Brüder, für 220 Mark verkauft; davon wurden 20 Mark direkt ausgezahlt; der Rest sollte als jährliches Erbgeld zu 6 Mark abgegolten werden; Zander zog danach in den Krug zu Plauten, wo er nach Ablauf eines Jahres ohne Hinterlassung von Frau und Kindern verstorben ist; deshalb wurde das Erbgeld an dessen leibliche Schwester Martha ausgezahlt; bald darauf starb auch Bartolmes Teichmann, dessen Witwe Walprecht im besagten Schulzenamt verblieb, wie das damals auf kölmischen Gütern üblich war; ihr zweiter Mann Merten Hintze war Schulze und zahlte das Erbgeld an Martha; nach Ausbruch des Krieges zogen die Leute weg, und das Erbe blieb eine Zeitlang ledig; kurz nach dem Krieg kaufte Greger Schröter aus Lutterfelde vom nächsten Verwandten des verstorbenen Merten Hintze, dem langen Urban aus Seefeld, das Schulzenamt für 20 Mark; er konnte aber dort nur zwei Jahre bleiben, weil ihn sein Junker von Perbandt zurück auf die Hufen forderte; Eheschließung der Martha mit Hans Grunaw; laut dem im Bistum erfolgten Aufgebot der wüsten Güter mußte jeder Anspruchsberechtigte innerhalb von drei Jahren diese besetzen und sein Anrecht nachweisen; weil kein anderer auf das Schulzenamt [Steinbotten] Anspruch erhob, gestattete die Landesherrschaft der Martha und ihrem Mann Hans Grunaw den Verkauf desselben; es ging käuflich an den jetzigen Schulzen Albrecht Otten für 64 Mark über, wovon 4 Mark direkt ausgezahlt und der Rest als jährliches Erbgeld von gleichfalls 4 Mark ausgesetzt wurde; [Otten] hat das Schulzenamt 36 Jahre bis zum jetzigen Tage innegehabt, auf das die drei Brüder Teichmann Anspruch erheben; das Anfechten eines solchen Erbes nach so vielen Jahren führt zu Zwist und Irrungen; Bitte an den Herzog, die Brüder Teichmann von ihrem unbilligen Einspruch abzuhalten; Entscheidung der Sache Lorentz Tonnigs und Lorentz Bartschs.

Behändigte Ausfertigung
1 Bogen 22 x 32, 5 cm, S. 1—3 beschrieben, Unterschrift der Aussteller, S. 4 Außenadresse, Inhalts- und Kanzleivermerk.
Siegel der Aussteller
HBA C 1 Nr. 1585. — Altsignatur: 1/11/145; K. 473.

Journalvermerk:

Schreiben des Domkapitels in der Angelegenheit der Brüder Teichmann.

Ostpr. Fol. 14320, Bl. 86 r.

Nr. 1586

1561 November 25, Braunsberg

Bürgermeister und Ratmannen der Stadt Braunsberg an Herzog Albrecht:

Empfang des herzoglichen Schreibens in der Sache des Kneiphofer Bürgers Jorge Kirsten; Anspruch zweier Personen, von denen eine im Herzogtum und die andere im Werder wohnt, auf das Erbe des ohne Nachkommen verstorbenen Braunsberger Bürgers Greger Dazkaw; nach dem Beschluß des Braunsberger Rats haben beide Parteien den gleichen rechtlichen Anspruch auf die Güter des Verstorbenen; Jorge Kirsten legt daraufhin Beschwerde gegen dieses Urteil bei der Landesherrschaft ein, die das Urteil des Braunsberger Rats bestätigt; Teilung der besagten Güter unter den beiden Parteien gemäß dem Ratsbeschluß; Jorge Kirsten hat in seinen Äußerungen die Ehre des Braunsberger Rats gekränkt, wofür ihn der Herzog gebührend bestrafen soll.

Behändigte Ausfertigung
2 Bogen Folio, S. 1—5 beschrieben, Unterschrift der Aussteller, S. 8 Außenadresse, Inhaltsvermerk.
Siegelspuren
HBA C 1 Nr. 1586. — Altsignatur: 2/34/84; K. 473.

Nr. 1587

1561 Dezember 12, Trient

Bischof Stanislaus von Ermland an Herzog Albrecht:

Verspäteter Eingang der herzoglichen Schreiben vom 4. und 5. September unter Vermittlung des päpstlichen Legaten Johannes Franciscus Canobius, weil dieser über Rom nach Trient gereist ist; die Einberufung des Konzils durch Papst Pius IV. entspricht den

Wünschen des Herzogs nach Beseitigung der Irrungen und Spaltungen der Christenheit; nur in einem die heilige katholische Kirche repräsentierenden Konzil kann man die Handhabung des katholischen Glaubens erörtern, der kein wittenbergischer, züricher oder genevischer ist; nicht zutreffende Bemerkung des Herzogs, daß er sich des unerträglichen päpstlichen Jochs entledigt habe; Klage der Kalviner über die Lutheraner, die behaupten, daß ihnen anstelle des hölzernen Jochs des Papstes ein eisernes an den Hals gelegt worden sei; Bezug auf die Schrift Philipp Melanchthons „Corpus doctrinae Christianae", in der er gegen die Lehren des Flacius und Gallus zu Felde zieht; diese Irrungen könne nur die Autorität des Papstes beseitigen, die länger als 1500 Jahre bestehe; die Augsburgische Konfession, zu der sich der Herzog bekenne, sei ganz verloschen und ausgerottet; gerade den Lutheranern sei viel daran gelegen, ihre Lehre oder Konfession diesem heiligen, allgemeinen Konzil zu unterwerfen; in Anbetracht des gefährdeten Zustands der Kirche solle der Herzog nicht zögern, seine Gesandten nach [Trient] abzuordnen; wegen der schwächeren Stellung des Kaisers komme jetzt dem Papst die Aufgabe der Einberufung des Konzils zu; die Äußerung des Herzogs gegenüber [Canobius], er wolle die Mißbräuche und Abgöttereien der katholischen Kirche meiden, bewirke nichts Positives, wenn man Mißstände nicht auf einem allgemeinen Konzil zur Sprache bringe; Lästerung der Augsburgischen Konfession durch die Osiandristen; der Herzog solle sich vor der Lehre Luthers, Zwinglis und anderer hüten, die sich gegenseitig zu vernichten gedächten; der Apostel Petrus lehre, daß die Heilige Schrift nicht von jedem nach Gutdünken ausgelegt werden dürfe; Bereitschaft des [Hosius], die Gesandten des Herzogs auf dem Konzil in jeder Weise zu fördern; laut einer Nachricht vom [Wiener] Hof will der Kaiser [Ferdinand I.] spätestens zum 15. Januar [1562] Gesandte nach [Trient] schicken, wo jetzt schon mehr als 80 Bischöfe versammelt sind; aus Frankreich sollen neben einer eigenen Gesandtschaft 26 Bischöfe zum Konzil kommen; aus Spanien sind zwölf, aus Portugal drei und aus England nur ein Bischof eingetroffen.

Behändigte Ausfertigung
8 Bogen 19, 5 x 28 cm, S. 1—29 beschrieben, Unterschrift des Bischofs, S. 32 Außenadresse, Inhalts- und Kanzleivermerk.
Siegel des Bischofs
HBA C 1 Nr. 1587. — Altsignatur: 1/13/91; K. 473.
Druck: Wermter (wie Nr. 1504), Nr. 9, S. 25—40.

Beilagen

I. [o. D. u. O.]

Auszug aus dem Buch des Nicolaus Gallus gegen die Adiaphoristen:

Verstoß der Adiaphoristen gegen die offenbahrte Wahrheit; Verwahrung gegen deren Vorwurf, die Reformatoren würden sich für „neue Päpste" halten, denen niemand widersprechen dürfe wie den Nachfolgern des Petrus in [Rom]; Ablehnung der Lehre der Papisten und Adiaphoristen unter Hinweis auf den Praeceptor Luther, den Gott zum Reformator der Lehre und Kirche als „letzten Elias" dieser Zeit bestimmt habe.

1 Bogen 19,5 x 28 cm, S. 1—3 beschrieben.
Druck: Wermter (wie Nr. 1504), S. 40—42.

II. [o. D. u. O.]

Verzeichnis der auf dem Trienter Konzil versammelten Bischöfe:

1. aus dem Türkischen Reich ein Patriarch und ein Erzbischof;
2. aus dem Königreich Portugal ein Erzbischof und zwei Bischöfe;
3. aus dem Königreich Frankreich zwei Bischöfe;
4. aus dem Königreich England ein Bischof;
5. aus dem Königreich Spanien ein Erzbischof und neun Bischöfe;
6. aus Kalabrien drei Erzbischöfe;
7. aus dem Königreich Neapel 18 Bischöfe;
8. aus dem Herzogtum Mailand zwei Bischöfe;
9. aus der Republik Venedig vier Bischöfe;
10. aus dem Königreich Dalmatien zwei Erzbischöfe und sechs Bischöfe;
11. aus Griechenland ein Erzbischof und ein Bischof;
12. aus Zypern ein Bischof;
13. aus Kreta drei Bischöfe;
14. aus der Republik Genua ein Erzbischof und fünf Bischöfe;
15. aus dem Herzogtum Florenz vier Bischöfe;
16. aus dem Herzogtum Ferrara zwei Bischöfe;
17. aus der Markgrafschaft Mons Feratus ein Bischof;
18. aus dem Herzogtum Urbino zwei Bischöfe;
19. aus dem Kirchenstaat neun Bischöfe.

Lateinisch
1 Blatt 19, 5 x 28 cm, S. 1—2 beschrieben.

Nr. 1588

1562 März 14 [Königsberg]

Herzog Albrecht an Eustachius von Knobelsdorff, Statthalter zu Heilsberg, und mutatis mutandis an Johann Plemięcki und Felix von Alten:

Benennung des Unterkämmerers Michael Działyński, des Statthalters [Knobelsdorff], Johann Plemięckis und Felix von Altens zu königlichen Kommissarien in der Grenzsache zwischen Strasburg und Lautenburg einer- und Soldau und Gilgenburg andererseits; [Działyński] hat Abschriften von den neuen Kommissionen und Mandaten an Wilhelm von der Oelsnitz in Koschlau geschickt; nach einer glaubwürdigen Information soll Michael Działyńiki zur Besichtigung der Grenze und zur Erörterung dieser Sache bereit sein und dafür einen Termin etwa 14 Tage nach Ostern vorgesehen haben; Anfrage des Herzogs bei [Knobelsdorff], ob ihm dieser Termin genehm sei; wenn der Zeitpunkt endgültig feststeht, will auch der Herzog seine Bevollmächtigten dorthin abordnen; Begehren an [Johann] Plemięcki und Felix von Alten, diesem Grenztag beizuwohnen.

Konzept
1 Bogen und 1 Blatt Folio, S. 1—5 beschrieben, S. 6 Empfänger-, Datums- und Registraturvermerk.
HBA C 1 Nr. 1588. — Altsignatur fehlt; K. 1215.
Reinkopie: Ostpr. Fol. 72, S. 73—78.

Nr. 1589

1562 März 17, Königsberg

Herzog Albrecht an Eustachius von Knobelsdorff, Statthalter zu Heilsberg:

Erinnerung an seine Fürbitte für seine Bartensteiner Untertanen wegen eines von Silvester Schindeler herrührenden Erbfalls in Wartenburg; erneute Bitte um Förderung der Angelegenheit, die vom Burggrafen zu Wormditt und Procurator Fisci gehindert und mit Einwilligung des Statthalters verschoben worden ist; Ersuchen an [Knobelsdorff], den herzoglichen Untertanen ohne weitere Verzögerung zum Recht zu verhelfen.

Reinkopie
Ostpr. Fol. 72, S. 86—88.

Nr. 1590

1562 März 23 [Königsberg]

Herzog Albrecht an die Domherren zu Frauenburg und mutatis mutandis an den Rat zu Elbing:

Irrungen an der Landesgrenze zwischen den Gütern des Kapitels und dem im Besitz Georgs von Ungern, Herrn zu Pirktil, befindlichen Gut Neumünster; Bitte um Anberaumung eines Tages in diesem Frühling und um Absendung von Bevollmächtigten; Bereitschaft des Herzogs, dorthin gleichfalls Kommissarien abzuordnen.

Konzept
1 Blatt Folio, S. 1 beschrieben, S. 2 Empfänger-, Datums- und Registraturvermerk.
HBA C 1 Nr. 1590. — Altsignatur fehlt; K. 1215.
Reinkopie: Ostpr. Fol. 72, S. 97—99.

Nr. 1591

1562 März 24, Seeburg

Nicolaus Plotowsky an Herzog Albrecht:

Übersendung eines guten Wallachs aus seinen Gütern an den Herzog; Bitte um ein einjähriges Pferd als Geschenk.
Dinstagk nach palmarum

Behändigte Ausfertigung
1 Blatt 21, 5 x 34 cm, S. 1 beschrieben, Unterschrift des Ausstellers, S. 2 Außenadresse, Inhalts- und Kanzleivermerk.
Siegel abgeschnitten
HBA C 1 Nr. 1591.— Altsignatur: 2/35/162; K. 473.

Nr. 1592

1562 März 28, Braunsberg

Eustachius von Knobelsdorff, Kustos und Domherr zu Frauenburg, Statthalter des Bistums Ermland, an Herzog Albrecht:

Empfang des herzoglichen Schreibens vom 14. März, das ihm nach seiner Rückkehr von Schlesien nach Braunsberg nachgeschickt worden ist; Bezug auf die ihm vom Herzog übermittelte Nachricht, daß der Unterkämmerer Michael Działyński neue königliche Kommissionen und Mandate in der Grenzsache zwischen Strasburg und Lautenburg einer- und Soldau und Gilgenburg andererseits erhalten habe; keine Möglichkeit zur Äußerung über die Anberaumung eines Grenztages, weil die Kommissionen und Mandate bisher nicht in seine Hände gelangt sind; Erhalt eines anderen herzoglichen Schreibens mit beigefügten Kommissionen und Mandaten in der Angelegenheit der Brathianschen, Lautenburgschen und Strasburgschen Herrschaften; keine Möglichkeit zur Insinuierung dieser Mandate an die anderen Bevollmächtigten, weil Michael Działyński bald nach Ostern zum polnischen Hof reisen wird und die anderen Kommissarien so weit voneinander entfernt wohnen, daß sie in der Kürze der Zeit nicht verständigt werden können; auch der Kulmer Woiwode [Jan Działyński] ist verhindert, weil er 14 Tage nach Ostern nach althergebrachtem Brauch die Gerichte in seiner Woiwodschaft halten wird; ein kürzlich eingegangenes königliches Mandat verpflichtet [Knobelsdorff] zur Abhaltung einer Zusammenkunft der „gemeinen Städte und Landschaft“ im Bistum Ermland und danach zur Teilnahme an der Tagfahrt zu Stanislai (8. Mai) in Marienburg; Vorschlag an den Herzog, die erwähnten Grenzsachen bis zu dieser Tagfahrt auszusetzen, weil dort alle Kommissarien anzutreffen seien und mit ihnen die Ansetzung eines neuen Termins für die Grenzangelegenheiten vereinbart werden könne.

Behändigte Ausfertigung
1 Bogen 21 x 32, 5 cm, S. 1—3 beschrieben, Unterschrift des Statthalters, S. 4 Außenadresse, Inhalts- und Kanzleivermerk.
Siegel des Statthalters
HBA C 1 Nr. 1592. — Altsignatur: 1/11/192; K. 473.

Nr. 1593

1562 März 29, Königsberg

Herzog Albrecht an Nicolaus Plotoffski:

Dank für die Übersendung des Wallachs; keine Möglichkeit, dem Wunsch [Plotoffskis] nach einem jungen Gaul zu entsprechen, weil der herzogliche Stall derzeit stark entblößt ist; sobald wieder junge Pferde aufgezogen werden, soll der Adressat ein solches erhalten.

Reinkopie
Ostpr. Fol. 72, S. 100—101.

Nr. 1594

1562 April 4, Frauenburg

Prälaten, Domherren und Kapitel des Stifts Ermland an Herzog Albrecht:

Empfang des herzoglichen Schreibens wegen der strittigen Landesgrenze bei Münsterberg zwischen den Gebieten von Frauenburg und [Preußisch] Holland; weil es sich um Belange der Landesgrenze handelt, kann das Kapitel hier ohne Wissen und Einwilligung des Kardinals und Bischofs von Ermland [Hosius] nichts vornehmen; dennoch wolle man dem Wunsch des Herzogs entsprechen und am 27. April Bevollmächtigte an den strittigen Ort schicken, um die Grenzsache gütlich zu regeln; Hinweis auf einen anderen strittigen Abschnitt der Landesgrenze am Fluß Bibernick zwischen den Gebieten von Braunsberg und Balga, der vor mehreren Jahren von den beiderseitigen Bevollmächtigten begangen worden sei; der Grenzverlauf sei damals nicht laut der Aussage des Grenzbriefes entschieden worden; die Braunsberger Neustädter würden sich darüber beschweren, daß ihnen dadurch eine Kürzung ihrer Rechte widerfahren sei; Verlust eines „Örtleins Landes oder Wiesen", das das Bistum etliche 100 Jahre besessen habe; diese Schmalerung habe seinerzeit der Bischof durch Dr. Jonas dem Herzog anzeigen lassen; Bitte um Anberaumung eines Tages zur Besichtigung der Grenze am Bibernick.

Behändigte Ausfertigung
1 Bogen 22, 5 x 33 cm, S. 1—3 beschrieben, Unterschrift der Aussteller, S. 4 Außenadresse, Inhalts- und Beantwortungsvermerk.
Siegel der Aussteller
HBA C 1 Nr. 1594. — Altsignatur: 1/11/180; K. 473.

Journalvermerk:

Schreiben des Domkapitels wegen der Anberaumung von Grenztagen.

Ostpr. Fol. 14320, Bl. 87 r.

Nr. 1595

1562 April 6, Heilsberg

Eustachius von Knobelsdorff, Kustos und Domherr zu Frauenburg, Statthalter des Bistums Ermland:

Bereitschaft des Statthalters, sich bei seinen Mitkommissarien um die Anberaumung eines Tages zur Erörterung der anstehenden Grenzsachen zu bemühen, damit diese langwierige Angelegenheit zum Abschluß gebracht werden kann.

Behändigte Ausfertigung
1 Bogen Folio, S. 1 beschrieben, Unterschrift des Statthalters, S. 4 Außenadresse, Inhalts- und Kanzleivermerk.
Siegel des Ausstellers abgefallen
HBA C 1 Nr. 1595. — Altsignatur: 1/11/186; K. 473.

Journalvermerk:

Bereitschaft des Statthalters, die verschiedenen Grenzsachen zu fördern.

Ostpr. Fol. 14320, Bl. 87 r.

Nr. 1596

1562 April 7 [Königsberg]

Herzog Albrecht an Eustachius von Knobelsdorff, Statthalter zu Heilsberg:

Erinnerung an seine Fürbitte für die Bartensteiner Bürger George Werner und Leonhardt Elert wegen des Nachlasses des verstorbenen Sylvester Schingler zu Wartenburg; [Knobelsdorff] konnte den aufgrund der herzoglichen Interzession angesetzten Tag nicht wahrnehmen, weil er außer Landes verreisen mußte; die besagten Bartensteiner erhalten den Stadtschreiber von [Preußisch] Holland, Josephus Pauli, zum Rechtsbeistand; Bitte um Ansetzung eines neuen Tages für die Petenten und um Zulassung des Stadtschreibers [Pauli] zu diesem.

Konzept
1 Bogen Folio, S. 1—3 beschrieben, S. 4 Empfänger-, Datums- und Registraturvermerk.
HBA C 1 Nr. 1596. — Altsignatur fehlt; K. 1215.
Reinkopie: Ostpr. Fol. 72, S. 109—111.

Nr. 1597

1562 April 7 [Königsberg]

Herzog Albrecht an das Kapitel zu Frauenburg:

Empfang des Schreibens der Domherren vom 4. April; Einverständnis mit dem vom Kapitel vorgeschlagenen Termin des 27. April zur Besichtigung des strittigen Grenzabschnitts zwischen den Gebieten Frauenburg und [Preußisch] Holland; wegen zahlreicher anderer Obliegenheiten sieht der Herzog jetzt keine Möglichkeit, den Bitten des Kapitels um Anberaumung eines weiteren Tages zur Begehung und Revision der Grenze zwischen den Ämtern Balga und Braunsberg zu entsprechen; er stellt diese aber zu gegebener Zeit in Aussicht.

Konzept
1 Bogen Folio, S. 1—3 beschrieben, S. 4 Empfänger-, Datums- und Registraturvermerk.
HBA C 1 Nr. 1597. — Altsignatur fehlt; K. 1215.
Reinkopie: Ostpr. Fol. 72, S. 111—114.

Nr. 1598

1562 April 8, Heilsberg

Eustachius von Knobelsdorff, Kustos und Domherr zu Frauenburg, Statthalter des Bistums Ermland, an Herzog Albrecht:

Klage der bischöflichen Schipper und Fischer von Passarge über den herzoglichen Amtmann zu Balga, der ihnen ohne ersichtlichen Grund das Befischen einer Stelle im Frischen Haff mit ihren Keuteln verboten habe; dieses Verbot verstößt gegen die vom König, dem Bischof und dem Herzog geschlossenen Verträge, die den bischöflichen Untertanen die Keutelfischerei im Frischen Haff gestatten; Bitte um Abschaffung dieses widerrechtlichen Verbots und um Wiederherstellung der den Bischöflichen verbrieften freien Fischerei im Frischen Haff.

Behändigte Ausfertigung
1 Bogen 21 x 31, 5 cm, S. 1—2 beschrieben, Unterschrift des Statthalters, S. 4 Außenadresse, Inhalts- und Beantwortungsvermerk.
Siegel des Statthalters
HBA C 1 Nr. 1598. — Altsignatur: 1/11/190, K. 473.

Journalvermerk:

Schreiben des Statthalters wegen der Eingriffe des Balgaer Amtmanns in die freie Fischerei der bischöflichen Untertanen.

Ostpr. Fol. 14320, Bl. 87 r.

Nr. 1599

1562 April 9 [Königsberg]

Herzog Albrecht an Eustachius von Knobelsdorff, Statthalter zu Heilsberg:

Empfang des Schreibens vom 8. April und der darin enthaltenen Beschwerde der Schipper und Fischer von Passarge über den Balgaer Hauptmann Jacob von Diebes; der

Hauptmann hat dieses Verbot auf Befehl des Herzogs ausgesprochen, der damit nicht gegen die Verträge verstoßen, sondern etwas zum gemeinen Nutzen beitragen will; die Schiffer, die die Keutel führen, legen diese nicht, wie es von alters her gebräuchlich war, selbst aus, sondern lassen das durch ihre Knechte bestellen, wodurch den armen Säcknern, die ihren Fisch an das gemeine Landvolk verkaufen, merklicher Schaden zugefügt wird; die Keutler fahren nicht nur die Säcke um und nehmen sie weg, sondern haben auch an ihre Schiffe scharfe Messer gebunden, womit sie die Säcke zerschneiden; der verbotene Winkel des Wassers sei nur klein; den Keutlern stünde sonst das ganze Haff zur Verfügung; diese Maßnahme komme dem Haus Balga und der Armut zugute, damit das Landvolk mit Fisch versorgt werden könne; Bitte um Verständnis für dieses Verbot; Schädigung der Winterfischerei durch die Questenleger, die den Fischern ihr Garn zerreißen; Bitte um entsprechende Maßnahmen zur Verhütung dieses Übels.

Konzept
2 Bogen Folio, S. 1—4 beschrieben, S. 8 Empfänger-, Datums- und Registraturvermerk.
HBA C 1 Nr. 1599. — Altsignatur fehlt; K. 1215.
Reinkopie: Ostpr. Fol. 72, S. 116—120.

Nr. 1600

1562 April 21, Heilsberg

Eustachius von Knobelsdorff, Kustos und Domherr zu Frauenburg, Statthalter des Bistums Ermland, an Herzog Albrecht:

Übermittlung des Inhalts des herzoglichen Schreibens vom 9. April an das Domkapitel und die Schipper von Passarge; das vom Balgaer Amtmann verbotene Wasser bedeckt nicht eine geringe, sondern vielmehr eine Fläche von anderthalb Meilen; der Herzog solle bedenken, ob damit nicht doch gegen die Privilegien und Freiheiten des Bistums und des Kapitels verstoßen werde; wenn jeder eigenmächtig bestimmte Stellen der allgemeinen Fischerei entziehe, entstünden daraus große Irrungen und Zerrüttungen der Verträge; die Streitigkeiten der Säckner mit den Keutlern seien 1536 mit Konsens des polnischen Königs im Vertrag von Camstigall beigelegt worden; weil dieser genaue Bestimmungen über die Fischerei der Keutler und Säckner enthalte, könne man leicht die Übertreter bestrafen und doch die Freiheit der Wasser unangetastet lassen; Bereitschaft der bischöflichen Untertanen von Passarge, für Schäden an Säcken aufzukommen, wenn diese nicht zu tief und zu weit ins Haff gestellt sind; Bitte an den Herzog, sich nicht von eigennützigen Leuten beeinflussen zu lassen und die alten Freiheiten und Verträge anzuerkennen.

Behändigte Ausfertigung
1 Bogen 21 x 31, 5 cm, S. 1—2 beschrieben, Unterschrift des Statthalters, S. 4 Außenadresse, Inhalts- und Kanzleivermerk.
Siegel des Statthalters
HBA C 1 Nr. 1600. — Altsignatur: 1/11/187; K. 473.

Journalvermerk:

Schreiben des Statthalters wegen Beeinträchtigung der Keutelfischerei der Schipper und Fischer zu Passarge.

Ostpr. Fol. 14320, Bl. 87 v.

Nr. 1601

1562 Mai 1 [Königsberg]

Herzog Albrecht an Eustachius von Knobelsdorff:

Empfang des Schreibens des Statthalters vom 28. März; Bitte an [Knobelsdorff], sich mit den anderen Kommissarien und Parteien auf der Marienburger Tagfahrt zu bereden und einen Tag zur Behebung der langwierigen Grenzstreitigkeiten zu vereinbaren; Bereitschaft, die herzoglichen Bevollmächtigten zu diesem Termin abzuordnen.

Konzept
1 Blatt Folio, S. 1—2 beschrieben, S. 2 Empfänger-, Datums- und Registraturvermerk.
HBA C 1 Nr. 1601. — Altsignatur fehlt; K. 1215.
Reinkopie: Ostpr. Fol. 72, S. 126—127.

Nr. 1602

1562 Mai 15 [Königsberg]

Herzog Albrecht an das Kapitel zu Frauenburg:

Fürbitte für den Braunsberger Bürger Georg Senff wegen des über ihn verhängten schweren Urteils; laut herzoglicher Interzession sollen er und andere Braunsberger aus dem Gefängnis entlassen werden und das Recht zur Veräußerung ihrer Habe erhalten, damit sie sich im Herzogtum oder andernorts niederlassen können.

Konzept
2 Blatt, S. 1—2 beschrieben, S. 4 Empfänger-, Datums- und Registraturvermerk
HBA C 1 Nr. 1602. — Altsignatur fehlt; K. 1215.
Reinkopie: Ostpr. Fol. 72, S. 132—134.

Nr. 1603

1562 Mai 18, Königsberg

Herzog Albrecht an den Landpropst und Burggrafen zu Mehlsack:

Bezug auf einen Überfall, der auf die herzoglichen Untertanen Greger Ramlaw und Bartelmeus Tolksdorff auf freier Landstraße verübt worden ist; Ersuchen um Überstellung des aus der Bürgerschaft entwichenen Sohns des Hans Melck zum Verhör und um Behandlung der Kläger nach Billigkeit und Recht.

Reinkopie
Ostpr. Fol. 72, S. 134—135.

Nr. 1604

1562 Mai 25 [Königsberg]

Herzog Albrecht an Eustachius von Knobelsdorff, Statthalter zu Heilsberg:

Bitte um Veranlassung des Allensteiner Tischlermeisters Paul Moller zur Einhaltung seiner dem Hohensteiner Landrichter Albrecht Finck gegebenen Zusage, auf dessen Gut Tischler- und Glaserarbeiten zu verrichten; außerdem soll Paul Moller für den durch die Nichteinhaltung seiner Zusage verursachten Schaden aufkommen.

Konzept
1 Blatt Folio, S. 1—2 beschrieben, S. 2 Empfänger-, Datums- und Registraturvermerk.
HBA C 1 Nr. 1604. — Altsignatur fehlt; K. 1215.
Reinkopie: Ostpr. Fol. 72, S. 138—139.

Nr. 1605

1562 Juni 2, Heilsberg

Eustachius von Knobelsdorff, Kustos und Domherr zu Frauenburg, Statthalter des Bistums Ermland, an Herzog Albrecht:

[Knobelsdorff] hat wider Erwarten auf der Stanislai—Tagfahrt außer dem Kulmer Woiwoden [Jan Działyński], der seinen erkrankten Bruder Michael, den Marienburger Unterkämmerer, entschuldigt hat, keinen der königlichen Bevollmächtigten angetroffen; laut Vereinbarung mit dem Kulmer Woiwoden wird der 2. September [1562] für die Brathiansche Grenzverrichtung festgelegt; am 4. September soll die Besichtigung der Strasburger und Lautenburger Grenze erfolgen; daraufhin hat der Statthalter die gewöhnlichen Zitationen und Ladungen an die anderen Kommissarien ergehen lassen; nach seiner Rückkehr von Marienburg hat ihm das Domkapitel die Supplikation einiger Braunsberger Bürger überreicht; Verwahrung gegen den Vorwurf, über Georg Senff ein unbilliges und unchristliches Urteil gefällt zu haben; Mißfallen über die Verunglimpfung seines Namens durch diese „mutwilligen und ungehorsamen Leute“ vor dem Herzog; Befragen des Georg Senff im Beisein vieler ehrlicher Leute nach der Stichhaltigkeit der besagten Supplikation; das Verhör ergibt, daß die Supplik auf den Pfarrer von Grünau im Balgaschen zurückgeht, der während der Abwesenheit des Bischofs „viel Meuterey und Ungehorsam“ in Braunsberg angerichtet und dort die Sakramente administriert, Winkelpredigten gehalten und den gemeinen Pöbel zum Aufruhr angestachelt hat; obwohl [Knobelsdorff] darüber beim Amtmann von Balga Klage geführt hat, ist die Resonanz ausgeblieben; wenn ermländische Pfarrer im Herzogtum Ähnliches praktizierten, würden sie sicherlich gebührend bestraft werden; Bitte an den Herzog, derartigen Suppliken keinen Glauben zu schenken und den Grünauer Pfarrer zu bestrafen, damit die „nachbarliche Freundschaft“ zwischen dem Ermland und dem Herzogtum erhalten bleibe.

Behändigte Ausfertigung
1 Bogen 21 x 31, 5 cm, S. 1—4 beschrieben, Unterschrift des Statthalters.
HBA C 1 Nr. 1605. — Altsignatur: 1/11/188; K. 473.

Beilage

1562 Mai 21, Grünau

Philippus Neapolitanus, Pastor zu Grünau, an Bürgermeister und Rat der Altstadt Braunsberg:

Beschwerde über die ihm vom Braunsberger Rat angetane Gewalt; man müsse das Sakrament in beiderlei Gestalt empfangen, weil sich der Leib Christi von den sündhaften Leibern der Menschen unterscheide; keine Berechtigung des Braunsberger Rats, ihm [Neapolitanus] das Betreten der Stadt poena capitali zu verbieten; er sei „natura pacificus“ und strebe nach nachbarlicher Liebe; Bitte an den Rat, sich nicht von dem bösen Sinn der [Frauenburger] Domherren verführen zu lassen; der [Braunsberger] Rat soll ihm innerhalb von zwei Tagen seine wahren Absichten offenbaren.

1 Bogen 21 x 31, 5 cm, S. 1—2 beschrieben, S. 4 Außenadresse, Inhalts- und Beantwortungsvermerk.

Journalvermerk:

Schreiben des Statthalters in Grenzsachen und in der Angelegenheit des Pfarrers zu Grünau.

Ostpr. Fol. 14320, Bl. 87 v.

Nr. 1606

1562 Juni 3, Seeburg

Nicolaus Plotowsky an Herzog Albrecht:

Bitte um Überlassung eines guten Pferdes, weil er innerhalb von drei Wochen beim König [Sigismund II. August] in Wilna sein soll.

Behändigte Ausfertigung
1 Bogen 21 x 32, 5 cm, S. 1 beschrieben, Unterschrift des Ausstellers, S. 4 Außenadresse, Inhalts- und Kanzleivermerk.
Siegel fehlt
HBA C 1 Nr. 1606. — Altsignatur: 2/35/164; K. 473.

Nr. 1607

1562 Juni 10 [Königsberg]

Herzog Albrecht an Eustachius von Knobelsdorff:

Bereitschaft zur Entsendung seiner Kommissarien auf den in der Brathianschen, Stras- und Lautenburgischen Grenzsache angesetzten Tag am 2. September; Bezug auf die Supplik einiger Braunsberger Bürger und Erwartung, daß [Knobelsdorff] und das Kapitel jedem die Gewissensfreiheit in der Handhabung des Sakraments zugestehen; Zitation des Grünauer Pfarrers vor das Konsistorium, wo er Rede und Antwort stehen muß; Ankündigung seiner Bestrafung im Falle seines Schulderweises; Bitte, diesem einen freien Paß auszustellen, damit er seine Habe holen kann.

Konzept
1 Bogen Folio, S. 1—3 beschrieben, S. 4 Empfänger-, Datums- und Registraturvermerk-
HBA C 1 Nr. 1607. — Altsignatur fehlt; K. 1215.
Reinkopie: Ostpr. Fol. 72, S. 156—159.

Nr. 1608

1562 Juni 27 [Königsberg]

Herzog Albrecht an Bischof Stanislaus von Ermland:

Empfang des bischöflichen Schreibens vom 12. Dezember [1561] aus Trient; Dank für die Nachrichten über das Konzil; Begründung seiner Weigerung, Gesandte auf das Konzil zu schicken; der Herzog stimmt mit dem Bischof darin überein, daß ein freies, christliches Konzil, das vom Kaiser [Karl V.] den Ständen zugesagt worden sei, einberufen werden müsse; durch ein solches „edeles Mittel" könnten alle Mängel und Spaltungen in der Christenheit beseitigt werden; das in [Trient] einberufene Konzil erfülle jedoch diese Aufgabe nicht, weil es sich nicht von früheren päpstlichen Konzilen unterscheide und nur die Fortsetzung des suspendierten und interrumpierten trientischen Konzils darstelle; ein solches Konzil könne nicht frei und christlich genannt werden, weil darin allein der Papst mit seinem Anhang sitze, der zugleich Kläger, Beklagter und Richter sei; die weltlichen Fürsten würden nur pro forma geladen, um als „stumme Larven" und Jasager zu dienen; überdies werde das Konzil nicht, wie es der Kaiser [Karl V.] bewilligt habe, in Deutschland an einem sicheren Ort, sondern in Welschland allein zum Vorteil des Papstes einberufen; es tue nichts zur Sache, daß die Teilnehmer des Konzils aus vielen Ländern und Königreichen berufen würden, seien sie doch „allesamt einer Secten und gleicher Gestalt dem Papst verwandt und vereidet"; von einem „Oecumenicum", das aus gottesfürchtigen und durch keine Eidespflicht gebundenen Christen bestehe, könne man nicht sprechen; ein Konzil könne nicht als christlich bezeichnet werden, wenn in ihm die wahre christliche Lehre verdammt und Dekrete gegen Gottes Wort und Willen erlassen würden; es verfolge das Ziel, die Hoheit des Papstes mit seiner irrigen und abgöttischen Lehre zu erhalten und zu stärken; [Hosius] verdamme die

Lehre von Luther und ermahne den Herzog, das päpstliche Joch wieder auf sich zu nehmen; es stehe dem Papst nicht zu, sich gleichsam zu einem Gott in der Christenheit aufzuwerfen, was kein Potentat in der ganzen Welt tue; der Papst, der ein „Stuhlerbe“ der Apostel sein wolle, mache sich zum Oberherrn über Kaiser und Könige, trete sie mit Füßen und lasse sich die Füße von ihnen küssen; er verändere mit seinen Mönchen die Lehre des Evangeliums in vielen wichtigen Artikeln, vor allem den von der Rechtfertigung und der Buße; er [der Herzog] habe die Lehre des Hl. Evangeliums nicht um Luthers oder anderer Menschen, sondern um der Wahrheit willen angenommen; das Joch des Papstes seien dessen unrechte Lehre und Tyrannei, er [der Herzog] werde keine Lehre akzeptieren, die zu Gottes Wort in Widerspruch stehe; [Hosius] dürfe die Meinungsverschiedenheiten unter den Protestanten nicht verdammen, weil schon Petrus und Paulus oft verschiedener Meinung gewesen seien; viel gefährlicher sei die vom Papst und dessen Anhängern betriebene Abgötterei; [Hosius] fordere in unzutreffender Weise den Glauben an die allgemeine Kirche und nicht den an die Bibel oder das Evangelium; die allgemeine Kirche beruhe allein auf dem Eckstein Christi und den Propheten und Aposteln; die christliche Kirche müsse bei Gottes Wort bleiben und dürfe nichts davon verändern; es treffe nicht zu, daß die catholica ecclesia der „größte und mächtigste Hauff in der Welt“ sein solle, habe doch die große Zahl für Christus und seine Apostel keine Rolle gespielt; die prophetische und apostolische Lehre sei viel älter als das Regiment der Päpste; keinem Menschen auf Erden gebühre der Titel „caput ecclesiae catholicae“, weil Christus deren Haupt sei und bleibe; die vom Papst und [Hosius] gewünschte Einigkeit der Kirche verfehle ihren Zweck, weil man nur in der Blindheit und im Götzendienst einig sei; es helfe nicht, sich auf das große Alter des papistischen Glaubens zu beziehen, weil dieser unrecht und nicht gottgefällig sei; man müsse vielmehr vermeiden, sich Gottes Zorn zuzuziehen und sich der ewigen Seligkeit zu berauben; er [der Herzog] erkenne daher den Papst nicht als das Haupt der Christenheit und seinen Oberherrn an und spreche ihm das Recht ab, ihn zu seinem Konzil zu berufen; Bitte an [Hosius], sich gegen ihn [den Herzog] und seine Religion etwas nachbarlicher, freundlicher und christlicher zu erzeigen; er höre oft, daß ermländische Untertanen, die nahe an der Grenze zum Herzogtum säßen, inhaftiert und verjagt würden, weil sie das Abendmahl „nach Christi Einsetzung“ und nicht gemäß den vom Papst eingeführten Veränderungen praktizierten; die Augsburgische Konfession sei nicht ausgerottet und erloschen, wie [Hosius] behaupte, sondern werde in Ewigkeit bestehen bleiben, weil sie auf der Lehre der Propheten und Apostel beruhe; Mißfallen des Herzogs über die Kritik Osianders an der Augsburgischen Konfession; Spaltungen und Zwistigkeiten in der Kirche habe es nicht erst seit Luther, sondern schon zur Zeit des Hl. Hilarius gegeben; erneuter Hinweis auf die nicht erfolgende Absendung seiner Gesandten nach Trient, weil schon auf dem vorigen Trienter Konzil die Vorstellungen der Gesandten der Kurfürsten von Sachsen und Brandenburg unbeachtet geblieben seien; die am Papsttum geäußerte Kritik betreffe nicht den jetzigen Papst Pius IV., sondern dessen Amt und Stand; Übersendung eines in Wittenberg veröffentlichten gedruckten Zettels über die am 26. Februar [1562] in Trient gehaltene Session, in der Antonius Cacus Archiepiscopus Petracensis [Patras in Griechenland] die Lutheraner verdammt und daneben bekannt habe, daß dieses Konzil die Vertilgung dieser Sekten anstrebe; das bestätigt — wie der Herzog ausführt — den parteiischen und unchristlichen Charakter des [Trienter] Konzils.

Konzept
22 Bogen Folio, S. 1—82 beschrieben.
HBA C 1 Nr. 1608. — Altsignatur fehlt; K. 1215.
Druck: Wermter (wie Nr. 1504), Nr. 10, S. 42—78.

Nr. 1609

1562 Juli 3, Heilsberg

Eustachius von Knobelsdorff, Kustos und Domherr zu Frauenburg, Statthalter des Bistums Ermland, an Herzog Albrecht:

Bezug auf sein bisher unbeantwortetes Schreiben wegen der „Hemmung der Wasser"; erneute Beschwerde der Passarger Keutelfischer über die Aussteckung einer anderthalb Meilen großen Fläche im Frischen Haff und deren Markierung durch Pfähle auf Veranlassung des Amtmanns zu Balga; abermaliger Hinweis [Knobelsdorffs] auf die Verletzung des ewigen Friedens und der alten Verträge durch diese Maßnahme; Absicht zur Weiterleitung der Angelegenheit an den König, der zweifellos die Freiheiten und Privilegien des Bistums und der Kirche Ermland schützen werde.

Behändigte Ausfertigung
1 Bogen 21 x 31, 5 cm, S. 1—2 beschrieben, Unterschrift des Statthalters, S. 4 Außenadresse, Inhalts- und Kanzleivermerk.
Siegel des Statthalters
HBA C 1 Nr. 1609. — Altsignatur: 1/11/185; K. 473.

Beilage

1562 Mai 1, Heilsberg

Eustachius von Knobelsdorff an Herzog Albrecht:

Der Text ist identisch mit dem Schreiben des Statthalters vom 21. April 1562 (vgl. Nr. 1600).

Abschrift
1 Blatt 21 x 31, 5 cm, S. 1—2 beschrieben.

Journalvermerk:

Absicht des Statthalters, seine Beschwerde über die Hemmung der freien Gewässer an den König gelangen zu lassen.

Ostpr. Fol. 14320, Bl. 88 v.

Nr. 1610

1562 Juli 9 [Königsberg]

Herzog Albrecht an Eustachius von Knobelsdorff, Statthalter zu Heilsberg:

Rechtfertigung der Aussteckung einer Wasserfläche mit den Interessen der Säckner und dem gemeinen Nutzen der beiderseitigen Lande; er [der Herzog] müsse daran angesichts des Klagens, Seufzens und Schreiens seiner armen Untertanen festhalten; die Keutelfischer hätten vorsätzlich nicht nur Schaden an den Seefischen im Haff, sondern auch an den Säcken seiner Landeskinder verursacht; die Keutelfischer würden sogar in den Pregelstrom hineinfahren; auch die herzoglichen Keutelfischer dürfen die abgesteckte Fläche nicht befahren; Bitte an den Statthalter, die bischöflichen Untertanen von ihren mutwilligen Klagen abzuhalten und sie darauf hinzuweisen, daß sie sonst das ganze Haff befahren können.

Konzept
1 Bogen Folio, S. 1—3 beschrieben, S. 4 Empfänger-, Datums- und Registraturvermerk.
HBA C 1 Nr. 1610. — Altsignatur fehlt; K. 1215.
Reinkopie: Ostpr. Fol. 72, S. 182—185.

Nr. 1611

1562 August 12, Heilsberg

Eustachius von Knobelsdorff, Kustos und Domherr zu Frauenburg, Statthalter des Bistums Ermland, an Herzog Albrecht:

Ankündigung seiner Reise zum königlichen Hof in Wilna aus wichtigen Gründen; weil er nicht weiß, ob er am 2. und 4. September, d. h. an den angesetzten Tagen in der Brathianschen und anderen Grenzangelegenheiten, wieder zurück ist, bittet er um Verschiebung dieser Termine auf die nächsten Tage nach Michaelis, weil er sich dann nach dem Ende der Tagfahrt direkt dorthin begeben könne; diesen Wunsch hat er auch an den Kulmer Woiwoden gelangen lassen.

Behändigte Ausfertigung
1 Bogen 21 x 31, 5 cm, S. 1—2 beschrieben, Unterschrift des Statthalters, S. 4 Außenadresse, Inhalts- und Kanzleivermerk.
Siegel des Statthalters
HBA C 1 Nr. 1611. — Altsignatur: 1/11/183; K. 473.

Journalvermerk:

Bitte des Statthalters um Verschiebung der vereinbarten Grenztage auf die Zeit nach Michaelis.

Ostpr. Fol. 14320, Bl. 87 v.

Nr. 1612

1562 August 16, Braunsberg

Bürgermeister und Ratmannen der Altstadt Braunsberg an Herzog Albrecht:

Bezug auf das herzogliche Schreiben vom 14. August wegen der beiden entwendeten silbernen Schüsseln; Befehl an die Braunsberger Goldschmiede, nach diesen Schüsseln zu forschen und ihr Auffinden dem Rat anzuzeigen; darüber soll dem Herzog Bericht erstattet werden.

Behändigte Ausfertigung
1 Bogen 21 x 32 cm, S. 1—2 beschrieben, Unterschrift der Aussteller; S. 4 Außenadresse, Inhalts- und Kanzleivermerk.
Siegelspuren
HBA C 1 Nr. 1612. — Altsignatur: 2/34/85; K. 473.

Nr. 1613

1562 August 21 [Königsberg]

Herzog Albrecht an Eustachius von Knobelsdorff:

Der Herzog stimmt dem Wunsch [Knobelsdorffs] nach Verschiebung der Grenztage auf die Zeit nach Michaelis zu und hat die königlichen Kommissarien davon verständigt; Bitte an diese, sich mit [Knobelsdorff] wegen eines anderen Termins zu verständigen und ihm diesen mitzuteilen, damit er seine Bevollmächtigten dahin abfertigen kann.

Konzept
1 Blatt Folio, S. 1 beschrieben, S. 2 Empfänger-, Datums- und Registraturvermerk.
HBA C 1 Nr. 1613. — Altsignatur fehlt; K. 1215.
Reinkopie: Ostpr. Fol. 72, S. 204—205.

Nr. 1614

1562 August 21 [Königsberg]

Herzog Albrecht an Eustachius von Knobelsdorff:

Bezug auf den vereinbarten Termin am 2. September zur Erörterung der langwierigen Grenzstreitigkeiten zwischen den Gebieten Brathian, Strasburg und Lautenburg einer- und dem Herzogtum Preußen andererseits; obwohl [Knobelsdorff] wegen seiner Reise nach [Wilna] diesen Tag nicht wahrnehmen kann, bittet ihn der Herzog, die Dinge dahin zu richten, daß die Grenzirrungen am [2. September] behandelt werden können und ihren Fortgang nehmen.

Konzept
1 Bogen Folio, S. 1—2 beschrieben, S. 4 Empfänger-, Datums- und Registraturvermerk.
HBA C 1 Nr. 1614. — Altsignatur fehlt; K. 1215.
Reinkopie: Ostpr. Fol. 72, S. 205—206.

Nr. 1615

1562 August 26, Königsberg

Herzog Albrecht an die Domherren zu Allenstein:

Grenzstreitigkeiten zwischen Nickel von Witmannsdorff, Landrichter im Neidenburgischen, und den Brüdern von Osteschen; auf Ersuchen des Hohensteiner Hauptmanns Dietrich von Wernsdorff soll sich der Schulze von Griesling an den strittigen Ort verfügen und einen Vergleich in diesen Irrungen bewirken.

Reinkopie
Ostpr. Fol. 72, S. 207.

Nr. 1616

1562 September 12 [Königsberg]

Herzog Albrecht an Eustachius von Knobelsdorff:

Bitte um Mitteilung des neuen Termins in den besagten Grenzangelegenheiten nach [Knobelsdorffs] Rückkehr aus Wilna, damit diese langwierigen Händel abgeschlossen werden und der König von Polen [Sigismund II. August] und er [Knobelsdorff] endlich zur Ruhe gelangen können.

Konzept
1 Bogen Folio, S. 1—2 beschrieben, S. 4 Empfänger-, Datums- und Registraturvermerk.
HBA C 1 Nr. 1616. — Altsignatur fehlt; K. 1215.
Reinkopie: Ostpr. Fol. 72, S. 212—213.

Nr. 1617

1562 September 18 [Königsberg]

Herzog Albrecht an Eustachius von Knobelsdorff, Statthalter zu Heilsberg:

Absicht eines bischöflichen Untersassen, der sein geringes Gut an seinen Bruder verkauft hat, sich auf dem zum Großen Spital [in Königsberg] gehörenden Hof Gutenfeld niederzulassen; Bitte um Gewährung des Abzugsrechtes für den Petenten.

Konzept
1 Blatt Folio, S. 1 beschrieben, S. 2 Empfänger-, Datums- und Registraturvermerk.
HBA C 1 Nr. 1617. — Altsignatur fehlt; K. 1215.
Reinkopie: Ostpr. Fol. 72, S. 213—214.

Nr. 1618

1562 September 22 [Königsberg]

Herzog Albrecht an das Kapitel zu Frauenburg:

Bitte um Lieferung von Quittenäpfeln gegen Bezahlung, damit der Herzog dem Wunsch des Königs [Sigismund II. August] nach Bezug solcher Äpfel aus dem Fürstentum [Preußen] entsprechen kann.

Konzept
1 Blatt Folio, S. 1 beschrieben, S. 2 Empfänger-, Datums- und Registraturvermerk.
HBA C 1 Nr. 1618. — Altsignatur fehlt; K. 1215.
Reinkopie: Ostpr. Fol. 72, S. 218—219.

Nr. 1619

1562 Oktober 6, Trient

Bischof Stanislaus von Ermland an Herzog Albrecht:

Empfang des herzoglichen Schreibens vom 26. Juli [1562] am 14. September in Trient; keine Möglichkeit der Stellungnahme zu den Ausführungen des Herzogs, weil er [Hosius] mit zahlreichen Sorgen und Geschäften beladen ist; erfolgreicher Verlauf des Trienter Konzils; im Oktober soll der Kardinal von Loreno (Lorraine) mit 60 Bischöfen auf dem Konzil eintreffen; nach Angaben des Kardinals Granvella sind sie schon am 18. September aufgebrochen; Annahme einer längeren Dauer des Konzils; Übersendung eines kurzen, kürzlich aus Deutschland eingetroffenen Schreibens an den Herzog, aus dem dieser die Meinung der lutherischen Prädikanten über die Wittenberger und Leipziger Theologen ersehen kann; deren Beschwerde über die Verweigerung der Predigt, die Entsetzung ihres Amtes und die ihnen angetane Landesverweisung.

Behändigte Ausfertigung
1 Bogen Folio, S. 1—3 beschrieben, Unterschrift des Bischofs, S. 4 Außenadresse, Inhalts- und Kanzleivermerk.
Siegel des Bischofs
HBA C 1 Nr. 1619. — Altsignatur: 1/11/191; K. 473.
Druck: Wermter (wie Nr. 1504), Nr. 11, S. 79—80.

Journalvermerk:

Schreiben des Bischofs wegen des Trienter Konzils und der Zwistigkeiten bei den Protestanten.

Ostpr. Fol. 14320, Bl. 88 r.

Nr. 1620

1562 Oktober 12, Frauenburg

Prälaten, Domherren und Kapitel des Stifts Ermland an Herzog Albrecht:

Keine Möglichkeit der Lieferung von Quittenäpfeln an den Herzog, weil deren Ernte wegen Frostes und Nässe in diesem Jahr ausgeblieben ist; lediglich ein oder zwei Schock dieser Äpfel sind an die polnische Königin [Katharina von Habsburg] geliefert worden.

Behändigte Ausfertigung
1 Bogen 21 x 32, 5 cm, S. 1 beschrieben, Unterschrift der Aussteller, S. 4 Außenadresse, Inhalts- und Kanzleivermerk.
Siegel der Aussteller
HBA C 1 Nr. 1620. — Altsignatur: 1/11/182; K. 473.

Journalvermerk:

Schreiben des Domkapitels wegen Nichterfüllung des herzoglichen Wunsches nach Lieferung von Quittenäpfeln.

Ostpr. Fol. 14320, Bl. 88 r.

Nr. 1621

1562 Oktober 23, Königsberg

Herzog Albrecht an das Kapitel zu Frauenburg:

Gesuch um Losgebung des Georg Behm zu Matzdorf zwecks dessen beabsichtigter Verheiratung mit der Tochter des alten Hagen aus Kirschdorf im Amt Balga.

Reinkopie
Ostpr. Fol. 72, S. 227—228.

Nr. 1622

1562 Oktober 28 [Königsberg]

Herzog Albrecht an das Kapitel zu Frauenburg:

Bitte um Verschiebung des Appellationstermins für Lorentz Bartsch bis zur Rückkehr des Bischofs aus „fremdem Land" in seine Residenz.

Konzept
1 Blatt Folio, S. 1 beschrieben, S. 2 Empfänger-, Datums- und Registraturvermerk.
HBA C 1 Nr. 1622. — Altsignatur fehlt; K. 1215.

Nr. 1623

1562 November 2, Frauenburg

Prälaten, Domherren und Kapitel des Stifts Ermland an Herzog Albrecht:

In der Appellationssache des herzoglichen Untertans Lorentz Bartsch muß das Kapitel so verfahren, daß allen Parteien Gerechtigkeit geschieht und die Gegenpartei durch den Aufschub des Verfahrens keinen Schaden erleidet.

Behändigte Ausfertigung
1 Bogen 22, 5 x 32 cm, S. 1 beschrieben, Unterschrift der Aussteller, S. 4 Außenadresse, Inhalts- und Kanzleivermerk.
Siegel der Aussteller
HBA C 1 Nr. 1623. — Altsignatur: 1/11/189; K. 473.

Journalvermerk:

Schreiben des Domkapitels in der Sache des Lorentz Bartsch.

Ostpr. Fol. 14320, Bl. 88 r.

Nr. 1624

1562 November 3, Königsberg

Herzog Albrecht an das Kapitel zu Frauenburg:

Bestellung des Vogtes von Fischhausen zum Vormund des Sohns Joachims von der Trenck; Bitte an das Kapitel, alle diese Vormundschaft betreffenden Sachen wegen Abwesenheit des Fischhausener Vogtes mit Anthonius Borcke zu regeln.

Reinkopie
Ostpr. Fol. 72, S. 232—233.

Nr. 1625

1562 November 29 [Königsberg]

Herzog Albrecht an das Kapitel zu Frauenburg:

Erneuerung seiner Bitte um Verschiebung des Appellationstermins für Lorentz Bartsch, weil die Sache noch in erster Instanz anhängig ist und der Richter über eine Prorogation des Verfahrens entscheiden kann.

Konzept
1 Bogen 21 x 31 cm, S. 1—2 beschrieben, S. 4 Empfänger-, Datums- und Registraturvermerk.
HBA C 1 Nr. 1625. — Altsignatur fehlt; K. 1215.

Nr. 1626

1562 Dezember 7, Königsberg

Herzog Albrecht an Eustachius von Knobelsdorff, Statthalter zu Heilsberg:

Trotz eigenhändigen Schreibens des bischöflichen Kanzlers Johannes Leoman keine Einhaltung des für Christoff von Wantkau am 13. Oktober angesetzten Tages durch die Bevollmächtigten des Statthalters; Bitte um Einräumung eines neuen Termins für Christoff von Wantkau, damit dessen langwierige Grenzsache entschieden werden kann.

Reinkopie
Ostpr. Fol. 72, S. 236—237.

Nr. 1627

1562 Dezember 10, Frauenburg

Prälaten, Domherren und Kapitel des Stifts Ermland an Herzog Albrecht:

Am 15. November [1562] ist das „fatale appellationis" [Rechtsfrist der Appellation] in der Sache des Lorentz Bartsch verstrichen; daher kann der Richter Erster Instanz nicht mehr in die Appellationssache eingreifen und keine Prorogation [Verlängerung der Frist] gewähren; keine Möglichkeit des Kapitels, diesen Rechtsverlauf zu beeinflussen; dennoch wollen die Domherren den Bischof von der zweimaligen Bitte des Herzogs im Fall Bartsch unterrichten, wobei sie hoffen, daß [Hosius] nach den Geboten der Billigkeit und des Rechts verfahren wird.

Behändigte Ausfertigung
1 Bogen Folio, S. 1—2 beschrieben, Unterschrift der Aussteller, S. 4 Außenadresse, Inhalts- und Kanzleivermerk.
Siegel der Aussteller
HBA C 1 Nr. 1627. — Altsignatur: 1/11/181; K. 473.

Journalvermerk:

Schreiben des Domkapitels in der Sache des Lorentz Bartsch.

Ostpr. Fol. 14320, Bl. 88 r.

Nr. 1628

1562 Dezember 20, Königsberg

Herzog Albrecht an Eustachius von Knobelsdorff, Statthalter zu Heilsberg:

Gefängliche Inhaftierung des Gärtners von Georg von Aulack in Bartenstein wegen vermuteter Anzündung seines Gehöfts und anderer Bübereien; nach erfolgloser Befragung des Übeltäters in der Tortur und dessen Leistung der Urfehde wird er unter Androhung der Todesstrafe aus dem Herzogtum für immer verwiesen; Begehren an [Knobelsdorff], dem Delinquenten den Aufenthalt im Bistum zu verbieten und diesen bei einem etwaigen Betreten des Ermlands in Haft zu nehmen.

Reinkopie
Ostpr. Fol. 72, S. 239—240.

Nr. 1629

1562 Dezember 25, Heilsberg

Eustachius von Knobelsdorff, Kustos und Domherr zu Frauenburg, Statthalter des Bistums Ermland, an Herzog Albrecht:

Begründung des nicht wahrgenommenen Tages in der Sache Christoff Wantkaus mit seiner längeren Abwesenheit auf der Tagfahrt in Graudenz, wo er in den Grenzangelegenheiten des Herzogs tätig gewesen ist; kein Grund für Wantkau, wegen seiner Unkosten für den nicht veranstalteten Tag beim Herzog Klage zu führen, weil ihn Albrecht von Eylenburg davon rechtzeitig in Kenntnis gesetzt hat; unmittelbar nach Weihnachten muß [Knobelsdorff] auf Ersuchen des Domkapitels nach Petrikau reisen, wobei er den Zeitpunkt seiner Rückkehr nicht nennen kann; Vorschlag an den Herzog, die Behandlung des Falles Wantkau bis zu der in der kommenden Fastenzeit erwarteten Rückkehr des Bischofs zu verschieben; Zusage der Ansetzung eines Tages bei Verzögerung der Rückkunft des [Hosius]; Bereitschaft zur gefänglichen Inhaftierung des Gärtners von Georg von Aulack, falls dieser das Bistum betritt, und zur entsprechenden Unterrichtung der anderen königlichen Orte in Preußen von dieser Sache.

Behändigte Ausfertigung
1 Bogen 21 x 32 cm, S. 1—3 beschrieben, Unterschrift des Statthalters, S. 4 Außenadresse, Inhalts- und Kanzleivermerk.
Siegel des Statthalters
HBA C 1 Nr. 1629. — Altsignatur: 1/11/184; K. 473.

Journalvermerk:

Schreiben des Statthalters in den Sachen Christoff Wantkaus und des Gärtners von Georg von Aulack.

Ostpr. Fol. 14320, Bl. 88 v.

Nr. 1630

1563 Januar 8, Königsberg

Herzog Albrecht an Eustachius von Knobelsdorff, Statthalter zu Heilsberg, und an das Kapitel zu Frauenburg:

Beschwerde Valten Greuels, der die Einwilligung des Statthalters Eustachius von Knobelsdorff zum Verkauf seines zwei Hufen umfassenden Gutes im Bistum Ermland erbeten und erhalten hat, über die ihm auferlegte Strafe von 100 Mark; bis zur Erlegung dieser Summe ist seine fahrende Habe beschlagnahmt worden; Bitte des Herzogs um Erlassung dieser Strafe für Greuel, der sich mit seiner Familie im Hospitaldorf Guttenfeld niederlassen will.

Reinkopie
Ostpr. Fol. 72, S. 252—254.

Nr. 1631

1563 Januar 13, Königsberg

Herzog Albrecht an Eustachius von Knobelsdorff, Statthalter zu Heilsberg:

Bitte um Ansetzung eines Tages im kommenden Frühjahr zur Begehung der strittigen Grenze zwischen den Ämtern Ortelsburg und Bartenstein einer- und dem Bistum Ermland andererseits, auf der etliche Grenzsteine versetzt worden sind; Hoffnung auf Behebung der dortigen Grenzirrungen.

Reinkopie
Ostpr. Fol. 72, S. 255.

Nr. 1632

1563 Februar 17, Petrikau

Eustachius von Knobelsdorff an Herzog Albrecht:

Bezug auf die Nachricht des Herzogs über die Ausrichtung der Hochzeit etlicher Personen seines Hofes und Adels; Dank für seine Einladung zu diesen Feierlichkeiten in Königsberg, die er wegen wichtiger Geschäfte und seiner schweren Erkrankung nicht wahrnehmen kann; Segenswünsche für den Herzog und die Brautpaare.

Behändigte Ausfertigung
1 Bogen 21 x 32, 5 cm, S. 1—2 beschrieben, Unterschrift des Statthalters, S. 4 Außenadresse, Inhalts- und Kanzleivermerk.
Siegel des Statthalters
HBA C 1 Nr. 1632. — Altsignatur: 1/12/151 a; K. 474.

Journalvermerk:

Entschuldigung des Statthalters für sein Fernbleiben von den Hochzeitsfeierlichkeiten in Königsberg.

Ostpr. Fol. 14320, Bl. 90 r.

Nr. 1633

1563 Februar 19, Frauenburg

Michael Scrinius an Herzog Albrecht:

Dank für die Förderung seiner Studien durch den Herzog; die herzogliche Bibliothek ist mit den Werken aller guten Autoren ausgestattet; wenn ihn auch alle seine Mitkanoniker des Abfalls vom wahren Glauben verdächtigen, vermutet doch keiner von ihnen, daß sich Scrinius unter den Schutz des Herzogs begeben und nach Königsberg abreisen will; in [Frauenburg] betrachte man mit Mißtrauen, daß er die Früchte seiner Studien Fremden vermitteln wolle; die Domherren bezeichnen Scrinius als Feind und Häretiker, weil er bis jetzt ein Kämpfer auf ihrer Seite gewesen sei und nun zu den Gegnern überlaufe; er [Scrinius] befürchte, bald als Apostat verdammt und exkommuniziert zu werden; er wisse, daß eine Veränderung der Religion viele Feindseligkeiten nach sich ziehe, entscheidend sei aber das, was der Glaube vorschreibe; schon Aristoteles und Sokrates, dann aber vor allem Christus hätten dafür ein Beispiel gegeben, daß man Gott mehr gehorchen müsse als den Menschen; die Vorwürfe des Kapitels und des Hosius habe er mehr als entkräftet, weil er auf der Straße des Herrn wandele; er sei vom Irrtum zur Wahrheit, von der Dunkelheit zum Licht und von Baal zum Herrn gelangt und erleide Schmähungen wie seinerzeit die Apostel und alle Frommen; Rechtfertigung des Scrinius gegenüber den von seinen Gegnern erhobenen Vorwürfen; für ihn sei nichts wünschenswerter, als den Herzog als Patronus zu haben; er erbitte von diesem ein Amt und Besoldung, wobei sein Bestreben sei, sich immer nach den göttlichen Gesetzen zu richten; für ihn würden Dantiscus und Königsberg zum Vaterland Preußen gehören, und sein größter Wunsch sei, in den Dienst des Herzogs zu treten; sobald er eine positive Anwort auf sein Gesuch erhalten habe, werde er zum Herzog eilen; am 8. Februar sei in [Frauenburg] die Kopie eines Briefes verschiedener Legaten aus Trient an den polnischen König eingegangen; der Herzog solle entschuldigen, wenn er diese schon von anderer Seite erhalten habe; außerdem hätte er [Scrinius] die Rede des Lothringer Kardinals und die darauf bezügliche Antwort des Konzils dem Herzog zugeschickt, wenn er nicht der Meinung gewesen sei, daß sie dieser schon gelesen habe.
11 Calendas Martii

Lateinisch
Behändigte Ausfertigung
1 Bogen 22 x 32, 5 cm, S. 1—2 beschrieben, Unterschrift des Ausstellers, S. 4 Außenadresse.
Siegel des Ausstellers
HBA C 1 Nr. 1633. — Altsignatur: 3/35/188; K. 474.

Beilage

1562 Dezember 22, Trient

Schreiben von vier Legaten des Trienter Konzils an König [Sigismund II. August]:

Hervorhebung der großen Bedeutung des Trienter Konzils für die Christenheit; es gebe keinen katholischen und orthodoxen König, der nicht seine Gesandten dorthin abgeordnet habe, was auch seitens vieler anderer Fürsten geschehen sei; niemals seien bisher an einem Ort soviele Kirchenväter versammelt gewesen; die Einberufung des Konzils sei angesichts der großen Zwietracht und Spaltung in der Kirche notwendig; sein Wirken sei als Heilmittel gegen diese Gebrechen zu verstehen; Ziel des Tridentinums sei die Wiederherstellung des von den heiligen Vorvätern überlieferten Glaubens; die Restitution der Doktrin biete die Möglichkeit, auch im Reich des polnischen Königs gegen den dort von Arianern, Nestorianern und anderen verbreiteten Unglauben vorzugehen und diese der Verdammung und Exkommunikation zu unterwerfen; man wolle das Schwache festigen, das Kranke heilen und das Zerbrochene wieder zusammenfügen.

Lateinisch
1 Blatt 22 x 32,5 cm, S. 1 beschrieben.

Nr. 1634

1563 März 18, Königsberg

Herzog Albrecht an den Rat zu Heilsberg:

Unterrichtung des [Heilsberger Rates] von den Differenzen zwischen Andres Flantz und dessen Untersassen Merten Polman; auf Ersuchen des Flantz hat der Heilsberger Rat das von Polman für sein dort verkauftes Getreide erlöste Geld beschlagnahmt; Bitte um Ausfolgung dieses Geldes an den Petenten, weil dieser vor dem herzoglichen Hofgericht Kaution und Bürgschaft geleistet habe.

Reinkopie
Ostpr. Fol. 72, S. 280—281.

Nr. 1635

1563 März 22, Heilsberg

Bürgermeister und Ratmannen der Stadt Heilsberg an Herzog Albrecht:

Gesuch des Andres Flantz an den Heilsberger Bürgermeister Merten Osterreicher um Konfiskation des von seinem entlaufenen Untertan Merten Polman nach Heilsberg gebrachten Getreides, bis er dieses persönlich bei gutem Schlittenweg dort abholen kann oder einen anderen Bescheid schickt; wegen nichterfolgter Abholung des Getreides durch [Flantz] hat Osterreicher dieses an arme Leute verkauft oder es sonst zu Geld gemacht; Ablehnung der Auszahlung des Geldes an Flantz, das vor vier Wochen Merten Polman aufgrund seines präsentierten Hofgerichtsbeweises übergeben worden ist.

Behändigte Ausfertigung
1 Bogen Folio, S. 1—2 beschrieben, Unterschrift der Aussteller, S. 4 Außenadresse, Inhalts- und Kanzleivermerk.
Siegelspuren
HBA C 1 Nr. 1635. — Altsignatur: 1/9/43; K. 474.

Beilage

I. 1562 Juli 21, Auglitten

Andres Flantz an Merten Osterreicher, Bürgermeister der Stadt Heilsberg:

Bitte um Verwahrung seines Getreides bis zum Zeitpunkt der Abholung durch ihn oder seinen Bevollmächtigten.

II. 1562 Dezember 18, Auglitten

Andres Flantz an Merten Osterreicher, Bürgermeister der Stadt Heilsberg:

Erneute Bitte um Verwahrung des Getreides bis zum Zustandekommen eines guten Schlittenwegs; [Flantz] will wissen, wie mit dem Getreide in der Zwischenzeit verfahren worden sei.

III. 1563 März 2, Auglitten

Andres Flantz an Merten Osterreicher, Bürgermeister der Stadt Heilsberg:

Bitte um Überschickung des aus dem Verkauf seines Getreides erlösten Geldes durch den Schönwalder Krüger Peter Rhenenfurer und um Mitteilung, auf welche Weise dieses verkauft worden sei.

1 Blatt Folio, S. 1—2 beschrieben.

Journalvermerk:

Schreiben des Heilsberger Rates wegen des auf Ersuchen des Andres Flantz konfiszierten Getreides.

Ostpr. Fol. 14320, Bl. 90 r.

Nr. 1636

1563 April 16, Königsberg

Herzog Albrecht an Eustachius von Knobelsdorff, Statthalter zu Heilsberg:

Bitte um Ansetzung eines Tages zur Bereinigung der Grenzstreitigkeiten zwischen Brathian einer- und den herzoglichen Ämtern Schönberg und Deutsch Eylau andererseits.

Reinkopie
Ostpr. Fol. 72, S. 287—288.

Nr. 1637

1563 April 23 [Königsberg]

Herzog Albrecht an Eustachius von Knobelsdorff, Statthalter zu Heilsberg:

Da sein Schreiben in der Sache Christoff Wantkaus bisher unbeantwortet geblieben ist, erneutes Ersuchen um Ansetzung eines Tages zur Behebung dieser langwierigen Differenzen.

Konzept
1 Bogen Folio, S. 1—2 beschrieben, S. 4 Empfänger-, Datums- und Registraturvermerk.
HBA C 1 Nr. 1637. — Altsignatur fehlt; K. 1216.
Reinkopie: Ostpr. Fol. 72, S. 291—292.

Nr. 1638

1563 April 23 [Königsberg]

Herzog Albrecht an die Domherren zu Frauenburg und den Statthalter in Heilsberg:

Nach Aussage Franz von Baysens hat dessen Tochtermann Stentzel Jerlitzki Ludwig Troski in Notwehr getötet; Bitte des Herzogs an die Domherren, möglichst keine Todesstrafe über [Jerlitzki] zu verhängen, und wenn sie anderer Meinung seien, bis zur Rückkehr Baysens von dessen Reise zum König mit ihrer Entscheidung zu warten.

Konzept
1 Bogen Folio, S. 1—2 beschrieben, S. 4 Empfänger-, Datums- und Registraturvermerk.
HBA C 1 Nr. 1638. — Altsignatur fehlt; K. 1216.
Reinkopie: Ostpr. Fol. 72, S. 293—294.

Nr. 1639

1563 April 24, Braunsberg

Bürgermeister und Ratmannen der Altstadt Braunsberg an Herzog Albrecht:

Überschickung des gefangenen Knechtes mit dem bei ihm befindlichen Geld in Höhe von 398 1/2 Mark in Begleitung des Schäffers von Carben.

Behändigte Ausfertigung
1 Bogen 21, 5 x 32 cm, S. 1—2 beschrieben, Unterschrift der Aussteller, S. 4 Außenadresse, Inhalts- und Kanzleivermerk.
Siegel der Aussteller
HBA C 1 Nr. 1639. — Altsignatur: 2/34/86; K. 474.

Nr. 1640

1563 April 27, Königsberg

Herzog Albrecht an das Stadtgericht und den Dompropst zu Allenstein:

Bezug auf die Petition der Kneiphofer Bürger Christoff Kramer und Michel Moller in ihrer Eigenschaft als Vormünder der Kinder der verstorbenen Sophia Lackin; zu dem wegen ausstehender Schuldforderungen an die Erben des Donat Sachs am 1. Mai angesetzten Rechtstag wollen sie Hans Wolff und Albrecht Schwein als ihre Bevollmächtigten schicken; Ersuchen des Herzogs an die Adressaten, den Bevollmächtigten das den Erben der Sophia Lackin Zustehende zu verschaffen.

Reinkopie
Ostpr. Fol. 72, S. 294—296.

Nr. 1641

1563 April 29, Heilsberg

Eustachius von Knobelsdorff, Statthalter des Bistums Ermland, an Herzog Albrecht:

Nach seiner Rückkehr von Petrikau hat er das Schreiben des Herzogs vorgefunden, in dem dieser eine Lösung des Grenzstreits zwischen Bartenstein und Heilsberg begehrt; keine Kenntnis des [Heilsberger] Amtmanns und Landvogts von derartigen Grenzirrungen; dennoch Bereitschaft [Knobelsdorffs], den erbetenen Grenztag durch seinen Landvogt oder Amtmann wahrnehmen zu lassen und auch — wenn es seine Geschäfte zulassen — persönlich daran teilzunehmen; da es sich dabei um ein Stück der Landesgrenze handelt, soll der in Kürze erwartete Bischof hier die Entscheidung treffen; Förderung der Brathianschen Grenzangelegenheit in Petrikau beim Kulmer Woiwoden [Jan Działyński] und dessen in Lautenburg ansässigen Bruder [Raphael]; deren Zögern in der Behandlung der Sache, weil sie nicht wissen, ob sie die Ämter, in denen der strittige Ort liegt, erhalten werden; Bereitschaft zum Vorantreiben der Angelegenheit auf der bevorstehenden Tagfahrt in Marienburg; Hoffnung auf baldige Erledigung dieses Grenzstreits.

Behändigte Ausfertigung
1 Bogen 20, 5 x 32 cm, S. 1—3 beschrieben, Unterschrift des Statthalters, S. 4 Außenadresse, Inhalts- und Kanzleivermerk.
Siegel des Statthalters
HBA C 1 Nr. 1641. — Altsignatur: 1/12/152 a; K. 474.

Journalvermerk:

Schreiben des Statthalters in verschiedenen Grenzangelegenheiten.

Ostpr. Fol. 14320, Bl. 90 r.

Nr. 1642

1563 April 29, Heilsberg

Eustachius von Knobelsdorff, Kustos und Domherr zu Frauenburg, Statthalter des Bistums Ermland, an Herzog Albrecht:

Bezug auf das herzogliche Schreiben wegen der Ermordung des Ludwig Troßke durch Stentzel Jerlitzki; Einberufung eines aus vier Adligen, u. a. bischöflichen Amtleuten, besetzten Gerichts zur Verhandlung dieses Falls; Franz von Baysen will einige herzogliche Untertanen benennen, die für seinen Tochtermann aussagen sollen; Bitte des Statthalters an den Herzog, [Baysen] und alle, die bei der Untat zugegen waren, zum Erscheinen auf dem von den Richtern festgesetzten Tag zu veranlassen; erneute Begründung der ausstehenden Verhandlung der Sache Christoff Wantkaus mit seiner Reise nach Petrikau und anderen wichtigen Geschäften; keine Möglichkeit zum baldigen Wiederaufgreifen des Falles wegen der bevorstehenden Tagfahrt in Marienburg; nach deren Abschluß muß [Knobelsdorff] einen bestimmten königlichen Auftrag erledigen und kann daher vor Pfingsten (30. Mai) die Sache Wantkaus nicht wiederaufnehmen; Absicht [Knobelsdorffs], den Fall bis zur Rückkehr des Bischofs zu verschieben, weil es sich dabei um eine Veränderung der landesherrlichen Grenzen handelt.

Behändigte Ausfertigung
1 Bogen 21 x 33 cm, S. 1—3 beschrieben, Unterschrift des Statthalters, S. 4 Außenadresse, Inhalts-, Beantwortungs- und Kanzleivermerk.
Siegelspuren
HBA C 1 Nr. 1642. — Altsignatur: 1/12/153 a; K. 474.

Journalvermerk:

Schreiben des Statthalters wegen der Mordtat Jerlitzkis und der Sache Christoff Wantkaus.

Ostpr. Fol. 14320, Bl. 90 r.

Nr. 1643

1563 April 30 [Königsberg]

Herzog Albrecht an Eustachius von Knobelsdorff, Statthalter zu Heilsberg, und mutatis mutandis an den Rat zu Elbing:

Hinweis auf den auf Ersuchen der Bürgermeister und Ratmannen der drei Städte Königsberg begonnenen Bau des Tiefs bei Lochstädt; da dieses Vorhaben auch den Nachbarn des Herzogtums förderlich ist, Bitte um die Zufuhr von Strauch, Pfahlholz und anderen Materialien sowie um finanzielle Unterstützung des Projekts; die Adressaten sollen eine entsprechende Steuer ausschreiben und etliche Personen zur Einnahme der daraus fließenden Gelder bestimmen.

Konzept
1 Bogen Folio, S. 1—4 beschrieben, S. 4 Empfänger-, Datums- und Registraturvermerk.
HBA C 1 Nr. 1643. — Altsignatur fehlt; K. 1216.
Reinkopie: Ostpr. Fol. 72, S. 297—300.

Nr. 1644

1563 Mai 1, Königsberg

Herzog Albrecht an Georg und Christoff Troschke sowie an die anderen Verwandten des verstorbenen Ludwig Troschke:

Bezug auf die in Notwehr verübte Tat des im Bistum Ermland gefänglich inhaftierten Stentzel Jerlitzki; Bitte an die Adressaten, dem [Jerlitzki] nicht nur aus dem Gefängnis zu verhelfen, sondern auch dazu beizutragen, daß ihm das Leben geschenkt werde; damit könnten alle beschwerlichen Weiterungen vermieden werden.

Reinkopie
Ostpr. Fol. 72, S. 302—303.

Nr. 1645

1563 Mai 2 [Königsberg]

Herzog Albrecht an Eustachius von Knobelsdorff, Statthalter zu Heilsberg:

Empfang zweier Schreiben des Statthalters, die unter dem 29. April datiert sind; Einverständis mit dem Vorschlag [Knobelsdorffs], dem Rechtsgang in der Sache [Jerlitzkis] seinen Lauf zu lassen; dennoch hält der Herzog an seinem Gnadeersuchen für den Delinquenten fest; Bitte an den Statthalter, alles zur Vermeidung der Todesstrafe für [Jerlitzki] Erforderliche zu tun; erneutes Begehren an [Knobelsdorff], dem Wantkau zum Recht zu verhelfen; Dank für die Bereitschaft des Statthalters, zur Regelung der Grenzfragen zwischen Bartenstein und Heilsberg und Brathian und bestimmten herzoglichen Ämtern beizutragen, wobei der Herzog in der ersten Angelegenheit einer zeitlichen Verschiebung zustimmt, in der Brathianschen Sache aber wegen eines neuen königlichen Mandats auf rasche Erledigung dringt und [Knobelsdorff] um intensive Gespräche mit dem Kulmer Woiwoden [Jan Działyński] und anderen Kommissarien auf der Marienburger Tagfahrt ersucht.

Konzept
1 Bogen Folio, S. 1—4 beschrieben, S. 4 Empfänger-, Datums- und Registraturvermerk.
HBA C 1 Nr. 1645. — Altsignatur fehlt; K. 1216.
Reinkopie: Ostpr. Fol. 72, S. 304—307.

Nr. 1646

1563 Mai 3, Heilsberg

Jacobus Zimmermann, Domherr zu Frauenburg und Landpropst zu Allenstein, an Herzog Albrecht:

Empfang des herzoglichen Schreibens in der Schuldforderungssache der Erben Merten Lackens; das Domkapitel hatte der Witwe Lackens im vergangenen Jahr einen Tag auf Philippi und Jacobi (1. Mai) in Allenstein angesetzt, auf dem sie oder ihre Prokuratoren nicht erschienen waren; der Bitte Albrecht Schiers um Förderung der Sache kann [Zimmermann] nicht entsprechen, weil die Gesandten des Kapitels diesmal zu Philippi und Jacobi keinen Gerichtstag in Allenstein halten konnten; Albrecht Schier oder andere Prokuratoren sollen stattdessen zu Johannis (24. Juni) in Allenstein erscheinen und ihre Sache dort den Gesandten des Kapitels vortragen; Zusage [Zimmermanns], den Lackenschen Erben zum Recht zu verhelfen.

Behändigte Ausfertigung
1 Bogen 21 x 32 cm, S. 1—2 beschrieben, Unterschrift des Ausstellers, S. 4 Außenadresse, Inhalts- und Kanzleivermerk.
Siegel des Ausstellers
HBA C 1 Nr. 1646. — Altsignatur: 1/12/163; K. 474.

Journalvermerk:

Schreiben des Domherrn und Landpropstes Jacob Zimmermann in der Schuldforderungssache der Lackenschen Erben.

Ostpr. Fol. 14320, Bl. 90 v.

Nr. 1647

1563 Mai 5, Allenstein

Richter, Schöppenmeister und Schöppen des Stadtgerichts Allenstein an Herzog Albrecht:

Hinweis auf das beim Domkapitel schwebende Verfahren in der Schuldforderungssache der Erben Lackens gegen die Frau und die Kinder des verstorbenen Donat Sachs; keine Möglichkeit des Allensteiner Stadtgerichts, die Sache dem Kapitel aus den Händen zu nehmen; falls diese an das Stadtgericht remittiert wird, will dieses sein Bestes tun, um den Lackenschen Erben zum Recht zu verhelfen.

Behändigte Ausfertigung
1 Bogen 21 x 30, 5 cm, S. 1—2 beschrieben, Unterschrift der Aussteller, S. 4 Außenadresse, Inhalts- und Kanzleivermerk.
Siegel fehlt
HBA C 1 Nr. 1647. — Altsignatur: 1/9/50; K. 474.

Journalvermerk:

Schreiben des Allensteiner Stadtgerichts in der Schuldforderungssache der Erben Merten Lackens.

Ostpr. Fol. 14320, Bl. 90 v.

Nr. 1648

1563 Mai 7, Frauenburg

Eustachius von Knobelsdorff, Kustos und Domherr zu Frauenburg, Statthalter des Bistums Ermland, an Herzog Albrecht:

Empfang der königlichen Kommissionen und Mandate, die ihn und andere zu Bevollmächtigten in der Grenzsache zwischen den Herrschaften Lautenburg und Strasburg einer- und herzoglichen Ämtern andererseits ernennen; Bereitschaft [Knobelsdorffs], die Sache auf der bevorstehenden Marienburger Tagfahrt voranzutreiben und mit seinen Mitkommissarien einen Tag zur endgültigen Behebung der Streitigkeiten zu verabreden.

Behändigte Ausfertigung
1 Bogen 21 x 32 cm, S. 1—2 beschrieben, Unterschrift des Statthalters, S. 4 Außenadresse, Inhalts- und Kanzleivermerk.
Siegel des Statthalters
HBA C 1 Nr. 1648. — Altsignatur: 1/12/155 a; K. 474.

Journalvermerk:

Schreiben des Statthalters wegen Förderung der langwierigen Grenzstreitigkeiten auf der bevorstehenden Tagfahrt in Marienburg.

Ostpr. Fol. 14320, Bl. 90 v.

Nr. 1649

1563 Mai 7, Frauenburg

Eustachius von Knobelsdorff, Statthalter des Bistums Ermland, an Herzog Albrecht:

Keine Möglichkeit zur Einführung einer neuen Steuer im Bistum wegen Förderung des Baus des Tiefs bei Lochstädt, weil sich alle Entscheidungen über derartige Auflagen und Belastungen der bischöflichen Untertanen [Hosius] persönlich vorbehalten habe; überdies seien die Ermländer viele Jahre mit Zuschüssen zu Kirchenbauten und für das abgebrannte Schloß Heilsberg sehr beschwert worden und „des vielfältigen Gebens mit der Zeit müde geworden“; Bitte an den Herzog, sein Begehren direkt an den Kardinal [Hosius] zu richten; was dieser entscheiden werde, wolle er [Knobelsdorff] umgehend in die Tat umsetzen.

Behändigte Ausfertigung
1 Bogen 21 x 32, 5 cm, S. 1—2 beschrieben, Unterschrift des Statthalters, S. 4 Außenadresse, Inhalts- und Kanzleivermerk.
Siegel des Statthalters
HBA C 1 Nr. 1649. — Altsignatur: 1/12/154 a; K. 474.

Journalvermerk:

Schreiben des Statthalters wegen seiner fehlenden Befugnisse, eine Steuer zur Förderung des Tiefs bei Lochstädt zu bewilligen.

Ostpr. Fol. 14320, Bl. 91 r.

Nr. 1650

1563 Mai 26, Königsberg

Herzog Albrecht an Eustachius von Knobelsdorff, Statthalter zu Heilsberg, und an das Kapitel zu Frauenburg:

Bezug auf seine Schreiben vom September [1562] an den Statthalter und vom 6. Januar [1563] an das Kapitel in der Angelegenheit Valten Greuels, die bisher unbeantwortet geblieben sind; Bitte um Erlassung der über [Greuel] verhängten Strafe in Höhe von 100 Mark und um Ausfolgung seiner beschlagnahmten Habe.

Reinkopie
Ostpr. Fol. 72, S. 340—342.

Nr. 1651

1563 Juni 2, Heilsberg

Eustachius von Knobelsdorff, Statthalter des Bistums Ermland, an Herzog Albrecht:

Dank seinen Bemühungen konnte er auf der Marienburger Tagfahrt mit seinen Mitkommissarien und dem Kulmer Woiwoden [Jan Działyński] und dessen beiden Brüdern den 1. September zur Regelung der Brathianschen und den 3. September in der Strasburgschen und Lautenburgschen Sache vereinbaren; Bitte um Abordnung der herzoglichen Bevollmächtigten auf diese Tage; Beschwerde der Stände des Bistums über die abgebrochene und verlegte Brücke bei Spittehnen; Bitte um Wiedererrichtung der Brücke am alten Ort; Bezug auf ein zeitlich länger zurückliegendes Schreiben des Herzogs in der Brückenangelegenheit; Beschwerde der Ritterschaft, Bürger und des Landvolks des Bistums über die Hemmung der freien Straße durch den Hauptmann zu Liebstadt; Gesuch an den Herzog, den Hauptmann zum Aufbau der Brücke am früheren Ort zu verpflichten; Bitte um Regulierung der Grenze am Fluß Bibernick.

Behändigte Ausfertigung
1 Bogen 21 x 31 cm, S. 1—3 beschrieben, Unterschrift des Statthalters, S. 4 Außenadresse, Inhalts- und Kanzleivermerk.
Siegel des Statthalters
HBA C 1 Nr. 1651. — Altsignatur: 1/12/150 a; K. 474.

Journalvermerk:

Schreiben des Statthalters wegen verschiedener Grenzstreitigkeiten und der abgerissenen Brücke bei Spittehnen.

Ostpr. Fol. 14320, Bl. 91 r.

Nr. 1652

1563 Juni 4, Königsberg

Herzog Albrecht an Eustachius von Knobelsdorff:

Einverständnis mit der zeitlichen Festsetzung der beiden Grenztage und Bereitschaft, seine Gesandten dorthin abzuordnen; Klage bischöflicher Untersassen und vor allem Hans Packuschs über die Verlegung der Brücke bei Spittehnen, weil nun die Straße durch dessen Gehöft führt; Befehl an Andres von Wilmansdorf (Willmsdorf) [Hauptmann zu Liebstadt], die besagten Örtlichkeiten nochmals zu besichtigen und die beste Stelle für die Brücke zu ermitteln, weil die in Spittehnen ungünstig sei; Bitte an [Knobelsdorff], seinerseits einen Bevollmächtigten dorthin zu schicken.

Reinkopie
Ostpr. Fol. 72, S. 353—355.

Nr. 1653

1563 Juni 25, Heilsberg

Eustachius von Knobelsdorff an die Statthalter und Räte zu Königsberg:

Dank für die Nachricht vom Heranzug einer großen Anzahl Kriegsvolks aus Deutschland, das vermeintlich vom polnischen König angeworben sein soll; keine Möglichkeit für [Knobelsdorff] zur Hinderung dieses Durchzugs, weil das Ermland mitten in den Landen Preußen und die eigentliche Sperre an den Strömen liegt; eine strategische Bedeutung kommt hier vor allem Thorn und Danzig und zum Teil auch Elbing zu; 50 Reiter haben sich schon bei Wormditt gelagert, und etwa 200 weitere werden folgen.

Behändigte Ausfertigung
1 Bogen 21, 5 x 32 cm, S. 1—2 beschrieben, Unterschrift des Statthalters, S. 4 Außenadresse, Inhalts- und Kanzleivermerk.
Siegelspuren
HBA C 1 Nr. 1653. — Altsignatur: 1/12/156 a; K. 474.

Journalvermerk:

Schreiben des Statthalters wegen des anrückenden Kriegsvolks.

Ostpr. Fol. 14320, Bl. 91 r.

Nr. 1654

1563 Juni 26, Königsberg

Herzog Albrecht an den Landpropst zu Allenstein:

Beschwerde des Passenheimer Einwohners Stentzel Preuß über seine Hinderung, die von ihm erkauften eineinhalb Hufen in Besitz zu nehmen; Ersuchen an den Landpropst, dem Petenten zu seinem Recht zu verhelfen.

Reinkopie
Ostpr. Fol. 72, S. 377—378.

Nr. 1655

1563 Juli 7, Königsberg

Räte zu Königsberg an Jost Ebert in Rössel:

Anzeige der Vorsteher des Königsberger Hospitals über die Abforderung ihres Zimmermanns Greger Mannkersten durch den Adressaten; Ersuchen an diesen, den im Dorfe Legin geborenen Mannkersten frei- und loszugeben, damit er seine Dienste gegenüber dem Hospital erfüllen kann.

Reinkopie
Ostpr. Fol. 72, S. 394—396.

Nr. 1656

1563 August 4 ⌈Königsberg⌉

Herzog Albrecht an das Kapitel zu Frauenburg:

Dank für die Lieferung von Viktualien für den Zug des Herzogs nach [Preußisch] Holland und zur Weichsel; er [Albrecht] nimmt die Aufstellung eines eigenen Aufgebots des Kapitels gern zur Kenntnis und ermahnt dieses, die Fähren und Kähne an der Weichsel rechtzeitig sicherzustellen; Eintreffen eines Gesandten des Herzogs Erich [von Braunschweig] beim Herzog, der diesem und dem polnischen König die Dienstwilligkeit und Freundschaft seines Herrn entbietet; wenn das Kapitel Herzog [Erich] den von ihm begehrten freien Paß verweigert, wird ihn dieser vermutlich mit Gewalt nehmen.

Konzept
1 Bogen Folio, S. 1—2 beschrieben, S. 4 Empfänger-, Datums- und Registraturvermerk.
HBA C 1 Nr. 1656. — Altsignatur fehlt; K. 1216.
Reinkopie: Ostpr. Fol. 72, S. 430—432.

Nr. 1657

1563 August 10, Trient

Bischof Stanislaus von Ermland an Herzog Albrecht:

Klage des Kapitels über die an seinen Untertanen begangenen Exzesse der durch Preußen ziehenden Knechte und Reiter; Bitte an den Herzog, diesen Frevel zu unterbinden und gemeinsam mit dem Kapitel Maßnahmen gegen die streifenden Landsknechte zu ergreifen, damit die armen Untertanen vor Schaden bewahrt bleiben.

1 Bogen Folio, S. 1—3 beschrieben, Unterschrift des Bischofs, S. 4 Außenadresse, Inhalts- und Kanzleivermerk.
Siegel des Bischofs
HBA C 1 Nr. 1657. — Altsignatur: 1/12/157; K. 474.

Journalvermerk:

Schreiben des Bischofs wegen zu ergreifender Maßnahmen gegen die Exzesse verübenden Landsknechte.

Ostpr. Fol. 14320, Bl. 91 v.

Nr. 1658

1563 August 22, Königsberg

Herzog Albrecht an den Rat zu Braunsberg:

Klage des Krügers von Prappeln über den in Braunsberg inhaftierten Lorentz Bom, der ihm und seiner Frau die Kleider entwendet habe; Bitte um Bestrafung des Übeltäters und um Ausfolgung des geraubten Guts an den Petenten.

Reinkopie
Ostpr. Fol. 72, S. 440—441.

Nr. 1659

1563 August 27, Heilsberg

Verordnung des Statthalters Eustachius von Knobelsdorff für die Untertanen des Bistums Ermland:

Laut den Beschlüssen der letzten Tagfahrt in Marienburg zu Stanislai (8. Mai) sollen die in den Landen Preußen eingerissenen Unordnungen abgestellt werden; Hoffnung auf Zurückziehung der bereits gebundenen göttlichen Strafrute; Verbot für die Handwerker, die Montage und anderen Werktage mit Feiern und „Gesöff" zu verbringen; sie sollen nur an den von der christlichen Kirche verordneten Feiertagen die Arbeit ruhen lassen; Strafandrohung für Knechte und Mägde, die sich ohne Erlaubnis der Herrschaft aus dem Dienst entfernen, und Verbot der Beherbergung entlaufenen Gesindes; rechtmäßig entlassene Dienstboten müssen in den Dörfern ein Attestat des Pfarrers und in den Städten das des Stadtschreibers vorweisen; Gesinde ohne entsprechenden Nachweis soll in die Ketten gespannt und bestraft werden; gegen diese Anordnung verstoßende Amtsverwalter sollen — wenn es sich um Burggrafen, Hauptleute und städtische Bürgermeister handelt — mit 20 und die Schulzen in den Dörfern mit 10 Mark Strafe belegt werden; auf Beschluß der Stände des Bistums werden Bettelei, das Umlaufen der Schotten, Krämer und Masuren, das Bierbrauen auf dem Lande, die Kindelbiere und Gastereien sowie der Vorkauf auf dem Lande streng untersagt; besondere Kennzeichnung der aus Not bettelnden Personen, die Almosen erhalten sollen; Verstöße gegen die Landesordnung sollen geahndet werden.

Abschrift
1 Bogen 21 x 32 cm, S. 1—4 beschrieben.
HBA C 1 Nr. 1659. — Altsignatur fehlt; K. 474.

Nr. 1660

1563 August 27, Königsberg

Räte zu Königsberg an Eustachius von Knobelsdorff, Statthalter in Heilsberg:

Ankunft Herzog Erichs von Braunschweig mit etlichen 1000 Mann zu Roß und 18 fliegenden Fähnlein in Mecklenburg; [Erich] hat mit seinem Kriegsvolk bereits die Elbe überschritten und nähert sich den Grenzen Pommerns; Unterrichtung des Statthalters von der Möglichkeit des Weiterzugs dieses Volkes nach Preußen.

Reinkopie
Ostpr. Fol. 72, S. 444—445.

Nr. 1661

1563 August 28 [Königsberg]

Räte zu Königsberg an Eustachius von Knobelsdorff, Statthalter zu Heilsberg, und mutatis mutandis an Achatius von Zehmen, den Marienburger Schatzmeister [Jan Kostka] und den Kulmer Woiwoden [Jan Działyński]:

Erwartung des Eintreffens Herzog Erichs von Braunschweig mit 1000 Mann zu Roß und 8000 zu Fuß am kommenden Donnerstag oder Freitag (2./3. September) vor Danzig; Durchzug von drei Schwadronen Reiter durch Thorn, die sich ihre Rüstungen auf etlichen Wagen nachführen lassen; sie behaupten, dem polnischen König zu unterstehen, und wollen Herzog Erich zuziehen, der sie gegen die Moskowiter einsetzen will; die wahren Absichten dieser Truppen sind unbekannt, weil Herzog Erich seine Pläne nicht im geringsten bekanntgegeben hat; Bitte an die Adressaten, auf die Ströme, Festungen und Städte wie Danzig und andere Plätze gute Achtung zu haben und gegebenenfalls, bis eine genaue Nachricht vom König [Sigismund II. August] eintreffe, die Fähren und Brücken wegzunehmen, um das Kriegsvolk dadurch aufzuhalten.

Konzept
1 Bogen Folio, S. 1—2 beschrieben, S. 4 Empfänger-, Datums- und Registraturvermerk.
HBA C 1 Nr. 1661. — Altsignatur fehlt; K. 1216.
Reinkopie: Ostpr. Fol. 72, S. 446—448.

Nr. 1662

1563 August 29, Heilsberg

Eustachius von Knobelsdorff, Statthalter des Bistums Ermland, an die Räte zu Königsberg:

Nach Eintreffen der Nachricht über das Zusammenrotten von Kriegsvolk in Deutschland Absendung eines Boten an den polnischen König, der durch seinen Kanzler hat antworten lassen; Unterrichtung der anderen Räte des Königlichen Teils [Preußen] durch den Statthalter, der sie zum Schutz des „gemeinen Friedens" aufgerufen hat; Absendung seiner Kundschafter an etliche Orte, deren Berichte er dem Herzog zur Kenntnis bringen will; Bezug auf die auf der vergangenen Marienburger Tagfahrt verhandelten Artikel über das Montagsfeiern der Handwerker und andere Gebrechen, die bereits an vielen Orten des Königlichen Teils [Preußen] publiziert worden sind; im Bistum [Ermland] ist die Veröffentlichung dieser Punkte wegen der durchziehenden Kriegsvölker bisher unterblieben; [Knobelsdorff] möchte hier in Absprache mit dem Herzog vorgehen und bittet um Auskunft, wie [Albrecht] darüber denkt.

Behändigte Ausfertigung
1 Bogen 21, 5 x 32 cm, S. 1—3 beschrieben, Unterschrift des Statthalters, S. 4 Außenadresse, Inhalts- und Kanzleivermerk.
Siegel des Statthalters
HBA C 1 Nr. 1662. — Altsignatur: 1/11/219; K. 474.

Journalvermerk:

Schreiben des Statthalters wegen der Kriegsvölker Herzog Erichs von Braunschweig und der Abstellung verschiedener Gebrechen bei den Handwerkern und anderen.

Ostpr. Fol. 14320, Bl. 91 v.

Nr. 1663

1563 August 30, Heilsberg

Eustachius von Knobelsdorff, Statthalter des Bistums Ermland, an die Räte zu Königsberg:

Lager Erichs von Braunschweig 20 Meilen von Danzig entfernt mit 17 Fähnlein Knechten und 600 Reitern; der Herzog von Pommern hat aufgrund des Erich gewährten kaiserlichen Geleits diesen bis an die Grenze seines Territoriums gebracht; Vorgeben [Erichs], seine vom polnischen König besoldeten Truppen gegen die Moskowiter führen zu wollen; die Stadt Danzig hat die Ratsherren Constantinus [Ferber] und Matthias Zimmermann zu Herzog Erich geschickt, die sich nach dessen freundlichen oder feindlichen Absichten erkundigen sollen; Absicht [Knobelsdorffs] zum Aufbruch nach Frauenburg, um den Orten des Geschehens näher zu sein; er will in dem ihm anvertrauten Territorium die nötigen Vorkehrungen treffen.

Behändigte Ausfertigung
1 Bogen 21, 5 x 32 cm, S. 1—2 beschrieben, Unterschrift des Statthalters, S. 4 Außenadresse, Inhalts- und Kanzleivermerk.
Siegel des Statthalters
HBA C 1 Nr. 1663. — Altsignatur: 1/12/167; K. 474.

Nr. 1664

1563 August 30 [Königsberg]

Räte zu Königsberg an Eustachius von Knobelsdorff, Statthalter zu Heilsberg:

Absicht des Kulmer Unterkämmerers Michael Działyński zum Aufbruch ins Ausland; wegen der Grenzirrungen zwischen Strasburg und Lautenburg einer- und Soldau und Gilgenburg andererseits will er seine Reise nicht aufschieben; Bitte der Räte an den Statthalter, den Działyńlski wegen der Wichtigkeit der Angelegenheit von seiner geplanten Reise abzuhalten, weil die meisten der zu erörternden Grenzsachen ihn selbst beträfen; zumindest müsse [Działyński] einen seiner Brüder oder einen anderen als seinen Bevollmächtigten in dieser Sache bestimmen.

Konzept
1 Blatt Folio, S. 1 beschrieben, S. 2 Empfänger-, Datums- und Registraturvermerk.
HBA C 1 Nr. 1664. — Altsignatur fehlt; K. 1216.
Reinkopie: Ostpr. Fol. 72, S. 453—455.

Nr. 1665

1563 September 1, Frauenburg

Eustachius von Knobelsdorff, Statthalter des Bistums Ermland, an die Räte zu Königsberg:

Die Herzog Erich entgegengeschickten Danziger Ratsherren Constantinus [Ferber] und Matthias Zimmermann sowie andere aus dem Rat und der Gemeinde haben in Schmechau den Hauptmann Wilhelm von Dutken getroffen, der mit einem Kredenzbrief des Herzogs für den Danziger Rat versehen war; dieser gelangt umgehend mit den genannten Ratsherren nach Danzig und erklärt dort, daß Herzog Erich zum Besten des polnischen Königs sein Kriegsvolk gegen den moskowitischen Feind führen wolle; Bitte des Herzogs [Erich] um einen freien Paß zum Durchzug durch oder vor der Stadt bei gleichzeitiger Zusage, weder der Stadt noch deren Untersassen irgendeinen Schaden zufügen zu wollen; falls das den Danzigern nicht ausreicht, will er sich selbst mit acht oder zehn Kleppern als Geisel zur Verfügung stellen; Bitte [Erichs] um Verproviantierung seiner Truppen gegen billige Bezahlung und um eine Anleihe von 20 000 Gulden, um sein Volk mit der erforderlichen Kleidung ausstatten zu können; außerdem soll er einen oder zwei Zelter und einen Klepper begehrt haben; daraufhin hat sich der Rat mit der Gemeinde beraten und auch eine Unterredung mit dem Marienburger Woiwoden [Achatius von Zehmen] und dem Danziger Kastellan [Jan Kostka] geführt, über deren Ergebnis bisher nichts bekannt ist; [Erich] verfügt über 10 000 Fußknechte, von denen ein Teil aus geübten Leuten besteht; er führt außerdem vier halbe Schlangen und fünf Falkonetten mit sich.

Behändigte Ausfertigung
1 Bogen 21, 5 x 32 cm, S. 1—3 beschrieben, Unterschrift des Statthalters, S. 4 Außenadresse, Inhalts- und Beantwortungsvermerk vom 2. September [1563].
Siegel des Statthalters
HBA C 1 Nr. 1665. — Altsignatur: 1/12/158; K. 474.

Journalvermerk:

Schreiben des Statthalters über die Absichten Herzog Erichs von Braunschweig und über die Zahl seiner Truppen und Geschütze.

Ostpr. Fol. 14320, Bl. 91 v.

Nr. 1666

1563 September 1, Königsberg

Herzog Albrecht an Eustachius von Knobelsdorff, Statthalter zu Heilsberg:

Der Zug Herzog Erichs ist nicht auf Wunsch des polnischen Königs erfolgt; er hat die Weichsel eigenmächtig überschritten; falls er Danzig angreifen werde, müsse der Stadt

Hilfe und Entsetzung zuteil werden; dabei müsse rasch gehandelt werden, und er [Albrecht] habe alles Volk, das in den Festungen und sonstwo entbehrt werden könne, auf den 6. September nach [Preußisch] Holland aufgeboten, wo man weiteres abwarten wolle; Bitte an [Knobelsdorff] um Aufbietung der Stiftsuntertanen, damit einem feindlichen Angriff rechtzeitig entgegengetreten werden könne; Bitte um Unterrichtung, wo die beiderseitigen Aufgebote in der Eile zusammenkommen können; nach Ansicht des Herzogs muß das zunächst bedrohte Danzig vom ermländischen Statthalter und den anderen Ständen des Königlichen Teils [Preußen] gebührend unterstützt und zur Standhaftigkeit ermahnt werden; Bitte um Bestellung einer Person in Frauenburg, die von Danzig, Elbing oder anderen Orten kommende Briefe nach Heiligenbeil und umgekehrt von dort nach Elbing und anderswohin befördern solle; weil die Versorgung des in [Preußisch] Holland befindlichen Aufgebots allein aus den umliegenden herzoglichen Ämtern nicht gewährleistet werden kann, Bitte an [Knobelsdorff] um Lieferung von Bier, Brot, Heu, Stroh, Hafer, Fleisch und anderen Viktualien an diesen Ort gegen Bezahlung.

Reinkopie
Ostpr. Fol. 72, S. 473—479.

Nr. 1667

1563 September 2 [Königsberg]

Herzog Albrecht an Eustachius von Knobelsdorff, Statthalter des Bistums Ermland:

Nach seiner Ansicht ist den Versicherungen Herzog Erichs von Braunschweig nicht zu trauen, weil er kein „Diener“ des polnischen Königs sei und von diesem keinen Auftrag zur Heranführung eines Kriegshaufens erhalten habe; deshalb dürfe er keinen freien Paß für seinen Durchzug erhalten; Ersuchen an [Knobelsdorff], zum Besten des Vaterlands das Seinige beizutragen, was auch er [Albrecht] tue; Hinweis auf das Eintreffen des herzoglichen Aufgebots in [Preußisch] Holland am 6. September.

Konzept
1 Bogen Folio, S. 1—2 beschrieben, S. 4 Empfänger-, Datums- und Registraturvermerk.
HBA C 1 Nr. 1667. — Altsignatur fehlt; K. 1216.
Reinkopie: Ostpr. Fol. 72, S. 483—485.

Nr. 1668

1563 September 2, Königsberg

Herzog Albrecht an die Prälaten, Domherren und das Kapitel des Stifts Ermland:

Alle Lehnsverwandten des polnischen Königs müssen einhellig danach trachten, der von Herzog Erich von Braunschweig ausgehenden Gefahr entgegenzutreten; dessen Kriegsvolk soll ohne Genehmigung des Königs der Übergang über die Weichsel versagt werden; Absicht des Herzogs, am 4. September mit 500 oder 600 Pferden aufzubrechen und dieses Kontingent durch weitere Reiterei und Fußvolk zu verstärken; Bitte um Verproviantierung der herzoglichen Truppen beim Durchzug durch das domkapitularische Gebiet; Ersuchen an das Kapitel, unverzüglich ein Aufgebot aufzustellen und damit die Pflichten gegenüber dem König zu erfüllen.

Abschrift
1 Bogen 22, 5 x 33 cm, S. 1—2 beschrieben, S. 4 Außenadresse und Kanzleivermerk.
HBA C 1 Nr. 1668. — Altsignatur: 4/50/63; K. 474.

Beilage

Postskript

Ersuchen an das Kapitel, angesichts der bestehenden Gefahr alles Erforderliche zum Schutz des gemeinen Vaterlands zu tun.

1 Zettel 20, 5 x 10, 5 cm, S. 1 beschrieben.

Nr. 1669

1563 September 3, Frauenburg

Prälaten, Domherren und Kapitel des Stifts Ermland an Herzog Albrecht:

Wegen der „Auszehrung und Schwächung" Frauenburgs durch das kürzlich durchpassierte Kriegsvolk sind dort nur noch wenige Viktualien vorhanden; dennoch muß das Kapitel die in der Nähe zusammengezogenen kapitularischen und bischöflichen Lehnspflichtigen unterhalten; trotz seiner bedrängten Lage hat das Kapitel die umliegenden Dörfer zur schleunigen Zufuhr von Lebensmitteln nach [Preußisch] Holland angewiesen, was auch der ermländische Statthalter für die bischöflichen Dörfer getan habe.

Behändigte Ausfertigung
1 Bogen 22 x 32, 5 cm, S. 1—2 beschrieben, Unterschrift der Aussteller, S. 4 Außenadresse, Inhalts- und Kanzleivermerk.
Siegel der Aussteller
HBA C 1 Nr. 1669. — Altsignatur: 1/12/164; K. 474.

Journalvermerk:

Schreiben des Domkapitels wegen Proviantlieferung an das bei [Preußisch] Holland versammelte herzogliche Aufgebot.

Ostpr. Fol. 14320, Bl. 91 v.

Nr. 1670

1563 September 3, Frauenburg

Eustachius von Knobelsdorff, Statthalter des Bistums Ermland, an Herzog Albrecht:

Erfüllung seiner Pflichten im [Ermland] nicht nur auf Anweisung des Bischofs, sondern auch zum Nutzen des gemeinen Vaterlands; Bereitschaft zur Unterrichtung des Herzogs von allen eingegangenen Kundschaften; Absendung eines eigenen Boten an die herzoglichen Räte mit Informationen; Aufbietung aller Lehns- und Dienstleute des Bistums und Kapitels mit ihren Rüstungen zum 10. September; Absicht zur Teilnahme an der am kommenden Sonntag (5. September) stattfindenden Zusammenkunft der Stände in Marienburg, deren Beschlüssen er nachkommen will; der Postbeförderung von [Frauenburg] nach Elbing und auf dem Gegenweg nach Heiligenbeil wird sich das Kapitel annehmen; dagegen sollen Botschaften des Statthalters und des Kapitels von [Frauenburg] über Heiligenbeil nach Königsberg und solche auf anderen Straßen nach Elbing von der herzoglichen Post übernommen werden; obwohl der Bischof und das Kapitel auf dem Wege nach [Preußisch] Holland nur wenige Untertanen haben und diese schon unter dem letzten Durchzug von Kriegsvolk gelitten haben, sollen die bischöflichen und domkapitularischen Dörfer zur Lieferung von Proviant und Futter an das herzogliche Aufgebot veranlaßt werden.

Behändigte Ausfertigung
1 Bogen und 1 Blatt 21 x 32 cm, S. 1—4 beschrieben, S. 6 Außenadresse, Inhalts- und Kanzleivermerk.
Siegel des Statthalters
HBA C 1 Nr. 1670. — Altsignatur: 1/12/159; K. 474.

Journalvermerk:

Schreiben des Statthalters wegen der Übermittlung eingehender Kundschaften an den Herzog und der Lieferung von Proviant an das herzogliche Aufgebot.

Ostpr. Fol. 14320, Bl. 91 v.

Nr. 1671

1563 September 4 [Königsberg]

Herzog Albrecht an Eustachius von Knobelsdorff, Statthalter zu Heilsberg:

Bitte an [Knobelsdorff], das Aufgebot des Bistums und Kapitels in Bewegung zu setzen; Audienz eines Gesandten Herzog Erichs bei [Albrecht], der um die Förderung des Wunsches seines Herrn nach Eintritt in die Dienste des polnischen Königs und um Gewährung des Durchzugs durch das [Fürstentum Preußen] bittet; keine Bereitschaft, diesen ohne Wissen des Königs zu gestatten; nach den Ausführungen des Gesandten wird [Herzog Erich] bei Verweigerung des Durchzugs diesen gewaltsam erzwingen;

daher ist die Besetzung der Positionen an der Weichsel erforderlich, um dem Kriegsvolk [Erichs] den Übergang zu verwehren; Hoffnung auf Beschlüsse der Marienburger Zusammenkunft, die dem Vaterland nützlich sind; gestern sind die Dienstpflichtigen des Herzogtums in Marsch gesetzt worden, denen [Albrecht] in Kürze folgen wird.

Konzept
1 Bogen Folio, S. 1—3 beschrieben, S. 4 Empfänger-, Datums- und Registraturvermerk.
HBA C 1 Nr. 1671. — Altsignatur fehlt; K. 1216.
Reinkopie: Ostpr. Fol. 72, S. 487—489.

Nr. 1672

1563 September 4, Königsberg

Herzog Albrecht an die Prälaten, Domherren und das Kapitel des Stifts Ermland:

Absicht zum Zug über [Preußisch] Holland zur Weichsel, um dort Stellungen einzunehmen; Bitte um umgehende Entsendung des domkapitularischen Aufgebots zum Königlichen Teil der Weichsel, wo alle Fähren und Kähne auf das diesseitige Ufer gebracht werden sollen; Hinweis auf die Äußerung des Gesandten Herzog Erichs, sein Herr werde den Durchzug, wenn er nicht freiwillig gewährt werde, erzwingen; Dank für die Zusage der Zufuhr nach [Preußisch] Holland.

Ausfertigung
1 Bogen 21 x 29, 5 cm, S. 1—2 beschrieben, Hinweis auf eigenhändige Unterschrift des Herzogs, S. 4 Außenadresse und Kanzleivermerk.
Siegel des Herzogs
HBA C 1 Nr. 1672. — Altsignatur: 4/50/66; K. 474.

Nr. 1673

1563 September 12, Frauenburg

Eustachius von Knobelsdorff, Statthalter des Bistums Ermland, an Herzog Albrecht:

Empfang des unter dem 8. September datierten und in Heiligenbeil ausgestellten herzoglichen Schreibens in Wormditt, als er [Knobelsdorff] gerade die Heerschau des Stifts gehalten hat; Absicht zum umgehenden Abmarsch zur Weichsel mit dem Teil des Volks, den er in der Eile zusammenbringen konnte; glaubwürdige Nachricht vom Vorrücken Herzog Erichs an der Weichsel, wohin sich der Schatzmeister [Jan Kostka] gewendet hat; weil [Knobelsdorff] den kürzesten Weg nehmen will, bittet er den Herzog um die Angabe eines Orts, wo man zusammentreffen könne.

Behändigte Ausfertigung
1 Bogen 21, 5 x 32 cm, S. 1 beschrieben, Unterschrift des Statthalters, S. 4 Außenadresse, Inhalts- und Kanzleivermerk.
Siegelspuren
HBA C 1 Nr. 1673. — Altsignatur: 1/12/160; K. 474.

Journalvermerk:

Bitte des Statthalters um die Angabe eines Orts, wo er mit dem Herzog zusammentreffen könne.

Ostpr. Fol. 14320, Bl. 92 r.

Nr. 1674

1563 September 24, Königsberg

Räte zu Königsberg an den Rat in Braunsberg:

Hinweis auf die in Braunsberg verkauften und dort noch vorhandenen gestohlenen Pferde; Ersuchen um Ausfolgung dieser Pferde an ihre wirklichen Besitzer.

Reinkopie
Ostpr. Fol. 72, S. 511—512.

Nr. 1675

1563 September 30, Frauenburg

Herzog Albrecht an Bischof Stanislaus von Ermland:

Empfang des unter dem 10. August datierten bischöflichen Schreibens am 27. September in Marienwerder; bei dem Kriegsvolk, das das Bistum und Fürstentum [Preußen] durchzogen hat, handelt es sich um deutsche Knechte, die auf Beschluß des polnischen Königs auf dem letzten Reichstag in Petrikau zur Verteidigung der Grenzen in Livland bestimmt waren; obwohl die Reiter und Knechte vom polnischen König angeworben worden sind, haben sie manchen Mutwillen verübt, dem er [Albrecht] nur mit Mühe steuern konnte; Zusicherung seiner Fürsorge für das Bistum [Ermland] während der Abwesenheit des [Hosius]; Hinweis auf die Bedrohung der Lande Preußen durch Herzog Erich von Braunschweig, der inzwischen glücklicherweise wieder abgezogen ist; bei diesem Abzug hat nur der pommerellische Teil etwas Schaden erlitten.

Konzept
1 Bogen Folio, S. 1—3 beschrieben, S. 4 Empfänger-, Datums- und Registraturvermerk.
HBA C 1 Nr. 1675. — Altsignatur fehlt; K. 1216.
Reinkopie: Ostpr. Fol. 72, S. 512—515.

Nr. 1676

1563 September 30, Elbing

Herzog Albrecht an Eustachius von Knobelsdorff:

Hinweis auf die Bestellung [Knobelsdorffs] zum königlichen Bevollmächtigten in der Brathianschen und anderen Grenzsachen; weil der dafür anberaumte Tag wegen Abwesenheit zahlreicher Kommissarien nicht eingehalten werden kann, Bitte um Verabredung eines neuen Termins mit seinen Mitkommissarien, die sich jetzt wahrscheinlich in Thorn aufhalten.

Konzept
1 Blatt Folio, S. 1 beschrieben, S. 2 Empfänger-, Datums- und Registraturvermerk.
HBA C 1 Nr. 1676. — Altsignatur fehlt; K. 1216.
Reinkopie: Ostpr. Fol. 72, S. 515—516.

Nr. 1677

1563 Oktober 5, Königsberg

Herzog Albrecht an den Rat zu Braunsberg:

Diebstahl eines dem herzoglichen Untertan Simon Krüger gehörenden Pferdes, das sich in Braunsberg befinden soll; Bitte um Ausfolgung des Pferdes an den Petenten; gleichfalls soll ein brauner Klepper, der einem herzoglichen Untertan in der Wildnis gestohlen worden ist, an diesen zurückgegeben werden.

Reinkopie
Ostpr. Fol. 72, S. 520—521.

Nr. 1678

1563 Oktober 17, Frauenburg

Eustachius von Knobelsdorff, Statthalter des Bistums Ermland, an Herzog Albrecht:

Empfang des herzoglichen Schreibens vom 30. September in Thorn; der Wunsch des Herzogs nach Ansetzung eines neuen Grenztags ist von den königlichen Kommissarien grundsätzlich wohlwollend aufgenommen worden; nach Meinung [Knobelsdorffs] wäre die Behandlung der Grenzfragen in Thorn günstig gewesen, weil man nicht wisse, wann wieder einmal alle Kommissarien versammelt sein würden; wegen des Zugs des Kulmer Woiwoden [Jan Działyński] und anderer zum Reichstag nach Warschau dürfte sich jedoch die Anberaumung eines Tages noch verschieben; nach deren Rückkehr aus Warschau werde er [Knobelsdorff] diesen Punkt erneut zur Sprache bringen; Bitte um Nachforschung nach Privilegien und Handfesten über die im Amt Schönberg gelegenen Güter Groß und Klein Mirkau, Graden, Vogelsang und Hohe Tauer sowie über die

Güter Morczin in der herzoglichen Kanzlei, die an anderer Stelle nicht aufzufinden seien.

Behändigte Ausfertigung
1 Bogen und 1 Blatt Folio, S. 1—4 beschrieben, Unterschrift des Statthalters, S. 6 Außenadresse, Inhalts- und Beantwortungsvermerk vom 22. Oktober [1563].
Siegel des Statthalters
HBA C 1 Nr. 1678. — Altsignatur: 1/12/161; K. 474.

Journalvermerk:

Schreiben Knobelsdorffs wegen Förderung der Grenzangelegenheiten und der dafür benötigten Handfesten.

Ostpr. Fol. 14320, Bl. 92 r.

Nr. 1679

1563 Oktober 17, Frauenburg

Eustachius von Knobelsdorff, Statthalter des Bistums Ermland, an Herzog Albrecht:

Nach seiner Rückkehr nach Frauenburg hat [Knobelsdorff] erfahren, daß der Herzog sein Nachtlager in diesem Ort gehalten hat und seine Gesundheit wiederhergestellt ist; Logierung [Albrechts] im „geringen unbequemen Häuselein" des Statthalters; als Entschädigung für die erlittene Unbequemlichkeit übersendet er an den Herzog Quitten, Weintrauben und anderes Obst.

Behändigte Ausfertigung
1 Bogen Folio, S. 1—3 beschrieben, Unterschrift des Statthalters, S. 4 Außenadresse, Inhalts- und Kanzleivermerk.
Siegel des Statthalters
HBA C 1 Nr. 1679. — Altsignatur: 1/12/166; K. 474.

Journalvermerk:

[Knobelsdorff] übersendet Weintrauben und anderes Obst an den Herzog.

Ostpr. Fol. 14320, Bl. 92 r.

Nr. 1680

1563 Oktober 22 [Königsberg]

Herzog Albrecht an Eustachius von Knobelsdorff, Statthalter zu Heilsberg:

Mißfallen über die erneute Terminverschiebung in der Brathianschen und anderen Grenzangelegenheiten; die „höchste Notdurft" erfordert die endgültige Bereinigung dieser Sachen, zumal der Kulmer Woiwode entgegen dem königlichen Verbot auf herzoglichem Boden gejagt und gefischt hat; Hoffnung auf die Wirksamkeit eines erneuten königlichen Mandats in dieser Angelegenheit hinsichtlich des genannten Woiwoden; weil dieser aber mit dem Jagen und Fischen auf herzoglichem Grund fortfährt, übersendet [Albrecht] dem Statthalter das besagte Mandat mit der Bitte, dieses dem Woiwoden auszuhändigen und ihn zu dessen Einhaltung zu veranlassen; Dank für die übersandten Quitten, Äpfel und Weintrauben; Bereitschaft zur freundnachbarlichen Haltung gegenüber dem Kapitel wie auch allen der polnischen Krone inkorporierten Ländern; die benötigten Handfesten verschiedener strittiger Güter sind in der herzoglichen Kanzlei nicht vorhanden.

Konzept
2 Bogen Folio, S. 1—7 beschrieben, S. 8 Empfänger- und Datumsvermerk.
HBA C 1 Nr. 1680. — Altsignatur fehlt; K. 1216.
Reinkopie: Ostpr. Fol. 72, S. 529—536.

Nr. 1681

1563 Oktober 28 [Königsberg]

Herzog Albrecht an Eustachius von Knobelsdorff, Statthalter zu Heilsberg:

Bitte eines herzoglichen Untertans, dessen Bruder ermordet worden ist, um gerechte Sühne des Verbrechens; Ersuchen des Herzogs an den Statthalter, dem Petenten zum Recht zu verhelfen.

Konzept
1 Blatt Folio, S. 1—2 beschrieben, S. 2 Empfänger-, Datums- und Registraturvermerk.
HBA C 1 Nr. 1681. — Altsignatur fehlt; K. 1216.
Reinkopie: Ostpr. Fol. 72, S. 553—554.

Nr. 1682

1563 Oktober 29 [Königsberg]

Herzog Albrecht an Eustachius von Knobelsdorff und das Kapitel des Stifts Ermland:

Anzeige Fabians von Lehndorff über das von seinem Vater ererbte, im Allensteiner Gebiet gelegene Gut Nickelsdorf; Hinweis auf seine Heranziehung zur Dienstpflicht, obwohl sein Vater niemals eine solche erfüllt habe; die Forderung des Dienstes gehe auf eine Handfeste des ehemaligen Landpropstes Achatius von der Trenck zurück, deren Klausel seine Mutter übersehen habe; Ersuchen des Herzogs an die Adressaten, den Lehndorff mit der Dienstleistung zu verschonen, der seinerseits auf andere Weise seine Dienstbarkeit erzeigen wolle.

Konzept
1 Bogen Folio, S. 1—3 beschrieben, S. 4 Empfänger-, Datums- und Registraturvermerk.
HBA C 1 Nr. 1682. — Altsignatur fehlt; K. 1216.
Reinkopie: Ostpr. Fol. 72, S. 555—557.

Nr. 1683

1563 November 10 [Königsberg]

Herzog Albrecht an Eustachius von Knobelsdorff, Statthalter zu Heilsberg:

Unterrichtung des Statthalters von der bevorstehenden Abdankung des Kriegsvolks in Livland, das seinen Rückzug durch die Lande [Preußen] nehmen werde.

Konzept
1 Blatt Folio, S. 1 beschrieben, S. 2 Empfänger-, Datums- und Registraturvermerk.
HBA C 1 Nr. 1683. — Altsignatur fehlt; K. 1216.
Reinkopie: Ostpr. Fol. 72, S. 573.

Nr. 1684

1563 November 11, Frauenburg

Prälaten, Domherren und Kapitel des Stifts Ermland an Herzog Albrecht:

Keine Möglichkeit zur Befreiung Fabians von Lehndorff von der auf dem Gute Nickelsdorf haftenden Dienstpflicht, weil dieses seit etwa 200 Jahren als Lehen mit zu leistender Dienstpflicht vergeben worden sei; daß man den alten Lehndorff bisweilen damit verschont habe, sei auf dessen Einsatz im Krieg und die Bekleidung des Landvogtamts in Braunsberg zurückzuführen, worin er dem Kapitel förderlich gewesen sei; diese Befreiung könne von seinem Sohn nicht für Gesetz und Recht gehalten werden; jetzt herrschten Zeiten, in denen man den Gütern die Dienste nicht abnehmen dürfe, sondern vielmehr auf deren Leistung bestehen müsse, zumal diese dem König und dem ganzen Land zum Besten gereichten; überdies sei Nickelsdorf ein Gut, das vergleichsweise mit geringem Dienst beschwert sei, worüber sich Lehndorff nicht zu beschweren brauche.

Behändigte Ausfertigung
1 Bogen 22 x 32, 5 cm, S. 1—2 beschrieben, Unterschrift der Aussteller, S. 4 Außenadresse, Inhalts- und Kanzleivermerk.
Siegel der Aussteller
HBA C 1 Nr. 1684. — Altsignatur: 1/12/165; K. 474.

Journalvermerk:

Schreiben des Domkapitels wegen der Dienstleistung Fabians von Lehndorff für das Gut Nickelsdorf.

Ostpr. Fol. 14320, Bl. 92 r.

Nr. 1685

1563 November 13, Königsberg

Herzog Albrecht an Christoff und Georg Troschke:

Bezug auf die in Notwehr erfolgte Tötung Ludwig Troschkes durch Stentzel Garlitzki, den Tochtermann des Franz von Baysen; dessen Bitte um Gewährung freien Geleits für seinen Schwiegersohn und dessen Familie, damit er sich bei seinen Eltern im Amt Neidenburg niederlassen könne; Begehren des Herzogs an die Adressaten, dazu ihre Einwilligung zu geben.

Reinkopie
Ostpr. Fol. 72, S. 575—576.

Nr. 1686

1563 November 20, Heilsberg

Eustachius von Knobelsdorff, Statthalter des Bistums Ermland, an Herzog Albrecht:

Dank für den Hinweis des Herzogs über die Abdankung der Reiter und Knechte in Livland und deren bevorstehenden Rückzug durch die Lande [Preußen]; Absicht [Knobelsdorffs], dem Bischof das freundnachbarliche Verhalten [Albrechts] gegenüber dem Ermland zur Kenntnis zu bringen; er will alle Maßnahmen zur Verhütung von Exzessen seitens des durchmarschierenden Kriegsvolks ergreifen; im Zusammenwirken mit dem Herzog sieht er hier die besten Möglichkeiten; der Aufbruch des [Hosius] aus Trient steht bevor; seine Ankunft im Bistum wird in Kürze erwartet.

Behändigte Ausfertigung
1 Bogen 21, 5 x 32 cm, S. 1—2 beschrieben, Unterschrift des Statthalters, S. 4 Außenadresse, Inhalts- und Kanzleivermerk.
Siegel des Statthalters
HBA C 1 Nr. 1686. — Altsignatur: 1/12/168; K. 474.

Journalvermerk:

Dank des Statthalters für die Unterrichtung vom bevorstehenden Rückzug des Kriegsvolks aus Livland; Hinweis auf die baldige Rückkehr des Bischofs.

Ostpr. Fol. 14320, Bl. 92 r. und v.

Nr. 1687

1563 November 24 [Königsberg]

Herzog Albrecht an Eustachius von Knobelsdorff, Statthalter zu Heilsberg:

Empfang des Schreibens [Knobelsdorffs] vom 20. Oktober; keine genaue Kenntnis des Herzogs von dem Wege, den das aus Livland zurückkehrende Kriegsvolk einschlagen wird; Bereitschaft zum Zusammenwirken mit dem Statthalter bei der Ergreifung von Maßnahmen gegen etwaige Übergriffe.

Konzept
1 Blatt Folio, S. 1 beschrieben, S. 2 Empfänger-, Datums- und Registraturvermerk.
HBA C 1 Nr. 1687. — Altsignatur fehlt; K. 1216.
Reinkopie: Ostpr. Fol. 72, S. 580—581.

Nr. 1688

1563 November 29, Heilsberg

Eustachius von Knobelsdorff, Statthalter des Bistums Ermland, an Herzog Albrecht:

Der ermländische Landvogt Christoff Troschke und dessen Bruder Jorgen haben ihm [Knobelsdorff] vom Empfang eines herzoglichen Schreibens berichtet, das auf die Bitte des Franz von Baysen für seinen Tochtermann Stentzel Jerlitzki wegen Gewährung eines sicheren Geleits Bezug nimmt; die beiden Brüder Troschke wollen ohne Wissen des Statthalters dazu nicht Stellung nehmen; heimlicher Ausbruch Stentzel Jerlitzkis aus der Festungshaft bei Nachtzeiten; Bitte an den Herzog, dem Übeltäter gemäß den gemeinen Verträgen keinen Unterschlupf in seinem Fürstentum zu gestatten, was der Statthalter in ähnlichen Fällen auch für das Bistum zusagt.

Behändigte Ausfertigung
1 Bogen 22 x 32 cm, S. 1—2 beschrieben, Unterschrift des Statthalters, S. 4 Außenadresse, Inhalts- und Kanzleivermerk.
Siegel des Statthalters
HBA C 1 Nr. 1688. — Altsignatur: 1/12/162; K. 474.

Nr. 1689

1563 November 30, Seeburg

Georg und Christoff Troschke an Herzog Albrecht:

Der Übeltäter [Stentzel Jerlitzki] ist heimlich aus dem Gefängnis entwichen und hat sich dadurch der Untersuchung seines Verbrechens durch eine Adelskommission entzogen; die Flucht [Jerlitzkis] ist ein Beweis für sein böses Gewissen; Erwartung der gebührenden Bestrafung des Übeltäters für die Ermordung [Ludwig Troschkes], der ein

Diener des Herzogs gewesen sei; Bitte an [Albrecht], dem [Jerlitzki] kein Geleit und Aufenthalt im Herzogtum zu gewähren und zuzulassen, daß sie ihn von dort zurückfordern können.

Behändigte Ausfertigung
1 Bogen Folio, S. 1—3 beschrieben, Unterschrift der Aussteller, S. 4 Außenadresse, Inhalts- und Kanzleivermerk.
Siegelspuren
HBA C 1 Nr. 1689. — Altsignatur: 2/35/203.

Nr. 1690

1563 Dezember 29 [Königsberg]

Herzog Albrecht an Eustachius von Knobelsdorff, Statthalter zu Heilsberg:

Bitte an den Statthalter, dem herzoglichen Untertan Heinrich Plato zur Entschädigung für die ihm aus einem Hopfenverkauf entstandenen Nachteile zu verhelfen.

Konzept
1 Blatt Folio, S. 1 beschrieben, S. 2 Empfänger-, Datums- und Registraturvermerk.
HBA C 1 Nr. 1690. Altsignatur fehlt; K. 1216.
Reinkopie: Ostpr. Fol. 72, S. 596—597.

Nr. 1691

1564 Januar 1 [Königsberg]

Herzog Albrecht an Eustachius von Knobelsdorff, Statthalter zu Heilsberg:

Beschwerde des Christoff von Wantkau wegen eines kürzlichen Einfalls des Rösseler Burggrafen in sein Gut Bothen und der Wegführung und Inhaftierung eines seiner Untertanen; Begehren an den Statthalter, den Untertan wieder an [Wantkau] zu überstellen und künftig derartige Übergriffe zu unterbinden.

Konzept
1 Bogen Folio, S. 1—2 beschrieben, S. 4 Empfänger-, Datums- und Registraturvermerk.
HBA C 1 Nr. 1691. — Altsignatur fehlt; K. 1217.
Reinkopie: Ostpr. Fol. 72, S. 607—608.

Nr. 1692

1564 Januar 19, Heilsberg

Eustachius von Knobelsdorff, Statthalter des Bistums Ermland, an Herzog Albrecht:

Christoff von Wantkau hat keine rechtliche Begründung für seine an den Herzog gerichtete Beschwerde; dieser hat Leute zum widerrechtlichen Aschebrennen und zur

Verletzung des bischöflichen Wildbanns bewogen; er [Knobelsdorff] habe sich vor Ort von der Wahrhaftigkeit dieser Nachrichten überzeugt und den Wantkau zum Verhör gefordert; Strafverschonung Wantkaus wegen dessen Bitte um Verzeihung; dennoch Fortsetzung dieser Untaten im folgenden Herbst; daraufhin Befehl an den Amtmann zu Rössel, den [Wantkau] oder die von ihm angestifteten Übeltäter in flagranti zu ertappen; einer sei beim Holzschlagen ergriffen und nach Heilsberg geschickt worden, wo man ihn in Ketten gelegt habe; nach dessen Aussage ist die Asche nicht auf dem Gut Bothen, sondern auf bischöflichem Gebiet gebrannt worden.

Behändigte Ausfertigung
1 Bogen 21 x 31 cm, S. 1—3 beschrieben, Unterschrift des Statthalters, S. 4 Außenadresse, Inhalts- und Kanzleivermerk.
Siegel des Statthalters
HBA C 1 Nr. 1692. — Altsignatur: 1/11/224; K. 474.

Journalvermerk:

Gegenbericht des Statthalters zur Klage Christoffs von Wantkau.

Ostpr. Fol. 14320, Bl. 94 r.

Nr. 1693

1564 Januar 30 [Königsberg]

Herzog Albrecht an Eustachius von Knobelsdorff, Statthalter zu Heilsberg, und mutatis mutandis an Georg und Christoff Troschke:

Erneute Bitte an die Adressaten, dem Totschläger Stentzel Gorlitzki Geleit zu gewähren; mit diesem müsse man Mitleid haben, weil die Tat nicht vorsätzlich, sondern „casu fortuito" [unvorhergesehen] geschehen sei; Barmherzigkeit würde dem Bischof, dem Kapitel und den Brüdern Troschke zur Ehre gereichen.

Konzept
1 Bogen 21, 5 x 30 cm, S. 1—3 beschrieben, S. 4 Empfänger-, Datums- und Registraturvermerk.
HBA C 1 Nr. 1693. — Altsignatur fehlt; K. 1217.
Reinkopie: Ostpr. Fol. 72, S. 617—619.

Nr. 1694

1564 Februar 15 [Königsberg]

Herzog Albrecht an Bischof Stanislaus von Ermland:

Gratulation zur glücklichen Wiederkehr des Bischofs in seine Lande; Unterrichtung des [Hosius] von der inzwischen erfolgten Abdankung der Reiter und Knechte in Livland und von dem zu erwartenden Rückzug des Kriegsvolks durch das Fürstentum [Preußen]; keine Kenntnis der genauen Route, die das Kriegsvolk einschlagen wird.

Konzept
2 Blatt Folio, S. 1—2 beschrieben, S. 4 Empfänger-, Datums- und Registraturvermerk.
HBA C 1 Nr. 1694. — Altsignatur fehlt; K. 1217.
Reinkopie: Ostpr. Fol. 72, S. 621—622.

Nr. 1695

1564 Februar 16, Heilsberg

Bischof Stanislaus von Ermland an Herzog Albrecht:

Ausstellung eines Kredenzbriefes für Eustachius von Knobelsdorff in dessen Mission an den Herzog.

Behändigte Ausfertigung
1 Bogen 21 x 30 cm, S. 1 beschrieben, Unterschrift des Bischofs, S. 4 Außenadresse, Inhalts- und Kanzleivermerk.
Siegel des Bischofs
HBA C 1 Nr. 1695. — Altsignatur: 1/11/221 a; K. 474.

Journalvermerk:

Ausstellung eines Kredenzbriefes für Knobelsdorff.

Ostpr. Fol. 14320, Bl. 94 r.

Nr. 1696

1564 Februar 19 [Königsberg]

Herzog Albrecht an Bischof Stanislaus von Ermland:

Ernennung des Dr. Nicolaus Leper zum Prokurator Christoff Wantkowskis; Bitte, diesem in seinem langwierigen Rechtsstreit wegen seiner Grenzen zum Recht zu verhelfen.

Konzept
1 Bogen 21 x 30 cm, S. 1—2 beschrieben, S. 4 Empfänger-, Datums- und Registraturvermerk.
HBA C 1 Nr. 1696. — Altsignatur fehlt; K. 1217.
Reinkopie: Ostpr. Fol. 72, S. 624—626.

Nr. 1697

1564 Februar 22, Heilsberg

Bischof Stanislaus von Ermland an den herzoglichen Kanzler Johann von Kreytzen:

Nach seiner Rückkehr aus [Königsberg] hat Eustachius von Knobelsdorff vom erfolgreichen Verlauf seiner Mission berichtet; Beschwerde des Rösseler Rats über den Hauptmann von Seehesten, Jorgen Hoendorff, der ihren Bevollmächtigten die Ausfuhr ihres im Herzogtum gekauften und bezahlten Eichenholzes, das sie für ihre Brücken benötigten, mit der Begründung verweigert habe, der Rösseler Amtmann habe einen Einfall ins Fürstentum [Preußen] verübt und einen Untertan des Wantkowski gewaltsam hinwegführen lassen; das in dieser Sache an den Hauptmann gerichtete Schreiben des Statthalters [Knobelsdorff] sei bisher nicht beantwortet worden; keine Rechtsgrundlage für das Verhalten des Hauptmanns von Seehesten, weil die Angelegenheit des Rösseler Rats in keiner Weise mit der des Amtmanns in Verbindung stehe; Ersuchen an [Kreytzen], beim Herzog ein Mandat an den Hauptmann zu erwirken, damit dieser das Holz und die Balken an die Rösseler freigebe.

Behändigte Ausfertigung
1 Bogen 21 x 32 cm, S. 1—2 beschrieben, Unterschrift des Bischofs, S. 4 Außenadresse, Inhalts- und Kanzleivermerk.
Siegel des Bischofs
HBA C 1 Nr. 1697. — Altsignatur: 1/11/221; K. 474.

Journalvermerk:

Schreiben des Bischofs wegen Freigabe der vom Seehestener Hauptmann angehaltenen Balken der Rösseler.

Ostpr. Fol. 14320, Bl. 94 r.

Nr. 1698

1564 Februar 29 [Königsberg]

Herzog Albrecht an Bischof Stanislaus von Ermland:

Unterrichtung von der Klage über den Hauptmann von Seehesten durch den Kanzler Johann von Kreytzen; Bitte um etwas Geduld, weil erst die Gegendarstellung des Hauptmanns in dieser Sache abgewartet werden muß.

Konzept
1 Blatt Folio, S. 1 beschrieben, S. 2 Empfänger-, Datums- und Registraturvermerk.
HBA C 1 Nr. 1698. — Altsignatur fehlt; K. 1217.
Reinkopie: Ostpr. Fol. 72, S. 629—630.

Nr. 1699

1564 März 4, Heilsberg

Bischof Stanislaus von Ermland an Herzog Albrecht:

Erneute Petition der Rösseler wegen der Freigabe ihres vom Hauptmann zu Seehesten beschlagnahmten Holzes, das sie dringend für den Brückenbau benötigen; daher abermalige Bitte des [Hosius] in dieser Sache und Ankündigung genauerer Mitteilungen von seiner Seite.

Behändigte Ausfertigung
1 Bogen 21 x 32 cm, S. 1—2 beschrieben, Unterschrift des Bischofs, S. 4 Außenadresse, Inhalts- und Kanzleivermerk.
Siegel des Bischofs
HBA C 1 Nr. 1699. — Altsignatur: 1/11/223; K. 474.

Journalvermerk:

Erneute Bitte des Bischofs wegen Freigabe des vom Hauptmann von Seehesten beschlagnahmten Holzes der Rösseler.

Ostpr. Fol. 14320, Bl. 94 r.

Nr. 1700

1564 März 4 [Königsberg]

Herzog Albrecht an Bischof Stanislaus von Ermland:

Bezug auf eine Erbangelegenheit zweier Witwen aus Bartenstein; Bitte um Erfüllung der Ansprüche der armen Frauen auf ein hinterlassenes Erbe in Wartenburg.

Konzept
1 Bogen Folio, S. 1—2 beschrieben, S. 4 Empfänger-, Datums- und Registraturvermerk.
HBA C 1 Nr. 1700. — Altsignatur fehlt; K. 1217.
Reinkopie: Ostpr. Fol. 72, S. 632—633.

Nr. 1701

1564 März 10 [Königsberg]

Herzog Albrecht an Bischof Stanislaus von Ermland:

Nach dem Bericht des Hauptmanns von Seehesten, Christoff Zweiffel, ist das Holz der Rösseler zurückgehalten worden, weil es für die herzoglichen Mühlen benötigt wird; der vormalige Amtmann zu [Seehesten] habe seinem Bruder, dem Rösseler Bürgermeister, dieses Bauholz überlassen und die Verwüstung der Heide und Wälder gestattet, was ihm [Albrecht] mißfällig sei; der Hauptmann habe daher in seinen Maßnahmen korrekt gehandelt und das Holz mit Recht zurückbehalten; die Unkosten für das Zuschneiden des Holzes sollen aber den Rösselern erstattet werden.

Konzept
1 Bogen Folio, S. 1—3 beschrieben, S. 4 Empfänger-, Datums- und Registraturvermerk.
HBA C 1 Nr. 1701. — Altsignatur fehlt; K. 1217.
Reinkopie: Ostpr. Fol. 72, S. 640—642.

Nr. 1702

1564 März 26, Braunsberg

Bischof Stanislaus von Ermland an Herzog Albrecht:

Übersendung des Gegenberichts des Rösseler Rats wegen des vom Hauptmann zu Seehesten zurückbehaltenen Holzes; Zurückweisung des gegen die Rösseler erhobenen Verdachts, unrechtmäßig gehandelt zu haben; das Holz soll für eine Brücke verwendet werden, die nicht nur für die Stadt Rössel, sondern für den gemeinen Nutzen wichtig ist, weil die Landstraßen sowohl von den königlichen als den herzoglichen Untertanen benutzt werden; der Fortgang des Brückenbaus hängt von dem im Amt [Seehesten] geschnittenen Holz ab, für das es so schnell keinen Ersatz gibt.

Behändigte Ausfertigung
1 Bogen 21 x 32, 5 cm, S. 1—3 beschrieben, Unterschrift des Bischofs, S. 4 Außenadresse, Inhalts- und Kanzleivermerk.
Siegel des Bischofs
HBA C 1 Nr. 1702. — Altsignatur: 1/11/222; K. 474.

Beilage

[o. D. u. O.]

Bürgermeister und Ratmannen der Stadt Rössel an Bischof Stanislaus von Ermland:

Dank für die Verwendung des Bischofs in der Angelegenheit ihres zurückgehaltenen Holzes; die Verdingung zum Brückenbau ist vor zwei Jahren durch den Rösseler Bürgermeister Jacob Werner erfolgt; Angebot des Schulzen von [Seehesten], geeignetes Eichenholz zur Verfügung zu stellen; auf Veranlassung des Bürgermeisters wurden zwei Personen zur Besichtigung des Holzes nach Seehesten geschickt, die gleichzeitig den dortigen Hauptmann vom geplanten Ankauf unterrichten sollten; dieser habe daraufhin das Holz besichtigt und — weil es verdorben gewesen sei — seine Zustimmung zu dem Handel gegeben; Verkauf von 40 Stück Holz an die Rösseler zum Stückpreis von 10 Schillingen; Bitte um Absendung bischöflicher Kommissarien nach [Seehesten], um die Angelegenheit vor Ort zu prüfen.

Abschrift
1 Bogen 21 x 30 cm, S. 1—4 beschrieben.

Journalvermerk:

Übersendung des Berichts der Rösseler wegen der Zurückhaltung ihres gekauften Holzes.

Ostpr. Fol. 14320, Bl. 94 r.

Nr. 1703

1564 März 29 [Königsberg]

Herzog Albrecht an Bischof Stanislaus von Ermland:

Beauftragung des Hauptmanns von Rhein, Georg von Diebes, mit der Ansetzung eines Tages und dessen Ankündigung an den Rat von Rössel; an der Verhandlung soll auch der vormalige Hauptmann von Seehesten, Georg von Hohendorff, teilnehmen; entscheidend ist, ob das Holz auf einem von dem Leuten geräumten Acker oder in den herzoglichen Wäldern gehauen und ob das mit Zulaß des Hauptmanns geschehen ist.

Konzept
1 Bogen Folio, S. 1—2 beschrieben, S. 4 Empfänger-, Datums- und Registraturvermerk.
HBA C 1 Nr. 1703. — Altsignatur fehlt; K. 1217.
Reinkopie: Ostpr. Fol. 72, S. 650—651.

Nr. 1704

1564 April 6, Braunsberg

Bischof Stanislaus von Ermland an Herzog Albrecht:

Klage der Fischer von Passarge über die vor zwei Jahren erfolgte Absteckung einer Stelle im Haff durch die Amtleute von Balga und Brandenburg; Verbot des Befahrens dieser Fläche für die Keutler bei angedrohter Wegnahme ihrer Garne; Hinweis auf die ergebnislose Fürbitte des damaligen Statthalters Eustachius von Knobelsdorff; die Absteckung dieser Fläche verstößt gegen die alten Verträge, die das unbehinderte Fischen im Haff gewährleisten; jährliche Ausgabe der Keutelzettel in Marienburg; die Hemmung der Fischerei diene nur wenigen zum Besten und schmälere den gemeinen Nutzen der benachbarten Herrschaften; Bitte um ein freundnachbarliches Verhalten des Herzogs und um die Wiederherstellung der freien Fischerei im Haff.

Behändigte Ausfertigung
1 Bogen 22 x 32 cm, S. 1—2 beschrieben, Unterschrift des Bischofs, S. 4 Außenadresse, Inhalts- und Kanzleivermerk.
Siegel des Bischofs
HBA C 1 Nr. 1704. — Altsignatur: 1/11/225; K. 474.

Journalvermerk:

Schreiben des Bischofs wegen der Hemmung der freien Fischerei im Haff.

Ostpr. Fol. 14320, Bl. 94 v.

Nr. 1705

1564 April 10, Königsberg

Herzog Albrecht an Bischof Stanislaus von Ermland:

Bitte der zum Verlassen der Stadt Braunsberg aufgeforderten Frau Caspar Kleyns, dort noch bis Johannis (24. Juni) bleiben zu dürfen, um ihre ausstehenden Forderungen einmahnen zu können; Bitte des Herzogs, diesen Wunsch der Petentin zu erfüllen.

Konzept
1 Bogen Folio, S. 1—2 beschrieben, S. 4 Empfänger-, Datums- und Registraturvermerk.
HBA C 1 Nr. 1705. — Altsignatur fehlt; K. 1217.
Reinkopie: Ostpr. Fol. 72, S. 652—653.

Nr. 1706

1564 April 11 [Königsberg]

Herzog Albrecht an Bischof Stanislaus von Ermland:

Empfang des bischöflichen Schreibens wegen der Fischer von Passarge; Wiederholung seiner schon gegenüber Knobelsdorff geäußerten Argumente; der abgesteckte Ort sei nicht groß, und den Keutelfischern stünde sonst das ganze Haff zur Verfügung; die Schiffer würden nicht — wie früher — in eigener Person die Keutel auslegen, sondern ließen das durch ihr Gesinde besorgen, woraus den armen Säcknern, die den Fisch an das gemeine Landvolk verkauften, mancher Schaden erwachse, der zu ihrem Verderb und Untergang beitrage; im ganzen Haff werde ihnen kein einziger Ort zum Ausstellen ihrer Säcke gelassen; die Keutler würden ihnen nicht nur die Säcke umfahren und wegnehmen, sondern auch an die Keutel scharfe Messer binden, was manchmal einem Säckner 20 Säcke koste; wenn der Bischof seinerseits für seine Säckner einen Ort im Haff ausstecken lasse, werde das in gleicher Weise auf herzoglicher Seite akzeptiert.

Konzept
2 Bogen 21 x 32 cm, S. 1—6 beschrieben, S. 8 Empfänger-, Datums- und Registraturvermerk.
HBA C 1 Nr. 1706. — Altsignatur fehlt; K. 1217.
Reinkopie: Ostpr. Fol. 72, S. 653—657.

Nr. 1707

1564 April 14, [Königsberg]

Herzog Albrecht an den Rat zu Rössel:

Fürbitte für den Schippenbeiler Mühlenmeister Greger Tannenbergk, der um ein Wahrheitsbekenntnis des Rösseler Bürgers Jacob Neumann ersucht hat.

Reinkopie
Ostpr. Fol. 72, S. 658—659.

Nr. 1708

1564 April 15 [Königsberg]

Herzog Albrecht an Bischof Stanislaus von Ermland:

Dank für die Ansetzung eines Verhandlungstages am 20. April in den Grenzsachen Christoff Wantkowskis, wovon ihn Nicolaus Leper unterrichtet hat; Hoffnung auf einen guten Abschluß dieser Streitigkeiten.

Konzept
1 Blatt Folio, S. 1—2 beschrieben, S. 2 Empfänger-, Datums- und Registraturvermerk.
HBA C 1 Nr. 1708. — Altsignatur fehlt; K. 1217.
Reinkopie: Ostpr. Fol. 72, S. 659—660.

Nr. 1709

1564 April 18 [Königsberg]

Herzog Albrecht an Bischof Stanislaus von Ermland:

Beginn des Baus des Tiefs bei Königsberg; Anlage etlicher Zäune, wodurch der fliegende Sand aufgehalten wird; da die Braunsberger und anderen Stiftseinwohner das Tief benutzen wollen, ist eine Unterstützung des Vorhabens auf bischöflicher Seite erforderlich.

Konzept
1 Bogen 21 x 30 cm, S. 1—3 beschrieben, S. 4 Empfänger-, Datums- und Registraturvermerk.
HBA C 1 Nr. 1709. — Altsignatur fehlt; K. 1217.
Reinkopie: Ostpr. Fol. 72, S. 661—662.

Nr. 1710

1564 April 19, Heilsberg

Bischof Stanislaus von Ermland an Herzog Albrecht:

Verwunderung der Fischer von Passarge über die von seiten des Herzogs vorgebrachte Begründung des Absteckens einer Fläche für die Säckner; Bereitschaft des Bischofs, jeden seiner Untertanen zu bestrafen, der einen derartigen Mutwillen gegen die Säckner verübt; die alten Verträge würden den Keutlern das ganze Haff freigeben und alle Neuerungen verbieten; durch die Maßnahme des Herzogs hätten im vergangenen Jahr er und das Kapitel einen Schaden von 400 Mark erlitten; wenn er [Hosius], das Kapitel und die Städte Elbing und Danzig jeweils für sich eine Fläche Wasser abstecken würden, bliebe den Keutelfischern kaum noch ein freier Ort im Haff übrig; das sei vor allem bedenklich, weil die Keutler nicht nur das Land [Preußen], sondern auch den größten Teil der Krone Polen mit Fisch versorgen würden; ohne Zustimmung des Königs könnten keine Neuerungen eingeführt werden; Hoffnung auf die Zurücknahme der herzoglichen Maßnahme, zumal auch der Orden das freie Fischen im Frischen Haff zugelassen habe.

Behändigte Ausfertigung
2 Bogen 21 x 32 cm, S. 1—4 beschrieben, Unterschrift des Bischofs, S. 8 Außenadresse, Inhalts- und Kanzleivermerk, Anweisung an die Kanzlei, die Verträge und vorigen Handlungen aufzusuchen.
Siegel des Bischofs
HBA C 1 Nr. 1710. — Altsignatur: 1/11/220; K. 474.

Journalvermerk:

Erneutes Schreiben des Bischofs wegen Abschaffung des abgesteckten Orts im Frischen Haff.

Ostpr. Fol. 14320, Bl. 94 v.

Nr. 1711

1564 April 20, Heilsberg

Bischof Stanislaus von Ermland an Herzog Albrecht:

Unbegründete Klage der Frau Caspar Kleins, da er [Hosius] niemand den Aufenthalt in Braunsberg verboten habe; er habe lediglich diejenigen, die „in der geistlichen Nahrung" mit ihren Braunsberger Mitbürgern in der Art von Türken oder Heiden nicht kommunizieren wollten, väterlich dazu ermahnt, sich von den anderen frommen Christen nicht zu trennen; sein geistliches Amt bestehe nicht in der Zerstreuung, sondern in der Vereinigung der Kinder Gottes; zur Spaltung der Gläubigen sei es gekommen, weil jeder nach seinem Willen die Schrift deute; er [Hosius] sei als Bischof „in remedium schismatis" eingesetzt worden; dem Herzog zu Gefallen wolle er der [Kleinschen] acht Tage Frist in Braunsberg gewähren, um ihre Geschäfte zu verrichten; sie dürfe diese Zeit aber nicht dazu benutzen, „wider das helle Wort Gottes etlichen zu predigen und Aufruhr in unserer Stadt zu machen".

Behändigte Ausfertigung
1 Bogen und 1 Blatt 21, 5 x 32 cm, S. 1—4 beschrieben, Unterschrift des Bischofs, S. 6 Außenadresse, Inhalts- und Kanzleivermerk, Vermerk: „darauf sol Constantinus ein antwort stellen, musterwort theologica".
Siegel des Bischofs
HBA C 1 Nr. 1711. — Altsignatur: 1/11/222 a; K. 474.

Journalvermerk:

Begründung der Ausweisung der Caspar Kleinschen aus Braunsberg durch den Bischof.

Ostpr. Fol. 14320, Bl. 94 v.

Nr. 1712

1564 April 22 [Königsberg]

Herzog Albrecht an Bischof Stanislaus von Ermland:

Erneute Begründung der Absteckung einer Fläche im Frischen Haff mit den Interessen der armen Bevölkerung, die täglich ihr Stück Brot haben möchte; angesichts der harten Haltung des Bischofs wolle er [Albrecht] hier sich zu einer Resolution entschließen und diese [Hosius] schriftlich mitteilen.

Konzept
1 Bogen Folio, S. 1—3 beschrieben, S. 4 Empfänger-, Datums- und Registraturvermerk.
HBA C 1 Nr. 1712. — Altsignatur fehlt; K. 1217.
Reinkopie: Ostpr. Fol. 72, S. 668—670.

Nr. 1713

1564 April 22 [Königsberg]

Herzog Albrecht an Bischof Stanislaus von Ermland:

Hinsichtlich der vom Bischof vorgebrachten Argumente für die Ausweisung der Caspar Kleinin will sich der Herzog in keine Disputation einlassen; Christus habe sein Abendmahl nicht in einer, sondern in beider Gestalt unter Brot und Wein verordnet; Christen müsse es schwerfallen, gegen ihr Gewissen von der Wahrheit abzuweichen; das Trienter Konzil habe die „Communio sub utraque specie" zugelassen, und selbst in Rom habe man niemand „ad communionem sub una specie" mit Gewalt gezwungen; der polnische König [Sigismund II. August] habe etlichen Städten der Lande [Preußen] das Sakrament in beiderlei Gestalt bis zur Einführung einer anderen Ordnung gestattet; [Hosius] möge daher seine Untertanen diesen Indult [Vergünstigung] genießen lassen; keine Schuld der christlichen Religion an den Schismen und Trennungen, weil der Satan allezeit sein Unkraut neben dem guten Samen aussäe; Bitte um Aussetzung der Exekution gegen die Protestanten bis zum Erlaß eines Statuts in der Krone Polen.

Konzept
1 Bogen Folio, S. 1—4 beschrieben, S. 4 Empfänger-, Datums- und Registraturvermerk.
HBA C 1 Nr. 1713. — Altsignatur fehlt; K. 1217.
Reinkopie: Ostpr. Fol. 72, S. 670—674.

Nr. 1714

1564 April 26, Rössel

Bischof Stanislaus von Ermland an Herzog Albrecht:

Bezug auf eine Supplikation seines Untertans Georg Gericke aus Schellen, der im vergangenen Jahr vom Königsberger Bürger Jörgen Rhese auf freier Straße angefallen und beleidigt worden ist; Bitte an den Herzog, dem Petenten, der infolge dieses Angriffs krank geworden ist, gegenüber dem Täter zum Recht zu verhelfen.

Behändigte Ausfertigung
1 Bogen Folio, S. 1—2 beschrieben, Unterschrift des Bischofs, S. 4 Außenadresse, Inhalts- und Kanzleivermerk.
Siegel des Bischofs
HBA C 1 Nr. 1714. — Altsignatur: 1/11/213; K. 474.

Beilage

[o. D. u. O.]

Georg Gerycke von Schellen an Bischof Stanislaus von Ermland.

Aufenthalt [Geryckes] am Montag nach Invocavit des vergangenen Jahres (1. März 1563) in Heilsberg zur Erledigung von Geschäften; am selben Tage Abschluß eines Vertrages mit dem Königsberger Kaufmann Georg Rhese über die Lieferung von Hopfen; entgegen seiner Zusicherung, den Hopfen persönlich in Heilsberg abzuholen, ist Rhese nicht dorthin gekommen; nach vergeblichem Warten ist [Gerycke] zum Jahrmarkt nach Rössel gefahren, wo er Rhese nicht angetroffen hat; daraufhin hat [Gerycke] seinen Sohn zu [Rhese] nach Königsberg geschickt, der keinen richtigen Bescheid von ihm erhalten hat; in der Zwischenzeit ist der Hopfenpreis gestiegen; [Rhese] fordert ihn aber noch zum alten Preis und droht sonst mit anderen Maßnahmen; [Gerycke] bringt seinen Hopfen nach Königsberg und verkauft ihn dort an einen anderen; auf der Rückreise wird er von [Rhese] und dessen Knecht überfallen; ersterer sticht ihn mehrfach mit seinem Schwert, und der Knecht kann nur wegen des Versagens seiner Büchse keinen Schuß daraus abgeben; vergeblicher Versuch [Geryckes], [Rhese] in Bartenstein arretieren zu lassen; auch dessen Ergreifung in Königsberg schlägt fehl; Bitte an den Bischof um Rat und Hilfe in dieser Sache.

Abschrift
1 Bogen Folio, S. 1—3 beschrieben.

Journalvermerk:

Schreiben des Bischofs wegen des auf freier Straße überfallenen Georg Gericke.

Ostpr. Fol. 14320, Bl. 94 v.

Nr. 1715

1564 Mai 19 [Königsberg]

Herzog Albrecht an Bischof Stanislaus von Ermland:

Beschwerde Merten Wolraths über den bischöflichen Untertan Hans Hagenau zu Heilsberg, der ihn beschuldigt habe, die Städte Saalfeld und Mohrungen anzünden zu wollen; daraufhin sei [Wolrath] mehrere Wochen in [Preußisch] Holland gefänglich inhaftiert worden; Bitte des Herzogs an [Hosius], dem [Wolrath] zur Entschädigung für die ihm unrechtmäßig angetane Schmach und Gefängnishaft zu verhelfen.

Konzept
1 Bogen und 1 Blatt Folio, S. 1—4 beschrieben, S. 6 Empfänger-, Datums- und Registraturvermerk.
HBA C 1 Nr. 1715. — Altsignatur fehlt; K. 1217.
Reinkopie: Ostpr. Fol. 72, S. 691—693.

Nr. 1716

1564 Mai 22, Königsberg

Herzog Albrecht an Georg von Schebin (Schedlin), Burggrafen zu Wormditt:

Bitte um Befreiung des Fischhausener Vogtes Christoff Albrecht von Kunheim von der Musterungsleistung am 29. Mai in Heilsberg wegen seiner dringenden für den Herzog zu leistenden Dienste; [Kunheim] sei mit Rüstung, Pferden und Harnisch wohl versehen.

Reinkopie
Ostpr. Fol. 72, S. 693—694.

Nr. 1717

1564 Juni 5, Heilsberg

Bischof Stanislaus von Ermland an Herzog Albrecht:

Dank für den Hinweis des Herzogs, daß sich der König von Schweden [Erich XIV.] mit einer Anzahl Schiffen auf See gezeigt habe; obwohl zu erwarten sei, daß der schwedische König bei den jetzt laufenden Friedensverhandlungen keinen feindlichen Angriff unternehme, habe er [Hosius] die Bereitstellung von Volk und Booten an den Stränden befohlen, um gegen alle Eventualitäten gerüstet zu sein; Bitte um fortlaufende Unterrichtung durch die Übersendung von Zeitungen.

Behändigte Ausfertigung
1 Bogen 21 x 31 cm, S. 1—2 beschrieben, Unterschrift des Bischofs, S. 4 Außenadresse, Inhalts- und Kanzleivermerk.
Siegel des Bischofs abgefallen
HBA C 1 Nr. 1717. — Altsignatur: 1/11/214; K. 474.

Journalvermerk:

Bereitschaft des Bischofs zur Ergreifung von Maßnahmen gegen einen möglichen Angriff des Königs von Schweden.

Ostpr. Fol. 14320, Bl. 94 v.

Nr. 1718

1564 Juni 5, Heilsberg

Bischof Stanislaus von Ermland an Herzog Albrecht:

Wegen der unnachgiebigen Haltung des Herzogs in der Frage der Absteckung von Flächen im Frischen Haff hat er [Hosius] inzwischen an den polnischen König appelliert; der Bescheid des Monarchen entspricht der Position des Bischofs und dringt auf die Einhaltung der alten Verträge und Gebräuche; daher erneutes Ersuchen des Bischofs um Abschaffung dieser Neuerungen.

Behändigte Ausfertigung
1 Bogen 21 x 30, 5 cm, S. 1—2 beschrieben, Unterschrift des Bischofs, S. 4 Außenadresse, Inhalts- und Kanzleivermerk.
Siegel des Bischofs
HBA C 1 Nr. 1718. — Altsignatur: 1/11/215; K. 474.

Journalvermerk:

Schreiben des Bischofs wegen seiner Appellation an den König in der Frage der Absteckung von Flächen im Frischen Haff.

Ostpr. Fol. 14320, Bl. 95 r.

Nr. 1719

1564 Juni 7 [Königsberg]

Herzog Albrecht an Bischof Stanislaus von Ermland:

Absicht des Herzogs, den König von den Gründen zu unterrichten, die zur Absteckung einer Fläche im Frischen Haff geführt haben; Hinweis auf die Durchführung dieser Maßnahme zur Erhaltung der gemeinen Wohlfahrt der Lande [Preußen]; Bitte um Geduld bis zum Eintreffen der königlichen Antwort.

Konzept
1 Bogen 21, 5 x 32 cm, S. 1—2 beschrieben, S. 4 Empfänger-, Datums- und Registraturvermerk.
HBA C 1 Nr. 1719. — Altsignatur fehlt; K. 1217.
Reinkopie: Ostpr. Fol. 72, S. 707—709.

Nr. 1720

1564 Juni 8, Braunsberg

Bürgermeister und Ratmannen der Altstadt Braunsberg an Herzog Albrecht:

Dank für die Warnung des Herzogs vor den in der See kreuzenden Schiffen des schwedischen Königs; bis jetzt haben sich diese Befürchtungen nicht bewahrheitet; Bereitschaft zur Abwendung möglicher Gefahr.

Behändigte Ausfertigung
1 Bogen 21 x 29, 5 cm, S. 1—2 beschrieben, Unterschrift der Aussteller, S. 4 Außenadresse, Inhalts- und Kanzleivermerk.
Siegel der Aussteller
HBA C 1 Nr. 1720. — Altsignatur: 2/34/87; K. 474.

Nr. 1721

1564 Juni 12, Heilsberg

Bischof Stanislaus von Ermland an Herzog Albrecht:

Bezug auf die Supplikation der Heilsberger Bürger Michel Puff und Anthonius Herberth wegen eines Erbfalls in Königsberg; es widerspricht der beiderseitigen Praxis, das Erbe erst nach Erlegung des Vierten Pfennigs ausfolgen zu lassen; Mißfallen über die an den genannten bischöflichen Untertanen praktizierte Neuerung; Bitte um Veranlassung des Rats der Altstadt Königsberg zur Auszahlung des Erbes ohne weitere

Beschwer; sonst sieht sich der Bischof dazu gezwungen, ein gleiches Verfahren in seinem Territorium anzuwenden.

Behändigte Ausfertigung
1 Bogen 21, 5 x 32 cm, S. 1—2 beschrieben, Unterschrift des Bischofs, S. 4 Außenadresse, Inhalts- und Kanzleivermerk.
Siegel abgefallen
HBA C 1 Nr. 1721. — Altsignatur: 1/11/216; K. 474.

Beilage

[o. D. u. O.]

Michel Puff und Anthonius Herbert an Bischof Stanislaus von Ermland:

Am Mittwoch vor Himmelfahrt (10. Mai) ist die Ursula, Gemahlin des Königsberger Bürgers Fabian Kauffman, ohne Leibeserben verschieden; sie hat lediglich zum Teil unmündige Brüder und Schwestern hinterlassen, die sich in Heilsberg aufhalten, zu deren Vormündern Puff und Herbert bestellt worden sind; der Bürgermeister der Altstadt Königsberg macht die Ausfolgung des Erbes von der Zahlung des Vierten Pfennigs abhängig; Bitte um Auszahlung des Erbes ohne diese bisher nicht übliche Beschwer.

Abschrift
1 Bogen 21, 5 x 30 cm, S. 1—2 beschrieben.

Journalvermerk:

Schreiben des Bischofs wegen der nicht berechtigten Erhebung des Vierten Pfennigs bei einem Erbfall in Königsberg.

Ostpr. Fol. 14320, Bl. 95 r.

Nr. 1722

1564 Juni 13 [Königsberg]

Herzog Albrecht an Bischof Stanislaus von Ermland:

Bitte um Ansetzung eines Tages für den herzoglichen Untertan Lorentz Bartsch, der an den Bischof appelliert hat, und um Mitteilung einer „sententia iustificatoria" an diesen.

Konzept
1 Bogen 21 x 31, 5 cm, S. 1—2 beschrieben, S. 4 Empfänger-, Datums- und Registraturvermerk.
HBA C 1 Nr. 1722. — Altsignatur fehlt; K. 1217.
Reinkopie: Ostpr. Fol. 72, S. 711—713.

Nr. 1723

1564 Juni 22 [Königsberg]

Herzog Albrecht an Bischof Stanislaus von Ermland:

Christoff Wantkowski hat Dr. Nicolaus Loeper zu seinem Prokurator bestellt, der wegen seiner Unschuld am Aschebrennen seiner Bauern in den Wäldern und Holzungen beim Bischof vorstellig werden wird; Bitte an [Hosius], dem Zeugnis des [Loeper] Glauben zu schenken und [Wantkowski] von dem gegen ihn erhobenen Verdacht zu befreien.

Konzept
1 Blatt Folio, S. 1 beschrieben, S. 2 Empfänger-, Datums- und Registraturvermerk.
HBA C 1 Nr. 1723. — Altsignatur fehlt; K. 1217.
Reinkopie: Ostpr. Fol. 72, S. 713—714.

Nr. 1724

1564 Juni 25, Heilsberg

Bischof Stanislaus von Ermland an Herzog Albrecht:

Einverständnis mit der Absicht des Herzogs, wegen des abgesteckten Orts im Frischen Haff an den König zu schreiben; während seines Aufenthalts beim König in Łomża hat er [Hosius] vernommen, daß der Herzog zur Unterredung mit ihm wegen der Abschaffung der Keutelfischerei im Frischen Haff bereit sei, was einen besseren Nutzen der dortigen Gewässer gewähre; Bitte um entsprechende Vorschläge, wie das ohne Verletzung der Kirchenregalien erreicht werden könne; falls tatsächlich dadurch eine Verbesserung bewirkt werde, sei er [Hosius] zur Abschaffung der Keutelfischerei bereit.

Behändigte Ausfertigung
1 Bogen 21 x 31, 5 cm, S. 1—2 beschrieben, Unterschrift des Bischofs, S. 4 Außenadresse, Inhalts- und Kanzleivermerk.
Siegel des Bischofs
HBA C 1 Nr. 1724. — Altsignatur: 1/11/120; K. 474.

Nr. 1725

1564 Juni 28, Königsberg

Herzog Albrecht an den Rat zu Braunsberg:

Ersuchen an den Adressaten, gemäß den Verträgen zwischen dem König und dem Fürstentum Preußen Lorentz Hase und Moritz Wegener, die sich unter die Jurisdiktion des Herzogs begeben wollen, den Verbleib in [Braunsberg] bis zur Erledigung ihrer

Geschäfte zu gewähren; das gelte auch für alle anderen, die sich wegen ihres Handels und Wandels in [Braunsberg] aufhalten müßten.

Reinkopie
Ostpr. Fol..72, S. 715—717.

Nr. 1726

1564 Juli 5 [Königsberg]

Herzog Albrecht an Bischof Stanislaus von Ermland:

Bezug auf den Bericht des polnischen Unterkämmerers Peter Myszkowski über den seitens der herzoglichen Gesandten dem König gemachten Vorschlag wegen der Keutelfischerei; dieser geht nicht nur von ihm [Albrecht], sondern vor allem vom Beschluß der Stände des Königlichen Teils Preußen aus, die Keutelfischerei für etliche Jahre einzustellen; weil jeder Keutel „binnen Tag und Nacht" zu einem Verlust von drei Tonnen junger Fische führe und man etwa 300 Keutel veranschlagen müsse, würde das nicht für die Lande Preußen, sondern auch für die ganze Krone Polen höchst nachteilig sein; dringende Abhilfe sei hier geboten, weil die Zufuhr gesalzener Fische nach Polen nur aus Preußen erfolge; die Keutler seien mit dem von ihnen verursachten Schaden nicht zufrieden, sondern würden auch mutwillig den Säcknern ihre Säcke zerschneiden, weil sie an ihren Schiffen scharfe Instrumente führten; trotz dieser überzeugenden Argumente keine Bereitschaft des Domkapitels zur Annahme dieses Ständebeschlusses; das herzoglich Regal ist weitergefaßt als das der ermländischen Kirche, weil nach jenem die Zahl der Keutel nicht beschränkt, sondern freigelassen wird; dennoch hat der Herzog hier auf seine Rechte zugunsten des ganzen Landes verzichtet und will den daraus resultierenden Zinsausfall in Kauf nehmen; Bitte an [Hosius], das Kapitel zur Annahme des Ständebeschlusses zu bewegen.

Konzept
2 Bogen und 1 Blatt 21, 5 x 31, 5 cm, S. 1—8 beschrieben, S. 10 Empfänger-, Datums- und Registraturvermerk.
HBA C 1 Nr. 1726. — Altsignatur fehlt; K. 1217.
Reinkopie: Ostpr. Fol. 72, S. 717—724.

Nr. 1727

1564 Juli 14, Königsberg

Herzog Albrecht an den Rat zu Braunsberg:

Ersuchen an den Adressaten, keinem Landsknecht oder Reisenden aus den von der Pest befallenen Städten wie Danzig, Elbing und anderen den Durchzug durch [Braunsberg] zu gestatten.

Reinkopie
Ostpr. Fol. 72, S. 727—728.

Nr. 1728

1564 Juli 19 [Königsberg]

Herzog Albrecht an Bischof Stanislaus von Ermland:

Bezug auf die Klage Melchior Lesgewangs über den ihm von Eustachius von Knobelsdorff verweigerten Zulaß zum Ankauf eines Teils des Gutes Grünau, den sein Oheim Michel von Rossen im Besitz gehabt hatte; Bitte um Verschreibung dieses Teils an den Petenten, der als Blutsverwandter des [Rossen] das größte Recht darauf habe.

Konzept
2 Blatt 21, 5 x 32 cm, S. 1—3 beschrieben, S. 4 Empfänger-, Datums- und Registraturvermerk.
HBA C 1 Nr. 1728. — Altsignatur fehlt; K. 1217.
Reinkopie: Ostpr. Fol. 72, S. 741—743.

Nr. 1729

1564 Juli 21, Königsberg

Herzog Albrecht an den Rat zu Braunsberg:

Erneutes Ersuchen um Verweigerung des Durchzugsrechts für Handwerksgesellen und Landsknechte wegen der herrschenden Pest.

Reinkopie
Ostpr. Fol. 72, S. 743—744.

Nr. 1730

1564 Juli 22, Braunsberg

Bürgermeister und Ratmannen der Altstadt Braunsberg an Herzog Albrecht:

Ermahnung der gesamten Bürgerschaft zur Vorsicht wegen der herrschenden Pest; Anordnung an die Wache, keinen aus Danzig, Elbing oder anderen von der Pest verseuchten Orten, vor allem keine Landsknechte, durchpassieren zu lassen; zur besseren Aufsicht sollen diesmal die Bürger in eigener Person Wache leisten.

Behändigte Ausfertigung
1 Bogen 21, 5 x 32 cm, S. 1—2 beschrieben, Unterschrift der Aussteller, S. 4 Außenadresse, Inhalts- und Kanzleivermerk.
Siegel der Aussteller
HBA C 1 Nr. 1730. — Altsignatur: 2/34/88; K. 474.

Nr. 1731

1564 August 3, Heilsberg

Bischof Stanislaus von Ermland an Herzog Albrecht:

Keine Entscheidung der Sache Melchior Lesgewangs, weil wegen Abwesenheit des Eustachius von Knobelsdorff dieser zur Zeit nicht befragt werden kann; nach dessen Rückkehr und Erlöschen der Pest soll der Spruch erfolgen; [Hosius] will erfahren haben, daß Michel von Rössen seinen Anteil am Gut Grünau von den früheren Bischöfen nur für seinen persönlichen Gebrauch erhalten haben soll.

Behändigte Ausfertigung
1 Bogen 20, 5 x 31, 5 cm, S. 1—3 beschrieben, Unterschrift des Bischofs, S. 4 Außenadresse, Inhalts- und Kanzleivermerk.
Siegel des Bischofs
HBA C 1 Nr. 1731. — Altsignatur: 1/11/217; K. 474.

Journalvermerk:

Schreiben des Bischofs in der Sache Melchior Lesgewangs.

Ostpr. Fol. 14320, Bl. 95 r.

Nr. 1732

1564 August 10 [Königsberg]

Herzog Albrecht an Bischof Stanislaus von Ermland:

Bezug auf das bischöfliche Schreiben wegen der Beschwerde des Kulmer Woiwoden [Jan Działyński] über den herzoglichen Untertan Theophilus von Polentz; der Herzog hat mehr Ursache, sich über den Kulmer Woiwoden zu beklagen, als dieser über ihn; zahlreiche Einfälle des Woiwoden in herzogliches Gebiet unter Wegführung von Leuten und Vieh; Hoffnung auf eine Entscheidung des Königs, an den er [Albrecht] appelliert hat; auf dessen Befehl soll der Woiwode bis zur Erkenntnis der Kommissarien die herzoglichen Untertanen auf ihren Gütern unangetastet lassen; Trockenlegung des strittigen Traupelsees auf Beschluß der Kommissarien bis zur endgültigen Erörterung der Sache, was nicht den königlichen Mandaten entspricht; vielmehr hat der König diesen Rezeß kassiert, weil er nicht vertragsgemäß getroffen worden ist; Bitte an [Hosius], den Woiwoden gemäß den königlichen Mandaten zur Wiedererstattung des Genommenen an die herzoglichen Untertanen zu verpflichten; für beide Seiten sei eine neue Grenzregelung nützlich, um derartige Übergriffe in Zukunft zu verhindern.

Konzept
2 Bogen 21 x 31, 5 cm, S. 1—6 beschrieben, S. 8 Empfänger-, Datums- und Registraturvermerk.
HBA C 1 Nr. 1732. — Altsignatur fehlt; K. 1217.
Reinkopie: Ostpr. Fol. 72, S. 748—754.

Nr. 1733

1564 September 27, Heilsberg

Bischof Stanislaus von Ermland an Herzog Albrecht:

Bisher ist [Heilsberg] von der Pest verschont geblieben; Supplik des Erasmus von der Dile wegen des seiner Frau und deren Brüdern wie auch Hans Kynsick zugefallenen Nachlasses des Fromelt Reiman, der aus bisher ungeklärten Ursachen über zwei Jahre ungeteilt geblieben und der Witwe des Verstorbenen belassen worden ist; Ansetzung eines Schicht- und Teilungstages am 25. September durch Hans Kynsick; dieser verweigert die Aufteilung des Erbes und fordert eine Sequestration des vierten Teiles; nach dem von den herzoglichen Hofräten an den Amtmann zu Rastenburg — in dessen Bereich liegen die besagten Güter — gefertigten Gutachten wird die Teilung „in capita" und nicht „in stirpem" [nach dem Stamm] als rechtmäßig und landesüblich bezeichnet; trotz dieser eindeutigen Rechtslage hat [Kynsick] an das Landgericht appelliert; durch die damit bewirkte Verzögerung ist eine Verringerung der Güter zu befürchten, von den hohen Unkosten ganz zu schweigen; Kynsick hat seine Pferde aus dem allen Erben zustehenden Gut unterhalten; Bitte des [Hosius] an den Herzog um einen Befehl an den Rastenburger Amtmann, den [Kynsick] zur Aufgabe seiner Verzögerungstaktik zu veranlassen oder die Sache an die Hof- und Gerichtsräte zu verweisen.

Behändigte Ausfertigung
1 Bogen Folio, S. 1—3 beschrieben, Unterschrift des Bischofs, S. 4 Außenadresse, Inhalts- und Kanzleivermerk.
Siegel des Bischofs
HBA C 1 Nr. 1733. — Altsignatur: 1/11/218; K. 474.

Nr. 1734

1564 November 19, Königsberg

Herzog Albrecht an Christoff Troschke, Stiftsvogt des Ermlands:

Bezug auf den an einem herzoglichen Untertan aus Kleschowen im Stradaunenschen, der sich auf dem Rückweg von dem bei Marienwerder versammelten Aufgebot befand — dieses war zur Abwehr der von Herzog Erich von Braunschweig verursachten Gefahr einberufen worden —, in der Nähe von Glockstein im Bistum [Ermland] verübten Überfall, der zu seinem Tod geführt hat; [Albrecht] hatte in dieser Sache bereits an den damaligen Statthalter Eustachius von Knobelsdorff geschrieben, der den Verwandten des Ermordeten einen Tag zu Martini angesetzt hatte; dieser Termin konnte wegen der grassierenden Pest nicht eingehalten werden; Gesuch an [Troschke] um Anberaumung eines neuen Tages, damit den Klägern bald zu ihrem Recht verholfen werden könne.

Reinkopie
Ostpr. Fol. 72, S. 807—809.

Nr. 1735

1564 November 20, Königsberg

Herzog Albrecht an den Rat zu Braunsberg:

Gefängliche Inhaftierung des Balthasar von Wirthausen in Braunsberg, der dem herzoglichen Untertan Gert Nolde Geld gestohlen hatte; Auslieferung des Täters an den Herzog; Bezug auf dessen in Braunsberg hinterlegtes Testament, auf das seine Schwester Anspruch erhebt; Bitte um Nachforschungen nach diesem Testament und um Mitteilung der Ergebnisse an den mit Briefen nach [Preußisch] Holland geschickten herzoglichen Boten.

Reinkopie
Ostpr. Fol. 72, S. 809—811.

Nr. 1736

1565 Februar 10, Königsberg

Herzog Albrecht an den Dompropst zu Allenstein:

Erinnerung an seine Fürbitte für Stentzel Kruppen aus Passenheim im vergangenen Sommer, die er nicht eigenhändig unterschrieben hat, wofür er sein „schweres Alter" verantwortlich macht; erneute Verschreibung für [Kruppen] und Übersendung von dessen Supplikation an den Dompropst; Bitte um Klaglosstellung des Petenten.

Reinkopie
Ostpr. Fol. 72, S. 888—890.

Nr. 1737

1565 März 1, Allenstein

Jacobus Czymmermann, Domherr zu Frauenburg und Landpropst in Allenstein, an Herzog Albrecht:

Verzögerung seiner Antwort in der Sache des Stentzel Kruppen wegen seines aus dienstlichen Gründen erforderlichen Aufenthalts in Frauenburg; Stentzel kann nicht nachweisen, daß er den Kaufzulaß ohne jeglichen Vorbehalt erlangt hat; auf Ersuchen des Stentzel hat er [Czymmermann] vor drei Jahren nach Verhör der Parteien ein Urteil gefällt, das die strittigen eineinhalb Hufen dem Allensteiner Burggrafen Caspar Stössel zu- und Stentzel abgesprochen hat; dieser Spruch ist rechtskräftig geworden, weil Stentzel auf eine Appellation an das Frauenburger Domkapitel verzichtet hat; erst nach Ablauf der Appellationsfrist ist dieser bei dem Gesandten des Kapitels in Allenstein vorstellig geworden, der ihm „ewiges Stillschweigen" auferlegt hat; keine Möglichkeit des Dompropstes, die Sache weiter zu verfolgen; dem Stentzel steht es frei, sich direkt an das Kapitel zu wenden; Fürbitte für einen Untertan des Kapitels, der beim Herzog oder dessen Räten sein Recht suchen will.

Behändigte Ausfertigung
1 Bogen 22 x 32 cm, S. 1—2 beschrieben, Unterschrift des Ausstellers, S. 4 Außenadresse, Inhalts- und Kanzleivermerk.
Siegel des Ausstellers
HBA C 1 Nr. 1737. — Altsignatur: 2/35/208; K. 475.

Nr. 1738

1565 April 2, Königsberg

Herzog Albrecht an den Rat zu Braunsberg:

Ermordung Albrecht Lingners durch Alex Israel Erdtmann aus Rosenberg auf freier Straße; Ersuchen um gefängliche Inhaftierung des Täters in Braunsberg und um Klaglosstellung der Verwandtschaft des Ermordeten.

Reinkopie
Ostpr. Fol. 72, S. 909—910.

Nr. 1739

1565 Mai 1, Heilsberg

Bischof Stanislaus von Ermland an Herzog Albrecht:

Anzeige des Schulzen zu Katzen über die vor etlichen Jahren erfolgte Deponierung von 200 Mark bei seinem Verwandten Matz Krause in Königsberg; nach dessen vor zwei Jahren erfolgtem Tod verweigert die Witwe des Verstorbenen die Rückerstattung des Geldes unter Vorschützung ihrer Armut; Bitte des [Hosius] an den Herzog, die Witwe zur Erfüllung ihrer Zahlungsverpflichtung zu veranlassen.

Behändigte Ausfertigung
1 Bogen 21 x 32 cm, S. 1—2 beschrieben, Unterschrift des Bischofs, S. 4 Außenadresse, Inhalts- und Kanzleivermerk.
Siegel des Bischofs
HBA C 1 Nr. 1739. — Altsignatur: 1/11/118; K. 475.

Journalvermerk:

Fürbitte des Bischofs für den Schulzen zu Katzen.

Ostpr. Fol. 14320, Bl. 97 r.

Nr. 1740

1565 Mai 23, Heilsberg

Bischof Stanislaus von Ermland an Herzog Albrecht:

Bezug auf die vor einigen Jahren erfolgte Grenzrevision zwischen Ortelsburg und dem Kammeramt Bischofsburg; nach seiner Rückkehr aus dem Ausland habe er [Hosius] von Grenzverletzungen seitens der Ortelsburger Amtleute und Untertanen erfahren, die einen ziemlich großen Ort im Kammeramt Bischofsburg eingenommen hätten; Bitte um Absendung herzoglicher Kommissarien an den strittigen Ort, wohin auch die bischöflichen Bevollmächtigten abgeordnet werden sollen, damit das freundnachbarliche Einvernehmen wiederhergestellt werden könne; Wegreißen der Brücke über die Passarge zwischen den Ämtern Liebstadt und Wormditt durch die Flut; Bitte der Wormditter um Verlegung der Brücke an einen anderen sicheren Ort; entsprechende Gespräche haben schon mit dem Amtmann von Liebstadt stattgefunden; der Herzog soll diesen zur Förderung des Vorhabens verpflichten, was er [Hosius] auch dem Amtmann zu Wormditt befehlen will.

Behändigte Ausfertigung
1 Bogen 21 x 32 cm, S. 1—3 beschrieben, Unterschrift des Bischofs, S. 4 Außenadresse, Inhalts- und Kanzleivermerk.
Siegelrest
HBA C 1 Nr. 1740. — Altsignatur: 1/11/119; K. 475.

Journalvermerk:

Schreiben des Bischofs wegen der Grenzirrung zwischen Ortelsburg und Bischofsburg und des von den Wormdittern begehrten Brückenbaus.

Ostpr. Fol. 14320, Bl. 97 r.

Nr. 1741

1565 Mai 30 [Königsberg]

Herzog Albrecht an Bischof Stanislaus von Ermland:

Der Bischof hat Lorentz Bartsch einen Termin am Freitag nach Ascensionis Domini (1. Juni) anberaumt; Bitte an [Hosius], dem Petenten ohne weitere Verzögerung „Ius et iustitiam zu administrieren".

Konzept
1 Blatt 22 x 31 cm, S. 1 beschrieben, S. 2 Empfänger-, Datums- und Registraturvermerk.
HBA C 1 Nr. 1741. — Altsignatur fehlt; K. 1218.
Reinkopie: Ostpr. Fol. 72, S. 935—936.

Nr. 1742

1565 Mai 30, Königsberg

Herzog Albrecht an den Rat zu Heilsberg:

Übersendung der Supplikation seines alten Dieners Bernhart von Lembergk; Bitte, diesem zum Recht zu verhelfen.

Reinkopie
Ostpr. Fol. 72, S. 936—937.

Nr. 1743

1565 Mai 31 [Königsberg]

Herzog Albrecht an Bischof Stanislaus von Ermland:

Nicht seine Untertanen, sondern die des Bischofs haben die Grenze zwischen Ortelsburg und Bischofsburg verletzt; dennoch Befehl an die Ortelsburger Amtleute, sich freundnachbarlich gegenüber den Ermländern zu verhalten; Bereitschaft zur Ernennung dreier Bevollmächtigter, die die Grenze visitieren sollen; Hilfezusage für den Bau der bei Wormditt weggerissenen Brücke über die Passarge.

Konzept
1 Bogen Folio, S. 1—3 beschrieben, S. 4 Empfänger-, Datums- und Registraturvermerk.
HBA C 1 Nr. 1743. — Altsignatur fehlt; K. 1218.
Reinkopie: Ostpr. Fol. 72, S. 940—943.

Nr. 1744

1565 Juni 4, Heilsberg

Bürgermeister und Ratmannen der Stadt Heilsberg an Herzog Albrecht:

Bezug auf die Supplikation des alten Dieners Bernhart von Lemberg; dessen Schwester Prisca hat aufgrund eines besiegelten Zeugnisses der Stadt Löbenicht ihren Anteil am Nachlaß Paul Sasses und seiner Ehefrau Hedwig erhalten; Zusage der Auszahlung des der Prisca zustehenden Anteils am Häuslein und Garten des [Sasse] in Heilsberg, sobald diese verkauft worden sind.

Behändigte Ausfertigung
1 Bogen 20 x 32 cm, S. 1 beschrieben, Unterschrift der Aussteller, S. 4 Außenadresse, Inhalts- und Kanzleivermerk.
Siegel der Aussteller
HBA C 1 Nr. 1744. — Altsignatur: 1/9/42; K. 475.

Journalvermerk:

Schreiben des Heilsberger Rats wegen der Supplik des alten Dieners Bernhart von Lemberg.

Ostpr. Fol. 14320, Bl. 97 r.

Nr. 1745

1565 Juli 12, Heilsberg

Bischof Stanislaus von Ermland an Herzog Albrecht:

Bereitschaft zur Abordnung seiner Bevollmächtigten für die Grenzregulierung zwischen Ortelsburg und dem Kammeramt Bischofsburg nach der Erntezeit; Bitte des Frauenburger Kapitels um Beseitigung von Grenzirrungen auf ihren an das Herzogtum anstoßenden Gütern; Bitte um Rückgabe einer bei der Neustadt Braunsberg gelegenen Wiese, die bei der letzten Grenzrevision irrtümlich dem Herzogtum zugeschlagen worden ist; Berufung auf die damals persönlich zugegen gewesenen Kommissarien, den Dr. Jonas und den Hauptmann von Brandenburg, Anthonius Burgk.

Behändigte Ausfertigung
1 Bogen 21 x 32 cm, S. 1—3 beschrieben, Unterschrift des Bischofs, S. 4 Außenadresse, Inhalts- und Kanzleivermerk.
Siegel des Bischofs
HBA C 1 Nr. 1745. — Altsignatur: 1/11/122; K. 475.

Journalvermerk:

Schreiben des Bischofs wegen verschiedener Grenzstreitigkeiten.

Ostpr. Fol. 14320, Bl. 97 v.

Nr. 1746

1565 Juli 17 [Königsberg]

Herzog Albrecht an Bischof Stanislaus von Ermland:

Befehl an seine Bevollmächtigten, am 17. September die Grenzregulierung zwischen den herzoglichen Ämtern Hohenstein, Ortelsburg und Neidenburg einer- und dem Gebiet Allenstein andererseits vorzunehmen; desgleichen Bestellung von Bevollmächtigten zur Behebung des Grenzstreits zwischen Balga und Preußisch Eylau auf der einen und dem Gebiet Mehlsack und den diesem inkorporierten Dörfern auf der anderen Seite; Bereitschaft des Herzogs, die Frage der strittigen Wiese bei Braunsberg durch seine Kommissarien prüfen zu lassen; zur Kenntnis [Albrechts] ist auch eine Grenzirrung zwischen den Ämtern Bartenstein und Heilsberg gelangt; dabei handelt es sich um Streitigkeiten zwischen Lauterhagen und Hermenhagen, die der Bischof durch seine Bevollmächtigten untersuchen lassen soll.

Konzept
1 Bogen Folio, S. 1—3 beschrieben, S. 4 Empfänger-, Datums- und Registraturvermerk.
HBA C 1 Nr. 1746. — Altsignatur fehlt; K. 1218.
Reinkopie: Ostpr. Fol. 72, S. 957—959.

Nr. 1747

1565 Juli 31, Königsberg

Herzog Albrecht an den Rat und das Gericht zu Braunsberg:

Klage seines in Kneiphof wohnenden alten Dieners Clement Rode über den beschwerlichen Rechtsgang mit dem Sohn eines Braunsberger Bürgers wegen etlichen gekauften Flachses; den getätigten Kauf hat letzterer vor dem Obersten Burggrafen in Königsberg bekannt, obwohl er dieses gegenüber dem Clement bestritten hat; Bitte an die Adressaten, dem Clement Rode unparteiisches Gastrecht zu verschaffen und ihn in seinen Forderungen zufrieden zu stellen; Inaussichtstellung anderer Mittel und Wege, wenn die Adressaten dazu nicht bereit sind.

Reinkopie
Ostpr. Fol. 72, S. 962—966.

Nr. 1748

1565 Juli 31, Heilsberg

Bischof Stanislaus von Ermland an Herzog Albrecht:

Dank für die Nachricht über die Anwerbung und Rüstung von Reisigen und Fußvolk in Deutschland, die vermutlich ihren Zug nach [Preußen] und Polen und andere benachbarte Länder nehmen; Bemühen um Erlangung von Zeitungen über dieses Vorhaben; der Bischof hat diese Kunde an etliche Orte und Herren der Krone Polen weitergeleitet; einige Grenzwiesen im Eylauschen und Mehlsackschen sind strittig; Bitte um Benennung eines Ortes, an dem die beiderseitigen Kommissarien zusammentreffen können; Klage über die herzoglichen Untertanen Flantz, Polentz und Joachim Proycke, die den ganzen Lauf der Alle, die bei dem Schloß und der Stadt Heilsberg vorbeifließt, mit Wehren verstellt haben; dadurch kann kaum ein größerer Fisch von den bischöflichen Untertanen gefangen werden; Bitte an den Herzog um Wiederherstellung der ungehinderten Stromfreiheit.

Behändigte Ausfertigung
1 Bogen 21 x 30 cm, S. 1—2 beschrieben, Unterschrift des Bischofs, S. 4 Außenadresse, Inhalts- und Kanzleivermerk.
Siegel des Bischofs
HBA C 1 Nr. 1748. — Altsignatur: 1/11/121; K. 475.

Journalvermerk:

Schreiben des Bischofs wegen Grenzsachen und der Hemmung der Stromfreiheit.

Ostpr. Fol. 14320, Bl. 97 v.

Nr. 1749

1565 August 8 [Königsberg]

Herzog Albrecht an Bischof Stanislaus von Ermland:

Dank für die Bereitschaft, ihn von den Bewegungen des im Deutschen Reich geworbenen Kriegsvolkes zu unterrichten; die beiderseitigen Kommissarien sollen mit der Grenzrevision bei dem Dorf Paulen im Eylauschen beginnen; im Oberland und im Wildnisamt Ortelsburg soll die Regulierung im Hohensteinschen den Anfang machen; die besagten herzoglichen Untertanen sollen zur Beseitigung der Sperren in der Alle veranlaßt werden; die bei Wormditt weggerissene Brücke soll an alter Stelle wiedererbaut werden; dem Wunsch des Bischofs, den Brückenbau nach Stollen zu verlegen, kann wegen der Bedenken der von Kunheims als Besitzer dieses Gutes nicht entsprochen werden; die Brücke muß so gebaut und der Weg so angelegt werden, daß ein künftiges Wegreißen vermieden wird; die Anlage der Brücke zwischen Sporwienen und dem Packschen Hof ist günstig, weil dort auf beiden Seiten nahe am Wasser Leute wohnen, die Unfug auf der Landstraße verhindern können; Bitte um Zulassung der bischöflichen Untertanen zur Benutzung der Mühlen im Herzogtum; Bitte um Abfertigung von Bevollmächtigten zur Erörterung der Grenzirrungen der Mehlsacker Dörfer Glanden, Gingen und Stabunken mit dem herzoglichen Amt Eylau.

Konzept
3 Bogen Folio, S. 2—11 beschrieben, S. 12 Empfänger-, Datums- und Registraturvermerk.
HBA C 1 Nr. 1749. — Altsignatur fehlt; K. 1218.
Reinkopie: Ostpr. Fol. 72, S. 975—980.

Nr. 1750

1565 August 14, Heilsberg

Bischof Stanislaus von Ermland an Herzog Albrecht:

Dank für die Nachricht über das in Deutschland versammelte Kriegsvolk; kein Eingang zuverlässiger Informationen über diese Angelegenheit; die Danziger bewahren hier gute Ruhe und fürchten keine Gefahr; Bereitschaft zur Absendung seiner Bevollmächtigten an die vom Herzog genannten Orte zwecks Behebung der Grenzirrungen; Dank für die Absicht [Albrechts] zur Abschaffung der Sperren in der Alle; niemand sei zur Hemmung des Flusses berechtigt; keine Kenntnis von einem Verbot für seine Untertanen, die herzoglichen Mühlen zu benutzen; lediglich der Gedanke, die Zeise des polnischen Königs nicht schmälern zu wollen, sei dafür ein möglicher Grund.

Behändigte Ausfertigung
1 Bogen 21 x 31 cm, S. 1—2 beschrieben, Unterschrift des Bischofs, S. 4 Außenadresse, Inhalts- und Kanzleivermerk.
Siegel des Bischofs
HBA C 1 Nr. 1750. — Altsignatur: 1/11/123; K. 475.

Journalvermerk:

Schreiben des Bischofs wegen der Grenzirrungen und der aufgehobenen Sperrung der Alle.

Ostpr. Fol. 14320, Bl. 98 r.

Nr. 1751

1565 August 19, Neuhausen

Herzog Albrecht an Bischof Stanislaus von Ermland:

Hoffnung auf eine gütliche Beilegung der Angelegenheit des Christoff Wantkau auf dem vom Bischof am 27. August angesetzten Termin; [Wantkau] werden die Hauptleute von Rastenburg und Seehesten, Johann von Hoiten und Christoff Zweiffel, sowie der Hofadvokat Nicolaus Loper als Beistände zugeordnet.

Konzept
1 Bogen Folio, S. 1—2 beschrieben, S. 4 Empfänger-, Datums- und Registraturvermerk.
HBA C 1 Nr. 1751. — Altsignatur fehlt; K. 1218.
Reinkopie: Ostpr. Fol. 72, S. 988—989.

Nr. 1752

1565 August 29, Heilsberg

Bischof Stanislaus von Ermland an Herzog Albrecht:

Verschiebung des für Christoff von Wantkau angesetzten Tages wegen Abwesenheit des Domherrn Eustachius von Knobelsdorff in wichtigen Geschäften und der Verhinderung des Landvogts wegen eines ihn getroffenen Unglücks; Mißfallen über das Verhalten Wantkaus, der den vorgeschriebenen Rechtsweg verlassen will.

Behändigte Ausfertigung
1 Bogen 20, 5 x 30 cm, S. 1—2 beschrieben, Unterschrift des Bischofs, S. 4 Außenadresse, Inhalts- und Kanzleivermerk.
Siegel des Bischofs
HBA C 1 Nr. 1752. — Altsignatur: 1/11/124; K. 475.

Journalvermerk:

Schreiben des Bischofs wegen der erforderlichen Verschiebung des für Christoff von Wantkau angesetzten Tages.

Ostpr. Fol. 14320, Bl. 98 r.

Nr. 1753

1565 September 2, Neuhausen

Herzog Albrecht an Bischof Stanislaus von Ermland:

Bitte um Befehl an die bischöflichen Gesandten, bei ihrem Zusammentreffen mit den herzoglichen Bevollmächtigten im Hohensteinschen einen Tag zur Erörterung der Grenzirrungen im Balgaschen, Eylauschen und Bartensteinschen zu vereinbaren, damit die langwierigen Grenzsachen endlich zum Abschluß gebracht werden können.

Konzept
1 Blatt Folio, S. 1 beschrieben, S. 2 Empfänger-, Datums- und Registraturvermerk.
HBA C 1 Nr. 1753. — Altsignatur fehlt; K. 1218.
Reinkopie: Ostpr. Fol. 72, S. 998—999.

Nr. 1754

1565 September 22, Guttstadt

Bischof Stanislaus von Ermland an Herzog Albrecht:

Unterrichtung von der strikten Unterbindung der Zufuhr von Viktualien nach Braunsberg durch die herzoglichen Amtleute der umliegenden Gegend; der Amtsverwalter zu Balga beruft sich dabei auf den ernsten Willen des Herzogs; Bitte um Erlaß eines Gegenbefehls zwecks Wiederherstellung der für die Stadt wichtigen freien Zufuhr; eine derartige Unterbindung widerspreche der bisherigen guten Nachbarschaft und verletze die gemeinen Verträge und Ordnungen.

Behändigte Ausfertigung
1 Bogen 21, 5 x 32 cm, S. 1—3 beschrieben, Unterschrift des Bischofs, S. 4 Außenadresse, Inhalts- und Kanzleivermerk.
Siegel des Bischofs
HBA C 1 Nr. 1754. — Altsignatur: 1/11/125; K. 475.

Journalvermerk:

Schreiben des Bischofs wegen Aufhebung des von herzoglichen Amtleuten verhängten Verbots der Lebensmittelzufuhr nach Braunsberg.

Ostpr. Fol. 14320, Bl. 98 r.

Nr. 1755

1565 September 23, Guttstadt

Bischof Stanislaus von Ermland an Herzog Albrecht:

Während seines Aufenthalts in Guttstadt auf dem Wege zur kommenden Tagfahrt in Thorn Entgegennahme des Berichts seiner zum Grenzhandel im Hohensteinschen und Ortelsburgischen abgefertigten Kommissarien über den guten Verlauf der Sache, der bereits zu einigen Schlichtungen geführt habe; sie hätten aber wegen der geänderten Meinung der herzoglichen Bevollmächtigten die Angelegenheit nicht weiter bereden können und seien daher zurückgekehrt; wegen seiner Weiterreise von Thorn in die Krone Polen und der dadurch bedingten längeren Abwesenheit übergebe er das Bistum und die Untertanen der Obhut des Herzogs.

Behändigte Ausfertigung
1 Bogen 19, 5 x 30 cm, S. 1—3 beschrieben, Unterschrift des Bischofs, S. 4 Außenadresse, Inhalts- und Kanzleivermerk.
Siegel des Bischofs
HBA C 1 Nr. 1755. — Altsignatur: 1/11/126; K. 475.

Nr. 1756

1565 September 24, Königsberg

Herzog Albrecht an Bischof Stanislaus von Ermland und mutatis mutandis an den Bischof zu Löbau [Stanisław Żelisławski] und den Schatzmeister zu Danzig [Jan Kostka]:

Absicht der an der märkischen Grenze versammelten Reiter und Knechte, unter dem Schein des Königs von Schweden [Erich XIV.] ihren Zug direkt nach den Landen [Preußen] zu richten; Erwartung der Ergreifung von Maßnahmen zur Verhütung unvorhergesehener Überfälle; Bitte um Unterrichtung von allen neu eingehenden Kundschaften, was der Herzog auch seinerseits verspricht.

Reinkopie
Ostpr. Fol. 72, S. 1016—1018.

Nr. 1757

1565 September 28 [Königsberg]

Herzog Albrecht an Bischof Stanislaus von Ermland:

Empfang zweier in Guttstadt ausgestellter Schreiben des Bischofs; das Zufuhrverbot nach Braunsberg hat seine Ursache in der Steigerung des Kornpreises in den drei Städten Königsberg und in anderen Orten des Herzogtums sowie in der großen Abfuhr des Korns, wodurch die Versorgung der Bevölkerung in Frage gestellt wird; der Export anderer Viktualien sei dagegen nicht unterbunden worden; Beschwerde, daß bischöflicherseits keinem Ermländer der Besuch der Wochenmärkte in den herzoglichen Landstädten, vor allem Heiligenbeil, gestattet worden sei; außerdem sei den Untertanen des Bischofs die nicht dem Adel angehörten, die Benutzung der Mühlen im Herzogtum verboten; der Abbruch der Grenzverhandlungen durch seine Bevollmächtigten sei auf seine Weisung, weitere und notwendige Dokumente einzuholen, erfolgt; das ändere nichts an seinem Interesse, die strittigen Grenzsachen möglichst rasch abzuschließen; Segenswünsche für die bevorstehenden Reisen des Bischofs und Bereitschaft zur Fürsorge für das ihm anvertraute Land des [Hosius]; Übersendung von Zeitungen über die gefährliche Lage an den Bischof und Bitte an diesen, sich auf der Thorner Tagfahrt gemeinsam mit den dort versammelten Prälaten und Ständen dieser wichtigen Sache anzunehmen; vor allem solle umgehend im Königlichen Teil [Preußen] das Aufgebot einberufen werden, was auch der König in Großpolen tun müsse; falls der im Bunde mit Schweden stehende Markgraf Hans oder andere ihren Zug nach diesen Landen richten würden, müßte diesen, ehe sie Preußen oder die Krone Polen erreicht hätten, entgegengetreten werden; er [Albrecht] habe bereits in seinem Land entsprechende Vorkehrungen getroffen.

Konzept
3 Bogen 20, 5 x 31 cm, S. 3—8 beschrieben, S. 12 Empfänger-, Datums- und Registraturvermerk.
HBA C 1 Nr. 1757. — Altsignatur fehlt; K. 1218.
Reinkopie: Ostpr. Fol. 72, S. 1019—1026.

Nr. 1758

1565 September 28, Frauenburg

Prälaten, Domherren und Kapitel des Stifts Ermland an Herzog Albrecht:

Empfang des an [Hosius] gerichteten herzoglichen Schreibens vom 25. September durch Übermittlung des Schäffers von Heilsberg; Dank für die Warnung vor der drohenden Gefahr und Bereitschaft zum Aufgebot der Lehnsleute des Kapitels; nach bestimmten Informationen beabsichtigt der mit Schweden verbündete Markgraf Hans von Küstrin mit zahlreichen Reitern und Knechten einen Zug durch Pommern, wobei das endgültige Ziel dieser Aktion noch unbestimmt ist.

Behändigte Ausfertigung
1 Bogen 21 x 31, 5 cm, S. 1—2 beschrieben, Unterschrift der Aussteller, S. 4 Außenadresse, Inhalts- und Kanzleivermerk.
Siegel der Aussteller
HBA C 1 Nr. 1758. — Altsignatur: 1/11/228; K. 475.

Journalvermerk:

Schreiben des Kapitels wegen des Vorstoßes des Markgrafen Hans von Küstrin und der dagegen zu ergreifenden Maßnahmen.

Ostpr. Fol. 14320, Bl. 98 r. und v.

Nr. 1759

1565 Oktober 6, Thorn

Bischof Stanislaus von Ermland an Herzog Albrecht:

Keine Kenntnis von seinem Verbot oder dem seiner Amtleute, die Stadt Heiligenbeil zu besuchen; Befehl an die Braunsberger, sich freundnachbarlich zu verhalten, die zahlreichen in Thorn eingetroffenen Zeitungen entbehren alle der Zuverlässigkeit; Eintreffen eines an die Stadt Danzig gerichteten Schreibens des Pommernherzogs [Barnim], das genauere Nachrichten enthält; Zusage der Übersendung neuer Zeitungen an den Herzog.

Behändigte Ausfertigung
1 Bogen 19, 5 x 31 cm, S. 1—2 beschrieben, Unterschrift des Bischofs, S. 4 Außenadresse, Inhalts- und Eingangsvermerk vom 12. Oktober 1565.
Siegel des Bischofs
HBA C 1 Nr. 1759. — Altsignatur: 1/11/127; K. 475.

Beilage

1565 September 27, Stettin

Herzöge Barnim der Ältere und Bogislaus von Pommern an Bürgermeister und Ratmannen der Stadt Danzig:

Ihre Mitteilung über die Ankunft des Markgrafen Johann von [Küstrin] mit 600 Pferden, Kriegsvolk und grobem Geschütz in den brandenburgischen Grenzstädten Soldin und Schönfließ muß revidiert werden; Absendung geheimer Kundschafter, die im Fürstentum von Markgraf Hans Erkundigungen einziehen sollen; in den beiden genannten Städten und anderen Orten seien noch keine Reiter versammelt und kein Geschütz aus Küstrin eingetroffen; der Markgraf habe lediglich die Städte Königsberg (Neumark), Soldin, Schönfließ und andere Orte zur Lieferung von „Kriegsnotdurft“ für etliche Hundert zu Roß und zu Fuß aufgerufen und die Landschaft zur Rüstung verpflichtet; Bereitschaft zur weiteren Unterrichtung Danzigs vom Fortgang der Angelegenheit.

Abschrift
1 Blatt 21 x 32 cm, S. 1—2 beschrieben.

Journalvermerk:

Schreiben des Bischofs wegen der Stadt Braunsberg und der Rüstungen des Markgrafen Johann [von Küstrin].

Ostpr. Fol. 14320, Bl. 98 v.

Nr. 1760

1565 Oktober 10 [Königsberg]

Herzog Albrecht an das ermländische Domkapitel:

Vertreibung des Allensteiner Kupferschmieds Lorentz Schimmelpfenning durch das Domkapitel, weil er das Sakrament in einer Gestalt nicht empfangen wollte; Absicht des Lorentz, sich im Herzogtum niederzulassen und dort sein Handwerk zu betreiben; Bitte des Herzogs, dem [Schimmelpfenning] die Durchführung der Schicht und Teilung mit seinen Kindern zu gestatten und ihm Zulaß für den Verkauf seiner im Kapitelsgebiet befindlichen liegenden und fahrenden Güter zu erteilen.

Konzept
2 Blatt Folio, S. 1—2 beschrieben, S. 4 Empfänger-, Datums- und Registraturvermerk.
HBA C 1 Nr. 1760. — Altsignatur fehlt; K. 1218.
Reinkopie: Ostpr. Fol. 72, S. 1032—1033.

Nr. 1761

1565 Oktober 13 [Königsberg]

Herzog Albrecht an Eustachius von Knobelsdorff:

Dank für die Übersendung von Quitten und anderem Obst; auch für die von [Knobelsdorff] übermittelten Zeitungen ist ihm der Herzog verbunden.

Konzept
1 Blatt Folio, S. 1 beschrieben, S. 2 Empfänger-, Datums- und Registraturvermerk.
HBA C 1 Nr. 1761. — Altsignatur fehlt; K. 1218.
Reinkopie: Ostpr. Fol. 72, S. 1034—1035.

Nr. 1762

1565 Oktober 14, Heilsberg

Bischof Stanislaus von Ermland an Herzog Albrecht:

Bezug auf die Bitte des Herzogs, dem Sohn des Schulzen zu Raunau, Valten Tiele, den angehaltenen Hopfen und Wagen ausfolgen zu lassen; wiederholter Verstoß des [Tiele] gegen die gemeine Landesordnung und die althergebrachten Gebräuche durch heimlichen Vorkauf des Hopfens auf den Dörfern; strenge Bestrafung aller, die auf den Dörfern und nicht auf offenen freien Marktstätten den Hopfen kaufen; [Tiele] begründe seinen Abzug aus dem Stift [Ermland] mit seiner Geburt auf freiem Schulzenamt, weshalb er der Herrschaft nicht eigentümlich verpflichtet sei; dem Herzog sei zweifellos bewußt, daß keiner ohne Zeugnis seiner Freiheit in den bischöflichen Städten das Bürgerrecht erlangen könne; weil sich aber [Tiele] ohne Wissen des Bischofs nach Landsberg begeben und dort niedergelassen habe, Bitte an den Herzog, in Landsberg die Versagung des Bürgerrechts an diesen zu bewirken.

Behändigte Ausfertigung
1 Bogen 23 x 33 cm , S. 1—3 beschrieben, Unterschrift des Bischofs, S. 4 Außenadresse, Inhalts- und Eingangsvermerk vom 20. Oktober 1565.
Siegel des Bischofs
HBA C 1 Nr. 1762. — Altsignatur: 1/11/230; K. 475.

Nr. 1763

1565 Oktober 17, Frauenburg

Prälaten, Domherren und Kapitel des Stifts Ermland an Herzog Albrecht:

Unrichtige Vorwürfe des Kupferschmieds [Schimmelpfenning] gegen das Kapitel; obwohl dieser eigentlich wegen Ungehorsams und wiederholter Übertretung der Landesordnung sein Gut verwirkt habe, sei es niemals konfisziert worden; nur weil er das Sakrament nicht auf übliche Weise habe annehmen wollen, sei ihm das Verlassen des Stifts unter der Zusage, seine Habe nach „ländlichem Brauch" zu verkaufen, auferlegt worden; die Vornahme der Schicht und Teilung mit seinen Kindern sei ihm nicht verwehrt worden; da er das „christliche Geleit" verwirkt habe, dürfe er nicht persönlich in das Gebiet des Kapitels kommen, um seine bewegliche und unbewegliche Habe zu Geld zu machen, sondern müsse das durch Bevollmächtigte besorgen lassen; der Herzog werde mit der Zeit erkennen, was der Kupferschmied für ein Mensch sei.

Behändigte Ausfertigung
1 Bogen 21, 5 x 32 cm, S. 1—2 beschrieben, Unterschrift der Aussteller, S. 4 Außenadresse, Inhalts- und Kanzleivermerk.
Siegel der Aussteller
HBA C 1 Nr. 1763. — Altsignatur: 1/11/227; K. 475.

Journalvermerk:

Schreiben des Kapitels wegen der Ausweisung des Kupferschmieds [Schimmelpfenning].

Ostpr. Fol. 14320, Bl. 98 v.

Nr. 1764

1565 Oktober 22 [Königsberg]

Herzog Albrecht an Bischof Stanislaus von Ermland:

Beauftragung des Bischofs [Hosius] und des Danziger Bürgermeisters Georg Kleefeld mit der Revision des Kulmer Rechts durch die auf der Thorner Tagfahrt versammelten Räte der Lande Preußen; die Arbeit soll acht Tage nach Martini am bischöflichen Hoflager zu Heilsberg vorgenommen werden, wofür der Bischof um Zuordnung des Doktors Christophorus Jonas gebeten hat; Hoffnung des Herzogs auf einen erfolgreichen Abschluß dieses den beiderseitigen Landen nützlichen Werks; leider kann der Bitte einer Abordnung des Doktors Jonas nicht entsprochen werden, weil dieser für den auf Ersuchen der mitbelehnten Markgrafen zu Brandenburg einberufenen Landtag unentbehrlich ist; Bitte um Verschiebung der Revision des Kulmer Rechts auf die Zeit nach Neujahr, damit Jonas daran mitwirken kann.

Konzept
1 Bogen Folio, S. 1—3 beschrieben, S. 4 Empfänger-, Datums- und Registraturvermerk.
HBA C 1 Nr. 1764. — Altsignatur fehlt; K. 1218.
Reinkopie: Ostpr. Fol. 72, S. 1040—1042.

Nr. 1765

1565 Oktober 29, Heilsberg

Bischof Stanislaus von Ermland an Herzog Albrecht:

Bezug auf die Bitte des Herzogs, die Revision des Kulmer Rechts bis nach Neujahr zu verschieben, damit Dr. Christophorus Jonas hinzugezogen werden kann; der Bischof will zu diesem Vorschlag die Meinung des Danziger Bürgermeisters Georg Kleefeld einholen und diese dem Herzog mitteilen.

Behändigte Ausfertigung
1 Bogen 21 x 32 cm, S. 1—2 beschrieben, Unterschrift des Bischofs, S. 4 Außenadresse, Inhalts- und Kanzleivermerk.
Siegel des Bischofs
HBA C 1 Nr. 1765. — Altsignatur: 1/11/229; K. 475.

Journalvermerk:

Schreiben des Bischofs wegen der Revision des Kulmer Rechts.

Ostpr. Fol. 14320, Bl. 99 r.

Nr. 1766

1565 Oktober 30, Heilsberg

Bischof Stanislaus von Ermland an den Kanzler Johann von Kreytzen:

Beschwerde der Stadt Braunsberg über das nicht aufgehobene Zufuhrverbot für Getreide und Viktualien aus den herzoglichen Ämtern; auch Milchspeise, Fische und andere Lebensmittel gelangen nicht in die Stadt; trotz der Äußerung des Balgaer Hauptmanns Jacob von Diebes, der Herzog habe die Zufuhr freigegeben, seien die Straßen bei Einsiedel mit Wachen besetzt und alle Zufuhren zurückgewiesen worden, was mit freundlicher Nachbarschaft nichts mehr zu tun habe; Bitte des [Hosius] um Aufhebung des Zufuhrverbots, wozu auf bischöflicher Seite kein Anlaß gegeben worden sei; sollte das nicht erfolgen, will er die Zufuhr vom Ermland in das Herzogtum unterbinden und die Krone Polen zu einem entsprechenden Verhalten veranlassen.

Behändigte Ausfertigung
1 Bogen 21 x 32 cm, S. 1—3 beschrieben, Unterschrift des Bischofs, S. 4 Außenadresse, Inhalts- und Kanzleivermerk.
Siegel des Bischofs
HBA C 1 Nr. 1766. — Altsignatur: 1/11/128; K. 475.

Beilage

[o. D. u. O.]

Herzog Albrecht an Bischof Stanislaus von Ermland:

Verbot der Kornausfuhr aus dem Herzogtum bis etwa acht Tage nach Martini (vgl. Nr. 1757).

Abschrift
1 Blatt 21 x 23 cm, S. 1 beschrieben.

Journalvermerk:

Schreiben des Bischofs wegen der gehemmten Zufuhr von Korn und Viktualien nach Braunsberg.

Ostpr. Fol. 14320, Bl. 99 r.

Nr. 1767

1565 Oktober 31, Heilsberg

Bischof Stanislaus von Ermland an Herzog Albrecht:

Erneute Beschwerde der Braunsberger über die gehemmte Zufuhr der Viktualien aus den herzoglichen Ämtern; ein derartiges Verhalten steht dem ewigen Frieden und den Verträgen entgegen und muß zur Zerstörung der Einigkeit in diesen „gefährlichen Zeiten" führen; Bitte um Wiederherstellung der freien Zufuhr und „Hantierung", die auch auf bischöflicher Seite praktiziert wird.

Behändigte Ausfertigung
1 Bogen 21 x 32 cm, S. 1—2 beschrieben, Unterschrift des Bischofs, S. 4 Außenadresse, Inhalts- und Beantwortungsvermerk vom 8. November 1565.
Siegel des Bischofs
HBA C 1 Nr. 1767. — Altsignatur: 1/11/129; K. 475.

Journalvermerk:

Schreiben des Bischofs wegen Wiederherstellung der freien Zufuhr nach Braunsberg.

Ostpr. Fol. 14320, Bl. 99 r.

Nr. 1768

1565 November 8 [Königsberg]

Herzog Albrecht an Bischof Stanislaus von Ermland:

Empfang der bischöflichen Schreiben vom 29. und 31. Oktober; Einverständnis mit dem Vorschlag des Bischofs, wegen einer Verschiebung der Revision des Kulmer Rechts die Meinung des Danziger Bürgermeisters Georg Kleefeld einzuholen; kein Befehl an seine Amtleute, die Zufuhr von Milchspeise, Fischen und anderen Viktualien nach [Braunsberg] zu verbieten; wegen der eingerissenen Teuerung müßten die Landleute zuerst ihr Getreide auf den Wochenmärkten der Städte verkaufen und dürften es nicht sofort über die Grenze führen; erst wenn sie am „gebührlichen Ort" Markt gehalten hätten, stünde ihnen der Verkauf an anderer Stelle frei; eine solche Praxis entspreche den allgemeinen Verträgen; bei der Ausdehnung des Getreideausfuhrverbots auf andere Viktualien habe der Hauptmann von Balga gegen seine Anordnung gehandelt; ihm sei der Befehl zur Befolgung des herzoglichen Reskripts erteilt worden; Beschwerde über das unrechtmäßige Verhalten etlicher Bürger aus Braunsberg, Wormditt und anderen Städten, die sich auf die Höfe des Landvolks begeben und dort Vorkäuferei betrieben hätten; herzoglicher Befehl, solche widerrechtlich erworbenen Waren anhalten und konfiszieren zu lassen; Erwartung einer Verordnung des Bischofs, die ein derartiges Verhalten verbiete und jeden dazu ermahne, seine Waren auf den Märkten zu kaufen; Bitte an [Hosius], den bischöflichen Untertanen den Besuch der Mühlen im Herzogtum zu gestatten; Bereitschaft zur Bewahrung eines freundnachbarlichen Verhaltens; der Bischof brauche in dieser Angelegenheit nicht an den polnischen König zu appellieren.

Konzept
3 Bogen Folio, S. 3—10 beschrieben, S. 12 Empfänger-, Datums- und Registraturvermerk.
HBA C 1 Nr. 1768. — Altsignatur fehlt; K. 1218.
Reinkopie: Ostpr. Fol. 72, S. 1058—1064.

Nr. 1769

1565 November 15 [Königsberg]

Herzog Albrecht an Bischof Stanislaus von Ermland:

Klage herzoglicher Untertanen über Übergriffe bischöflicher Befehlshaber und Diener zu Rössel; ein solches Verhalten widerspreche dem gemeinen Landfrieden und den aufgerichteten Verträgen; Bitte um angemessene Bestrafung der Übeltäter zwecks Klaglosstellung der Supplikanten.

Konzept
1 Bogen Folio, S. 1—2 beschrieben, S. 4 Empfänger-, Datums- und Registraturvermerk.
HBA C 1 Nr. 1769. — Altsignatur fehlt; K. 1218.
Reinkopie: Ostpr. Fol. 72, S. 1066—1067.

Nr. 1770

1565 Dezember 4, Heilsberg

Bischof Stanislaus von Ermland an Herzog Albrecht:

Einverständnis des Danziger Bürgermeisters Georg Kleefeld mit der vom Herzog gewünschten Verschiebung der Revision des Kulmer Rechts; [Kleefeld] schlägt als Termin den 17. oder 18. Januar [1566] vor, weil er dann hinsichtlich seiner in Danzig zu erfüllenden Geschäfte am ehesten abkömmlich sei; Dank für die Zuordnung des Doktors Jonas zu diesem Werk.

Behändigte Ausfertigung
1 Bogen 21 x 32, 5 cm, S. 1—2 beschrieben, Unterschrift des Bischofs, S. 4 Außenadresse, Inhalts- und Kanzleivermerk.
Siegel des Bischofs
HBA C 1 Nr. 1770. — Altsignatur: 1/11/130; K. 475.

Journalvermerk:

Schreiben des Bischofs wegen der Revision des Kulmer Rechts.

Ostpr. Fol. 14320, Bl. 98 v. und 99 r.

Nr. 1771

1565 Dezember 10 [Königsberg]

Herzog Albrecht an Bischof Stanislaus von Ermland:

Dank für die Bemühungen des Bischofs, den Termin der Revision des Kulmer Rechts auf die Zeit nach Neujahr zu verschieben; wegen bevorstehender Absendung des Doktors Christophorus Jonas auf den im Heiligen Römischen Reich ausgeschriebenen Reichstag Bitte um weitere Verschiebung des Revisionswerks oder um dessen Durchführung ohne Mitwirkung des [Jonas].

Konzept
1 Bogen Folio, S. 1—3 beschrieben, S. 4 Empfänger-, Datums- und Registraturvermerk.
HBA C 1 Nr. 1771. — Altsignatur fehlt; K. 1218.
Reinkopie: Ostpr. Fol. 72, S. 1071—1073.

Nr. 1772

1566 Januar 2, Königsberg

Herzog Albrecht an Bischof Stanislaus von Ermland:

Absendung des Doktors Jonas zu dem im Heiligen Römischen Reich angesetzten Reichstag; damit das wichtige Revisionswerk nicht ins Stocken gerät, hat er seine Räte Hieronymus Rode und Magister Lucas David beauftragt, sich am 18. Januar beim Bischof in Heilsberg einzufinden; Bitte um Zustimmung zu seinem Vorschlag.

Konzept
1 Bogen Folio, S. 1—2 beschrieben, S. 4 Empfänger-, Datums- und Registraturvermerk.
HBA C 1 Nr. 1772. — Altsignatur fehlt; K. 1219.
Reinkopie: Ostpr. Fol. 73, S. 3—4.

Nr. 1773

1566 Januar 12, Frauenburg

Bischof Stanislaus von Ermland an Herzog Albrecht:

Keine Möglichkeit zur Wahrnehmung des Termins am 18. Januar, weil der Danziger Bürgermeister Georg Kleefeld aufgrund des herzoglichen Schreibens vom [10. Dezember 1565] im unklaren sei, ob dieser Zeitpunkt auf herzoglicher Seite eingehalten werden könne; Bitte um Verschiebung des Termins auf den 29. Januar, um Kleefeld die Möglichkeit zur Meinungsäußerung zu geben; dessen Antwort soll dem Herzog mitgeteilt werden.

Behändigte Ausfertigung
1 Bogen 21 x 32 cm, S. 1—2 beschrieben, Unterschrift des Bischofs, S. 4 Außenadresse, Inhalts- und Eingangsvermerk vom 13. Januar 1566.
Siegel des Bischofs
HBA C 1 Nr. 1773. — Altsignatur: 1/12/169; K. 475.

Journalvermerk:

Schreiben des Bischofs wegen Verschiebung der Revision des Kulmer Rechts auf den 29. Januar.

Ostpr. Fol. 14320, Bl. 100 r.

Nr. 1774

1566 Januar 14 [Königsberg]

Herzog Albrecht an Bischof Stanislaus von Ermland:

Bereitschaft zur Absendung seiner Räte am 29. Januar nach Heilsberg; Bitte um Unterrichtung, ob Kleefeld diesen Termin einhalten kann, damit sich die herzoglichen Räte danach richten.

Konzept
1 Bogen Folio, S. 1—2 beschrieben, S. 4 Empfänger-, Datums- und Registraturvermerk.
HBA C 1 Nr. 1774. — Altsignatur fehlt; K. 1219.
Reinkopie: Ostpr. Fol. 73, S. 5—6.

Nr. 1775

1566 Januar 25 [Königsberg]

Herzog Albrecht an Bischof Stanislaus von Ermland:

Bitte an den Bischof, dem herzoglichen Untertan Caspar Schultz aus Fischhausen gemäß seiner Supplikation zum Recht zu verhelfen.

Konzept
1 Bogen Folio, S. 1—2 beschrieben, S. 4 Empfänger-, Datums- und Registraturvermerk.
HBA C 1 Nr. 1775. — Altsignatur fehlt; K. 1219.
Reinkopie: Ostpr. Fol. 73, S. 12.

Nr. 1776

1566 Januar 25 [Königsberg]

Herzog Albrecht an Bischof Stanislaus von Ermland

Supplikation seines alten Dieners Clement Rothe wegen seines beschwerlichen Rechtsstreits mit dem Braunsberger Bürger Caspar Wagner; Bitte um Klaglosstellung des [Rothe] gegenüber dem [Wagner], der sich „per viam appellationis“ an den Bischof gewandt hat.

Konzept
1 Bogen Folio, S. 1—2 beschrieben, S. 4 Empfänger-, Datums- und Registraturvermerk.
HBA C 1 Nr. 1776. — Altsignatur fehlt; K. 1219.
Reinkopie: Ostpr. Fol. 73, S. 13—14.

Nr. 1777

1566 März 18 [Königsberg]

Herzog Albrecht an Bischof Stanislaus von Ermland:

Supplikation der Kneiphofer Bürger Caspar und Brosien Lippe und ihrer Verwandtschaft wegen einer in Seeburg ansässigen Frau Seuberlich, die eines mit Zauberei oder Gift verursachten Mordes an einem ihrer Nachbarn bezichtigt wird; Bitte des Herzogs um sorgfältige Nachforschungen; falls die Unschuld der armen Frau erwiesen sei, sollten ihre Verleumder gebührend bestraft werden.

Konzept
1 Bogen Folio, S. 1—3 beschrieben, S. 4 Empfänger-, Datums- und Registraturvermerk.
HBA C 1 Nr. 1777. — Altsignatur fehlt; K. 1219.
Reinkopie: Ostpr. Fol. 73, S. 37—39.

Nr. 1778

1566 März 18, Heilsberg

Bischof Stanislaus von Ermland an Herzog Albrecht:

Dank für die Zuordnung der herzoglichen Räte bei der Revision des Kulmer Rechts, die bereits in mehreren Teilen abgeschlossen worden ist; weil einige vormals vom Königlichen Teil [Preußen] beschlossene Artikel und Gerichtsgebräuche noch der Überarbeitung bedürfen, sollen diese auf Wunsch des Bischofs zehn Tage vor der kommenden Marienburger Tagfahrt von beiden Seiten erörtert werden; vorgesehen ist der 28. April, d. h. 14 Tage nach Ostern, an dem der Herzog seine Bevollmächtigten nach Heilsberg schicken soll.

Behändigte Ausfertigung
1 Bogen 22 x 33 cm, S. 1—2 beschrieben, Unterschrift des Bischofs, S. 4 Außenadresse, Inhalts- und Kanzleivermerk.
Siegel des Bischofs
HBA C 1 Nr. 1778. — Altsignatur: 1/12/170; K. 475.

Journalvermerk:

Schreiben des Bischofs wegen des Abschlusses des Kulmer Revisionswerkes.

Ostpr. Fol. 14320, Bl. 100 v.

Nr. 1779

1566 April 1, Heilsberg

Bischof Stanislaus von Ermland und Johann Kostka von Stangenberg, Danziger Kastellan und Schatzmeister der königlichen Lande Preußen, an Herzog Albrecht:

Ankündigung ihrer Absendung an den Herzog auf Befehl des polnischen Königs; sie wollen am kommenden Mittwoch (3. April) in Königsberg eintreffen und dort die königliche Werbung ablegen; Bitte um Verständnis für diesen Termin oder um Mitteilung eines anderen Tages.

Behändigte Ausfertigung
1 Bogen Folio, S. 1—2 beschrieben, Unterschrift der Aussteller, S. 4 Außenadresse, Inhalts- und Eingangsvermerk.
Siegel des Bischofs
HBA C 1 Nr. 1779. — Altsignatur: 1/12/171; K. 475.

Journalvermerk:

Schreiben des Bischofs und des Danziger Kastellans Kostka wegen ihrer auf königlichen Befehl erfolgten Absendung an den Herzog.

Ostpr. Fol. 14320, Bl. 100 r.

Nr. 1780

1566 April 8 [Königsberg]

Herzog Albrecht an Bischof Stanislaus von Ermland:

Übersendung seiner Antwort auf die von [Hosius] und [Kostka] vorgetragene königliche Werbung; Bitte um Verständnis für den verzögerten Ausgang seiner Mitteilung.

Konzept
1 Blatt Folio, S. 1 beschrieben, S. 2 Empfänger-, Datums- und Registraturvermerk.
HBA C 1 Nr. 1780. — Altsignatur fehlt; K. 1219.
Reinkopie: Ostpr. Fol. 73, S. 55.

Nr. 1781

1566 April 18, Heilsberg

Bischof Stanislaus von Ermland an Herzog Albrecht:

Unterrichtung des Danziger Bürgermeisters Georg Kleefeld von der vom Herzog verfügten Absendung seiner Räte Hieronymus Rode und Magister Lucas David am 28. April nach Heilsberg zwecks Revision des Kulmer Rechts; Bereitschaft Kleefelds, an diesem Tage in Heilsberg zu erscheinen.

Behändigte Ausfertigung
1 Bogen 21 x 30 cm, S. 1 beschrieben, Unterschrift des Bischofs, S. 4 Außenadresse, Inhalts- und Kanzleivermerk.
Siegel des Bischofs
HBA C 1 Nr. 1781. — Altsignatur: 1/12/184; K. 475.

Journalvermerk:

Schreiben des Bischofs wegen der Absendung herzoglicher Räte zwecks Revision des Kulmer Rechts.

Ostpr. Fol. 14320, Bl. 100 r.

Nr. 1782

1566 April 21 [Königsberg]

Herzog Albrecht an das Kapitel zu Allenstein:

Erneute Klage des Kupferschmieds Lorentz Schimmelpfenning wegen der Wegführung seiner Habe auf das Allensteiner Schloß, wobei etliche Hausgeräte verloren oder zerbrochen worden sind; Ersuchen des Herzogs an das Kapitel, den Kupferschmied klaglos zu stellen und ihm zu dem Seinigen zu verhelfen.

Konzept
1 Bogen Folio, S. 1—2 beschrieben, S. 4 Empfänger-, Datums- und Registraturvermerk.
HBA C 1 Nr. 1782. — Altsignatur fehlt; K. 1219.
Reinkopie: Ostpr. Fol. 73, S. 61—62.

Nr. 1783

1566 April 29, Frauenburg

Prälaten, Domherren und Kapitel des Stifts Ermland an Herzog Albrecht:

Erinnerung an die von [Hosius] vor Ostern in Königsberg vorgebrachte Beschwerde über Georg Unger, der zahlreiche Übergriffe gegen die Bewohner des Dorfes Alt Münsterberg verübt hat; trotz der Vereinbarung zwischen Unger und den Untertanen zu [Alt Münsterberg], die strittige Grenze durch Ricken [Pfähle] zu markieren, ist nichts darauf erfolgt; der vom Kapitel dorthin beorderte Vogt ist von Unger mit vielen gotteslästerlichen Worten geschmäht worden; er läßt ungehindert sein Vieh und seine Pferde auf den Äckern der Münsterberger weiden, ahndet aber umgekehrt den Übertritt des Viehs der Münsterberger auf sein Gebiet mit sofortiger Pfändung; Bitte an den Herzog, den Georg Unger zum rechtlichen und gebührenden Verhalten zu verpflichten und durch Kommissarien die Kennzeichnung der Grenze durch Ricken zu veranlassen.

Behändigte Ausfertigung
1 Bogen 21 x 32 cm, S. 1—3 beschrieben, S. 4 Außenadresse und Beantwortungsvermerk.
Siegel des Kapitels abgefallen
HBA C 1 Nr. 1783. — Altsignatur: 1/12/188; K. 475.

Nr. 1784

1566 Mai 2 [Königsberg]

Herzog Albrecht an die Domherren zu Frauenburg:

Befehl an Unger, von seinem mutwilligen Vorhaben gegenüber den Kapitelsuntertanen abzulassen; Anweisung an seine Kommissarien, die sich in Kürze in das Amt [Preußisch] Holland begeben werden, das Setzen der Ricken in Anwesenheit der Bevollmächtigten des Kapitels vorzunehmen.

Konzept
1 Bogen Folio, S. 1 beschrieben, S. 4 Empfänger-, Datums- und Registraturvermerk.
HBA C 1 Nr. 1784. — Altsignatur fehlt; K. 1219.
Reinkopie: Ostpr. Fol. 73, S. 70—71.

Nr. 1785

1566 Mai 29 [Königsberg]

Herzog Albrecht an Bischof Stanislaus von Ermland:

Erneute Bitte um Klaglosstellung des Dieners Clement Rothe und um Zurückweisung der abermaligen Appellation der Gegenpartei.

Konzept
1 Bogen 21 x 29, 5 cm, S. 1 beschrieben, S. 4 Empfänger-, Datums- und Registraturvermerk.
HBA C 1 Nr. 1785. — Altsignatur fehlt; K. 1219.
Reinkopie: Ostpr. Fol. 73, S. 85—86.

Nr. 1786

1566 Juni 10 [Königsberg]

Herzog Albrecht an das Kapitel zu Frauenburg:

Bericht seiner Kommissarien über die Irrungen zwischen Georg von Ungern und den Kapitelsuntertanen in Alt Münsterberg; Bereitschaft zur Annahme der alten Grenzzeichen und -steine; in einigen Fällen müssen sie jedoch verändert werden; bei der Neusetzung der Ricken soll der Burggraf von [Preußisch] Holland anwesend sein.

Konzept
1 Bogen Folio, S. 1—2 beschrieben, S. 4 Empfänger-, Datums- und Registraturvermerk.
HBA C 1 Nr. 1786. — Altsignatur fehlt; K. 1219.
Reinkopie: Ostpr. Fol. 73, S. 89—91.

Nr. 1787

1566 Juni 10, Königsberg

Herzog Albrecht an den Rat zu Braunsberg:

Anzeige seines Untertans Hans Cussa über die Entwendung eines Pferdes, das kürzlich an einen Bürger in Braunsberg verkauft worden sein soll; Bitte an den Rat, dem [Cussa] zur Wiedererlangung seines gestohlenen Pferdes zu verhelfen.

Reinkopie
Ostpr. Fol. 73, S. 91—92.

Nr. 1788

1566 Juni 13, Königsberg

Herzog Albrecht an Bürgermeister und Rat zu Frauenburg:

Absicht seines Dieners Paulus Elsborn, sich in einer seine Frau betreffenden Schicht- und Teilungssache nach Frauenburg zu begeben; Bitte um Klaglosstellung des Petenten.

Reinkopie
Ostpr. Fol. 73, S. 92—93.

Nr. 1789

1566 Juni 25, Heilsberg

Bischof Stanislaus von Ermland und Fabian Zehmen, Woiwode zu Marienburg, an Herzog Albrecht:

Bericht über die Rückkehr der nach Dänemark entsandten Reiter des Herzogs in die Lande [Preußen]; deren Absicht, eine Zeitlang im Bistum [Ermland], das zur Krone

Polen gehört, zu verharren; Bitte an den Herzog, dieses Vorhaben zu verhindern, damit das Land in gutem Frieden erhalten bleibe.

Behändigte Ausfertigung
1 Bogen 21 x 32 cm, S. 1—2 beschrieben, Unterschrift der Aussteller, S. 4 Außenadresse, Inhalts- und Kanzleivermerk.
Zwei Siegel der Aussteller
HBA C 1 Nr. 1789. — Altsignatur: 1/12/172; K. 475.

Journalvermerk:

Schreiben des Bischofs und des Marienburger Woiwoden wegen des aus Dänemark zurückerwarteten Kriegsvolks.

Ostpr. Fol. 14320, Bl. 100 v.

Nr. 1790

1566 Juni 26 [Königsberg]

Herzog Albrecht an Bischof Stanislaus von Ermland und Fabian von Zehmen, Woiwoden zu Marienburg:

Die Befürchtungen wegen des aus Dänemark zurückerwarteten Kriegsvolkes sind unbegründet; der Herzog hat dieses dem polnischen König auf dessen Wunsch für seinen Zug in Livland zur Verfügung gestellt; der Bischof und der Marienburger Woiwode haben keine Ursache, sich darüber zu beschweren, weil diese Reiter im Dienst des polnischen Königs stehen; das Kriegsvolk wird nicht im Bistum requirieren, sondern alle Lieferungen bezahlen; Bitte an die Adressaten, den Reitern freundlich zu begegnen, was König [Sigismund II. August] gnädig aufnehmen werde.

Konzept
1 Bogen Folio, S. 1—3 beschrieben, S. 4 Empfänger-, Datums- und Registraturvermerk.
HBA C 1 Nr. 1790. — Altsignatur fehlt; K. 1219.
Reinkopie: Ostpr. Fol. 73, S. 96—99.

Nr. 1791

1566 Juni 27 [Königsberg]

Herzog Albrecht an Bischof Stanislaus von Ermland:

Supplikation des Franz von Baysen, seinem Schwiegersohn Stentzel Goritzki ein christliches Geleit zu gewähren, damit er zu Frau und Kindern zurückkehren könne; Bitte des Herzogs um Erlangung des Einverständnisses der Troschkes mit dieser Supplik; sie sollten der christlichen Barmherzigkeit den Vorzug vor dem „scharfen Recht" einräumen, damit die Familie des [Goritzki], die nichts verbrochen habe, nicht in „Grund und Boden" verderbe.

Konzept
1 Bogen 21, 5 x 29, 5 cm, S. 1—3 beschrieben, S. 4 Empfänger-, Datums- und Registraturvermerk.
HBA C 1 Nr. 1791. — Altsignatur fehlt; K. 1219.
Reinkopie: Ostpr. Fol. 73, S. 100—101.

Nr. 1792

1566 Juli 3, Heilsberg

Bischof Stanislaus von Ermland an Herzog Albrecht:

Keine Bereitschaft, den aus Dänemark zurückkehrenden Reitern ohne Konsens des polnischen Königs den Aufenthalt im Bistum zu gestatten; auch wenn dieser vorliegt, kann keine Fouragelieferung an die Reiter erfolgen, weil zur Zeit der Mangel an Hafer, Heu, Stroh und anderen Artikeln so groß ist, daß nicht einmal die bischöflichen Hofpferde mit dem erforderlichen Futter versorgt werden können; trotz der Versicherung des Herzogs, das Kriegsvolk werde sich den Untertanen gegenüber nicht mutwillig verhalten und alle Lieferungen bezahlen, habe man immer wieder die Gewalt und Büberei derartiger Völker zur Genüge kennengelernt; wenn die Bauern Bezahlung für Proviant verlangten, sei die Drohung, ihr Gehöft anzuzünden, die Antwort; Bitte an den Herzog, für den möglichst raschen Abzug des Kriegsvolks an andere Orte zu sorgen; wegen des Gerlitzki hat er [Hosius] eine Unterredung mit Christoff Troschke, dem Bruder des Ermordeten, gehabt; dieser lehnt die Gewährung des Geleits für [Gerlitzki] ab, weil dessen Hof und Grund der Wohnung der Gegenpartei benachbart sei und dann einer dem anderen täglich „im Gesicht sein würde"; keine Möglichkeit für den Bischof, ohne Konsens der „verletzten Parthey" Geleit zu gewähren; der Herzog soll sich in dieser Sache direkt an die [Troschkes] wenden.

Behändigte Ausfertigung
2 Bogen 21 x 32 cm, S. 1—6 beschrieben, Unterschrift des Bischofs, S. 8 Außenadresse, Inhalts- und Kanzleivermerk.
Siegel des Bischofs
HBA C 1 Nr. 1792. — Altsignatur: 1/12/173; K. 475.

Journalvermerk:

Schreiben des Bischofs wegen des aus Dänemark erwarteten Kriegsvolks und der Versagung des Geleits für Gerlitzki.

Ostpr. Fol. 14320, Bl. 103 r.

Nr. 1793

1566 Juli 12, Breslau

Eustachius von Knobelsdorff an Herzog Albrecht:

Als Dank für die ihm vom Herzog während seiner Funktion als Statthalter des Bistums Ermland erwiesenen Wohltaten übersendet er Zeitungen aus [Ungarn] über den Verlauf des Krieges gegen die Türken.

Behändigte Ausfertigung
1 Bogen und 1 Blatt 21 x 32 cm, S. 1 beschrieben, S. 6 Außenadresse, Inhalts- und Kanzleivermerk.
Siegel des Ausstellers
HBA C 1 Nr. 1793. — Altsignatur: 1/12/183; K. 475.

Postskript

Beim Versiegeln dieser Briefe hat [Knobelsdorff] die Nachricht erhalten, daß am 6. Juli [1566] 6000 auserwählte Italiener mit Sturmhauben durch Wien gezogen sind, die der Papst [Pius V.] auf eigene Kosten Kaiser [Maximilian II.] für die Dauer des Türkenkrieges zur Hilfe geschickt hat; am folgenden Tag sind 15 Fähnlein deutscher Knechte gefolgt.

1 Blatt 16, 5 x 13 cm, S. 1 beschrieben.

Beilage

[o. D. u. O.]

Zeitung aus [Ungarn], die die Grafen von Helfenstein und Graf Eck zu Salm durch einen Kurier zum Kaiser nach Wien befördert haben:

Das kaiserliche Kriegsvolk besteht zur Zeit aus etwa 22 000 Deutschen und Ungarn zu Roß und zu Fuß; es hat Schloß Palata besetzt und dort auf den Pascha von Ofen gewartet, der jedoch einem Kampf ausgewichen und nach Weissenburg (Stuhlweissenburg) gezogen ist; daraufhin Marsch der Kaiserlichen nach Wesprin (Vezprem) in der Absicht, diese türkische Festung zu belagern; der von Magior Wailand geführte Vortrab trifft auf sieben Türken, von denen bis auf zwei, die in Gefangenschaft geraten, alle umgebracht werden; die zwei Gefangenen sagen aus, daß sie der Beg von Wesprin auf Kundschaft und Raub ausgesandt habe; einen Tag zuvor sei der Beg von Wesprin mit 300 türkischen Pferden in die Nähe von Weissenburg gezogen, um den dort befindlichen Pascha von Ofen zu unterstützen; Wesprin könnte durch einen Handstreich der Kaiserlichen genommen werden, weil darin nicht mehr als 300 Mannspersonen zurückgelassen wären; am 29. Juni [1566] beginnt die Belagerung von Wesprin, das nach heftiger Gegenwehr am folgenden Tag genommen wird; bei der Eroberung der Festung werden keine Gefangenen gemacht, sondern alle Mannspersonen niedergemetzelt; lediglich die Frauen habe man zum Teil verschont; Gold, Silber, Gewänder, Pferde und anderes mehr fallen in die Hände der Kaiserlichen; durch die Wegnahme von [Wesprin] habe man eine günstige Position für den Vorstoß nach Stuhlweissenburg erlangt; Hoffnung auf einen Sieg über den Pascha von Ofen, der zur Zeit nicht mehr als 10 000 Mann bei sich führe; der Graf von Helfenstein müsse das ausnutzen, ehe der Pascha in 14 Tagen durch eine große Anzahl Türken verstärkt werde; der Kaiser werde erst kurz vor Beginn des August ins Feld ziehen können, weil er vermutlich wegen Podagra nicht gut gehen könne; Erzherzog Carl sei wieder wohlauf und rüste sich für den Feldzug; am 15. Juli werde Erzherzog Ferdinand mit seinem Kriegsvolk erwartet; seine 40 großen Stücke seien bereits vor 13 Tagen eingetroffen; die Verluste der Kaiserlichen vor Wesprin betragen 200 Mann.

Abschrift
2 Bogen 21 x 32 cm, S. 2—6 beschrieben.

Journalvermerk:

Schreiben des Eustachius von Knobelsdorff wegen eingegangener Nachrichten aus Ungarn.

Ostpr. Fol. 14320, Bl. 101 r.

Nr. 1794

1566 Juli 22 [Königsberg]

Herzog Albrecht an Bischof Stanislaus von Ermland:

Übersendung der Supplikation des Kneiphofer Einwohners Hans Schipan; Bitte um Förderung der Angelegenheit des Supplikanten gegenüber dessen Widerpart.

Konzept
1 Blatt Folio, S. 1 beschrieben, S. 2 Empfänger-, Datums- und Registraturvermerk.
HBA C 1 Nr. 1794. — Altsignatur fehlt; K. 1219.
Reinkopie: Ostpr. Fol. 73, S. 109—110.

Nr. 1795

1566 Juli 24, Frauenburg

Prälaten, Domherren und Kapitel des Stifts Ermland an Herzog Albrecht:

Klage über den fast täglichen Durchzug von Kriegsvolk durch ihre Güter und vor allem durch das Frauenburger Gebiet; es gibt vor, vom Herzog angeworben zu sein und seinen Weg nach Königsberg nehmen zu wollen; obwohl diese Reiter aus Zuneigung zum Herzog mit dem notdürftigen Proviant versorgt worden sind, haben sich einige von ihnen feindlich gegenüber den Untertanen des Kapitels verhalten und diesen nicht nur den Proviant ohne Bezahlung, sondern auch Vieh und Hausrat weggenommen; Bitte an den Herzog um Abstellung der Exzesse und um Entschädigung der heimgesuchten Kapitelsuntertanen.

Behändigte Ausfertigung
1 Bogen 21 x 32 cm, S. 1—3 beschrieben, S. 4 Außenadresse, Inhalts- und Kanzleivermerk.
Siegel der Aussteller
HBA C 1 Nr. 1795. — Altsignatur: 1/12/179; K. 475.

Journalvermerk:

Beschwerde des Domkapitels über den Durchzug von Kriegsvolk durch sein Gebiet.

Ostpr. Fol. 14320, Bl. 100 v.

Nr. 1796

1566 Juli 27 [Königsberg]

Herzog Albrecht an das Kapitel zu Frauenburg:

Mißfallen über die Exzesse des Kriegsvolks beim Durchzug durch das Gebiet des Kapitels; es ist nicht vom Herzog, sondern vom polnischen König angeworben worden, der es in Livland benötigt; Bitte um Nachforschung nach diesen Übeltätern und um Ermittlung, was sie schuldig seien; Befehl des Herzogs an seine Obersten, gleichfalls darüber Ermittlungen anzustellen.

Konzept
1 Bogen Folio, S. 1—2 beschrieben, S. 4 Empfänger-, Datums- und Registraturvermerk.
HBA C 1 Nr. 1796. — Altsignatur fehlt; K. 1219.
Reinkopie: Ostpr. Fol. 73, S. 110—111.

Nr. 1797

1566 August 3, Heilsberg

Bischof Stanislaus von Ermland an Herzog Albrecht:

Keine Absicht, den für Livland bestimmten Reitern den Durchzug durch das Bistum zu verwehren; Bitte um eine herzogliche Anordnung an diese, bei dem Durchzug keinen Schaden oder Gewalt zu verüben.

Behändigte Ausfertigung
1 Bogen 22, 5 x 33 cm, S. 1 beschrieben, Unterschrift des Bischofs, S. 4 Außenadresse, Inhalts- und Eingangsvermerk vom 5. August [1566].
Siegel des Bischofs
HBA C 1 Nr. 1797. — Altsignatur: 1/12/174; K. 475.

Beilage

Abschrift desselben Textes.

1 Bogen Folio, S. 1—2 beschrieben.

Journalvermerk:

Schreiben des Bischofs wegen des Durchzugs des für Livland bestimmten Kriegsvolks.

Ostpr. Fol. 14320, Bl. 103 r.

Nr. 1798

1566 August 9, Heilsberg

Bischof Stanislaus von Ermland an Herzog Albrecht:

Befehl an den Rat zu Braunsberg, den vom polnischen König angeworbenen und zum Einsatz in Livland bestimmten Reitern den Durchzug durch [Braunsberg] zu gestatten und diese auch sonst zu unterstützen; deren Aufhalten an der Weichsel sei mehr der entsprechenden Anweisung des Königs an Danzig und andere Städte als ihm [Hosius] zuzuschreiben, weil er an diesen Orten nichts zu befehlen habe; Bitte um Mitteilung, an welchen Plätzen im Bistum die Verweigerung der Passage für das Kriegsvolk geschehe; er [Hosius] wolle dann für die umgehende Abschaffung dieser Maßnahmen sorgen, weil er mehr an der Erhaltung guter Nachbarschaft als an deren Zerrüttung interessiert sei.

Behändigte Ausfertigung
1 Bogen 23 x 34 cm, S. 1—2 beschrieben, Unterschrift des Bischofs, S. 4 Außenadresse, Inhalts- und Kanzleivermerk.
Siegel des Bischofs
HBA C 1 Nr. 1798. — Altsignatur: 1/12/175; K. 475.

Postskript

Nach Überlesung des königlichen Mandats hat der Bischof zur Kenntnis genommen, daß alle „amtstragenden Personen" gehalten sind, kein Kriegsvolk ohne Schein oder Paß des Königs durchpassieren zu lassen; Erwartung, daß alle, an die das Mandat gelange, gehorsam nach dem Willen des Monarchen verfahren.

Journalvermerk:

Schreiben des Bischofs wegen des erwarteten Durchzugs der Reiter.

Ostpr. Fol. 14320, Bl. 101 r.

Nr. 1799

1566 August 16 [Königsberg]

Herzog Albrecht an Bischof Stanislaus von Ermland:

Beschwerde des Teichgräbers aus dem Bartensteinschen über die bischöflichen Untertanen aus der Dorfschaft Lauterhain (Lauterhagen?); diese sollen sein Weib und seine Kinder übel geschlagen, geworfen und mit Füßen getreten haben; außerdem hätten sie den Ofen in der Stube eingerissen und das von ihnen ausgetrunkene Bier nicht bezahlt; Bitte des Herzogs um Bestrafung der Übeltäter und um Erstattung des angerichteten Schadens an den Petenten.

Konzept
1 Bogen Folio, S. 1—2 beschrieben, S. 4 Empfänger-, Datums- und Registraturvermerk.
HBA C 1 Nr. 1799. — Altsignatur fehlt; K. 1219.
Reinkopie: Ostpr. Fol. 73, S. 118—119.

Nr. 1800

1566 August 30, Breslau

Eustachius von Knobelsdorff an Herzog Albrecht:

Bezug auf seine Schilderung der Eroberung der Stadt und des Schlosses Vesperyn (Vezprem); danach haben die Kaiserlichen Totis eingenommen; Übersendung weiterer Zeitungen an den Herzog über den Fortgang des Türkenkrieges.
Negsten Freitag nach Sancti Johannis enthaubtung

Behändigte Ausfertigung
1 Bogen 22 x 31 cm, S. 1 beschrieben, Unterschrift des Ausstellers, S. 4 Außenadresse und Inhaltsvermerk.
Siegel des Ausstellers
HBA C 1 Nr. 1800. — Altsignatur: 1/12/182; K. 475.

Beilagen

I. 1566 August 4, Wien

Bericht über den Fortgang des Türkenkrieges:

Am 1. August 1566 trifft um 10 Uhr vormittags beim Kaiser [Maximilian II.] die Beute ein, die Graf Serin (Zriny) bei seinem Sieg über die Türken bei Siklos gemacht hat; dabei handelt es sich um acht Kamele, acht Maulesel, einen jungen Türken mit einer Trommel und ein schönes türkisches Roß mit silberbeschlagenem vergoldeten Sattel; Hoffnung auf einen weiteren erfolgreichen Verlauf des Feldzuges.

Abschrift
1 Blatt 21 x 31 cm, S. 1 beschrieben.

II. 1566 August 7, Wien

Weitere Mitteilung über den Feldzug in [Ungarn]:

Rückzug der Kaiserlichen nach der Eroberung zweier kleiner Schlösser auf Raab und Gomarn (Komorn), wo sie auf den Zuzug von Fußvolk warten; wegen der massiven Zusammenziehung türkischer Kräfte um Ofen, Gran und Weissenburg haben die Kaiserlichen auf einen Vorstoß nach Gran verzichtet; Eintreffen der Nachricht vom Heranzug des Sultans [Soliman I.] nach Ofen mit dem größten Teil der türkischen Streitkräfte; Befürchtung einer Belagerung Raabs durch die Türken; in diese Festung hat der Kaiser den von Wallerthum mit seinem Regiment gelegt; Absendung des von Braun mit seinen Reitern an Erzherzog Karl, der jetzt über 16 000 Mann zu Roß und zu Fuß verfügt; Belagerung der Feste Sigeth (Szeged) durch den Beglerberg; Befürchtung eines Angriffs des Sultans auf Sigeth, das vom Grafen Zriny verteidigt wird; besondere Erbitterung Solimans auf diesen, der seinen Tochtermann Bassa besiegt und derart verwundet hat, daß er den fünften Tag danach gestorben ist; Verstärkung der österreichischen Grenze, um den Sultan an einem Einfall in die Steiermark zu hindern; noch niemals hat es den Auszug dreier Erzherzöge gegen den Erbfeind gegeben, aber auch niemals war die Gefahr so groß wie heute; jeden Tag wird die Ankunft von Erzherzog Ferdinand erwartet, der mit seinen böhmischen Pferden nach Preßburg gelangt ist; vorgestern ist Pfalzgraf Wolfgang mit 200 Pferden angekommen, der sich in den Dienst des Kaisers begeben hat; unter dessen Kommando haben sich auch etliche Lehnsleute des Reichs gestellt; alle Hilfe tut dringend not, weil der Feind etwa 200 000 Mann stark ist; Belagerung Julias durch die Türken; Bitte des Schwendt um schnelle Hilfe; Erwartung des Aufbruchs des Kaisers [Maximilian II.] zum Feldzug spätestens am 10. August; zur Zeit liegen um [Wien] fünf Fähnlein Fußvolk; die 3 000 florentinischen Knechte werden am 15. August erwartet; der Herzog von Ferrara will in eigener Person mit 1 000 Pferden kommen; Proviantlieferung des polnischen Königs [Sigismund II. August]; Hoffnung, daß dieser den 40 000 Tataren den Durchzug durch Polen versagt; vermutlich werden sich diese nach Siebenbürgen wenden; Ende August sollen 3 000 vom Kurfürsten von Sachsen geworbene Reiter zu den Kaiserlichen stoßen.

Abschrift
2 Bogen 21 x 32 cm, S. 3—8 beschrieben.

III. [1566] August 19, Moson (Wieselburg)

Bericht über den Verlauf des Türkenkrieges:

Vormarsch des Sultans [Soliman I.] nach Sigeth (Szeged); dessen Verärgerung über die unterlassene Hilfeleistung seitens der Venezianer; nach Aussage von Überläufern führt der Sultan nicht mehr als 100 000 Mann mit sich, weil er zahlreiche Soldaten, darunter 14 000 Tataren, zur Belagerung Julias hat abgeben müssen; vor Sigeth hat er 1 000 Mann verloren; Zug des Kaisers [Maximilian II.] zur Donau und nach Tibiscum mit mehr als 150 000 Mann; morgen soll der Weitermarsch nach Taurinum erfolgen; Absicht der Kaiserlichen, die Schlösser bei Strigonium (Gran) zu nehmen, wo sie den Feind erwarten wollen; Gefährdung von Posonium (Preßburg) und Dotis (Totis); in den Festungen der Kaiserlichen wüten Dysenterie und Diarrhoe; gestern ist die Nachricht von der Absendung einer Flotte von 24 Trieren, die auch Galeeren genannt werden, in das Adriatische Meer eingetroffen, die die Türken bekämpfen soll; das sei auf Veranlassung König Philipps [II.] von Spanien geschehen; Nachrichten des Erzherzogs Karl über dessen Heer; Erzherzog Ferdinand befindet sich mit seinen Böhmen und Mähren bei der kaiserlichen Armee; Hoffnung, daß heute die von Herzog Georg von Liegnitz gesammelten schlesischen Truppen dazustoßen.

Lateinisch
Abschrift
1 Bogen 21 x 30 cm, S. 1—3 beschrieben.

IV. Nachrichten über den Verlauf des Türkenkrieges vom 23. und 24. August 1566:

Fortdauer der Belagerung Julias, die nun schon in die sechste Woche geht; die Frage, ob die etwa 40 000 Türken vor Julia verharren oder weiterziehen, ist offen, obwohl sich der größte Haufen nach Großwardein gewendet hat; Verheerungen durch die Tataren, die keine Gefangene machen, sondern unterschiedslos alles niederhauen; Ungarn ist von lauter Weinen, Heulen und Klagen erfüllt, vor allem in St. Peter, Siklos, Miskolcz und anderen Städten; am vergangenen Sonntag (18. August) haben die Tataren in St. Peter den Markt angezündet und mehr als 2 000 Personen weggeführt; die Huldigung der Ungarn und ihre Dienste gegenüber den Türken hätten sie nicht vor den Verheerungen geschützt; auch den dritte Teil von Miskolcz hätten die Tataren zerstört und ihren Raub mitgeführt; Plünderung von Stephansdorf durch die hinter den Tataren stehenden 5 000 Türken; die Tataren haben über 20 000 Christen verschleppt; sie haben vielen Frauen die Brüste abgeschnitten und die kleinen Kinder gebraten und in ihren Tornistern mitgeführt; Flucht vieler Christen aus St. Ottilia, Görz und anderen Märkten und Flecken in die unzureichend geschützten kaiserlichen Festungen; unzuverlässiges Verhalten des walachischen Woiwoden [Petru], der einmal mit und einmal gegen die Türken votiert; Klage über das zögerliche Handeln der Kaiserlichen, die die beste Jahreszeit verstreichen lassen; große Verheerungen durch die Tataren bei Erlau.

Abschrift
2 Bogen 21 x 32 cm, S. 1—6 beschrieben.

Journalvermerk:

Übersendung neuer Zeitungen über den Verlauf des Türkenkrieges durch Eustachius von Knobelsdorff.

Ostpr. Fol. 14320, Bl. 101 r.

Nr. 1801

1566 September 20 [Königsberg]

Herzog Albrecht an Bischof Stanislaus von Ermland:

Bezug auf die Supplikation des Kneiphofer Bürgers Clement Rode wegen der Appellation seines Widerparts [Wegner] an den Bischof zwecks Aufhebung des vom Braunsberger Gericht gefällten Urteils; Bitte des Herzogs an [Hosius], dem Petenten schleunigst zum Recht zu verhelfen und dessen Anwalt in jeder Weise förderlich zu sein.

Konzept
1 Bogen Folio, S. 1—3 beschrieben, S. 4 Empfänger-, Datums- und Registraturvermerk.
HBA C 1 Nr. 1801. — Altsignatur fehlt; K. 1219.
Reinkopie: Ostpr. Fol. 73, S. 142—144.

Nr. 1802

1566 September 26 [Königsberg]

Herzog Albrecht an Bischof Stanislaus von Ermland:

Absicht zur Abdankung seiner Hofleute und Reiter, die er dem polnischen König in Livland zu Hilfe schicken wollte; diese werden voraussichtlich ihren Weg von Tilsit über Königsberg nach Braunsberg nehmen; Abordnung von 30 bis 40 Reitern, die Exzesse seitens dieser abgedankten Kriegsleute verhindern und die korrekte Bezahlung für alle Lieferungen gewährleisten sollen; genaue Verordnung, wo die Kriegsknechte im Fürstentum [Preußen] jeweils übernachten sollen und was diesen an Geld und Proviant zugeteilt werden darf; Empfehlung einer entsprechenden Praxis im Bistum zur Verhinderung möglicher Übergriffe.

Konzept
1 Bogen 21, 5 x 29, 5 cm, S. 1—3 beschrieben, S. 4 Empfänger-, Datums- und Registraturvermerk.
HBA C 1 Nr. 1802. — Altsignatur fehlt; K. 1219.
Reinkopie: Ostpr. Fol. 73, S. 149—151.

Nr. 1803

1566 September 29, Königsberg

Herzog Albrecht an Eckert von Kempen:

Bitte um Lieferung der von Eustachius von Knobelsdorff versprochenen Quitten und Weintrauben.

Reinkopie
Ostpr. Fol. 73, S. 153—154.

Nr. 1804

1566 Oktober 2, Frauenburg

Eggert von Kempen, Dechant und Domherr zu Frauenburg, an Herzog Albrecht:

Wegen der Übersendung von Quitten und Weintrauben will er die Rückkehr des Eustachius von Knobelsdorff nach [Frauenburg] abwarten; sollte sich diese allerdings länger als sechs oder acht Tage verzögern, will er die begehrten Früchte, deren Ernte wegen der langanhaltenden Sommerkälte gering ausgefallen ist, dem Herzog übersenden.

Behändigte Ausfertigung
1 Bogen 20, 5 x 32 cm, S. 1—2 beschrieben, S. 4 Außenadresse, Inhalts- und Kanzleivermerk.
Siegel des Ausstellers
HBA C 1 Nr. 1804. — Altregistratur: 1/12/181; K. 475.

Journalvermerk:

Schreiben Eggerts von Kempen wegen Übersendung von Quitten und Weintrauben an den Herzog.

Ostpr. Fol. 14320, Bl. 101 r. und v.

Nr. 1805

1566 Oktober 2, Heilsberg

Bischof Stanislaus von Ermland an Herzog Albrecht:

Dank für die freundnachbarliche Warnung vor dem herankommenden abgedankten Kriegsvolk; Absicht des [Hosius], sich dabei nach den Empfehlungen des Herzogs zu richten.

Behändigte Ausfertigung
1 Bogen 21 x 30 cm, S. 1—2 beschrieben, Unterschrift des Bischofs, S. 4 Außenadresse, Inhalts- und Kanzleivermerk.
Siegel des Bischofs
HBA C 1 Nr. 1805. — Altsignatur: 1/12/191; K. 475.

Journalvermerk:

Dank des Bischofs für die Warnung vor dem heranziehenden Kriegsvolk.

Ostpr. Fol. 14320, Bl. 101 v.

Nr. 1806

1566 Oktober 3, Frauenburg

Prälaten, Domherren und Kapitel des Stifts Ermland an Herzog Albrecht:

Empfang einer Abschrift des vom Herzog an [Hosius] gefertigten Schreibens wegen des Heranzugs des abgedankten Kriegsvolks; weil diese Nachricht erst nach acht Tagen in die Hände des Kapitels gelangt ist, können die Domherren nicht mehr rechtzeitig Vorkehrungen treffen; Bitte an den Herzog, dem Stift Schutz zu gewähren und den Reitern das Unterlassen aller Exzesse zu befehlen; auf Wunsch des Kapitels sollen die herzoglichen Geleitsleute das Kriegsvolk durch das Territorium des Stifts führen; Bereitschaft, den Reitern im Rahmen der vorhandenen Möglichkeiten Proviant gegen Bezahlung zu liefern.

Behändigte Ausfertigung
1 Bogen 21 x 32 cm, S. 1—3 beschrieben, Unterschrift der Aussteller, S. 4 Außenadresse, Inhalts- und Kanzleivermerk.
Siegel der Aussteller
HBA C 1 Nr. 1806. — Altsignatur: 1/12/189; K. 475.

Journalvermerk:

Bitte des Domkapitels um Unterstützung beim Durchzug der erwarteten Reiter.

Ostpr. Fol. 14320, Bl. 101 v.

Nr. 1807

1566 Oktober 5, Königsberg

Herzog Albrecht an das Kapitel zu Frauenburg:

Anweisung an seine Rittmeister und Befehlshaber, das abgedankte Kriegsvolk bei dem Durchzug durch das Territorium des Kapitels bis zur Elbinger Grenze zu geleiten; sie sollen Exzesse verhüten und veranlassen, daß der gelieferte Proviant korrekt bezahlt wird; das Kriegsvolk wird voraussichtlich über Heiligenbeil und Braunsberg nach Frauenburg ziehen; keine Kenntnis, wo es seine Nachtlager beziehen wird.

Reinkopie
Ostpr. Fol. 73, S. 156—158.

Nr. 1808

1566 Oktober 6, Frauenburg

Eustachius von Knobelsdorff an Herzog Albrecht:

Empfang herzoglicher Schreiben durch einen Boten in Marienwerder; im vergangenen September haben die Kaiserlichen wenig in [Ungarn] ausgerichtet; nach deren Vormarsch von Totis nach Gran, das sie belagern wollten, traf die Kunde vom Herannahen des Sultans [Soliman I.] ein, der im Begriff sei, mit gewaltiger Macht nach Wien zu ziehen; Aufschlagen des kaiserlichen Feldlagers zwischen Raab und Komorn; türkischer Angriff auf die beiden christlichen propugnacula (Vormauern) Julia und Sigeth (Szeged); die letztere Festung war dem Grafen Zriny, einem den alten heroibus zu vergleichenden Mann, anvertraut; Sigeth war derart mit Volk, Proviant, Kraut und Geschütz versehen, daß es unüberwindlich schien; die vielen Sturmangriffe auf die Festung verursachen bei den Türken großen Schaden; durch einen übergelaufenen welschen Büchsenschützen erhalten die Türken die Nachricht, daß die Stadt durch eine Überhöhung der Schanzen genommen werden könne; daraufhin ordnen diese 20 000 Schanzknechte für diese Arbeit ab; als Gegenmaßnahme läßt Zriny die Mauern, Kirchen und das Rathaus unterminieren und befiehlt seinem Kriegsvolk, auf ein von ihm gegebenes Zeichen von der Wehr in das Schloß abzuziehen; nach dem Einrücken der Türken in Sigeth läßt der Graf die Stadt in die Luft sprengen, was den alten Sultan zu dem Schwur veranlaßt, ihn, falls er vor Sigeth sterben werde, dort zu begraben und nicht nach Konstantinopel zu überführen; nach der Überhöhung des Schlosses durch die Türken droht auch diese letzte Bastion der Christen zu fallen; Hilfeersuchen Zrinys an den etliche Meilen von Sigeth entfernt stehenden Erzherzog Karl, der jedoch ohne Genehmigung des Kaisers nichts unternehmen will; in einem Kriegsrat beschließen die Verteidiger, eher zu sterben, als ihrem Herrn treulos zu werden; sie schließen alle Frauen und Jungfern in den Gewölben, unter denen Pulver angebracht ist, ein und wehren mit Handröhren und langen Spießen wiederholt die Türken ab; nach dem Tode [Zrinys] sprengen sie das Schloß in die Luft; nach dem Fall Sigeths steht den Türken der Einfall nach Kärnten und in die Steiermark offen; der Sultan schickt das Haupt [Zrinys] dem Kaiser ins Lager und läßt ihm ansagen, er wolle in acht oder zehn Tagen bei ihm sein; alle frommen Christen hoffen, daß es nun zur Schlacht mit dem Erbfeind komme; obwohl der Besatzung von Julia freier Abzug zugestanden worden ist, hat sie der Sultan eine halbe Meile von der Festung entfernt niederhauen lassen; falls die Entscheidungsschlacht verloren geht, steht es schlecht mit der ganzen Christenheit; Übersendung von Quitten, die in [Knobelsdorffs] Garten in Frauenburg gewachsen sind, an den Herzog; aus Breslau wird (Knobelsdorffs] Diener weiße Muskateller Trauben mitbringen.

Behändigte Ausfertigung
2 Bogen 21, 5 x 32 cm, S. 1—5 beschrieben, Unterschrift des Ausstellers, S. 8 Außenadresse, Inhalts- und Kanzleivermerk.
Siegel des Ausstellers
HBA C 1 Nr. 1808. — Altsignatur: 1/12/199; K. 475.

Journalvermerk:

Bericht Knobelsdorffs über die Ereignisse in Ungarn und Übersendung von Quitten und Trauben an den Herzog.

Ostpr. Fol. 14320, Bl. 101 v.

Nr. 1809

1566 Oktober 8 [Königsberg]

Herzog Albrecht an Eustachius von Knobelsdorff:

Dank für das übersandte Obst und die Zeitungen aus [Ungarn]; Hoffnung auf einen Sieg der Christenheit über den türkischen Erbfeind; Bitte um fortlaufende Unterrichtung von diesen wichtigen Ereignissen.

Konzept
1 Bogen Folio, S. 1—3 beschrieben, S. 4 Empfänger-, Datums- und Registraturvermerk.
HBA C 1 Nr. 1809. — Altsignatur fehlt; K. 1219.
Reinkopie: Ostpr. Fol. 73, S. 161—163.

Nr. 1810

1566 Oktober 19 [Königsberg]

Herzog Albrecht an das Kapitel zu Frauenburg:

Wegen etlicher Verzögerungen erfolgt der Abzug der ausländischen Reiter erst am heutigen Tage mit ungefähr 400 Pferden; Bitte an das Kapitel, sich darauf einzustellen.

Konzept
1 Blatt 19, 5 x 30 cm, S. 1 beschrieben, S. 2 Empfänger-, Datums- und Registraturvermerk.
HBA C 1 Nr. 1810. — Altsignatur fehlt; K. 1219.
Reinkopie: Ostpr. Fol. 73, S. 167.

Nr. 1811

1566 Oktober 21 [Königsberg]

Herzog Albrecht an das Kapitel zu Allenstein:

Erneute Bitte, dem Kupferschmied Lorentz Schimmelpfenning den Verkauf seiner beweglichen und unbeweglichen Habe zu gestatten, damit er diese zu Geld machen könne.

Konzept
1 Bogen 19, 5 x 30 cm, S. 1—2 beschrieben, S. 4 Empfänger-, Datums- und Registraturvermerk.
HBA C 1 Nr. 1811. — Altsignatur fehlt; K. 1219.
Reinkopie: Ostpr. Fol. 73, S. 169.

Nr. 1812

1566 November 26, Heilsberg

Bischof Stanislaus von Ermland an Herzog Albrecht:

Klage des Domkapitels über den herzoglichen Untertan Georg von Ungern, der viele Gewalttaten gegenüber den Untersassen der ermländischen Kirche begangen habe; trotz aller schriftlichen und mündlichen Vorhaltungen des Kapitels und seiner Amtleute habe Ungern nach dem Abzug des herzoglichen Hofes aus [Preußisch] Holland zwei der besten Ochsen des entwendeten Viehs zum eigenen Bedarf schlachten lassen; Ungern habe die ihm erwiesene Gnade übel gedankt; die von Ungern vorgebrachten Grenzstreitigkeiten seien inzwischen durch die beiderseitigen Kommissarien verglichen worden; obwohl [Ungern] bei dieser Revision anwesend gewesen sei, habe er die Kapitelsuntertanen später am Setzen der neuen Ricken gehindert und das Revisionswerk zunichte gemacht und die Autorität des Herzogs mißachtet; [Ungern] habe auf freier königlicher und fürstlicher Straße einen Untertan des Kapitels aus Münsterberg, der mit einer Fuhre Gerste, Rüben und Hühnern auf dem Wege nach Elbing gewesen sei, überfallen und gezwungen, die Ladung auf seinen Hof zu führen, wo er ihm das beste Pferd im Wert von über 30 Mark mit allem Geschirr habe ausspannen lassen; eine Beschwerde des Kapitels beim Amtmann von [Preußisch] Holland sei ergebnislos geblieben; Bitte des [Hosius] um gerechte Bestrafung [Ungerns] und um dessen Verpflichtung, den von ihm verursachten Schaden zu ersetzen.

Behändigte Ausfertigung
2 Bogen 21 x 32 cm, S. 1—7 beschrieben, Unterschrift des Bischofs, S. 8 Außenadresse, Inhalts- und Eingangsvermerk vom 10. Dezember 1566.
Siegel des Bischofs
HBA C 1 Nr. 1812. — Altsignatur: 1/12/176; K. 475.

Journalvermerk:

Schreiben des Bischofs wegen der Gewalttaten Georgs von Ungern.

Ostpr. Fol. 14320, Bl. 102 r.

Nr. 1813

1566 Dezember 12 [Königsberg]

Herzog Albrecht an Bischof Stanislaus von Ermland:

Mißfallen über das eigenmächtige Verhalten Georgs von Ungern; dieser sei zur Einhaltung der von den beiderseitigen Kommissarien beschlossenen Grenzrevision verpflichtet worden; Befehl an Christoff Zehmen oder bei dessen Abwesenheit an den Burggrafen zu [Preußisch] Holland, den [Ungern] und die von diesem auf freier Straße beraubten Leute zum Verhör vorzuladen und eine gerechte Entscheidung zu treffen; Ungern soll zur Wiedererrichtung der von den Kommissarien aufgestellten Grenzpfähle verpflichtet werden; falls Zehmen den Handel nicht schlichten kann, soll er diesen an das fürstliche Hofgericht verweisen, wo er von den herzoglichen Räten entschieden wird.

Konzept
2 Blatt 19, 5 x 32 cm, S. 1—3 beschrieben, S. 4 Empfänger-, Datums- und Registraturvermerk.
HBA C 1 Nr. 1813. — Altsignatur fehlt; K. 1219.
Reinkopie: Ostpr. Fol. 73, S. 187—191.

Nr. 1814

1566 Dezember 14, Königsberg

Herzog Albrecht an den Rat zu Braunsberg und mutatis mutandis an den Rat zu Elbing:

Gefängliche Inhaftierung einiger Bernsteindiebe; einer von ihnen hat im Verhör bekannt, daß er allerlei Bernstein einer in Braunsberg wohnenden Frau zugeführt habe;

Bitte um Förderung des zur Befragung der besagten Frau nach Braunsberg entsandten herzoglichen Dieners Jacob Faulhaber; in Elbing soll gleichfalls nach einem Bürger und einem Bernsteindreher geforscht werden, die von den Dieben Bernstein gekauft haben sollen.

Reinkopie
Ostpr. Fol. 73, S. 197—198.

Nr. 1815

1566 Dezember 14 [Königsberg]

Herzog Albrecht an die Domherren zu Frauenburg:

Beschwerde Georgs von Ungern über einige Kapitelsuntertanen, die seine auf dem Weg zum Braunsberger Jahrmarkt befindliche Frau auf freier Straße mit Kot aus dem Graben beworfen hätten; Bitte des Herzogs an das Kapitel, die Sache rechtlich zu verhören und „Ius et Iustitiam" zu administrieren.

Konzept
1 Bogen 19, 5 x 30 cm, S. 1—3 beschrieben, S. 4 Empfänger-, Datums- uhd Registraturvermerk.
HBA C 1 Nr. 1815. — Altsignatur fehlt; K. 1219.
Reinkopie: Ostpr. Fol. 73, S. 199—200.

Nr. 1816

1566 Dezember 17, Heilsberg

Bischof Stanislaus von Ermland an Herzog Albrecht:

Bitte um Förderung seines Hofdieners Erhardt Janoschitz, der zum Abschluß seiner seit langem bei den herzoglichen Hofräten schwebenden Angelegenheit nach Königsberg reisen will.

Behändigte Ausfertigung
1 Bogen 22, 5 x 33 cm, S. 1—2 beschrieben, Unterschrift des Bischofs, S. 4 Außenadresse, Inhalts- und Kanzleivermerk.
Siegel des Bischofs
HBA C 1 Nr. 1816. — Altsignatur: 1/12/177; K. 475.

Journalvermerk:

Fürbitte des Bischofs für seinen Hofdiener Erhardt Janoschitz.

Ostpr. Fol. 14320, Bl. 102 r.

Nr. 1817

1566 Dezember 18 [Königsberg]

Herzog Albrecht an Bischof Stanislaus von Ermland:

Aufenthalt vieler „losen Buben“ im Fürstentum [Preußen], deren Absichten nicht bekannt sind; Reskript an die Amtleute, auf diese „Umbstreicher“ in den Städten und Dörfern zu achten; Wirte und Krüger dürfen sie nicht beherbergen, sondern müssen die Amtleute umgehend von deren Auftauchen in Kenntnis setzen; wegen der unmittelbaren Angrenzung des Bistums an das Herzogtum ist ein heimliches Überschreiten der Grenze seitens der Übeltäter zu befürchten; daher Bitte an [Hosius], entsprechende Vorkehrungen in seinem Territorium zu treffen und auch alle Stände des Königlichen Teils [Preußen] davon zu unterrichten.

Konzept
1 Bogen 20 x 30 cm, S. 1—3 beschrieben, S. 4 Empfänger Datums- und Registraturvermerk.
HBA C 1 Nr. 1817. — Altsignatur fehlt; K. 1219.
Reinkopie: Ostpr. Fol. 73, S. 207—209.

Nr. 1818

1566 Dezember 22 [Königsberg]

Herzog Albrecht an Bischof Stanislaus von Ermland und mutatis mutandis an Elbing, Kostka und die Domherren zu Frauenburg:

Auftreten verdächtiger Reiter im Bistum und auch zwischen Frauenburg und Elbing, die heute hier und morgen dort ihr Nachtlager halten; vermutlich ist deren Vorhaben auf nichts Gutes gerichtet; Bitte um Ergreifung geeigneter Maßnahmen gegen diese Reiter, was im Herzogtum schon geschehen ist.

Konzept
1 Bogen 21, 5 x 30 cm, S. 1—3 beschrieben, S. 4 Empfänger-, Datums- und Registraturvermerk.
HBA C 1 Nr. 1818. — Altsignatur fehlt; K. 1219.
Reinkopie: Ostpr. Fol. 73, S. 217—219.

Nr. 1819

1566 Dezember 23, Heilsberg

Bischof Stanislaus von Ermland an Herzog Albrecht:

Dank für die Warnung vor den herumstreifenden verdächtigen Reitern; Absicht zum Erlaß eines Mandats an die bischöfliche Amtsverwaltung und die Städte zwecks Vorkehrungen gegen dieses Gesindel.

Behändigte Ausfertigung
1 Bogen 22, 5 x 33 cm, S. 1—2 beschrieben, Unterschrift des Bischofs, S. 4 Außenadresse, Inhalts- und Kanzleivermerk.
Siegel des Bischofs
HBA C 1 Nr. 1819. — Altsignatur: 1/12/178; K. 475.

Journalvermerk:

Schreiben des Bischofs wegen der umherschweifenden verdächtigen Reiter.

Ostpr. Fol. 14320, Bl. 102 r.

Nr. 1820

1566 Dezember 24, Heilsberg

Bischof Stanislaus von Ermland an Herzog Albrecht:

Bitte, den Untertanen Bartel Kobus und Matz Jagelka, denen ihr väterliches Erbe entzogen worden ist, zum Recht zu verhelfen.

Behändigte Ausfertigung
1 Bogen 20 x 29, 5 cm, S. 1—2 beschrieben, Unterschrift des Bischofs, S. 4 Außenadresse, Inhalts- und Eingangsvermerk vom 11. Januar 1567; Vermerk: „Inligende supplication ist zu andern supplication gelegt".
Siegel des Bischofs
HBA C 1 Nr. 1820. — Altsignatur: 1/12/186; K. 475.

Journalvermerk:

Fürbitte des Bischofs für Bartel Kobus und Matz Jagelka.

Ostpr. Fol. 14320, Bl. 102 v.

Nr. 1821

1566 Dezember 25, Frauenburg

Prälaten, Domherren und Kapitel des Stifts Ermland an Herzog Albrecht:

Dank für die Warnung vor den sich in den Landen [Preußen] aufhaltenden etlichen Reitern; vor ungefähr fünf Wochen haben vier Landsknechte die Untertanen in vier Dörfern des Mehlsacker Gebiets angefallen und erschreckt; sie sind nach einem Einbruch in das Haus eines Bauern von den Dorfbewohnern ergriffen und an den zuständigen Amtmann überstellt worden; nach dreiwöchiger Gefängnishaft und geleisteter Urfehde sind sie entlassen worden; Bereitschaft zur Unterrichtung des Herzogs von allen sich ereignenden Vorkommnissen.

Behändigte Ausfertigung
1 Bogen 21 x 32 cm, S. 1—3 beschrieben, Unterschrift der Aussteller, S. 4 Außenadresse, Inhalts- und Kanzleivermerk.
HBA C 1 Nr. 1821. — Altsignatur: 1/12/180; K. 475.

Journalvermerk:

Schreiben des Kapitels wegen des umherstreifenden Gesindels.

Ostpr. Fol. 14320, Bl. 102 v.

Nr. 1822

1566 Dezember 25, Frauenburg

Prälaten, Domherren und Kapitel des Stifts Ermland an Herzog Albrecht:

Im vergangenen Sommer ist fast das ganze Mehlsacker Gebiet zur Reinigung des Mühlgrabens aufgeboten worden; Anweisung an den Vogt, diejenigen Bauern, die die Frau des Georg von Ungern mit Schmutz beworfen hätten, in Strafe zu nehmen; Erklärung der Bauern, lediglich aus Zufall sei beim Ausheben des Grabens Schmutz auf Ungerns Frau gelangt, zumal der Weg nahe am Graben vorbeiführe; trotz verschärfter Strafandrohung seitens des Kapitels seien die Bauern bei dieser Aussage geblieben; daraus könne der Herzog ersehen, daß Ungerns Frau nichts angetan worden sei; nach Angabe des Vogts haben sich nur drei einen halben Taler breite Flecken auf dem Kleid der Frau befunden.

Behändigte Ausfertigung
1 Bogen 21 x 32 cm, S. 1—3 beschrieben, Unterschrift der Aussteller, S. 4 Außenadresse, Inhalts- und Kanzleivermerk.
Siegel der Aussteller
HBA C 1 Nr. 1822. — Altsignatur: 1/12/185; K. 475.

Journalvermerk:

Schreiben des Domkapitels wegen der Frau Georgs von Ungern.

Ostpr. Fol. 14320, Bl. 102 v.

Nr. 1823

1566 Dezember 27, Heilsberg

Bischof Stanislaus von Ermland an Herzog Albrecht:

Keine Kenntnis vom Aufenthalt verdächtiger Reiter im Bistum [Ermland]; lediglich vier oder fünf Fußknechte hätten vor drei Wochen Exzesse im Mehlsacker Gebiet verübt und wären deshalb gefänglich inhaftiert worden; Absicht des [Hosius], sein in dieser Sache erlassenes Mandat zu erneuern, nach dem sich alle Haupt- und Amtleute richten müßten.

Behändigte Ausfertigung
1 Bogen 20 x 29, 5 cm, S. 1—3 beschrieben, Unterschrift des Bischofs, S. 4 Außenadresse, Inhalts- und Kanzleivermerk.
Siegel des Bischofs
HBA C 1 Nr. 1823. — Altsignatur: 1/12/187; K. 475.

Journalvermerk:

Schreiben des Bischofs wegen des umherstreifenden losen Gesindels.

Ostpr. Fol. 14320, Bl. 102 r.

Nr. 1824

1567 Januar 1 [Königsberg]

Herzog Albrecht an das Kapitel zu Frauenburg:

Empfang der beiden Schreiben des Kapitels vom 25. Dezember [1566]; Dank für die Bereitschaft des Kapitels, dem Georg von Ungern Gerechtigkeit widerfahren zu lassen, falls er den Täter namhaft machen kann.

Konzept
1 Bogen 20, 5 x 30 cm, S. 1—2 beschrieben; S. 4 Empfänger-, Datums- und Registraturvermerk.
HBA C 1 Nr. 1824. — Altsignatur fehlt; K. 1220.
Reinkopie: Ostpr. Fol. 73, S. 242.

Nr. 1825

1567 Januar 19 [Königsberg]

Herzog Albrecht an Bischof Stanislaus von Ermland:

Supplikation des Tewes Winnepfennig wegen eines Rechtsstreites mit dem Braunsberger Bürger Lorentz Hase; trotz des vom Bischof gesprochenen Endurteils soll [Hase] die dem [Winnepfennig] zugesprochenen, in Braunsberg gelegenen Güter, Häuser und Äcker mit Arrest belegt haben; Fürbitte des Herzogs an [Hosius], dem [Winnepfennig] gemäß seinem verkündeten Endurteil zu dem Seinigen zu verhelfen.

Konzept
1 Bogen 19, 5 x 30 cm, S. 1—3 beschrieben, S. 4 Empfänger-, Datums- und Registraturvermerk.
HBA C 1 Nr. 1825. — Altsignatur fehlt; K. 1220.
Reinkopie: Ostpr. Fol. 73, S. 245—246.

Nr. 1826

1567 Februar 10 [Königsberg]

Herzog Albrecht an Bischof Stanislaus von Ermland:

Klage Jacob Falckenaus von Paaris und Valtin Ortels von Groß Schönau wegen eines am 6. Dezember 1566 nicht ergangenen Urteils des Gerichts zu Rössel in ihrem Rechtsstreit mit den von Elbingen; der verstorbene Bischof Johannes [Dantiscus] habe das Gut, um das der Streit gehe, den von Elbingen zuerkannt, sie dabei aber zur Rückgabe des Guts ohne Zurückbehaltung des kleinsten Pfennigs verpflichtet, wenn noch nähere Verwandte ausfindig gemacht würden; Bitte des Herzogs an [Hosius], den Klägern zu ihrem Recht zu verhelfen.

Konzept
1 Bogen 20, 5 x 31 cm, S. 1—3 beschrieben, S. 4 Empfänger-, Datums- und Registraturvermerk.
HBA C 1 Nr. 1826. — Altsignatur fehlt; K. 1220.
Reinkopie: Ostpr. Fol. 73, S. 252—254.

Nr. 1827

1567 Februar 21 [Königsberg]

Herzog Albrecht an Bischof Stanislaus von Ermland, mutatis mutandis an Kostka, Frauenburg, Elbing, Braunsberg und Danzig:

Ankunft einiger Landsknechte in Königsberg, die einen Taler Laufgeld und den Befehl erhalten haben, sich in Tilsit für ihren Zug nach Livland mustern zu lassen; da sie nicht denjenigen, der sie angeworben hat, benennen können und ihre Anwerbung durch den polnischen König unwahrscheinlich ist, hat ihnen der Herzog das Durchzugsrecht versagt und den Befehl zu ihrer Zurückweisung an ihren Herkunftsort erteilt; Bitte an die Adressaten, sich entsprechend zu verhalten.

Konzept
1 Bogen 22 x 30 cm, S. 1—3 beschrieben, S. 4 Empfänger-, Datums- und Registraturvermerk.
HBA C 1 Nr. 1827. — Altsignatur fehlt; K. 1220.
Reinkopie: Ostpr. Fol. 73, S. 257—259.

Nr. 1828

1567 Februar 22 [Königsberg]

Herzog Albrecht an Bischof Stanislaus von Ermland:

Anzeige eines von Titz Pflanntz auf einer Kindtaufe des Kämmerers Abraham Burggrafen zu Dohna begangenen Mordes; dieser hatte seine Knechte damit beauftragt, einen gewalttätigen Zusammenstoß des Pflanntz mit dessen Bruder zu verhindern; mehreren tugendsamen Frauen vom Adel gelingt es nicht, den Pflanntz von seinem Wüten und Toben abzuhalten; als [Pflanntz] mit seinem Dolch auf eine Frau Polentz einsticht; wirft sich ihm ein Knecht Dohnas entgegen und wird von [Pflanntz] ermordet; Bitte an den Bischof, dem Täter kein Geleit zu gewähren und ihn nach Möglichkeit dingfest zu machen und an den Herzog zu überstellen.

Konzept
2 Bogen 22 x 30 cm, S. 3—7 beschrieben, S. 8 Empfänger-, Datums- und Registraturvermerk.
HBA C 1 Nr. 1828. — Altsignatur fehlt; K. 1220.
Reinkopie: Ostpr. Fol. 73, S. 259—261.

Nr. 1829

1567 Februar 23, Heilsberg

Bischof Stanislaus von Ermland an Herzog Albrecht:

Dank für die Warnung vor dem Durchzug der Landsknechte; keine Bereitschaft, diese im Bistum zu dulden; Befürwortung eines Schreibens des Herzogs an die Stadt Danzig zwecks Verweigerung eines Passes für dieses Kriegsvolk über die Weichsel; [Hosius] will aufgrund erlassener königlicher Mandate, die dem Kriegsvolk den Übergang über die Weichsel verbieten, an den Danziger Kastellan [Jan Kostka] und die anderen königlichen Räte schreiben.

Behändigte Ausfertigung
1 Bogen 21, 5 x 32 cm, S. 1—2 beschrieben, Unterschrift des Bischofs, S. 4 Außenadresse, Inhalts- und Eingangsvermerk vom 25. Februar 1567.
Siegel des Bischofs
HBA C 1 Nr. 1829. — Altsignatur: 1/11/152; K. 476.

Journalvermerk:
Schreiben des Bischofs wegen des Durchzugs der Landsknechte.

Ostpr. Fol. 14320, Bl. 104 r.

Nr. 1830

1567 Februar 24 [Königsberg]

Herzog Albrecht an Bischof Stanislaus von Ermland:

Aus den vom Herzog von Kurland [Gotthard Kettler] übersandten Zeitungen geht hervor, daß das polnische Kriegsvolk in Livland vor kurzem einen Sieg über die Schweden errungen hat; Bitte an [Hosius], diesen Sieg dem König von Polen [Sigismund II August] zur Kenntnis zu bringen.

Konzept
1 Blatt 21, 5 x 30 cm, S. 1—2 beschrieben, S. 2 Empfänger-, Datums- und Registraturvermerk.
HBA C 1 Nr. 1830. — Altsignatur fehlt; K. 1220.
Reinkopie: Ostpr. Fol. 73, S. 263—264.

Nr. 1831

1567 Februar 24, Heilsberg

Bischof Stanislaus von Ermland an Herzog Albrecht:

Bereitschaft zur Verweigerung des Geleits für Pflanntz gemäß dem Wunsch des Herzogs; weitere Maßnahmen kann er nicht ergreifen, weil ihm das als einem Geistlichen nicht gebührt.

Behändigte Ausfertigung
1 Bogen 21 x 32 cm, S. 1 beschrieben, Unterschrift des Bischofs, S. 4 Außenadresse, Inhalts- und Kanzleivermerk.
Siegel des Bischofs
HBA C 1 Nr. 1831. — Altsignatur: 1/11/153; K. 476.

Journalvermerk:

Schreiben des Bischofs wegen Verweigerung des Geleits für Pflanntz.

Ostpr. Fol. 14320, Bl. 104 r.

Nr. 1832

1567 Februar 27, Heilsberg

Bischof Stanislaus von Ermland an Herzog Albrecht:

Freude über den von dem polnischen Kriegsvolk in Livland über die Schweden erfochtenen Sieg; diese Nachricht hat er inzwischen durch eigenen Boten dem polnischen König übermittelt.

Behändigte Ausfertigung
1 Bogen 21, 5 x 32 cm, S. 1 beschrieben, Unterschrift des Bischofs, S. 4 Außenadresse, Inhalts- und Eingangsvermerk vom 1. März 1567.
Siegel des Bischofs
HBA C 1 Nr. 1832. — Altsignatur: 1/11/154; K. 476.

Journalvermerk:

Dank des Bischofs für die erhaltenen Nachrichten aus Livland, die er an den polnischen König weitergeleitet hat.

Ostpr. Fol. 14320, Bl. 104 r.

Nr. 1833

1567 März 2 [Königsberg]

Herzog Albrecht an Bischof Stanislaus von Ermland:

Erneute Bitte, dem Stentzel Gerlitzki ein freies Geleit zu bewilligen, weil dieser schon sehr lange von Frau und Kindern getrennt sei; der Bischof soll in diesem Sinn mit der Verwandtschaft des ermordeten Troschke verhandeln.

Konzept
1 Bogen Folio, S. 1—3 beschrieben, S. 4 Empfänger-, Datums- und Registraturvermerk.
HBA C 1 Nr. 1833. — Altsignatur fehlt; K. 1220.
Reinkopie: Ostpr. Fol. 73, S. 268—269.

Nr. 1834

1567 März 2, Königsberg

Herzog Albrecht an Christoff und Georg Troschke:

Bitte des Herzogs um Gewährung eines christlichen Geleits für Stentzel Gerlitzki auf Ersuchen des Franz von Baysen; die Adressaten sollen sich wie Christen verhalten, denen das Üben von Barmherzigkeit gegenüber ihren Nächsten auferlegt ist.

Reinkopie
Ostpr. Fol. 73, S. 270—271.

Nr. 1835

1567 März 3, Frauenburg

Prälaten, Domherren und Kapitel des Stifts Ermland an Herzog Albrecht:

Dank für die Warnung vor den Landsknechten, die in den letzten 14 Tagen in Gruppen von drei, fünf und zehn Mann das Stift passiert haben; die Knechte haben keine Erklärung abgegeben, auf wessen Befehl sie in dieses Land gelangt sind; das Kapitel hat den Bischof von diesem Durchzug verständigt.

Behändigte Ausfertigung
1 Bogen Folio, S. 1—2 beschrieben, Unterschrift der Aussteller, S. 4 Außenadresse, Inhalts- und Kanzleivermerk.
Siegel der Aussteller
HBA C 1 Nr. 1835. — Altsignatur: 1/11/162; K. 476.

Journalvermerk:

Schreiben des Domkapitels wegen des Durchzugs der Landsknechte.

Ostpr. Fol. 14320, Bl. 104 r.

Nr. 1836

1567 März 5, Heilsberg

Bischof Stanislaus von Ermland an Herzog Albrecht:

Klage des Domkapitels über den einige Zeit mit der Schäfferei des Schlosses Allenstein betraut gewesenen Jacob Treudler, der mit einigen Amtsregistern und anderen Dingen entlaufen sei; weil sich Treudler vermutlich in Königsberg aufhält, Bitte um dessen Festnahme und Überstellung an ihn [Hosius].

Behändigte Ausfertigung
1 Bogen 21, 5 x 32 cm, S. 1—2 beschrieben, Unterschrift des Bischofs, S. 4 Außenadresse, Inhalts- und Eingangsvermerk vom 15. März 1567; Vermerk: „darauff ist ein offener brief gegeben den 15. Martii 67".
Siegel des Bischofs
HBA C 1 Nr. 1836. — Altsignatur: 1/11/155; K. 476.

Journalvermerk:

Schreiben des Bischofs wegen Festnahme und Überstellung des entlaufenen [Jacob Treudler].

Ostpr. Fol. 14320, Bl. 104 r.

Nr. 1837

1567 März 6, Königsberg

Herzog Albrecht an Bischof Stanislaus von Ermland:

Thomas Rehath aus Pratten hat seinem Nachbarn Tonius Nitze wegen ehrenrühriger Worte zwei Streiche mit einem „Thursteckel" versetzt, woran dieser gestorben ist; daraufhin Flucht [Rehaths] ins Herzogtum; Bitte um Gewährung eines christlichen Geleits für den Täter, damit sich dieser mit der Verwandtschaft des Getöteten gütlich vergleichen kann.

Konzept
1 Bogen 21 x 32, 5 cm, S. 1—2 beschrieben, S. 4 Empfänger-, Datums- und Registraturvermerk.
HBA C 1 Nr. 1837. — Altsignatur fehlt; K. 1220.

Nr. 1838

1567 März 7 [Königsberg]

Herzog Albrecht an Bischof Stanislaus von Ermland:

Bitte um Ansetzung eines Tages für Ambrosius Lippe und dessen Verwandtschaft in der Angelegenheit der Frau Seuberlich aus Seeburg; trotz ihrer wiederholten Supplikation sei ihnen aufgrund der Gegendarstellung von Troschke kein Recht zuteil geworden.

Konzept
1 Bogen 21 x 32 cm, S. 1—3 beschrieben, S. 4 Empfänger-, Datums- und Registraturvermerk.
HBA C 1 Nr. 1838. — Altsignatur fehlt; K. 1220.
Reinkopie: Ostpr. Fol. 73, S. 272—273.

Nr. 1839

1567 März 18, Heilsberg

Christoff Troschke an den herzoglichen Kanzler Johann von Kreytzen:

Bezug auf die herzogliche Fürbitte um Geleitsgewährung für Stentzel Gerlitzki; er hat dagegen Bedenken, weil Gerlitzki dem Bruder [Troschkes] und Ludwig Schertwitz angedroht habe, Feuer in deren Gehöft zu legen und es abzubrennen; dennoch stelle er dem Herzog die Entscheidung in dieser Angelegenheit anheim, bitte dabei aber so zu verfahren, daß niemand etwas von [Gerlitzki] befürchten müsse.

Behändigte Ausfertigung
1 Bogen 21 x 31 cm, S. 1—2 beschrieben, Unterschrift des Ausstellers, S. 4 Außenadresse, Inhalts- und Kanzleivermerk.
Siegel des Ausstellers
HBA C 1 Nr. 1839. — Altsignatur: 1/9/33; K. 476.

Journalvermerk:

Schreiben Christoff Troschkes wegen einer Geleitsgewährung für Gerlitzki.

Ostpr. Fol. 14320, Bl. 104 v.

Nr. 1840

1567 März 19, Heilsberg

Bischof Stanislaus von Ermland an Herzog Albrecht:

Bezug auf das seitens des Herzogs erbetene Geleit für Stentzel Gerlitzki; die Verwandten des ermordeten Ludwig Troschke sind damit einverstanden, daß [Gerlitzki] in das Herzogtum geleitet werden kann, bestehen aber darauf, daß er das Stift [Ermland] bei Verlust seines Lebens nicht mehr betreten darf.

Behändigte Ausfertigung
1 Bogen 22, 5 x 33 cm, S. 1—2 beschrieben, Unterschrift des Bischofs, S. 4 Außenadresse, Inhalts- und Kanzleivermerk.
Siegel des Bischofs
HBA C 1 Nr. 1840. — Altsignatur: 1/11/156; K. 476.

Journalvermerk:

Schreiben des Bischofs wegen des Geleits für Gerlitzki.

Ostpr. Fol. 14320, Bl. 104 v.

Nr. 1841

1567 April 6, Heilsberg

Bischof Stanislaus von Ermland an Herzog Albrecht:

Bezug auf die zweimalige Besichtigung der strittigen Grenze zwischen Ortelsburg, Hohenstein, Neidenburg und Seehesten einer- und Wartenburg, Bischofsburg und Rössel andererseits, die bisher zu keinem Rezeß geführt hat; Bitte um baldige Ansetzung eines Tages, bevor hohes Gras und Laubwerk den Durchgang durch das Gesträuch und die Wälder verhindern.

Behändigte Ausfertigung
1 Bogen 23 x 33 cm, S. 1—2 beschrieben, Unterschrift des Bischofs, S. 4 Außenadresse, Inhalts-, Eingangs- und Beantwortungsvermerk.
Siegel des Bischofs
HBA C 1 Nr. 1841. — Altsignatur: 1/11/157; K. 476.

Journalvermerk:

Schreiben des Bischofs wegen der Behandlung von Grenzstreitigkeiten.

Ostpr. Fol. 14320, Bl. 104 v.

Nr. 1842

1567 April 6, Braunsberg

Bischof Stanislaus von Ermland an Herzog Albrecht:

Bedarf von Kalk zur Ausbesserung etlicher Gebäude; da nach glaubwürdigem Bericht viel Kalk beim Dorf Baysterwalde im Kammeramt Balga vorhanden ist, Bitte um Erlaubnis für die Braunsberger, dort Kalk zum Bedarf des Bischofs graben und abführen zu dürfen.

Behändigte Ausfertigung
1 Bogen 22 x 33 cm, S. 1 beschrieben, Unterschrift des Bischofs, S. 4 Außenadresse, Inhalts-, Eingangs- und Beantwortungsvermerk.
Siegel des Bischofs
HBA C 1 Nr. 1842. — Altsignatur: 1/11/158; K. 476.

Journalvermerk:

Schreiben des Bischofs wegen des aus dem Kammeramt Balga benötigten Kalks.

Ostpr. Fol. 14320, Bl. 105 r.

Nr. 1843

1567 April 9 [Königsberg]

Herzog Albrecht an Bischof Stanislaus von Ermland:

Wegen des bevorstehenden Landtags, zu dem in Kürze die königlichen Kommissarien erwartet werden, kann der Herzog keinen seiner Räte in die Ämter mit den strittigen Grenzen abordnen; Bitte um Verständnis für seinen Vorschlag, die Grenzrevision bis zum Herbst zu verschieben; weil der Bischof „allerley briefliche Urkunden“ und sonstige für die Grenzregulierung wichtige Schriften besitzt, soll er davon dem Herzog zur Förderung der Angelegenheit Abschriften zur Verfügung stellen; kein Kalkreichtum bei Beisterwalde im Balgaschen; dort ist kaum soviel vorhanden, um den Eigenbedarf des Herzogs zu befriedigen; viele Gebäude müssen in Ermangelung von Kalk unfertig stehen bleiben; daher kann dem Wunsch des Bischofs in dieser Sache nicht entsprochen werden.

Konzept
1 Bogen und 1 Blatt Folio, S. 1—5 beschrieben, S. 6 Empfänger-, Datums- und Registraturvermerk.
HBA C 1 Nr. 1843. — Altsignatur fehlt; K. 1220.
Reinkopie: Ostpr. Fol. 73, S. 290—292.

Nr. 1844

1567 April 19 [Königsberg]

Herzog Albrecht an Bischof Stanislaus von Ermland:

Erneute Supplikation des Ambrosius Lippe und dessen Verwandtschaft in der Angelegenheit der Seuberlichen, die der Zauberei an ihrem Nachbarn Hans Schmeck bezichtigt und deshalb gefänglich inhaftiert und peinlich verhört worden ist; weil die Befragung ihre Unschuld ergeben hat, ist sie später in Freiheit gesetzt worden; Bitte des Herzogs um Anberaumung eines Tages für die Petenten, auf dem sie Klage gegen die Verleumder der Frau Seuberlich erheben können.

Konzept
1 Bogen Folio, S. 1—3 beschrieben, S. 4 Empfänger-, Datums- und Registraturvermerk.
HBA C 1 Nr. 1844. — Altsignatur fehlt; K. 1220.
Reinkopie: Ostpr. Fol. 73, S. 294—296.

Nr. 1845

1567 April 22 [Königsberg]

Herzog Albrecht an Bischof Stanislaus von Ermland und mutatis mutandis an das Kapitel zu Frauenburg:

Nach alter Gewohnheit hat am 27. März dieses Jahres der Hauptmann von Hohenstein, Dietrich von Wernsdorff, das Fließ zwischen Korkau und Samen durch seine Diener von „Verstellungen" befreien lassen; diese werden von etwa 20 bischöflichen Untertanen aus Samen mit „gewappneter Hand" überfallen, wobei einer der Herzoglichen gewaltsam nach Allenstein geführt und an den dortigen Landpropst überstellt wird; trotz mehrfachen Ersuchens des [Hohensteiner] Hauptmanns keine Freigabe des unrechtmäßig Inhaftierten durch den Landpropst; Bitte an [Hosius], derartige Verletzungen der alten Gebräuche nicht zu dulden und den Landpropst zur Freilassung des herzoglichen Untertans ohne Weiterungen zu verpflichten; Verweisung des Landpropstes auf den geltenden Rechtsweg.

Konzept
2 Bogen 21, 5 x 30, 5 cm, S. 3—7 beschrieben, S. 8 Empfänger-, Datums- und Registraturvermerk.
HBA C 1 Nr. 1845. — Altsignatur fehlt; K. 1220.
Reinkopie: Ostpr. Fol. 73, S. 296—299.

Nr. 1846

1567 April 26 [Königsberg]

Herzog Albrecht an Bischof Stanislaus von Ermland:

Bitte um Verschiebung des für Ambrosius Lippe und dessen Verwandtschaft angesetzten Tages auf den 30. Mai, weil diese sonst wegen der Überschneidung mit der Tagfahrt auf ihre Prokuratoren verzichten müßten.

Konzept
1 Bogen 21, 5 x 30 cm, S. 1—2 beschrieben, S. 4 Empfänger-, Datums- und Registraturvermerk.
HBA C 1 Nr. 1846. — Altsignatur fehlt; K. 1220.
Reinkopie: Ostpr. Fol. 73, S. 306—307.

Nr. 1847

1567 April 26, Heilsberg

Bischof Stanislaus von Ermland an Herzog Albrecht:

Keine Möglichkeit einer sofortigen Stellungnahme zu den Übergriffen der Kapitelsuntertanen gegenüber denen des Herzogs, weil der herzogliche Bote umgehend nach

Frauenburg weitergeeilt ist; das Frauenburger Domkapitel soll innerhalb von drei Tagen vor dem Bischof erscheinen, was ihm [Hosius] die Möglichkeit gibt, nach genauer Unterrichtung von dieser Sache eine gerechte Entscheidung zu treffen, die zur Erhaltung der guten Nachbarschaft beitragen kann.

Behändigte Ausfertigung
1 Bogen 22 x 33 cm, S. 1—2 beschrieben, Unterschrift des Bischofs, S. 4 Außenadresse, Inhalts- und Eingangsvermerk vom 30. April 1567.
Siegel des Bischofs
HBA C 1 Nr. 1847. — Altsignatur: 1/11/171; K. 476.

Journalvermerk:
Schreiben des Bischofs wegen der Übergriffe von Kapitelsuntertanen.

Ostpr. Fol. 14320, Bl. 105 r.

Nr. 1848

1567 April 28, Frauenburg

Prälaten, Domherren und Kapitel des Stifts Ermland an Herzog Albrecht:

Weil das Kapitel keine genaue Kenntnis von den Irrungen zwischen den Untertanen der Hauptmannschaft Hohenstein und denen des Allensteiner Kapitels hat, ist der dortige Landpropst zur Einholung von Erkundigungen angewiesen worden; Verweis auf die vielfachen Beschwerden der armen Untertanen im Allensteinschen nahe der dortigen Grenze; der inhaftierte herzogliche Untertan soll umgehend in Freiheit gesetzt werden; Bereitschaft zur Ahndung von Exzessen der eigenen Untersassen, was umgekehrt auch von seiten des Herzogs bei dessen Untertanen erwartet wird.

Behändigte Ausfertigung
1 Bogen 21 x 32 cm, S. 1—3 beschrieben, Unterschrift der Aussteller, S. 4 Außenadresse, Inhalts- und Kanzleivermerk.
Siegel der Aussteller
HBA C 1 Nr. 1848. — Altsignatur: 1/11/173; K. 476.

Journalvermerk:

Schreiben des Domkapitels wegen der Streitigkeiten zwischen Untertanen aus dem Hohensteinschen und Allensteinschen.

Ostpr. Fol. 14320, Bl. 105 r.

Nr. 1849

1567 Mai 1, Heilsberg

Bischof Stanislaus von Ermland an Herzog Albrecht:

Nach Mitteilung der Gesandten des [Frauenburger] Kapitels ist der besagte herzogliche Untertan und Packmor von Hohenstein auf dem Allensteiner Schloß nicht im Gefängnis untergebracht, sondern befindet sich nur in „loser Verwahrung" und wird mit aller „Notdurft" versorgt; nicht die Untertanen des Kapitels, sondern die des Herzogs hätten gegen den gemeinen Frieden verstoßen und in der Nacht zum heiligen stillen Freitag (27. März), als sie ein Nachlassen der Aufsicht seitens der Kapitelsuntertanen erwarteten, einen Einfall in das Fließ verübt, das mit beiden Ufern auf Kapitelsgebiet liege, und die darin ausgestellten Säcke weggenommen; infolge der von den Herzoglichen verweigerten Herausgabe der Säcke entwickelt sich eine Auseinandersetzung zwischen diesen und den Untertanen des Kapitels, wobei der Packmor von Hohenstein gefangengenommen und ins Allensteiner Schloß überführt wird; obwohl sich das alles in Abwesenheit des dortigen Landpropstes Samson von Worein zugetragen habe, sei dieser doch zur Entlassung des Gefangenen unter Voraussetzung von dessen Ladung vor den Abgesandten des Kapitels in Allenstein bereit gewesen; dagegen bestehe der Hauptmann von Hohenstein [Dietrich von Wernsdorff] auf der Freilassung seines Dieners ohne jegliche Bürgschaftsleistung; Verwahrung des Kapitels gegen den Vorwurf, mit „gewappneter Hand" ohne vorherige Warnung einen Überfall auf herzogliche Untersassen verübt zu haben; es mußte lediglich handeln, um seine alten Rechte zu schützen; Bitte des Bischofs um eine baldige Revision der dortigen strittigen Landesgrenzen zwecks Beseitigung derartiger Irrungen; falls der Herzog dazu nicht bereit ist, will [Hosius] die Sache dem polnischen König vortragen.

Behändigte Ausfertigung
2 Bogen 22 x 33 cm, S. 1—6 beschrieben, Unterschrift des Bischofs, S. 8 Außenadresse, Inhalts- und Eingangsvermerk vom 4. Mai 1567.
Siegel des Bischofs
HBA C 1 Nr. 1849. Altsignatur: 1/11/169; K. 476.

Journalvermerk:

Schreiben des Bischofs wegen der Inhaftierung eines herzoglichen Untertans in Allenstein und in Grenzstreitigkeiten.

Ostpr. Fol. 14320, Bl. 105 r.

Nr. 1850

1567 Mai 7 [Königsberg]

Herzog Albrecht an Bischof Stanislaus von Ermland:

Unterrichtung des Hohensteiner Hauptmanns von den Ausführungen des Bischofs; die Antwort des [Wernsdorff] soll unverzüglich [Hosius] zur Kenntnis gebracht werden;

Bitte um baldige Freilassung des herzoglichen Untertans auch gegen Bürgschaft; Bereitschaft zur Absendung von Bevollmächtigten im kommenden Herbst zwecks Revision der Grenzen im [Hohensteinschen] und an anderen strittigen Orten; erneutes Ersuchen um Überlassung von Abschriften aller für die Grenzsachen erforderlichen Akten und Rezesse.

Konzept
1 Bogen 19, 5 x 30 cm, S. 1—3 beschrieben, S. 4 Empfänger-, Datums- und Registraturvermerk.
HBA C 1 Nr. 1850. — Altsignatur fehlt; K. 1220.
Reinkopie: Ostpr. Fol. 73, S. 319—320.

Nr. 1851

1567 Mai 8 [Königsberg]

Herzog Albrecht an das Kapitel zu Frauenburg:

Bezug auf die ohne Ergebnis gebliebene Grenzverhandlung beider Seiten, wofür die nicht zustandegekommene Einigung zwischen den Abgesandten des Kapitels und Georg von Ungern verantwortlich ist; erneutes Ersuchen um Anberaumung eines Termins für das Zusammentreffen der beiderseitigen Kommissarien zwecks Verhör aller Sprüche und Gegensprüche, Berichte und Gegenberichte; wenn die Gesandten des Kapitels abermals eine dem Recht entsprechende Schlichtung oder Einigung verhindern sollten, werde er [Albrecht] dem Ungern seinen Schutz nicht versagen.

Konzept
1 Bogen und 1 Blatt 21 x 31 cm, S. 1—6 beschrieben, S. 6 Empfänger-, Datums- und Registraturvermerk.
HBA C 1 Nr. 1851. — Altsignatur fehlt; K. 1220.
Reinkopie: Ostpr. Fol. 73, S. 321—323.

Nr. 1852

1567 Mai 11, Frauenburg

Prälaten, Domherren und Kapitel des Stifts Ermland an Herzog Albrecht:

Zurückweisung der Verantwortung für die unterbliebene Grenzeinigung mit der herzoglichen Seite; vielmehr Interesse des Kapitels am gütlichen Abschluß der schwebenden Sache zwischen Georg von Ungern und den Untertanen von Münsterberg; die Verhandlungen sind an der Weigerung Ungerns gescheitert, den Kapitelsuntertanen ihr unrechtmäßig weggenommenes Gut wiederzuerstatten; es entspreche dem geltenden Recht, daß der „spoliatus“ nicht schuldig sei, seinem Widerpart vor der Restitution des ihm entwendeten Guts zu antworten; Einverständnis mit dem herzoglichen Vorschlag, die Streitsache durch die beiderseitigen Bevollmächtigten erneut untersuchen zu lassen; wegen der Dringlichkeit dieses Vorhabens wird bereits der 22. Mai als Termin vorgeschlagen, wobei dem Herzog die Nennung des Zusammenkunftsortes überlassen bleibt; Klage Greger Fischers aus Straubendorf im Mehlsacker Gebiet wegen seines Bruders Merten, der im Herzogtum bei Merten Werner in Weißenwalde ein Erbe angenommen und sich dort niedergelassen habe, ohne dazu vom Kapitel legitimiert zu sein; dem der gemeinen Landesordnung entsprechenden Auslieferungsersuchen des Kapitels habe Merten Werner nicht entsprochen und besagten [Merten Fischer] vielmehr bei Forderung einer ansehnlichen Geldstrafe in harter Gefängnishaft gehalten; Bitte um Veranlassung des Werner zur Ausfolgung dieses Untertans an das Kapitel; Erwartung der Überstellung entlaufener Untersassen an das Domkapitel, das ein entsprechendes Verfahren gegenüber dem Herzogtum praktiziert.

Behändigte Ausfertigung
1 Bogen 21 x 32 cm, S. 1—3 beschrieben, Unterschrift der Aussteller, S. 4 Außenadresse, Inhalts- und Kanzleivermerk.
Siegel der Aussteller
HBA C 1 Nr. 1852. — Altsignatur: 1/11/163; K. 476.

Journalvermerk:

Schreiben des Domkapitels wegen des Streites mit Georg von Ungern und der Übergriffe Merten Werners.

Ostpr. Fol. 14320, Bl. 106 r. und v.

Nr. 1853

1567 Mai 13 [Königsberg]

Herzog Albrecht an das Kapitel zu Frauenburg:

Berufung von Christoff Zehmen, Elias Kanitz und Dr. Franz Tegen (Degen) zu herzoglichen Bevollmächtigten in der Streitsache zwischen Georg von Ungern und den Kapitelsuntertanen von [Münsterberg]; sie sollen am 22. Mai in [Preußisch] Holland eintreffen und am folgenden Tag die Sache verhören, wozu die Anwesenheit der Bevollmächtigten des Kapitels erforderlich ist; die genannten herzoglichen Kommissarien sind auch Ansprechpartner bezüglich des von Merten Werner vorenthaltenen Kapitelsuntertans.

Konzept
1 Bogen 20 x 31 cm, S. 1—2 beschrieben, S. 4 Empfänger-, Datums- und Registraturvermerk.
HBA C 1 Nr. 1853. — Altsignatur fehlt; K. 1220.
Reinkopie: Ostpr. Fol. 73, S. 323—324.

Nr. 1854

1567 Mai 16, Heilsberg

Bischof Stanislaus von Ermland an die herzoglichen Hofräte:

Bezug auf den langwierigen Rechtsstreit der Ursula Elwowska mit Finck, in dem die erstere als arme Witwe kein Recht bekommen habe und durch vielfache Reisen und Ausgaben in Armut geraten sei; Bitte um einen baldigen Rechtsspruch für die Frau [Elwowska], damit diese von weiteren kostspieligen Aufwendungen verschont bleibe.

Behändigte Ausfertigung
1 Bogen 22 x 31 cm, S. 1—2 beschrieben, Unterschrift des Bischofs, S. 4 Außenadresse, Inhalts- und Kanzleivermerk.
Siegel des Bischofs
HBA C 1 Nr. 1854. — Altsignatur: 1/11/168; K. 476.

Journalvermerk:

Bitte des Bischofs um ein baldiges Urteil in der Sache der [Ursula Elwowska].

Ostpr. Fol. 14320, Bl. 105 v.

Nr. 1855

1567 Mai 16, Frauenburg

Prälaten, Domherren und Kapitel des Stifts Ermland an Herzog Albrecht:

Empfang des herzoglichen Schreibens mit den Namen der verordneten Kommissarien; Bitte um Verlegung des Zusammenkunftsortes von [Preußisch] Holland nach Mühlhausen, das „fast auf der Grenze" liegt, und um Ansetzung des Tages auf den 22. Mai.

Behändigte Ausfertigung
1 Bogen Folio, S. 1 beschrieben, Unterschrift der Aussteller, S. 4 Außenadresse, Inhalts- und Kanzleivermerk.
Siegel der Aussteller
HBA C 1 Nr. 1855. — Altsignatur: 1/11/172; K. 476.

Journalvermerk:

Bitte des Kapitels um Verlegung des Grenztages nach Mühlhausen.

Ostpr. Fol. 14320, Bl. 105 v.

Nr. 1856

1567 Mai 16, Heilsberg

Bischof Stanislaus von Ermland an die herzoglichen Hofräte:

Klage Wilhelm Schulins über Christoff Albrecht von Kunheim, der ihn gewaltsam aus seinem im Herzogtum gelegenen und durch rechtmäßigen Kauf erworbenen Gut Stollen verdrängt habe; [Schulin] hat weder auf gütliche Weise noch auf dem Rechtsweg den [Kunheim] von seinem Verhalten abbringen können; Bitte um Klaglosstellung des Supplikanten.

Behändigte Ausfertigung
1 Bogen 22 x 33 cm, S. 1 beschrieben, Unterschrift des Bischofs, S. 4 Außenadresse, Inhalts- und Kanzleivermerk.
Siegel des Bischofs
HBA C 1 Nr. 1856. — Altsignatur:1/11/164; K. 476.

Journalvermerk:

Fürbitte des Bischofs für Wilhelm Schulin.

Ostpr. Fol. 14320, Bl. 107 v.

Nr. 1857

1567 Mai 17 [Königsberg]

Herzog Albrecht an das Kapitel zu Frauenburg:

Festhalten an seinem Vorschlag, die beiderseitigen Kommissarien nach [Preußisch] Holland zu berufen, weil in Mühlhausen nur wenige Herbergen und andere Bequemlichkeiten vorhanden sind; nach Auffassung des Herzogs ist [Preußisch Holland] dem Kapitel zuzumuten, weil dessen dorthin beorderte Bevollmächtigte einen kürzeren Weg als die herzoglichen haben; diese sollen am Abend des 21. Mai in [Preußisch] Holland eintreffen und am folgenden Tag die Untersuchung vornehmen.

Konzept
1 Blatt 21 x 30 cm, S. 1 beschrieben, S. 2 Empfänger-, Datums- und Registraturvermerk.
HBA C 1 Nr. 1857. — Altsignatur fehlt; K. 1220.
Reinkopie: Ostpr. Fol. 73, S. 326.

Nr. 1858

1567 Mai 19, Frauenburg

Prälaten, Domherren und Kapitel des Stifts Ermland an Herzog Albrecht:

Der Vorschlag von Mühlhausen als Zusammenkunftsort ist nicht wegen des bequemeren Weges, sondern in Erwägung des Gedankens erfolgt, daß in der Nähe dieses Ortes

Leute wohnen würden, die für die zu verhandelnde Angelegenheit von Nutzen seien; dennoch ist das Kapitel mit [Preußisch] Holland einverstanden und will seine Gesandten dorthin abfertigen.

Behändigte Ausfertigung
1 Bogen 21 x 33 cm, S. 1 beschrieben, Unterschrift der Aussteller, S. 4 Außenadresse, Inhalts- und Eingangsvermerk vom 21. Mai 1567.
Siegel der Aussteller
HBA C 1 Nr. 1858. — Altsignatur: 1/11/174; K. 476.

Journalvermerk:

Das Kapitel stimmt dem vom Herzog vorgeschlagenen Tagungsort [Preußisch] Holland zu.

Ostpr. Fol. 14320, Bl. 105 v.

Nr. 1859

1567 Mai 21, Heilsberg

Bischof Stanislaus von Ermland an Herzog Albrecht:

Supplikation des Braunsberger Bürgers George Bartsche und seiner Schwester wegen einer trotz ihrer Mahnung unbeglichen gebliebenen Schuldforderung an Christoff und Greger Portugal; Bitte des Bischofs um Klaglosstellung der Supplikanten.

Behändigte Ausfertigung
1 Bogen 21 x 32 cm, S 1—2 beschrieben, Unterschrift des Bischofs, S. 4 Außenadresse, Inhalts- und Kanzleivermerk.
Siegel des Bischofs
HBA C 1 Nr. 1859. — Altsignatur: 1/11/165; K. 476.

Journalvermerk:

Schreiben des Bischofs wegen einer Schuldforderung des Georg Bartsche.

Ostpr. Fol. 14320, Bl. 106 v.

Nr. 1860

1567 Juni 7 [Königsberg]

Herzog Albrecht an Bischof Stanislaus von Ermland:

Ein etliche Jahre am Hofe des Herzogs gedient habender reisiger Knecht ist auf dem Wege nach Sensburg, wo er Eltern und Verwandte besuchen will, in einem Rösseler

Schenkhaus eingekehrt, um einen Trunk zu tun; dort kommt es zu einer handgreiflichen Auseinandersetzung mit der Wirtin, die den besagten Knecht mit dem „Schreibbrett" auf den Kopf haut, der seinerseits mit der Scheide seiner Waffe gegen den Hals der Frau schlägt und daraufhin die Stadt verläßt; der Wirt verfolgt den Knecht zu dritt bis auf den Boden des Herzogtums und führt ihn gewaltsam nach Rössel zurück; Entlassung des Knechts aus dem dortigen Gefängnis nach dessen Bürgschaft und abgegebener Verpflichtung, sich am festgesetzten Tag wieder in Rössel zur Verhandlung einzufinden; Ersuchen des Herzogs an den Bischof, das frevelhafte und rechtswidrige Verhalten des Rösseler Wirts gebührend zu bestrafen und diesen zur Rücknahme des von besagtem Knecht geleisteten Gelübdes zu veranlassen; Klagen gegen den Knecht sollen vor dem Herzog selbst oder vor dem Amtmann von Seehesten erhoben werden; Beschwerde der Untersassen im Seehestenschen über das vom Rösseler Burggrafen veranlaßte Aufstauen eines Mühlteichs und die dadurch bewirkte Schädigung ihrer Äcker, Roßgärten und Wiesen; Bitte um Beseitigung dieses Teichs oder um andere Maßnahmen zur Befriedigung der herzoglichen Untertanen.

Konzept
1 Bogen und 1 Blatt 21 x 30 cm, S. 1—5 beschrieben, S. 6 Empfänger-, Datums- und Registraturvermerk.
HBA C 1 Nr. 1860. — Altsignatur fehlt; K. 1220.
Reinkopie: Ostpr. Fol. 73, S. 329—333.

Nr. 1861

1567 Juni 12, Heilsberg

Bischof Stanislaus von Ermland an Herzog Albrecht:

Erinnerung an seine vielfachen Bitten um eine Regelung der strittigen Grenzsachen, die bisher nicht behoben worden sind; derartige „Grenzunrichtigkeiten" führen häufig zu Konflikten zwischen den beiderseitigen Untertanen und müssen auf einem im Herbst einzuberufenden Tag durch die Kommissarien beider Parteien endgültig beseitigt werden; Bitte um Zustimmung zu diesem Vorschlag.

Behändigte Ausfertigung
1 Bogen 21, 5 x 30 cm, S. 1—2 beschrieben, Unterschrift des Bischofs, S. 4 Außenadresse, Inhalts- und Kanzleivermerk.
Siegel des Bischofs
HBA C 1 Nr. 1861. — Altsignatur: 1/11/159; K. 476.

Journalvermerk:

Schreiben des Bischofs wegen endgültiger Behebung der vielfältigen Grenzstreitigkeiten im kommenden Herbst.

Ostpr. Fol. 14320, Bl. 105 v. und 106 r.

Nr. 1862

1567 Juni 14, Heilsberg

Bischof Stanislaus von Ermland an Herzog Albrecht:

Der erwähnte Untertan von Sensburg, der in Rössel seine Wirtin mit dem Gewehr niedergeschlagen hat, ist nicht auf dem Boden des Herzogtums, sondern auf den Gütern Caspar Kenwangs ergriffen und von dort gebunden nach Rössel geführt worden; Verpflichtung des Sensburger Knechts, sich dem Gericht in Rössel zu stellen, weil dort die Untat oder Mißhandlung geschehen sei; Bitte an den Herzog, diesem Grundsatz der Rechtsordnung Geltung zu verschaffen und seinen Untertan an das Rösseler Gericht zu remittieren.

Behändigte Ausfertigung
1 Bogen Folio, S. 1—2 beschrieben, Unterschrift des Bischofs, S. 4 Außenadresse, Inhalts- und Kanzleivermerk.
Siegel des Bischofs
HBA C 1 Nr. 1862. — Altsignatur: 1/11/160; K. 476.

Beilagen

I. 1567 Juni 13, Rössel

Hans Grass, Bürgermeister zu Rössel, an Bischof Stanislaus von Ermland:

Beschwerde über einen aus Sensburg gebürtigen herzoglichen Untertan, der eine frevelhafte Tat an der Frau des Rösseler Bürgers Hans Eisenberg verübt habe; dieser habe den flüchtigen Täter ergriffen und dessen gefängliche Inhaftierung veranlaßt; der Bitte des Delinquenten um Vergleich und Entlassung aus dem Gefängnis habe Hans Eisenberg auf den Rat seiner Verwandten Franz Hoendorff, Baltzer Bartz und Lazar Schmaltz zugestimmt und das vor dem Bürgermeister bekräftigt; dem Täter sei aber die Entlassung nur unter dem Vorbehalt seines erneuten Erscheinens vor Gericht gestattet worden.

Ausfertigung
1 Bogen 21 x 30 cm, S. 1—2 beschrieben, Unterschrift des Ausstellers, S. 4 Außenadresse.
Siegel des Ausstellers

II. 1567 Juni 13, Rössel

Bürgermeister und Ratmannen der Stadt Rössel an Bischof Stanislaus von Ermland:

Befragung der auf Veranlassung Hans Eisenbergs vor die geschworenen Richter und Schöffen des Rösseler Stadtgerichts geladenen Casper Pohl, Nickel Carioth, Hans Groboffsky und Hans Schultz; sie machen ihre Aussage, nachdem sie den Eid bei entblößtem Haupt, aufgestreckten Armen und erhobenen Fingern abgelegt haben; alle bestätigen, daß der Sensburger Reiter, als ihn die Frau Eisenberg beim Diebstahl ertappt habe, diese als „Hure" beschimpft und mit seiner Waffe auf die Erde geworfen habe; die Wirtin sei danach vier Tage bettlägerig gewesen und habe „zu wege und stege nicht gehen" können.

Ausfertigung
1 Bogen 21 x 30 cm, S. 1—3 beschrieben.
Siegel der Aussteller

Journalvermerk:

Schreiben des Bischofs wegen der Abweisung der Klage des Reiters aus Sensburg und deren Remittierung an das Gericht zu Rössel.

Ostpr. Fol. 14320, Bl. 106 r.

Nr. 1863

1567 Juni 26, Heilsberg

Bischof Stanislaus von Ermland an Herzog Albrecht:

Trotz entsprechender Mandate des Herzogs haben dessen Untertanen den Lachsen den freien Lauf in der Alle durch Wehre versperrt, was den geschlossenen Verträgen widerspricht; Bitte um Erneuerung der Mandate zwecks Beseitigung dieser Behinderungen.

Behändigte Ausfertigung
1 Bogen 21 x 30 cm, S. 1 beschrieben, Unterschrift des Bischofs, S. 4 Außenadresse, Inhalts- und Beantwortungsvermerk vom 29. Juli 1567.
Siegel des Bischofs
HBA C 1 Nr. 1863. — Altsignatur: 1/11/166; K. 476.

Journalvermerk:

Schreiben des Bischofs wegen Verstellung des Alleflusses durch Wehre.

Ostpr. Fol. 14320, Bl. 106 v.

Nr. 1864

1567 Juli 1 [Königsberg]

Herzog Albrecht an das Kapitel zu Frauenburg:

Der herzogliche Untertan Johann Baptista hat bei dem Krüger in Maulen eine Satteltasche und zwei Handröhren verloren, deren Wert auf 30 Taler veranschlagt wird; Bitte um Rückerstattung des Verlorenen an den Supplikanten und um entsprechende Anweisung an den Krüger oder Schulzen.

Konzept
1 Blatt 22 x 30 cm, S. 1 beschrieben, S. 2 Empfänger-, Datums- und Registraturvermerk.
HBA C 1 Nr. 1863. — Altsignatur fehlt; K. 1220.
Reinkopie: Ostpr. Fol. 73, S. 336.

Nr. 1865

1567 Juli 6 [Königsberg]

Herzog Albrecht an Bischof Stanislaus von Ermland:

Der herzogliche Hofdiener Hans Wantkoffski hat einige Grenzstreitigkeiten zur Sprache gebracht, die zwischen seinem Vater Christoff Wantkoffski und dem ermländischen Bischof bestanden haben; [Hans Wantkoffski] hat eine Kommendation des polnischen Königs erhalten und hofft, daß der Bischof ihm zu seinem Recht verhelfe; Bitte des Herzogs um Klaglosstellung des Supplikanten unmittelbar nach dem Einbringen der Ernte.

Konzept
1 Bogen 22 x 31 cm, S. 1—3 beschrieben, S. 4 Empfänger-, Datums- und Registraturvermerk.
HBA C 1 Nr. 1865. — Altsignatur fehlt; K. 1220.
Reinkopie: Ostpr. Fol. 73, S. 337—338.

Nr. 1866

1567 Juli 8, Rössel

Bischof Stanislaus von Ermland an Herzog Albrecht:

Bereitschaft zur Behandlung der langwierigen Grenzirrung mit Wantkowski nach dem Einbringen der Ernte auf einem noch zu bestimmenden Tag.

Behändigte Ausfertigung
1 Bogen 20 x 30 cm, S. 1 beschrieben, Unterschrift des Bischofs, S. 4 Außenadresse, Inhalts- und Kanzleivermerk.
Siegel des Bischofs
HBA C 1 Nr. 1866. — Altsignatur: 1/11/161; K. 476.

Journalvermerk:

Schreiben des Bischofs wegen der Behandlung der Grenzsache mit Wantkowski.

Ostpr. Fol. 14320, Bl. 106 r.

Nr. 1867

1567 Juli 10, Königsberg

Herzog Albrecht an den Hauptmann zu Braunsberg:

Bezug auf das Ersuchen des Hauptmanns von Tapiau, Nickel von Sparwein, um Auslieferung seines nach Braunsberg entlaufenen Untertans, das bisher ergebnislos geblieben ist; Begehren des Herzogs an den Adressaten, den Braunsberger Rat zur Überstellung des Entlaufenen an [Sparwein] zu veranlassen.

Reinkopie
Ostpr. Fol. 73, S. 338—339.

Nr. 1868

1567 Juli 10, Königsberg

Herzog Albrecht an den Rat zu Braunsberg:

Rückforderung eines nach Braunsberg entlaufenen Untersassen durch den Tapiauer Hauptmann Nickel von Sparwein; Ersuchen an den Braunsberger Rat, diesem Begehren umgehend Folge zu leisten und sich vertragsgemäß zu verhalten.

Reinkopie
Ostpr. Fol. 73, S. 339—340.

Nr. 1869

1567 Juli 30 [Königsberg]

Herzog Albrecht an Bischof Stanislaus von Ermland:

Keine Möglichkeit einer Veranlassung derjenigen Untertanen, die gemäß Brief und Siegel Wehre in der Alle anbringen dürfen, zum Verzicht auf ihr althergebrachtes Recht; laut kürzlich erfolgtem einhelligen Tagfahrtsbeschluß müssen jedoch alle, die widerrechtlich Wehre errichtet haben, diese wieder beseitigen.

Konzept
1 Bogen 21 x 30 cm, S. 1—2 beschrieben, S. 4 Empfänger-, Datums- und Registraturvermerk.
HBA C 1 Nr. 1869. — Altsignatur fehlt; K. 1220.
Reinkopie: Ostpr. Fol. 73, S. 341—342.

Nr. 1870

1567 August 4 [Königsberg]

Herzog Albrecht an Bischof Stanislaus von Ermland:

Beschwerde der Städte des Herzogtums über das strikte Verbot des Bischofs, einen einzigen Scheffel Hopfen oder andere Waren aus dem Bistum ins Fürstentum [Preußen] zu bringen, wobei auch die grenznahen Marktorte einbezogen sind; diesem Verbot sei durch Sperrung der Straßen und das Zurücktreiben der Bauern Geltung verschafft worden; ein solches Verhalten widerspreche dem bisher praktizierten freundnachbarlichen Verhalten beider Teile des [Preußenlandes], das durch die freie Zu- und Abfuhr bestimmt worden sei; Bitte des Herzogs um ein neues bischöfliches Mandat zwecks Freigabe des Handelsverkehrs.

Konzept
1 Bogen Folio, S. 1—2 beschrieben, S. 4 Empfänger-, Datums- und Registraturvermerk.
HBA C 1 Nr. 1870. — Altsignatur fehlt; K. 1220.
Reinkopie: Ostpr. Fol. 73, S. 342—344.

Nr. 1871

1567 August 10, Heilsberg

Bischof Stanislaus von Ermland an Herzog Albrecht:

Lediglich die Ausfuhr von Flachs und Hopfen ist den bischöflichen Untertanen verboten; dabei handelt es sich nicht um Neuerungen, sondern um ein der alten Landesordnung des Stifts entsprechendes Verfahren; wenn man den Bauern die Ausfuhr von Hopfen und Flachs freigibt, geraten die Städte des Bistums, die auf diesen Handel angewiesen sind, in äußerste Unvermögenheit; den Untertanen des Herzogs wird wie bisher der ungehinderte Flachs- und Hopfenkauf auf den Märkten der Städte gestattet; Klage der Rösseler über das geringe Angebot von Getreide und Milchspeise auf ihrem Markt, weil die Bauern des Umlandes alles zwecks größeren Gewinns nach Königsberg bringen; Beschwerde der Braunsberger über das Verbot für herzogliche Untertanen, Getreide und Lebensmittel zum dortigen Markt zu führen; Bitte des Bischofs um Wiederherstellung der Zufuhr.

Behändigte Ausfertigung
1 Bogen 21 x 30 cm, S. 1—3 beschrieben, Unterschrift des Bischofs, S. 4 Außenadresse, Inhalts- und Eingangsvermerk vom 12. August 1567.
Siegel des Bischofs
HBA C 1 Nr. 1871. — Altsignatur: 1/11/167; K. 476.

Journalvermerk:

Schreiben des Bischofs wegen der verboten Flachs- und Hopfenausfuhr.

Ostpr. Fol. 14320, Bl. 107 v.

Nr. 1872

1567 August 19 [Königsberg]

Herzog Albrecht an Bischof Stanislaus von Ermland:

Bereitschaft zur Regulierung der strittigen Grenzen zwischen dem Bistum und dem Herzogtum durch die beiderseitigen Kommissarien; wegen der am 13. Oktober angesetzten Zusammenkunft der herzoglichen Stände in Heiligenbeil, wozu [Albrecht] seine Räte und Diener benötigt, bittet er um Verschiebung der Grenzrevision auf die Zeit nach dem Ende des Landtags; Erneuerung seiner Bitte um Überlassung von Abschriften der in der bischöflichen Kanzlei vorhandenen Akten und Rezesse, die für die Behandlung dieser Grenzsachen erforderlich sind; Zusage des Herzogs, diese Kopien nur für diesen Zweck zu verwenden.

Konzept
1 Bogen 21 x 30, 5 cm, S. 1—3 beschrieben, S. 4 Empfänger-, Datums- und Registraturvermerk.
HBA C 1 Nr. 1872. — Altsignatur fehlt; K. 1220.
Reinkopie: Ostpr. Fol. 73, S. 345—348.

Nr. 1873

1567 August 20 [Königsberg]

Herzog Albrecht an Bischof Stanislaus von Ermland:

Der Bischof will am 25. August die Angelegenheit der Seuberlichen behandeln, die der Zauberei an ihrem Nachbarn Hans Schmeck bezichtigt worden ist; Bitte des Herzogs, der armen Frau Gerechtigkeit zuteil werden zu lassen.

Konzept
1 Bogen 21 x 30 cm, S. 1—2 beschrieben, S. 4 Empfänger-, Datums- und Registraturvermerk.
HBA C 1 Nr. 1873. — Altsignatur fehlt; K. 1220.
Reinkopie: Ostpr. Fol. 73, S. 351—352.

Nr. 1874

1567 August 21, Heilsberg

Bischof Stanislaus von Ermland an Herzog Albrecht:

Bitte um Anberaumung einiger Tage für die Behandlung der Grenzangelegenheiten im kommenden September, weil die Erstreckung des Landtags der herzoglichen Stände auf den Winter befürchtet werden müsse; in der bischöflichen Kanzlei seien keine Rezesse und sonstige für die Grenzhandlungen erforderliche Schriftstücke aufgefunden worden; er [Hosius] könne sich nur an in Allenstein befindlich gewesene Rezesse erinnern, die dem Herzog bereits zugestellt worden seien; erneute Bitte um Behandlung der langwierigen Grenzsachen vor Beginn des Heiligenbeiler Landtages.

Behändigte Ausfertigung
1 Bogen 21 x 29 cm, S. 1—3 beschrieben, Unterschrift des Bischofs, S. 4 Außenadresse, Inhalts- und Kanzleivermerk.
Siegel des Bischofs
HBA C 1 Nr. 1874. — Altsignatur: 1/11/179; K. 476.

Journalvermerk:

Bitte des Bischofs um Behandlung der Grenzsachen vor Beginn des Heiligenbeiler Landtages.

Ostpr. Fol. 14320, Bl. 106 v.

Nr. 1875

1567 August 25, Heilsberg

Bischof Stanislaus von Ermland an Herzog Albrecht:

Verschiebung des in der Sache der Frau Seuberlich angesetzten Tages auf den Montag nach Lichtmeß des kommenden Jahres (9. Februar 1568) wegen der in Königsberg wütenden Pest; trotz seiner Bitte um Abschaffung der Wehre in der Alle haben die herzoglichen Untertanen Joachim Proike, Flantz und Versfelder neue Hindernisse in dem Fluß aufgestellt; nach Ansicht des Bischofs hat der in seinem Alter mit Krankheit und Leibesschwachheit beladene Herzog viele Schmälerungen der bischöflichen Gerechtigkeiten zugelassen, die gegen die allgemeine Landesordnung verstoßen; seit alters her sei die Alle frei und offen gewesen und keinem gestattet worden, kraft seiner Siegel und Briefe den Lauf des Stromes zu hindern; erneute Bitte um Beseitigung der Stromsperren.

Behändigte Ausfertigung
1 Bogen 21 x 29, 5 cm, S. 1—3 beschrieben, Unterschrift des Bischofs, S. 4 Außenadresse, Inhalts- und Eingangsvermerk vom 18. September 1567.
Siegel des Bischofs
HBA C 1 Nr. 1875. — Altsignatur: 1/11/170; K. 476.

Journalvermerk:

Schreiben des Bischofs wegen der Frau Seuberlich und der Verstellung der Alle.

Ostpr. Fol. 14320, Bl. 107 r.

Nr. 1876

1567 August 30 [Königsberg]

Herzog Albrecht an Bischof Stanislaus von Ermland:

Keine Möglichkeit zur Erfüllung der Bitte des Bischofs um Ansetzung eines Termins für die Behandlung der Grenzsachen vor Beginn der Heiligenbeiler Tagfahrt wegen der Vielheit der von seinen Räten zu vollziehenden Geschäfte; zunächst müssen die Streitigkeiten zwischen den Gütern herzoglicher Untertanen und denen des [Kulmer] Woiwoden [Jan Działyński] behoben werden, wofür laut königlichem Mandat der 15. September angesetzt ist; der Herzog hat dazu die Hauptleute Wolff von Kreytzen zu Osterode und Deutsch Eylau und Anthonius Borcke zu Brandenburg abgeordnet; Vertröstung des Bischofs auf die Zeit nach dem Abschluß des Heiligenbeiler Landtages, der wahrscheinlich nur wenige Tage dauern werde; Bitte um weitere Nachforschung nach etwaigen Rezessen in der bischöflichen Kanzlei, die zur Erörterung der Grenzsachen vonnöten sind.

Konzept
2 Bogen 21 x 30 cm, S. 3—6 beschrieben, S. 8 Empfänger-, Datums- und Registraturvermerk.
HBA C 1 Nr. 1876. — Altsignatur fehlt; K. 1220.
Reinkopie: Ostpr. Fol. 73, S. 359—362.

Nr. 1877

1567 September 3, Königsberg

Herzogin Anna Maria an Bischof Stanislaus von Ermland:

Klage des Untertans Mathes Dauerdich über die Guttstadter Domherren, die ihm die alte Handfeste seines Vaters vorenthalten und sein väterliches Erbe entziehen würden; Bitte um Klaglosstellung des Petenten.

Konzept
1 Blatt 21, 5 x 33 cm, S. 1—2 beschrieben, S. 2 Empfänger-, Datums- und Registraturvermerk.
HBA C 1 Nr. 1877. — Altsignatur fehlt; K. 1220.

Nr. 1878

1567 September 4, Heilsberg

Bischof Stanislaus von Ermland an Herzog Albrecht:

Empfang des herzoglichen Schreibens wegen der nicht stattfindenen Grenzverhandlung vor Beginn des Heiligenbeiler Landtags; Einverständnis mit der vom Herzog vorgeschlagenen Verschiebung des Verhandlungstermins und Bitte um dessen rechtzeitige Ankündigung.

Behändigte Ausfertigung
1 Bogen 21 x 29, 5 cm, S. 1—2 beschrieben, Unterschrift des Bischofs, S. 4 Außenadresse, Inhalts- und Kanzleivermerk.
Siegel des Bischofs
HBA C 1 Nr. 1878. — Altsignatur: 1/11/178; K. 476.

Journalvermerk:

Schreiben des Bischofs wegen der Verschiebung der Grenzsachen auf einen Zeitpunkt nach der Heiligenbeiler Tagfahrt.

Ostpr. Fol. 14320, Bl. 107 r.

Nr. 1879

1567 September 13 [Königsberg]

Herzog Albrecht an Bischof Stanislaus von Ermland:

Beschwerde des herzoglichen Untertans Mattes Conradt über seinen Stiefvater, der unter der Herrschaft des Bischofs gesessen hat; Bitte des Herzogs, dem armen Gesellen zu seinem Recht zu verhelfen, damit dieser von weiteren Unkosten verschont bleibe.

Konzept
1 Bogen 21, 5 x 30, 5 cm, S. 1—2 beschrieben, S. 4 Empfänger-, Datums- und Registraturvermerk.
HBA C 1 Nr. 1879. — Altsignatur fehlt; K. 1220.
Reinkopie: Ostpr. Fol. 73, S. 370.

Nr. 1880

1567 September 17, Heilsberg

Bischof Stanislaus von Ermland an Herzogin Anna Maria:

Gemäß der Bitte der Herzogin gewährt der Bischof deren Marschall Wolmar Üxküll ein freies, sicheres und christliches Geleit.

Behändigte Ausfertigung
1 Bogen 20, 5 x 30 cm, S. 1 beschrieben, Unterschrift des Bischofs, S. 4 Außenadresse, Inhalts- und Kanzleivermerk.
Siegel des Bischofs
HBA C 1 Nr. 1880. — Altsignatur: 1/10; K. 476.

Nr. 1881

1567 September 18, Heilsberg

Bischof Stanislaus von Ermland an Herzog Albrecht:

Bereitschaft zur Klaglosstellung des Mattes Conradt und dessen Miterben nach dem Ende der gegenwärtig wütenden Pest.

Behändigte Ausfertigung
1 Bogen 20, 5 x 28 cm, S. 1 beschrieben, Unterschrift des Bischofs, S. 4 Außenadresse, Inhalts- und Eingangsvermerk zu Tapiau am 25. September 1567.
Siegel des Bischofs
HBA C 1 Nr. 1881. — Altsignatur: 1/11/177; K. 476.

Journalvermerk:

Schreiben des Bischofs in der Angelegenheit Mattes Conradts.

Ostpr. Fol. 14320, Bl. 107 r.

Nr. 1882

1567 September 20 [Königsberg]

Herzog Albrecht an Bischof Stanislaus von Ermland:

Empfang der bischöflichen Schreiben in der Sache der Frau Seuberlich und wegen der Wehre in der Alle; Befremden wegen der Vorwürfe des [Hosius] hinsichtlich der fortdauernden Verstellung der Alle und der dadurch bewirkten Schmälerung der bischöflichen Rechte; trotz seines hohen Alters und der Leibesschwachheit habe er [Albrecht], der nun am Rande des Grabes stehe, nicht gegen die geschlossenen Verträge verstoßen, sondern sich immer gegenüber dem Bischof freundnachbarlich verhalten; seit 100 und mehr Jahren hätten diejenigen Untertanen, die dazu privilegiert wären, Wehre in der Alle aufgestellt; laut Beschluß des letzten Landtags sei den herzoglichen Amtleuten befohlen worden, die Wehre der Untertanen einzureißen, die darüber keine ausdrückliche Verschreibung besäßen; anders könne er [Albrecht] sich nicht verhalten, weil er alte Privilegien respektieren müsse; die zum Aufstellen der Wehre berechtigten Untertanen hätten sich dazu verpflichtet, den Schiffern, Holzflößern und anderen den Lauf der Alle freizugeben; Bitte des Herzogs an [Hosius], von künftigen Beschuldigungen Abstand zu nehmen und dem gutnachbarlichen Verhalten [Albrechts] Glauben zu schenken.

Konzept
2 Bogen 20 x 31 cm, S. 3—6 beschrieben, S. 8 Empfänger-, Datums- und Registraturvermerk.
HBA C 1 Nr. 1882. — Altsignatur fehlt; K. 1220.
Reinkopie: Ostpr. Fol. 73, S. 371—374.

Nr. 1883

1567 Oktober 2, Heilsberg

Bischof Stanislaus von Ermland an den herzoglichen Kanzler Johann von Kreytzen:

Empfang des herzoglichen Schreibens vom 20. September, das die Versperrung der Alle betrifft; der Bischof wundert sich darüber, daß der Herzog in vergangenen Jahren niemals die Aufstellung von Wehren in der Alle mit Privilegien, Briefen und Siegeln begründet, sondern diese ohne alle Ausnahme auf Wunsch des Bischofs hat einreißen und beseitigen lassen; dennoch akzeptiert [Hosius] die neue Haltung des Herzogs zu diesen Vorfällen.

Behändigte Ausfertigung
1 Bogen 20, 5 x 29 cm, S. 1 beschrieben, Unterschrift des Bischofs, S. 4 Außenadresse, Inhalts- und Eingangsvermerk zu Tapiau am 4. Oktober 1567.
Siegel des Bischofs
HBA C 1 Nr. 1883. — Altsignatur: 1/11/176; K. 476.

Journalvermerk:

Schreiben des Bischofs wegen der Versperrung der Alle.

Ostpr. Fol. 14320, Bl. 107 v.

Nr. 1884

1567 Oktober 30, Heilsberg

Bischof Stanislaus von Ermland an Hans Jacob zu Waldburg, Erbtruchseß und Landhofmeister, und Christoph von Kreytzen, Obersten Burggrafen zu Königsberg:

Empfang des Schreibens der genannten Adressaten durch Übermittlung des Mühlenmeisters von Schippenbeil; der Bischof kann den Hopfenverkauf in seinen Dörfern nicht freigeben, weil die in beiderseitiger Einmütigkeit beschlossene Landesordnung keinen Hopfenkauf und -verkauf in den Dörfern außerhalb der freien Wochenmärkte gestattet; lediglich auf den Stadtmärkten können Einheimische und Fremde Waren gegen Bezahlung käuflich erwerben; Bescheid an den Mühlenmeister, sich entsprechend landläufigem Brauch auf die gewöhnlichen Wochenmärkte in den Städten zu begeben und dort Hopfen von Bürgern oder Bauern für seine Auftraggeber zu kaufen; Bitte um Verständnis für diese Verfahrensweise.

Behändigte Ausfertigung
1 Bogen 21 x 30 cm, S. 1—2 beschrieben, Unterschrift des Bischofs, S. 4 Außenadresse, Inhalts- und Kanzleivermerk.
Siegel des Bischofs
HBA C 1 Nr. 1884. — Altsignatur: 1/11/175; K. 476.

Journalvermerk:

Schreiben des Bischofs wegen des an die Landesordnung gebundenen Hopfenkaufs.

Ostpr. Fol. 14320, Bl. 107 v.

Nr. 1885

1568 Februar 4 [Rastenburg]

Herzogliche Räte zu [Rastenburg] an Bischof Stanislaus von Ermland und mutatis mutandis an den Vogt zu Wartenburg:

Bitte um Anweisung an den Vogt zu Wartenburg, dem herzoglichen Untertan Ventur Worgossza in einer Erbfallsache laut dessen beiliegender Supplikation zum Recht zu verhelfen.

Reinkopie
Ostpr. Fol. 73, S. 425.

Nr. 1886

1568 Februar 11 [Rastenburg]

Herzogliche Räte zu Rastenburg an das Kapitel in Frauenburg:

Nach Angabe der zu Vormündern der Witwe und Kinder Michel Eisagks bestellten herzoglichen Untertanen Baltasar Schlubuth und Christoff von Wantkau hat Michel Eisagk zu seinen Lebzeiten von einer Anleihe in Höhe von 1500 Mark bereits 1300 Mark an den damaligen Statthalter Eustachius von Knobelsdorff zurückgezahlt; lediglich 200 Mark seien nicht getilgt worden und hätten verzinst werden müssen; dennoch fordere das Kapitel gleichfalls die Verzinsung der schon getilgten 1300 Mark der Schuldsumme; Bitte an das Kapitel, auf diese weitergehende Forderung zu verzichten und von der armen Frau nur die noch ausstehenden 200 Mark samt den darauf aufgelaufenen Zinsen zu verlangen.

Reinkopie
Ostpr. Fol. 73, S. 438—439.

Nr. 1887

1568 Februar 19, Heilsberg

Bischof Stanislaus von Ermland an Herzog Albrecht:

Beschwerde über den aus Braunschweig gekommenen Prädikanten Joachim Merle (Mörlin), der etliche erdichtete Artikel ins Land mitgebracht und diese den Gesandten der Lande und Städte in Rastenburg vorgetragen haben soll; nach Meinung des [Hosius] wäre es besser gewesen, wenn [Merle] mit „solcher evangelischen Wahrheit" draußengeblieben wäre; außerdem habe [Merle] in Königsberg ein Büchlein drucken lassen, das die Leute dazu ermahne, sich von den Papisten fernzuhalten; er greife die Jesuiten mit

Schmähworten an und fordere die Bevölkerung auf, ihre Kinder nicht zu diesen in die Schule zu schicken; daraus könne man entnehmen, daß [Merle] nur den Aufruhr erwecken wolle; er [Hosius] stehe dem ermländischen Bistum schon 17 Jahre vor; in dieser Zeit habe er sich niemals in Belange eingemischt, die seine Jurisdiktion nicht beträfen, gleichgültig ob es sich dabei um „Luteristen, Interimisten, Adiaphoristen, Antinomisten, Synergisten, Maioristen, Illiricisten, Osiandristen, Calvinisten und Anabaptisten" gehandelt habe; in seiner ihm anvertrauten Diözese habe er aber dafür gesorgt, daß die Menschen „Christen, Papisten und Registen" geblieben wären; er [Hosius] könne nicht begreifen, warum Merle, der vor 15 Jahren aus dem Herzogtum [Preußen] vertrieben worden sei, dort wieder Einlaß erhalten habe; Bitte an den Herzog, derartige aufrührerische Schriften verbieten zu lassen; [Merle] gehöre vermutlich zur Sekte der Illiricisten, die weder in der Pfalz noch in Weimar, Magdeburg und anderen Städten geduldet würden.

Behändigte Ausfertigung
1 Bogen 21 x 32 cm, S. 1—3 beschrieben, Unterschrift des Bischofs, S. 4 Außenadresse, Inhalts- und Eingangsvermerk vom 21. Februar 1568.
Siegel des Bischofs
HBA C 1 Nr. 1887. — Altsignatur: 1/12/200; K. 477.

Journalvermerk:

Schreiben des Bischofs wegen der Schmähschriften des Mörlin gegen die Jesuiten.

Ostpr. Fol. 14320, Bl. 109 r.

Nr. 1888

1568 Februar 19, Heilsberg

Bischof Stanislaus von Ermland an Markgraf Albrecht den Jüngeren [Albrecht Friedrich]:

Beschwerde über den Prädikanten Joachim Mörlin. Gleichlautend mit Reg.-Nr. 1887.

Behändigte Ausfertigung
1 Bogen 21 x 32 cm, S. 1—3 beschrieben, Unterschrift des Bischofs, S. 4 Außenadresse, Inhalts- und Beantwortungsvermerk.
Siegel des Bischofs
HBA C 1 Nr. 1888. — Altsignatur: 1/12/201; K. 477.

Journalvermerk:

Beschwerde des Bischofs über die Schmähschriften Joachim Mörlins.

Ostpr. Fol. 14320, Bl. 109 r.

Nr. 1889

1568 Februar 21 [Tapiau]

Schreiben der Räte im Namen des Markgrafen Albrecht Friedrich an Bischof Stanislaus von Ermland:

Empfang des Schreibens des [Hosius] in der Angelegenheit des samländischen Bischofs Joachim Mörlin; Zurückweisung des gegen diesen gerichteten Vorwurfs; [Mörlin] habe die besagten Schriften nicht ins Land mitgebracht, und er sei auch mit „keiner Secten beflegket", sondern der „in der Augspurgischen Confession verfasten Lehre" zugetan, die der polnische König dem Herzogtum [Preußen] mit Briefen und Siegeln zuerkannt habe; weil [Albrecht Friedrich] keine Macht dazu hat, dem vom Bischof gewünschten Verbot Geltung zu verschaffen, will er das bischöfliche Schreiben an seinen Vater weiterleiten.

Reinkopie
Ostpr. Fol. 73, S. 445—446.

Nr. 1890

1568 Februar 27 [Tapiau]

Herzogliche Räte an Eckert von Kempen:

Supplikation eines herzoglichen Jägers, desssen Frau vor einem Jahr einem Untersassen des Adressaten ein Pferd geliehen und dieses bisher nicht zurückerhalten hat; Bitte um Klaglosstellung des Petenten.

Reinkopie
Ostpr. Fol. 73, S. 446—447.

Nr. 1891

1568 März 1, Tapiau

Herzog Albrecht an Bischof Stanislaus von Ermland:

Empfang der bischöflichen Beschwerde über den samländischen Bischof Joachim Mörlin, die einige von diesem verbreitete Artikel und die Veröffentlichung eines Büchleins betrifft; die besagten Artikel sind bereits vor der Ankunft [Mörlins] im Lande verbreitet worden; Bereitschaft des Herzogs, deren Verfasser gebührend zur Rede zu stellen; auch das erwähnte Buch ist vor der Ankunft [Mörlins] von Tilemann Heshusius in lateinischer Sprache veröffentlicht und von [Mörlin] ins Deutsche übersetzt worden; damit soll nicht das bisherige freundnachbarliche Verhältnis zum Bischof gestört werden; im Herzogtum stehe es den Theologen frei, die wahre, in der Augsburgischen Konfession enthaltene Lehre, deren Ausübung der König gnädig gestattet habe, zu propagieren; Festhalten [Albrechts] am Luthertum; Bitte um Verständnis für die von [Mörlin] gefertigte Translation der besagten Schrift; falls die Jesuiten etwas dagegen vorbringen wollen, können sie es tun; [Mörlin] sei zu keinem Aufruhr geneigt, auch kein Anhänger des Illiricismus, sondern allein der Augsburgischen Konfession verpflichtet; daher habe er [Albrecht] ihn in seinen Dienst genommen; Hoffnung auf das Verständnis des Bischofs für diese Einstellung.

Konzept
2 Bogen 20, 5 x 32 cm, S. 1—5 beschrieben.
HBA C 1 Nr. 1891. — Altsignatur: IV/22/650; K. 1220.
Reinkopie: Ostpr. Fol. 73, S. S. 448—454.

Nr. 1892

1568 März 10, Heilsberg

Bischof Stanislaus von Ermland an Herzog Albrecht:

Erinnerung an das Versprechen des Herzogs, die Grenzirrungen zwischen dem Bistum und dem Herzogtum nach dem Ende der [Heiligenbeiler] Tagfahrt behandeln zu wollen; wegen Herannahens der für die Vornahme der Grenzrevision günstigen Lenzzeit Bitte um Anberaumung eines Termins bald nach Ostern, damit die Absendung der bischöflichen Kommissarien an die strittigen Orte erfolgen kann.

Behändigte Ausfertigung
1 Bogen 21, 5 x 32 cm, S. 1—2 beschrieben, Unterschrift des Bischofs, S. 4 Außenadresse, Inhalts- und Kanzleivermerk.
Siegel des Bischofs
HBA C 1 Nr. 1892. — Altsignatur: 1/12/219; K. 477.

Journalvermerk:

Schreiben des Bischofs wegen Anberaumung eines Tages zur Vornahme der Grenzrevision.

Ostpr. Fol. 14320, Bl. 109 r.

Nr. 1893

1568 März 14 [Tapiau]

Herzogliche Räte an Bischof Stanislaus von Ermland:

Benennung des Montags nach Jubilate (10. Mai) als Termin zur Vornahme der Grenzrevision und Bereitschaft zur Absendung der herzoglichen Bevollmächtigten an die strittigen Orte.

Reinkopie
Ostpr. Fol. 73, S. 460—461.

Nr. 1894

1568 März 31 [Königsberg]

Regenten des Herzogtums Preußen an Bischof Stanislaus von Ermland:

Bezug auf das Schreiben des inzwischen verstorbenen Herzogs vom 14. März wegen der Grenzirrungen und den auf den 10. Mai angesetzten Termin; wegen des Todes des Herzogs und dessen Gemahlin [Anna Maria] und des im Mai bevorstehenden fürstlichen Begräbnisses kann dieser Zeitpunkt nicht eingehalten werden; Bereitschaft zur Vornahme der Grenzrevision bei der ersten günstigen Gelegenheit.

Reinkopie
Ostpr. Fol. 73, S. 469—470.

Nr. 1895

1568 April 3, Heilsberg

Bischof Stanislaus von Ermland an die Regenten des Herzogtums Preußen:

Beileid zum Ableben des Herzogs und der Herzogin; Verständnis für die Mitteilung der Regenten, den Termin der Grenzrevision wegen des bevorstehenden fürstlichen Begräbnisses zu verschieben; Bitte, die Sache nicht länger als drei Wochen nach dem Begräbnis zu verzögern.

Behändigte Ausfertigung
1 Bogen 23, 5 x 34 cm, S. 1—2 beschrieben, Unterschrift des Bischofs, S. 4 Außenadresse, Inhalts- und Kanzleivermerk.
HBA C 1 Nr. 1895. — Altsignatur: 1/12/192; K. 477.

Nr. 1896

1568 Mai 11, Königsberg

Regenten des Herzogtums Preußen an Bischof Stanislaus von Ermland:

Erinnerung an die Fürbitte des inzwischen verstorbenen Herzogs für Ambrosius Lippe, Bürger der Altstadt Königsberg, und dessen Verwandtschaft in der Angelegenheit der Frau Seuberlich; Erneuerung der Bitte um Ansetzung eines Verhandlungstermins für die Petenten, denen gegenüber sich der Bischof als gnädiger Herr erzeigen möchte.

Reinkopie
Ostpr. Fol. 73, S. 488—490.

Nr. 1897

1568 Juni 4, Heilsberg

Bischof Stanislaus von Ermland an die Regenten des Herzogtums Preußen:

Fürbitte für Wilhelm Schollman, dem das von seinem Vorfahren Mericke ererbte Gut Stollen zugunsten des von Kunheim entzogen worden ist, obwohl er in diesen Besitz zahlreiche Kosten und Mühen investiert hat; Ersuchen an die Regenten, dem Schollman das von ihm in das besagte Lehnsgut Investierte wiederzuerstatten.

Behändigte Ausfertigung
1 Bogen 28 x 34 cm, S. 1—2 beschrieben, Unterschrift des Bischofs, S. 4 Außenadresse, Inhalts- und Kanzleivermerk.
Siegel des Bischofs
HBA C 1 Nr. 1897. — Altsignatur: 1/12/193; K. 477.

Nr. 1898

1568 Juni 5, Königsberg

Regenten des Herzogtums Preußen an Bischof Stanislaus von Ermland:

Gerücht über die mit Billigung des Römischen Kaisers [Maximilian II.] erfolgte Vereinigung einiger deutscher Fürsten gegen die Lande Preußen; dabei handelt es sich u. a. um Herzog Erich von Braunschweig und Herzog Hans Albrecht von Mecklenburg; Bitte um Nachforschung nach dem Wahrheitsgehalt dieses Gerüchts; Beschwerde der abgesandten Räte des Markgrafen Georg Friedrich [von Brandenburg] über den ihnen in Thorn verwehrten Durchzug und Paß; kein rechtlicher Grund für diese Verweigerung, weil [Georg Friedrich] ein vom König [Sigismund II. August] und der Krone [Polen] mitbelehnter Fürst sei; sie [die Räte des Herzogtums Preußen] seien auf gutmeinende Freunde angewiesen, deren Unterstützung sich der inzwischen verstorbene Herzog [Albrecht] durch sein Verhalten zum Nutzen der Lande [Preußen] verdient habe; Bitte an [Hosius] als den Präsidenten der königlichen Lande [Preußen], bei den Thornern den Weiterzug der mit zwei Wagen und acht Pferden angekommenen Gesandten an Herzog [Albrecht Friedrich] zu veranlassen.

Reinkopie
Ostpr. Fol. 73, S. 494—496.

Personen- und Ortsregister

Das Register enthält nicht die Namen Herzog Albrecht von Preußen, Bischof Stanislaus Hosius von Ermland, Preußen, Polen, Ermland sowie Flur- und Gewässernamen. Bei den erfaßten Namen ist jeweils die zugehörige Regesten-Nummer angegeben.